序

　　令人欣喜的是，张健教授的又一力作《高等职业教育整合论》终于杀青。作为一位令我十分钦佩的学者，我要再次为其视野的独特、功底的深厚、语言的流畅而大声叫好！

　　这一力作的关键词，或者说是核心概念，就在于"整合"二字。整合，就是集成的意思，英文为"integration"，其意一般是指将一些孤立的事物或元素通过某种方式集中在一起，产生联系，从而构成一个有机整体。那么，高等职业教育的整合源于何方？整合又如何进行？这大概是读者最为关心的两个问题。

　　我以为，"整合"二字的逻辑起点就在于作者对职业教育本质的深刻把握。职业教育与普通教育的本质区别，就在于职业教育是一个跨界的教育。高等职业教育作为现代职业教育体系中的一个层次，也必然遵循职业教育这一"跨界"的本质规律。如果说传统的企业培训是定界于企业的一种思考，传统的学校教育是定界于学校的一种思考，那么，"为工作而学习"（这是经济合作与发展组织的口号）——就业导向的职业教育，其内涵与外延就已大大跨越了传统的企业培训和传统的学校教育的界域。

　　从定界的思考升华到跨界的思考，是职业教育发展与改革至关重要的观念革命。这一基于跨界思考的革命性，至少应该体现在以下三个维度上。

第一，在办学制度层面，"校企合作"的办学形式打破了封闭的企业与学校各自运作的"围城"。企业要赢利，学校要育人。职业教育既要关注企业发展的需求，又要关注学校发展的需求。在办学模式上，职业教育要实现现代企业与现代学校的"双赢"。

第二，在人才培养层面，"工学结合"的人才培养模式跨越了分割的工作与学习各自孤立的"界限"。工作要应用知识，学习要获取知识，职业教育既要把握工作的特征，又要把握学习的特征。在育人途径上，职业教育要实现工作与学习的"双赢"。

第三，在社会功能层面，"以服务为宗旨，以就业为导向"的目标指向跨越了传统的职业与教育各自定位的"疆域"。职业要使用人才，教育要培养人才，职业教育既要研究职业的规律，又要研究教育的规律。在社会定位上，职业教育要探究职业发展与教育发展的"双赢"。

显然，这就是"整合"的逻辑起点。《高等职业教育整合论》比较科学地回答了这一问题，这是其一。

既然职业教育是一个跨界的教育，要实现现代企业与现代学校、工作与学习、职业发展与教育发展的"双赢"——这样的"整合"效应又该如何去付诸实践呢？

我以为，《高等职业教育整合论》同样很好地回答了第二个问题。

首先，作者创新了高等职业教育"整合"发展与改革的理论基础。从六个维度，即中国古代的"和合"思想是整合理论的缘起；系统论是高等职业教育整合的哲学根基；创新论是高等职业教育整合的价值归依；职业教育社会学是高等职业教育整合的外部机制；认知结构理论是高等职业教育整合的心理学基础；多元智能理论是高等职业教育整合的人才观基础。认证厚实、科学合理，丰富了指导整合的理论依据。

其次，作者梳理了高等职业教育"整合"发展与改革的历史演进。从三个阶段，即"在历史中生成""在历史中存在""在历史中超越"，依据翔实的资料对高等职业教育整合的类别，诸如成人高校转制的归类整合、五年制高等职业教育贯通的衔接整合、中等职业教育合并的升格整合等予以分类厘定，阐明了高等职业教育历经多元整合汇聚而

作者简介

张健，男，1955年出生，山东郯城人，教授。现任滁州职业技术学院职教研究所所长、《滁州职业技术学院学报》主编，安徽省职成教学会学术委员。曾先后获安徽省教学成果三等奖3项，论文获得中国职业技术教育学会及省厅级各类一等奖10余项；曾先后在各类学术期刊上发表论文500余篇，其中核心期刊近60篇；完成课题30多项，其中教育部人文社科项目2项，省级教学研究重点项目2项；出版专著2部：《职业教育的追问与视界》《职业教育的凝思与创新》，主要研究领域为高等职业教育整合及课程论。

现代职业教育学术新论丛

高等职业教育整合论

张 健 / 著

教育科学出版社
·北京·

成的路径延传、基本格局及走向趋势。引经据典，令人信服，强调了指导整合的历史借鉴。

再次，作者给出了高等职业教育"整合"发展与改革的操作方案。从五个方面总结了整体的经验，即运作建构——高等职业教育的办学整合；质量焦点——高等职业教育的课程整合；境域优化——高等职业教育的环境整合；条件完善——高等职业教育的资源整合；职业教育集团——高等职业教育的集约整合。言之有物，系统全面，归纳了指导整合的现实方法。

显然，这就是"整合"的实施路径。《高等职业教育整合论》比较系统地解决了这一问题，这是其二。

综上所述，本书的现实价值在于："整合"开辟了一个新的高等职业教育研究与发展的问题领域；"整合"建立了一个新的高等职业教育学科建构与运作的理论支点；"整合"凸显了一个新的高等职业教育改革与创新的实践抓手。

这本书的理论价值则在于作者鲜明地提出了"整合"的四个基本观点：整合是职业教育的学科基质；整合是职业教育的哲学范式；整合是职业教育的思维方式；整合是职业教育的方法论。

这是一本充满哲学意蕴和创新品格的书，它集作者丰富的从教经验、深邃的哲学思考、精美的语言表达、职教的感悟智慧于一体，是精心凝练、独创熔铸而成的精品，开职业教育系统化整合研究风气之先，对职业教育的研究和发展具有很强的启示作用、引领作用，有利于深化职业教育研究。

张健教授是一位勤奋的研究者、自觉的赶路人，在职业教育科研的道路上一直在执着求索、从不懈怠，其研究成果丰硕富瞻。据了解，除本书外，他正在同步推出另一本新著——《职业教育的凝思与创新》。其 QQ 名为"路上研者"，真可谓"名"如其人。

最后，我想说，《高等职业教育整合论》所阐述的整合，是对职业教育跨界的深入思考和反思的结果，其所涉及的种种观点，意味着职业教育学的研究领域已经大大超越了传统的教育学范畴。由此，我呼吁，必须在教育学层面，为具有两个或多个学习地点的职业教育——一种具有新的话语体系的创新的教育，确立一个新的教育参照系，给予其应有的一级学科地位。这应该是在学科领域，特别是在教育科学领域，对职业教育地位的历史与现实的认可。

　　期待着职业教育的发展，也期待着职业教育的研究有一个更加美好的未来。

姜大源

2014 年 10 月 1 日于北京

目　录

第一章

多元观照：整合是人类发展转向的必然趋势

整合，有时也被称为综合。它是人类经过社会发展的风雨、科技进步的历练、知识经济的转型，而最终悟出的一种发展模式，聚焦的一种创新取向，选择的一种超越路径。它是 21 世纪的时代命题，是人类发展转向的必然趋势。清华大学蔡曙山教授指出："21 世纪注定要成为一个完全不同的时代，我们称这个时代为综合的时代。"① 高等职业教育发展的整合，正是发生在这样"综合的时代"背景之下。它是社会发展整合、科技发展整合和知识经济转型整合的产物。

第一节
整合： 人类社会发展的必然趋向

一、以经济发展为主导的片面发展模式

人类社会的发展是由低级向高级不断迈进的，而前行和迈进的动力来源于社会生产力的不断发展和进步，来源于经济的发展和增长。按照历史唯物主义哲学的观点，物质资料的生产方式是人类生活和人类社会形成的基本条件；物质资料的生产方式是人类社会赖以存在和发展的基础；物质资料的生产方式决定社会的性质和面貌；物质资料生产方式的变化决定社会形态的变化。② 一个显而易见的常识是，人们要从事政治、经济管理、科学、艺术等精神活动，就要有衣、食、住、行所必需的物质生活资料，所以物质生活资料的生产对人类的生存与发展来说，始终是第一位的。再从经济学视角来看，"经济人"的假设是英国古典经济学家亚当·斯密（Adam Smith）最早运用的分析人的一个理论框架。亚当·斯密认为，人生来首先和主要关心的是自己，人的利己心比利他心更为根本，其力量也

① 蔡曙山. 综合再综合：从认知科学到聚合技术 [J]. 学术界，2010（6）：5-24.

② 上海市高校《马克思主义哲学基本原理》编写组. 马克思主义哲学基本原理 [M]. 6 版. 上海：上海人民出版社，1994：200-201.

更加强大而持久。[①] 人是一定经济利益关系的承担者。马克思说："人们奋斗所争取的一切，都同他们的利益有关。"[②] 人作为追求利益最大化的"经济人"并不等于自私自利，因为经济主体通过追求自身利益来促进社会发展。物质生活资料的生产和自身利益的获致，都是通过经济发展来实现的，经济的发展始终是推动社会进步和发展的杠杆和动因。

而问题在于，经济的强力魅惑、利益的刺激驱动，使人们走上了片面追求经济发展的"逐利"甚至"嗜利"的轨道，人成了"天下熙熙，皆为利来，天下攘攘，皆为利往"的忙碌的逐利人，成了被金钱俘获和役使的奴隶。在经济主导、利益至上的社会发展环境中，教育也只有服务和跟进的份儿，沦为为经济发展培养"逐利工具"的活动。如19世纪90年代，泰罗在马里兰州巴尔的摩市贝西海姆钢铁公司所推行的"科学管理"模式，泰罗精确地测算工人装卸生铁的时间比率关系，要求工人以"最高效率"完成，从而使每人每天搬运量从大约12.5吨增加到47吨或48吨。这就是以特定性和量化作为双重焦点——"技术理性"的科学管理模式，它使美国工业主义成为高效生产的同义词。[③] 在这一过程中，人成了被精确算计、高度运转、追逐效益的机器和工具。不仅如此，这种经济主导的片面发展模式，还造成了马尔库塞所批判的"单向度人"。他将资本主义社会进步的法则描绘成这样一个等式：技术进步＝社会财富的增长＝奴役的扩展。[④] 马尔库塞指出，发达工业社会是单向度的社会，它压制了人们内心的否定性、批判性和超越性的向度，使本应作为自由的、富有创造性的实践主体的人都在技术理性的作用下被消解。"技术理性"最终将所有人都异化成为"单向度人"[⑤]。亦如马克思、恩格斯早就批判过的那样：它压抑工人的多种多样的生活志趣和生产才能，人为地培植工人片面的技

　　① 马永霞. 冲突与整合：高等教育供求主体利益分析 [M]. 北京：高等教育出版社，2006：48.

　　② 马克思恩格斯选集：第一卷 [M]. 中共中央马克思恩格斯列宁斯大林著作编译局，编. 北京：人民出版社，1960：82.

　　③ 小威廉姆 E. 多尔. 后现代课程观 [M]. 王红宇，译. 北京：教育科学出版社，2000：55 - 57.

　　④ 欧力同，张伟. 法兰克福学派研究 [M]. 重庆：重庆出版社，1990：279.

　　⑤ 薛笑婷. 马尔库塞"单向度人"理论及其现实启示 [J]. 当代经济，2010 (16)：124 - 125.

巧……成为某种局部劳动的自动的工具。① 总之，这种片面发展模式危害极大、遗患无穷，需要"整合"对其加以纠偏匡误。

二、以人的发展为主导的全面整合模式

面对工业文明所导致的人的片面发展的危机，面对工具理性所带来的人的异化，人成了没有自我、没有主见、没有自尊，也没有精神和灵魂的麻木不仁的社会机器上的一个齿轮和螺钉。同时，工业文明和工具理性造成了环境污染、生态破坏、自然资源匮乏，也造成了社会腐败、失业增加、贫富差距拉大，还有人格扭曲、精神失落、道德滑坡等社会问题。正如邵道生先生所总结的社会转型期国民心态的四种倾向：物欲化倾向、粗俗化倾向、冷漠化倾向、躁动化倾向。② 要解决这些问题，必须克服片面异化的偏弊，把发展的重心转向以人的发展为主导的轨道上来。以人的发展为主导的整合模式强调以人的发展为本位、为目的，向人本身回归。一是矛盾、危机、浮躁、疏离的社会需要人性整合。人性是人之为人的最初的本质规定性。有人说，人之初，性本善；也有人说，人之初，性本恶。我们认为，人之初，性本净。也就是说，人性不是先赋的，而是后致的，是后天的成长氛围、社会环境影响所决定的。所谓"蓬生麻中，不扶而直；白沙在涅，与之俱黑"（荀子语）。因而，人性的整合一方面要大力整治转型期出现的"个人主义""拜金主义""唯利是图""无视道德底线"等人的异化现象，优化社会环境；另一方面要以真善美的标准，对人进行引导、培育，使人的心灵去污存净，洁身自好；止恶行善，完善人格；爱美崇真，与人为善。二是否定人、异化人、扭曲人、贬抑人的社会需要人文整合。联合国教科文组织编撰的丛书《教育——财富蕴藏其中》强调："教育不仅仅是为了给经济界提供人才：它不是把人作为经济工具而是作为发展的目的加以对待的。"③ "人既是发展的第一主角，又是发展

---

① 马克思恩格斯选集：第三卷［M］．中共中央马克思恩格斯列宁斯大林著作编译局，编．北京：人民出版社，1972：331.

② 邵道生．转型社会国民心态现状及其调适［N］．中国教育报，1994-11-23.

③ 联合国教科文组织总部中文科．教育——财富蕴藏其中［M］．北京：教育科学出版社，1996：70-71.

的终极目标。"① 这就需要我们重视科技发展与人文精神的整合。要坚决摒弃单纯追求经济增长，把物质财富的增长作为社会发展的根本目标，人仅仅被视为实现物质财富增长的工具和手段的片面的发展观。在科技和人文之间，没有科学技术进步，人类将永远愚昧落后；而没有人文教育，人类将堕入科技进步带来的文化黑暗及社会异化的灾难。只有将二者有机整合，才是当代社会发展现实所提出的内在要求，也是解决人类危机的重要举措。

三、高等职业教育整合发展的内涵与趋向

（一）高等职业教育整合发展的内涵

社会整合发展的大趋势，要求造就全面发展的人。相应地，高等职业教育发展也要顺应这一趋势，才能完成自身的使命。马克思主义哲学认为，发展是事物由小到大、由简到繁、由低级到高级、由旧质到新质的运动变化过程。事物发展的原因主要是事物内部的矛盾，外因是促进发展的第二位原因，它是通过内因而起作用的。事物发展变化的形式与过程是由量变到质变，又从质变到量变；发展的道路和趋势是由肯定到否定，再到否定之否定。因此，有人认为："最广义的理解，教育发展是一种社会的存在，是一个从低级到高级的运动过程，是一个从较低的水平或地位提高到一个较高的水平或地位的过程。严格来说，教育发展包括数量扩张、结构转换、质量提高、速度加快、效益增高、条件改善、成效扩大、平等和稳定程度提高等。"② 高等职业教育的整合发展，是发展的要素或指标相互整合优化，使教育的发展趋向理想状态并无限接近的过程。这种整合发展体现为外延式发展与内涵式发展的结合，补偿性增长与适应性增长的调和，增量式发展与提质式发展的统一。

（二）高等职业教育整合发展的过程与趋向

高等职业教育的整合发展趋向是一个"数量发展—整合发展—可持续

---

① 联合国教科文组织总部中文科. 教育——财富蕴藏其中［M］. 北京：教育科学出版社，1996：70－71.

② 杨明. 教育发展的本质新探［J］. 教育评论，1996（1）：13.

发展"的过程，是递进、连续、螺旋上升的过程，体现为从某一个指标"点"—多个指标的整体"面"—考虑未来时空"立体"的发展过程。①它既有由点到面的外延拓展、内涵增加，也有由面到体的空间突破和时间持续，彰显了逻辑的周洽性和整合的阶段性。

高等职业教育的数量发展是以数量增长、规模扩大为标志的外延式发展，它体现了一种传统发展的路径。一般在高等教育发展早期，高等教育在资源短缺、发展很不充分的前提下，都经历了这样一个发展阶段。美国著名高等教育社会学家马丁·特罗（Martin Trow）提出的"精英—大众—普及"的高等教育分段理论，就是建立在数字基础上的。特罗认为，当高等教育毛入学率在15%以下时，是一种精英型的高等教育；当达到15%以上，开始进入高等教育大众化阶段；当达到50%后，则进入了普及化阶段。这一理论就是建基于数量增长基础上的发展观，也是引发人们往往把目光过多地聚焦于高等教育发展数字之上，关注发展速度的原因。我国的高等职业教育从1999年步入"大力发展"的历史时期，开始了整合发展的实质运作。教育部发布的《面向21世纪教育振兴行动计划》提出："高等教育的毛入学率要由1997年的9.1%，提高到2000年的11%，2010年达到15%。"后来"十五"规划又将实现毛入学率15%的目标提前到2005年，向前提了5年，而实际上这个目标2002年就实现了。它标志着我国高等教育在数量发展阶段推进神速、成绩显著。这其中高等职业教育发展的贡献率功不可没。嗣后几年，我国高等教育的数量发展依然在惯性延续，毛入学率从2003年的17%，2004年的19%，2005年的21%，提高到2006年的22%。

2006年《教育部关于全面提高高等职业教育教学质量的若干意见》（教高〔2006〕16号）的出台，标志着我国的高等职业教育进入了由数量发展向整合发展、质量提升的新阶段。16号文的核心内容强调"以全面提高高等职业教育教学质量为重点"，"加强内涵建设，提高教育质量"；要求"要深刻认识高等职业教育全面提高教学质量的重要性和紧迫性"，着力于"实践基地建设，教学团队建设，保障体系建设"三方面建设；同时要从"加强素质教育，加强专业改革，加强课程建设，加强模式改革"（"四个加强"）入手，确保教学质量的全面提高。其实，在此之前，教育

① 房剑森. 高等教育发展论 ［M］. 桂林：广西师范大学出版社，2001：17.

部频密地出台了《教育部关于以就业为导向深化高等职业教育改革的若干意见》（教高〔2004〕1号）、《教育部等七部门关于进一步加强职业教育工作的若干意见》（教职成〔2004〕12号）、《教育部 财政部关于实施国家示范性高等职业院校建设计划加快高等职业教育改革与发展的意见》（教高〔2006〕14号）等系列文件，显示了高等职业教育由前数量期向后质量期过渡切换的鲜明意图和迹象，直到〔2006〕16号文的问世，高等职业教育的发展完成了最终切换，进入了整合发展的新阶段。整合发展是一种又快又好的组合发展，是数量与质量、规模与效益、结构与功能相整合的一体化的发展，是以提升质量、培育特色为内涵的优化式发展，它必将成为当下和今后高等职业教育发展的主旋律和主基调。

可持续发展是整合发展的题中之意和必然结果，也是整合发展追求的发展目标和理想境界。但与前两个阶段发展不同的是：数量发展阶段单纯追求发展的速度，整合发展阶段将快与好结合起来，追求发展的整体效果，可持续发展阶段则是一种"又好又快"，以"好"为主的发展。以"快"为主的发展是风险积聚的发展，快好结合的发展是基础不牢的发展，只有好快结合的发展，才是一种优化的、能够行之久远的可持续的发展。"又好又快"的发展是一种新的发展思路和模式，体现了发展观的根本转变。它是我国高等职业教育在起点低、时机好、空间大、环境优的历史条件下，历经数年大发展、大扩容后，必然要选择的发展路径和趋向。

第二节
整合：科学技术发展的根本走向

一、科学发展的"合—分—合"趋势之规

人类对客观世界的认识方式大致经历了一个否定之否定的过程，即从整体模糊认识到分门别类认识再到整体理性认识的过程。在这一过程中，学科的分化与综合交替嬗变的趋势从来也没有停止过。总体来说，它经历了"朴素整体论—传统分析论—系统综合论"这样一个螺旋式的发展过

程。对于这一过程，不同的学者有不同的概括。周海涛博士将其概括为"简单、混沌的综合—条分缕析的分化—复杂、高度的整合"①。李昆峰将这一过程概括为"单一—分解—化合"。这些概括虽然表述不同，但都体现了科学发展"合—分—合"的演进趋势。

人类早期，社会生产力发展水平低下，认识能力薄弱，只能从宏观的、表象的、单一的、肤浅的层面认识社会，把握事物的整体形态，对事物内部的复杂联系还只处在无知、蒙昧的状态。这样的认识也只能是笼统的、模糊的、混沌的、低级的认识。随着生产力的不断发展，从哥白尼开始的近代科学，把分析的方法带到了人类认识领域，分析法把自然界分解为各个部分和门类，从特定的角度加以研究，使人类认识自然的广度、深度、精度都空前地扩大和提高了。但分析的方法将事物割裂开来加以研究，这就使近代自然科学在总体上更倾向于在复杂的自然现实中寻求一种简单性的答案，往往忽视自然界的综合联系，而不能从被肢解的对象和狭隘的研究视界中跳出来，难以从总体上把握事物的本质。这就为人类在更高的层面上实现新的综合预留了待解的命题。20世纪，人类开始跨入综合性科学涌现的"系统时代"，如40年代涌现的"老三论"，即系统工程学维纳的控制论、申农和韦弗的信息论、贝塔朗菲的系统论，还有稍后于70年代出现的比利时物理学家普里高津的耗散结构论、德国著名物理学家哈同的协同学、比利时科学家托姆的突变理论"新三论"等，这些新兴科学的一个共同特点，就是呈现出明显的综合化趋势。有学者指出，科学发展新趋势的首要表现就是自然科学和社会科学一体化的趋势越来越加强了。列宁所说的"自然科学奔向社会科学"的趋势已强化到两种学科不仅"外在"协同作战，组成合力推动社会和生产的发展，而且已经彼此渗透合流，"内在"有机结为一体，产生既是"亦此亦彼"，又是"非此非彼"的两栖性新学科，而且还有许多偏于一方的边缘性学科。两种科学的研究手段和研究方法，也不再像以前那样隔绝，而是互相渗透和彼此利用。因此，科学研究、实验和应用上的多维视野与多学科知识与力量并用的趋势也同时加强了。产生许多新型的边缘学科、横断学科、交叉学科，这就使科学研究的范围大大地拓展了。

周光迅教授将世界科技发展综合化的过程概括为四大综合。一是对自

---

① 周海涛. 大学课程研究［M］. 北京：中国社会科学出版社，2008：101.

然认识初级的、局部的整合。这一次整合发生在 17 世纪下半叶，其显著标志是牛顿（Isaac Newton，1642—1727）于 1687 年发表了《自然科学的数学原理》一书。该书包括了牛顿在力学、数学和天文学方面取得的最重要成就。全书的核心是牛顿的力学三定律——惯性定律、加速度定律、作用与反作用定律，实际上这是对物体在时空中机械运动基本规律的综合阐述，由此创立了经典力学体系，实现了人类对自然界认识史上第一次理论性的大综合。二是关于自然界普遍联系和发展的综合。这一次综合发生在 18 世纪末至 19 世纪上半叶。在自然科学方面，以"三大发现"（细胞学说、能量守恒转化定律、生物进化论）为标志，自然科学领域在积累了大量实证材料的基础上，已经能从理论上概括和描绘出"一幅由种种联系和相互作用无穷无尽地交织起来的画面"，揭示出自然界中的任何事物都不是孤立的，而是处于与其他存在物的联系之中。三是从宏观领域到微观领域的大综合。这一综合是以相对论和量子论为支柱的新的物理学体系的确立和各门自然科学的深入发展，使人类对自然界的认识实现了从宏观领域到微观领域的大综合。四是自然科学与社会科学的大综合。20 世纪 70 年代以来，人类社会的发展与进步，使得自然科学与社会科学的交叉融合成为时代的趋势。不少学者预言，21 世纪将会出现自然科学和社会科学大综合的高潮。① 就教育学而言，它始终是一种跨学科的交叉性存在。"最初从哲学的襁褓中挣脱出来，随后被伦理学和心理学所占领，随着社会学的兴起与发展，教育研究又转而投向了社会学怀抱。"② 现今，美国学界已经越来越多地把跨学科研究讨论的理论焦点聚集在整合上。学者们逐渐认识到跨学科研究的关键不是跨越边界，也不是学科交叉，而是整合。③波特等人认为，跨学科研究需要把不同研究领域的概念、方法和数据进行整合。中国学者成中英还从"找寻焦点、建立融合、挖掘共源、扩大境界、灵活应用"五个方面精练地概括了跨学科研究的整合过程。④ 同时，

---

① 周光迅. 大学教育综合化 [M]. 济南：山东教育出版社，1999：20 - 23.

② 程亮. 教育研究原创性缺乏：现象与原因 [J]. 教育理论与实践，2004（8）：113 - 114.

③ 刘小宝，刘仲林. 跨学科研究前沿理论动态：学术背景和理论焦点 [J]. 新华文摘，2013（4）：154 - 155.

④ 成中英. 交叉科学研究方法的重要性 [M] //刘仲林. 中国交叉科学：第一卷. 北京：科学出版社，2006：67.

已有越来越多的学者把整合作为评价跨学科研究的中心环节，并把整合不同学科知识的研究领域称为"跨学科学"。2006 年，美国科学促进会的专题报告提出了四大科学研究热点，其中"整合"一词榜上有名。美国的整合研究协会还把 2012 年年会的主题设定为"公共政策和跨学科对话的前景"。可见，整合已成为世界跨学科研究的一种大趋势。当下科学发展依然处在综合阶段，高等职业教育必须顺应这一趋势，只有积极谋求全方位的整合创新，才能开辟职业教育发展的新天地。

二、科技发展负效应的规避之需

科学曾被恩格斯称为"最高意义上的革命力量"。它赋予了人类控制自然、改造自然和征服自然获得自由的一种力量，使人对自然的控制力大大增强，自然正在祛魅，神秘的东西日渐隐退。科学技术及其成果日益武装和改变着人类，成为影响社会发展的巨大力量。人类逐渐成为技术的"人质"。试想，当下还有谁能离得开电话、电视、洗衣机、汽车等技术产品。科学技术之于我们，正如蜗牛的壳之于蜗牛，蜘蛛的网之于蜘蛛一样密不可分，成了我们生存所依赖的须臾不能离开的一部分。但科学技术是一把"双刃剑"，它在给人类带来利益和自由、繁荣和福祉的同时，也会给人类带来祸患和灾难。在这个问题上，技术乐观主义者极力推崇科学技术，把科学技术看作人类征服、控制自然和获得自由，并使人类朝着更美好的方向发展的强有力的手段。而科技悲观主义则认为，技术提供给我们的不过是一张通往生命和地球俱告毁灭的单程车票。荣格认为，技术与其说是推进财富，毋宁说是分配贫困。法兰克福学派认为，人与其说是利用技术，不如说是为技术所利用。人本身成了技术体系的附件、辅助，甚至是它的手段。[①] 现代科学技术的发展，使人对自然的统治欲望日益增强，其结果是那些有助于达到控制和操纵的东西、分析、谋算在人们心目中越来越趋于中心地位，而客观的理性道德、伦理意蕴则日益边缘化。人变得越来越"奢利"，越来越以自我为中心，藐视自然，他们一味地烧、杀、砍、伐、采、掘、捕、挖，无所不为，致使绿色锐减、沙尘肆虐、生态失衡、旱涝成灾、污染严重、气候异常等。科技发展的负面效应正日益显现

---

① 许良. 技术哲学 [M]. 上海：复旦大学出版社，2004：159.

出来，无情地报复着祸害它的人类。规避这些反常现象，需要人与自然的整合，需要人与自然的和谐共存。人类既需要培根的"知识就是力量"所彰显的那种科技理性，也需要康德的"德行就是力量"所召唤的那种和谐理性。平衡二者的关系，需要人类的整合智慧。这才是把科技发展引向可持续发展、惠及苍生、泽被万世的福祉所系、根本所在。

三、科技发展整合成果的实证之验

（一）科技发展整合成果实证举隅

科学技术研究领域的整合成果，再次证明了整合的历史必然性和趋势的正确性。比如，爱因斯坦（Albert Einstein，1879—1955）创立的狭义与广义相对论，揭示了物质运动与时间空间的整体性，特别是由于物质存在而导致时空弯曲，彻底打破了"二元论"视野下时空与物质运动之间的二分界限。另外，爱因斯坦还根据德国科学家普朗克提出的量子理论，建立起光电子理论并成功解释了"光电效应"现象，为整合光的波动理论与粒子理论，揭示光的"波粒二象性"本质奠定了坚实基础。在此基础上，以丹麦科学家玻尔（Niels Bohr，1885—1962）为首的哥本哈根学派整合了以物质的波动图像为基础的"波动力学"和以物质粒子图像为基础的"矩阵力学"，提出了波函数的统计解释、测不准原理、互补原理，从而形成了对"量子力学"的系统解释。①

（二）学科整合与交叉学科的涌现

20 世纪以来，人类知识总量高速增长，使得学科在高度分化的基础上，又出现了高度综合，表现为交叉学科、横断学科、边缘学科的不断涌现。什么是交叉学科？著名科学家钱学森先生指出，"我认为所谓交叉学科是指自然科学和社会科学相互交叉地带生长出来的一系列新生学科"。这种学科的综合新生，往往发生在社会需要和科学发展内在逻辑的交叉点上。当科学发展前锋受阻，出现停滞现象，必然会向其他学科领域延伸自己探索的触角，或"回采"老的学科领域，这样便激发出一个又一个的交

---

① 周勇. 综合科学课程开发范式论［M］. 北京：科学出版社，2010：40.

叉学科群。钱伟长先生也强调："科学是向未来的远征。"这一远征究竟能走多远，恐怕还取决于科学从整合中并通过整合获得的发展势能和创造智慧。因为人类的各种知识只有经过整合这种新的融会贯通，从多种渠道百川合流，才能获得更加伟大的一泻千里的创新势能。以海洋科学为例，其涉及了水文、地质、气象、物理、化学、生物等多学科的综合。如果没有众多学科整合的合力，单靠一门科学来负载和完成整个海洋科学的研究使命，那是不可想象的。

再如认知科学的产生，也是整合的一个范例。20世纪70年代中期建立的认知科学综合了哲学、语言学、心理学、人类学、计算机科学和神经科学。从科学发展上说，它是一个新的科学研究框架和新的研究领域。它包括六大学科的文、理、工大综合的学科群体。认知科学旨在揭开人类心智奥秘，但这个目标却不是单一的科学研究能够完成的。心智研究是多学科和跨学科研究的共同目标，它所涉及的科学领域包括哲学（主要是心智哲学、逻辑学和认识论）、心理学（主要是认知心理学、神经心理学和进化心理学）、语言学（主要是语言与认知）、人类学（主要是认知人类学和文化人类学）、计算机科学（主要是人工智能、意义计算、认知计算等）和神经科学（主要是认知神经科学）等。认知科学的产生，使大学科的整合成为现实，也为科研合作提供了更广阔的空间和舞台，使人类进军高精尖的研究领域有了更广博的基础和团队的实力。

新的世纪，人类不仅在学科的大综合上取得了突破，而且在现实的研究领域也走向了综合。有研究者指出："2000年，一个更大的综合科学研究计划诞生了，它就是聚合科技。包括纳米技术（Nanotechnology）、生物技术（Biotechnology）、信息技术（Information technology）和认知科学（Cognitive science），简称'NBIC'。科学家称这四大科学技术将成为新世纪的带头科学，它们的能量聚合在一起，犹如一把宝剑——'NBIC之剑'。"从认知科学到聚合技术，体现了一种不断综合的发展趋势。认知科学是文、理、工的大综合，聚合技术则是新兴科学技术的更大综合。它将极大地提高人类生存发展的能力，甚至改变人类进化的方向。[①]

高等职业教育整合论

---

① 蔡曙山. 综合再综合：从认知科学到聚合技术［J］. 学术界，2010（6）：5-6.

第三节

整合：知识经济时代的发展命题

人类经历了数千年的农业经济文明，数百年的工业经济文明之后，又迎来了一种崭新的经济形态——知识经济文明。

一、知识经济的提出及内涵

20世纪60年代以来，计算机和因特网的诞生使世界变成了一个巨大的信息交流场，全球经济一体化打破了各国的经济疆域，知识在人类生活中的流转、生成不断加速，地位和作用日益强化，由此催生了一种新的经济形态——知识经济。有研究表明，最早提出知识经济相关概念的是美国经济学家马克卢斯（Marcus Claudius Marcellus），他在1962年提出了"知识产业"（knowledge industry）的概念。1980年，未来学家阿尔温·托夫勒（Alvin Toffler）在其名著《第三次浪潮》和另一部著作《权力转移》中预言："我们正处在一个新的综合时代的边缘。随着西方社会进入信息时代，社会的主宰力量将由金钱转向知识，知识将是影响现代社会力量转移的终极力量。"1982年，另一位未来学家约翰·奈斯比特（John Naisbitt）在《大趋势》一书中提出：知识是我们经济社会的驱动力。在信息社会中，价值的增长是通过知识实现的。1994年，C. 温斯洛和W. 布拉马共同出版了《未来工作：在知识经济中把知识投入生产》一书，明确提出和论述了"知识经济"的概念。1996年，经济合作与发展组织（Organization for Economic Co-operation and Development，简称OECD）首次在国际组织文件中正式使用了"知识经济"这一新概念，1997年美国政府、1998年世界银行分别接受了"知识经济"这一概念，用它来描述知识和信息起主导作用的新经济、新社会时期，并宣称世界正在进入知识社会时代。

知识经济，又有人称它为"信息经济"或"新经济"。经济合作与发展组织《以知识为基础的经济》（1996）的报告中给知识经济下的定义是："所谓知识经济，是指建立在知识和信息的生产、分配和使用基础之上的经济。"知识经济概念中"知识"的类别，按照经济合作与发展组织的定义，将其分为四类：知道是什么（Know-what）、知道为什么（Know-why）、知道怎样做（Know-how）、知道谁有知识（know-who）。与此相类，也有人将知识分为陈述性知识和程序性知识。陈述性知识主要是用来描述"是什么"或说明"为什么"；而程序性知识则是主要用来回答"怎么办"或"如何做"。知识经济是人类经济发展到一定阶段的产物，是大工业长期发展、孕育的结果，也是在科技和教育高度发展基础上出现的经济发展的新飞跃。知识经济作为一个全新的思想观念，一个全新的经济形态，既给人类的发展带来了新的机遇，开辟了空前广阔的前景与境界，也给人们带来了严峻的挑战。企业管理家德鲁克认为，企业要成功就必须升级换代，提升知识含量，而提升知识含量的前提就是要知识创新、技术创新。事实说明，知识社会处在一个离开以知识创新为核心的持续创新能力，社会经济生活便失去赖以维系的基本前提的时代，正遭遇人类经济史上未曾遇到过的空前严峻挑战的时代。[1]

二、知识经济特征的梳理

吴季松博士认为，知识经济主要具有以下特征[2]：①知识经济是促进人与自然协调、可持续发展的经济。②与工业经济的资金、设备有形资产的投入不同，知识经济是以无形资产投入为主的经济。③知识经济是在世界经济一体化条件下的经济。④知识经济是以知识决策为导向的经济。⑤创新是知识经济的灵魂。陆俊杰先生将其概括为基础知识化、产业知识化、发展创造化。[3] 具体来说，我们认为知识经济具有以下重要特征。

（一）知识经济是高端化、智能化的经济

人类社会历史发展的趋势表明：社会生产力的发展是由低水平向高水平发展的过程。与传统的经济形态——农业经济和工业经济相比，知识经

---

[1] 周海涛. 大学课程研究 [M]. 北京：中国社会科学出版社，2008：104.

[2] 吴季松. 知识经济 [M]. 北京：北京科学技术出版社，1998：24－27.

[3] 王清连，张社字. 职业教育社会学 [M]. 北京：教育科学出版社，2008：338－340.

济是一种后发的经济形态，它源于传统经济，以传统经济为物质基础，而又高于传统经济，是对传统经济形态的发展和超越。从经济形态的生产资料载体形式看，传统的农业经济以土地和劳动力为基础，工业经济以资本和能源为主要推动力，而知识经济则是以知识为基础，以现代科学技术为核心的经济，知识已从教养性因素变身为生产性因素。从经济形态的脑体比例和关系看，农业经济时代是以体力为主创造经济价值的时代，工业经济时代是体力脑力（转化为机械力）均衡创造经济价值的时代，而知识经济则是以脑力为主创造经济价值的时代。[①] 在这个意义上，知识经济也可以称为智能经济，知识经济社会也可以称为脑业社会，知识经济时代的从业者称为"脑民"。

（二）知识经济是综合化、整体化的经济

知识经济虽然是高端经济，但它并不是从天上掉下来的，而是建立在传统经济基础上的一种综合、集成和超越的经济。在知识经济的境域下，知识是高度综合与集成的，经济也变身为一体化的经济。这种经济不再是单一生产资料，如农业经济时期的土地、工业经济时期的资金所主导的经济，而是高度综合集成的。例如，软件本身就是一种知识集成的产品——既含有"软"的知识，如程序需要设计，也包括"硬"的知识，如载体需要制造。这种综合性还表现在技术领域中，如美国阿波罗登月计划总指挥指出，阿波罗计划中都是现成的技术，没有一项新技术，关键在于综合。他同时指出，重大技术的突破现在极少，而各项技术的组合系列化则是发展趋势。

（三）知识经济是创新化、创造化的经济

知识经济的本质在于创新，创新是知识经济的灵魂。在知识经济时代，知识成为生产力的第一要素，知识创新成为推动经济发展的发动机。1993 年美国著名战略研究专家戴布拉·艾米顿（Debra M. Amidon）发表了《知识创新：共同的语言》，认为知识创新就是指新思想的产生、深化、交流并应用到产品（服务）中去，以促使企业获得成功，国家经济活动得到增强，社会取得进步，并强调知识创新价值的核心在于"把思想推向市

---

① 王继华. 校长职业化与教育创新［M］. 北京：北京大学出版社，2003：90.

场"，其过程是"把理论推向实践"。又说："我们生活在这样一个世界，在这个世界里，新思想的应用可能是最主要的竞争优势。""成功的关键因素不仅仅是新思想的数量，而更重要的是这些想法的实现。"① 还不仅如此，知识创新和应用，还构成了当今世界各国发展差异的根由。世界银行、国际货币基金组织发布的 1998—1999 年度报告——《知识促进发展》中指出："发展中国家与发达国家的知识差距，尤其是知识创新能力的差距，大大超过了财富的差距，因而在一定意义上发展中国家需要知识更甚于需要资本。"② 知识经济就是创新经济，离开了知识创新，一个民族或国家的经济发展将失去动力之源。正如江泽民同志所说："创新是一个民族进步的灵魂，是一个国家兴旺发达的不竭动力。"又说："科技的进步，知识的创新，越来越决定着一个国家、一个民族的发展进程。"一个最具说服力的典型例证是，比尔·盖茨正是通过知识创新创造了知识经济时代的神话，缔造了微软帝国。

三、知识经济呼唤职业教育整合

（一）教育由边缘走向中心，呼唤与经济发展对接整合

知识经济是知识与经济的整合，是二者融合形成的一种崭新的、高端的经济形态。知识经济将知识作为经济发展的根本要素，凸显了"知识就是力量""知识就是生产力"的观念变革，相应地也极大地提升了教育的地位和作用，构成了"经济发展—知识主导—教育给力"的因果链条和逻辑路径。教育是知识经济的基础，是发展知识经济的原动力。通过教育能够很好地整合知识的创造、加工、传播和应用，使受教育者所拥有的知识更好地服务于经济发展的需要。作为承载和实施教育、传播知识的机构，高等学校、高等职业院校是社会的知识库、人才库和高新技术的辐射源，是引领经济发展的"发动机"和"火车头"。如果说在传统经济形态下，高等教育还只是一个服务经济的角色，在知识经济背景下它就成了与经济发展融为一体的要素。正如潘懋元先生所说："农业经济时代，大学游离

---

① 戴布拉·艾米顿. 知识经济的创新战略：智慧的觉醒［M］. 金周英，等，译. 北京：新华出版社，1998：7.

② 张武升. 教育创新论［M］. 上海：上海教育出版社，2001：3.

于经济社会之外；工业经济时代，大学处于经济社会边缘；而知识经济时代的到来，大学将被推向经济社会的中心，进入经济运行过程，直接参与经济活动，从而实现大学自身的变革。"① 在知识经济时代，作为与经济发展联系最直接、最密切的高等职业教育，更应该重视与经济的整合对接，在经济发展的大潮中冲浪弄潮、勇执牛耳。

（二）产业升级与转型叠加，呼唤人才培养目标整合

知识经济的到来，将使社会的主导产业由以种植业为中心的农业产业和以制造业为中心的工业产业转变为以知识创新为中心的包括知识的生产、传播和使用在内的知识产业。但就我国当前的产业现状来看，我国的产业正处在农业经济向工业经济转化过程中，同时又叠加了工业经济向知识经济的转轨、民族经济向全球经济的过渡的巨大变革。可以说，我们正置身于一个产业形态不断升级和产业结构多重转型的整合期与过渡期。以三类产业结构而言，正在由"一、二、三"向"三、二、一"转变。以知识密集型和新知识应用为特征的新型产业，如网络经济、电子贸易，以及通信产业、软件产业等得到了迅猛发展。即便是作为第三产业的服务业，也将从传统的生活服务型趋向知识服务型。产业的升级与转型决定了对人才需求的复杂性与高移性。首先，要求高等职业教育调适培养目标，谋求人才培养目标与人才多样需求相整合。如果说职业教育目前培养的还是单一的初级、中级技术人才的话，那么知识经济社会，职业教育培养目标无论是从规格上还是层次上都将趋向高移化、复合化。因而，对于高等职业教育而言，就是要培养高素质、高技能的"双高型"人才。这样的人才复合多面、适应性强，能应对知识经济对人才需求"高移"的挑战。其次，整合专业设置，构建宽窄并举、高中低兼容的专业体系。专业面宽有助于学生的专业选择和职业的适应性；高中低兼容主要是要加大与技术含量高的高新技术产业相关的专业设置，使高等职业教育的人才产出能够跟进产业升级和技术进步的需要。

（三）知识与技术创新成为核心，呼唤教育发展的改革整合

知识经济是创新经济。在知识经济时代，新知识、新思想、新技术将

---

① 潘懋元. 大学教育综合化 ［M］. 济南：山东教育出版社，1999：4.

成为组成生产力的一个最重要的因素。知识创新、技术创新、制度创新、观念创新等以及各种创新的组合，将成为发展经济的根本动因。高等职业教育要适应知识经济时代创新的需要，就必须培养创新型人才。创新是人类的最高本性。德国人类学家兰德曼说，如果人有某种不可改变的东西的话，那么这个东西就是人的创新本性。① 创新并不神秘，人皆有之，只不过层次、类型不同而已。早在 20 世纪 40 年代，陶行知先生就在其《创造宣言》中指出："处处是创造之地，天天是创造之时，人人是创造之才。"高等职业教育的任务就是将人的这种潜在的创新天性开发出来、培养起来，这就要求高等职业教育要实施改革，构建一种有利于创新人才脱颖而出的环境、机制和条件，推行教育的整合与整合的教育。高等职业教育创新人才的培养，一要重视知识与能力、技能与智能的整合，既不能离开知识构成去奢谈能力培养，也不能漠视能力培养一味强调掌握知识。同时，还要重视学生的动手技能和动脑智能的整合，建构学生技术创新所需要的完整的能力链。二要重视创新、创业、创优的整合教育。江苏教育科学研究院马成荣所长认为："创新是人的一种发展能力，创业是人的一种生存状态，创优是人的一种精神品质。"② 应该说"三创"整合是高等职业教育改革创新，培养适应知识经济创新人才的必然路径。正如王小平女士所指出的："作为一个现代人，应该掌握三本'教育护照'，第一本是文化的，第二本是技术的。传统的人只要掌握这两本'护照'就能在社会上生存和发展，在现代社会，只掌握这两本护照已经不够了，还要掌握第三本'护照'——'创业护照'。"③

高等职业教育整合论

---

① 米夏埃尔·兰德曼. 哲学人类学 [M]. 张乐天，译. 上海：上海译文出版社，1998：228.

② 马成荣. 创业、创新、创优：职业教育的新视界 [J]. 教育研究，2011（5）：58.

③ 王小平. 出发：与智慧同行 [M]. 北京：机械工业出版社，2004：198.

第二章

理论建构：整合作为高等职业教育的理论核心

理论建构是任何学术研究都追求的一种目标和境界。它是学术研究的根基和底蕴，也是衡量和鉴别研究成果价值品位及深浅高下的标尺。我们希望通过自己的思考，为整合的理论建构做一点基础性的拓荒工作，并吸引更多的人参与到这一研究阵营里来。本章由整合的内涵、价值和特征揭示入手，以逻辑起点理论和范式理论等不同视角作为观察点，研究和论证整合作为高等职业教育理论建构的核心价值和逻辑基础，目的在于把握理论建构最核心的要素和最根本的范畴，从而奠定整合作为高等职业教育研究的思维方式、理论基础的哲学地位。

第一节
整合的理论观照与特征描述

一、整合的内涵及对高等职业教育的价值

整合这一概念，分而释之，"整"是整理、规整、统整、整体之意，"合"是合并、融合、联合、组合、结合之意。合而言之，是综合、归整、合成之意。整与合的区隔在于："整"是手段，"合"是目标；整是前提，合是结果；整是基础，合是基础之上的建构。整与合的关系表现为：整中有合、合中有整、先整后合、合而再整，整与合是一个完整的辩证过程。整中有合，"合"才是有机的、超越的、和谐的；合中有整，"整"才是有目的的、合规律的、合需要的、合发展的。先整后合，才能保证整合不是任意拼合、勉强凑合、随意捏合、强行撮合等；合而再整，才能形成事物由低级到高级的无限发展和良性循环。这是一个完整的整合价值链，体现了以事物的环节、要素整合为内容的整与合之间，在相互确认对方存在意义的基础上的一种价值联结和链式统一。

关于整合的完整定义，不少学者都有论述。崔景贵认为："心理教育中的'整合'的词义通常表示'整体、综合、渗透、重组、互补、凝聚'

等意思，其主要意蕴体现在整体协调，渗透融合。"① 郝德永立足于课程论的视角指出："整合是将两个或两个以上较小部分的事物、现象、过程，以及属性、关系、依据、标准等在符合具体客观规律或符合一定条件与要求的前提下，凝聚和融合成一个较大的整体。"② 也有学者认为，整合就是将分散的因素、属性、方面，按其内在联系有机地结合为一个统一整体的过程。③ 上海职成教研究所郭扬所长的定义是："整合是将个别的个体或因素按一定规则综合形成新整体的思维过程和方法。"④ 王小平强调："整合就是从整体性的高度来进行一系列的组合，将各个层次的各种因素有机地结合、融合起来。"⑤ 我们认为，整合是将两个以上异质事物、现象或主体联结组合，使之形成合目的的价值整体的归并融合的过程。

整合之于高等职业教育的价值体现在以下几个方面。

（一）整合是一种高度概括的哲学方法论

方法是分层级的，有经验层面的做法、理性层面的方法以及哲学层面的方法论。方法是研究的程序和规范，方法论则是关于方法本身的理论。⑥它是居于方法之上的理论抽象，具有规范、准则的"法"的意涵，即一定之规、权威之则之意。而我们通常所说的方法，也可称为"式"，如教学的方式、模式、程式，它是依"法"行事的某种样态，大致上具有形式的、可操作的行为特征。对于职业教育研究来说，整合的具体方法可以说是无限的，但当我们不断进行概括，剥离具体，扩大其外延，最终得到的只能是外延极广、包容极大的"整合"概念本身。这一概念就是上位的、具有方法论特征的哲学把握。作为最高的哲学抽象，整合不再拘泥于，或者说超越了具体的整合方法，而是具有了总方法和宏方法的性质，成为普遍适用方法论工具。问题在于，现实中人们往往过于看重对整合具体方法

① 崔景贵. 论心理教育的分化与整合 [J]. 教育研究，2005（2）：84.

② 郝德永. 课程研制方法论 [M]. 北京：教育科学出版社，2002：332.

③ 周光迅. 大学教育综合化 [M]. 济南：山东教育出版社，1999：201.

④ 郭扬. 高职院校课程模式开发基础 [M]. 北京：中国科学技术出版社，2010：80.

⑤ 王小平. 本领恐慌Ⅱ：成功真本领 [M]. 北京：企业管理出版社，2003：137.

⑥ 刘海龙. 传播研究本土化：问题、标准及行动路径 [J]. 新华文摘，2012（1）：147.

的研究，而遮蔽了对方式背后的哲学提炼和把握。这是过于看重实际应用和理论思维程度不高的表现。

（二）整合是拓展创新可能和边界的"利器"

法国著名哲学家和社会学家埃德加·莫兰（Edgar Morin）认为："一个理论不是一个目的地，它只是一个可能的出发点，一个理论不是一个解决办法，它只是提供了处理问题的可能性。换句话说，一个理论只是随着主体思想活动的充分展开而完成它的认识作用，从而获得它的生命。"①整合作为方法论理论，当然不是终结性的，而是始发性的。理论本身不是目的，只有"完成它的认识作用"，并产生指导实践的成果，理论才能"获得它的生命"，理论之树才能常青。正如毛泽东同志指出："理论的目的全在于应用。""如果有了正确的理论只是把它空谈一阵，束之高阁，那么这种理论再好也是没有意义的。"因而，我们必须怀揣着整合的方法上路，寻求高等职业教育创新才是我们的目的。可以自信地宣称的是，整合的方法为高等职业教育的理论和实践创新提供了无限的可能性。它可以在跨界整合中，极大地拓展职业教育的边界和领域，催生职业教育的发展创新。它可以贯串职业教育一切过程的始终，催生职业教育的实践创新。它可以与各种学科理论、思想整合交集，催生职业教育的理论创新和超越。

（三）整合是高等职业教育理论建构的"基石"

整合是高等职业教育理论建构最基础的，也是最坚实的"石头"。它看似简单，简单到只有一个词，但最简单的往往是最复杂的。符号越简单，应用越广泛，意义就越深刻，越具有普遍性和实用性。

我国中医理论博大精深，可以归为"两纲六要"。两纲，即阴阳。六要，即表里寒热虚实。不可谓不简单，但它却是中医辩证施治的理论基础、总纲。全部的中医理论和治疗实践，都是围绕它们展开的。中科院院士、北京大学姜伯驹教授认为："最简单的东西，往往也是最本质的、最基本的。通过对简单真理的把握，建立思维体系，推演出的结论却可能是惊人的。这是数学思维，是科学精神，是坚持真理的品质，是创新能力的

---

① 埃德加·莫兰. 复杂思想：自觉的科学 [M]. 陈一壮，译. 北京：北京大学出版社，2001：271.

根基。"① 整合就是这样一个最简单、最本质，也是最复杂的东西。它是职业教育理论和实践建构、运行的总纲，是职业教育理论和实践的灵魂和核心。全部职业教育的理论基础、思维方法和实践模式都是建立在其上的。在这个意义上，我们也可以把整合称为高等职业教育理论建构的"学科之眼"。透过这一"法眼"，职业教育研究将获得一种高远的视界，一览众山小；将获得一种邈远的境界，视野无极限。它使我们在俯瞰和远观的视界中，看清职业教育的本质和全貌，洞悉职业教育的远景和走向，并在这样的整合追求和实践中，登临极顶，放眼未来，实现超越，行之久远。

（四）整合是职业教育学科建构的根本之"道"

学科是由专业人员以独有的领域为对象，按照专门的术语和方法建立概念一致、体系严密、结论可靠的专门化知识体系。目前，职业教育一级学科的地位尚未得到认同，还处在隶属于教育学的次学科地位。究其原因：一是性质认识模糊。虽然各种版本的说法都有，但每一性质的规范和界定，都不足以支撑起职业教育的学科体系。二是体系同化严重。过多地嫁接和移植教育学或高等教育学理论，没有自己独立的核心范式以及在此基础上衍化出的一整套话语体系。严格地说，职业教育还没有属于自己的真正的学科理论。高层次的逻辑自洽的职业教育学科体系始终无法建立起来。从学科建设条件看，一门学科大体包括"道""学""技"三个层面。"道"属于哲学范畴，是指对学科发展最具影响力的观念、立场、思想和方法论。"学"属于科学范畴，主要涉及对规律、原理和机制等方面的探讨。"技"属于技能范畴，主要涉及行为方式，表现为技术、技艺、技巧、方法等。职业教育学科建设就是由整合之"道"统领的"学""技"在内的一整套概念、原理、方法体系构成的特定学科。

职业教育学科体系的建构需要以整合为核心，建构职业教育一级学科的学科群体系。创生职业教育品格的整合哲学、整合教育学、整合社会学、整合心理学、整合经济学、整合文化学、整合管理学、整合技术学等，以及这些主干学科之下的整合课程论、整合方法论、整合资源论、整

---

① 盛开. 姜伯驹：教师心 数学魂——北大学子对话首届教书育人楷模姜伯驹［N］. 中国教育报，2011－04－21（4）.

合价值论、整合模式论、整合范式论、整合本质论等支撑学科，能以此确立职业教育的"身份"和地位，从而增强职业技术教育学晋升为一级学科的实力。同时，我们还需要研究整合的历史传统、整合的国际经验、整合的创新机制、整合的学理基础等微观的、分支性、专题性的问题，使整合的理论创新奠定在广泛的学科体系和牢固的思想基础之上。

二、高等职业教育整合理论的特征

特征是事物的特性和表征，是一事物区别于他事物的特殊性的体现。理论特征是指某一理论所具有的独特的个性表征，它是理论由内而外彰显出来的一种品质，同时又是由外而内蕴蓄的一种特性。高等职业教育整合理论有四个基本特征，即普遍性、联系性、综合性、整体性。

（一）普遍性

普遍性是高等职业教育整合的存在特征。对于高等职业教育来说，整合是普遍存在的，它无处不在，无时不有。其一，高等职业教育的整合普遍存在于高等职业教育的发展过程中，也就是说，高等职业教育所涉及的各个领域和方面，所存在的事实和现象都可以纳入整合的视野和范畴予以观照和审视、解读和揭示，没有例外。其二，每一职业教育的发展过程自始至终存在着整合。如校企合作、教育体系、课程改革、资源共享、师资要求等，都始终与整合相伴随。旧的整合过程完结了，又将酝酿和开启新的整合，它是一个周行不殆、循环往复以至无穷的过程。只要高等职业教育存在，整合就存在。可以说，高等职业教育就是一种整合的存在，或者说整合是高等职业教育的存在形式。

（二）联系性

联系性是高等职业教育整合的生成特征。整合是寻求联系的过程，联系是整合的内在机理，没有联系，就没有整合。联系的观点是唯物辩证法的一个基本观点。联系是指一切事物、现象及事物内部诸要素之间的相互依赖、相互制约、相互影响、相互作用。事物的联系是客观的和普遍的。联系的客观性是指联系是事物本身所固有的本性，它不依人的意志为转移。联系的普遍性是指世界上的一切事物都与周围其他事物这样或那样地联系着，任何事物内部的各个部分、要素又相互联系、相互作用着。整个世界就是一个相互联系的统一体。^① 从联系的基本环节或辩证范畴看，现象和本质是显隐联系，内容和形式是表里联系，原因和结果是依存联系，可能性和必然性是转化联系。当然，还有内部联系、外部联系，直接联系、间接联系等。

高等职业教育的整合就是对事物各种联系的发现和把握。因为只有发现联系，才能将二者联结到一起、整合到一起；反之，如果没有联系或虽有联系我们却没有发现，都将无法实现整合。如职业能力与技能训练是一种直接联系，我们可以把二者联结到一起，形成整合。但职业能力与知识和工作任务之间的联系，就不是那么明显，它们是间接联系，发现这种联系需要有眼力和智慧。徐国庆认为，"可以把职业能力的本质概括为知识与工作任务的联系"，"只有在具体工作情境中，引导个体努力建构知识与工作任务的联系，才能有效地培养个体的职业能力"^②。这样洞幽发微，发现事物内在的、深层次的联系，才能实现职业教育有价值的创新整合，指导职业教育的实践。所以，联系是整合的基础和前提，是生成整合的基本特征。

（三）综合性

综合性是高等职业教育整合的手段特征。综合相对于分析而言，它是在分析、比较、归类等思维过程的基础上，将事物的各个部分，按照事物的本来面目有机地联结到一起，从整体上把握事物的思维过程。综合是将联系的事物整合为一体的手段，两种不同的事物不论其联系多么紧密，它们并不会自动地结合在一起，生成新的事物，它需要外在综合的促成，需要手段的焊接。何谓手段？手段是确立目的的方法、介质和工具，是实现目的的策略。高等职业教育的整合需要综合手段的"给力"。

以课程整合为例，面对高等职业教育课程芜杂、繁多、课时超载的现象，我们必须对它们进行整合。但这样的整合不是任意而为的，而是建立在对课程性质的分析、课程内容的比较、课程门类的归并基础上的。如将

① 上海市高校《马克思主义哲学基本原理》编写组. 马克思主义哲学基本原理 ［M］. 6 版. 上海：上海人民出版社，1994：55.

② 徐国庆. 职业教育项目课程开发指南 ［M］. 上海：华东师范大学出版社，2009：22－23.

种植专业的植物学、植物生理学、土壤学、农业气象学、肥料学五门课程整合成植物生长与环境，就是以综合为手段，实现对课程的成功整合。若无综合，离散的、分拆的事物不能凝聚为一个整体，不能生成具有整体优化特征的全新的事物，整合就无由实现。应当强调的是，应处理好手段的运用与目的的关系，因为"手段价值离不开目的价值的规定，目的价值离不开手段价值的推进。如果没有手段价值的现实化和层层推进，目的价值就会成为空中楼阁。同样，如果没有目的价值的规定，手段价值就会陷入盲目和自流"①。所以，高等职业教育整合必须高度重视综合手段，并在整合实践中注意这一手段与整合目的的统一。

（四）整体性

整体性是高等职业教育整合的完型特征。整合是以综合为手段，从整体上把握事物的哲学方法。整体性是整合后的事物体现出的一种完型特征。系统理论特别强调事物的整体性或整体功能，强调 $1+1>2$ 的整合效应或系统功能。如苇篾编成席子，就不再是苇篾，而应该叫席子。同理，建筑也不能被还原为它的砌块之和，它是整然一体的。整合所追求的就是这样一种整体优化的效果。

整合的整体特性要求我们：首先，要有整合的整体意识，要立足整体看事物，观万象，这样才能看清整体，总览全貌，而不致乱花迷眼，自迷其中，"不识庐山真面目"。如姜大源提出职业教育是一种跨界教育，就是以整体观和联系观考察职业教育得出的一种创新理念，如果只局限于职业教育本身的定界之内，不能跳出"围城"，就无法真正看清职业教育跨界的本质和规律。其次，要重视整合结果的整体优化。这里我们不妨借助 $1+1$ 数字模型，来说明整合结果的几种情况。一是 $1+1<1$。这是一种完全失败的整合。现实中这种整合有时也是存在的。例如，如果当这种整合是混乱、冲突、内斗、自耗的整合，就必然会产生小于 1 的结果。这样的整合是我们最不愿看到的，其结果是不仅整垮了别人，也整垮了自己，是"双输"的整合，不如不整。二是 $1+1<2$。与整合的预期相比，大为缩水，并没有达到整合预期的效果。三是 $1+1=2$。这是整合的正常情况，

---

① 张军. 价值与存在——价值话语的形上之思［M］. 北京：中国社会科学出版社，2004：122.

是一种无衰减的平衡态整合。这种整合虽然在规模或数量上产生了变化，也不排除在局部、个别的方面有一定的创新和超越，但在总体的质量和效益上并没有突破和长进，是一种量的区间的震荡和渐变。以水为喻，这种渐变和波动并没有改变水的形态，升温而不至为气，降温而不至为冰，没有新质的产生，是渐变累进的常态模式，也不是理想的整合。四是1+1>2。大于2的整合结果，意味着整合取得了质变和突破，取得了显绩和实效，是一种水化为气或凝为冰的超越创新式整合，是我们希望看到的理想样态的整合。从价值理论角度研判，第一种整合是负值的整合，第二种整合是减值的整合，第三种整合是等值的整合，第四种整合是超值的整合。我们所追求的整体优化的整合，应当是1+1>2的超值整合。

第二节
整合：高等职业教育的逻辑起点

逻辑起点是高等职业教育理论与实践研究的一个重要问题，它是高等职业教育理论和实践的起始范畴，由此出发，能够推导和演绎出整个职业教育的宏大体系，能够解释职业教育的一切事实和现象。它既是理论体系建构的本源、开端和基础，也是思想或思维的起点，还是实践操作层面最根本的起点和方法论。因而有必要加以澄明和厘清，以便为高等职业教育研究设定一个好的切入点，理顺研究理路，为研究的展开打开"绿色通道"。

一、职业教育逻辑起点的内涵

（一）学界普遍认同的逻辑起点的内涵规定

当下学界对逻辑起点内涵的判定基本上是基于黑格尔在其《逻辑学》中提出的几点原则：第一，逻辑起点应该是一个最简单、最抽象的规定。理论体系的概念推演过程，就是不断地丰富开端规定性的过程。第二，逻辑起点应该揭示对象最本质的规定，并以此作为整个体系赖以建立起来的根据和基础。第三，逻辑起点与对象在历史上最初的东西相符合。[①] 列宁曾认为，黑格尔最先提出历史和逻辑相一致的思想，对开辟一门新逻辑学具有重大意义。与此相近，郭元祥也认为："逻辑起点范畴具有四个方面的规定性：①它是整个理论体系对象最简单、最一般的规定；②它是构成体系对象的最基本的单位；③它是以'胚芽'的形式包含着体系对象整个发展中的一切矛盾和可能；④它是认识历史发展的起点。总之，逻辑起点范畴所反映的是'体系对象由以构成的多样性统一的基础'。这些规定性既表征了逻辑起点范畴所反映的对象的特点，也是逻辑起点范畴应该符合的基本逻辑要求。"[②] 以上引述和概括是学界基本认可的原则框范。我们认为，对职业教育逻辑起点的认定，也应当基于上述内涵标准和多元规定去推导和界定，而不应背离这一理论旨归另搞一套。

（二）逻辑起点对职业教育的启迪

对职业教育逻辑起点的研究，是在普通教育学逻辑起点研究的带动下或启发下发生的。一些研究者根据逻辑起点规定性的内涵和职业教育的特性，努力探求适合职业教育的逻辑起点，提出了一些在他们看来言之成理、持之有据的观点，对职业教育逻辑起点研究起到了一定的先导作用。那么，什么是职业教育的逻辑起点呢？不同的学者提出了各自的观点。广东技术师范学院的王川指出，逻辑起点是指一门科学或学科结构的起始范畴、理论体系的始自对象，是整个学科理论体现的逻辑得以展开和完成的最初规定。其实质就是运用逻辑方法为职业教育学找到一个最基本的理论前提或出发点。[③] 商圣虎认为："所谓逻辑起点，就是一种理论或一门学科研究的出发点，它是理论研究中的最基本、最抽象、最简单的范畴，是理论体系或学科的核心问题，它能演绎出整个理论体系的逻辑主线和结

① 瞿葆奎，郑金洲. 教育学逻辑起点：昨天的观点与今天的认识 [J]. 上海教育科研，1998（3）：3.

② 郭元祥. 教育学逻辑起点研究的若干问题思考 [J]. 教育研究，1995（9）：31.

③ 王川. 试论职业教育学的逻辑起点 [J]. 职业技术教育，2005（16）：8－12.

构；是思维从抽象上升到具体的初始概念，是理论或学科研究中的思维起点。"① 杨丽则认为，逻辑起点是一种形象的比喻，是指理论开始的地方，是构建整个理论大厦不可或缺的原始根基。逻辑起点的形式多是一组原始概念以及这些概念之间的关系。② 与此观点相印证的还有，"历史从哪里开始，逻辑也就从哪里开始。作为逻辑起点的概念、范畴，是从历史实践中抽象出来的"③。西安广播电视大学的李斌认为，首先，职业教育的逻辑起点应来源于职业教育本身形成与发展的实际过程，它是一根在更高层次上贯串职业教育理论全部内容的红线。其次，职业教育的逻辑起点规定着职业教育的性质、特点、教学内容、教学方式、办学模式和发展模式。再次，职业教育的逻辑起点只能有一个。任何一种科学而完整的理论体系都应有其贯串整个理论体系的一个逻辑起点，否则，便不成其为逻辑起点。④ 杨丽强调，逻辑起点是对源自实践中的具体因素、并为人们所洞悉的东西的概括；逻辑起点是否恰当合理，或许在付出艰辛而构建出新的教学理论体系后，才能显示出逻辑起点的强大生命力和本来的理论价值。⑤

二、对当下职业教育逻辑起点观的省思

（一）技能训练起点观

这一观点是王川提出来的。他认为："技能训练是职业教育的逻辑起点"，其理由是：其一，技能训练是职业教育学中最简单、最抽象的规定和最简单的范畴；其二，技能训练是揭示职业教育最本质的规定，并作为整个体系赖以建立的根据和基础；其三，技能训练的展开过程是职业教育产生与发展的主线。⑥ 我们认为，将技能训练作为职业教育的逻辑起点是不恰当的，其理由是：第一，技能训练并不符合逻辑起点抽象性的规定。

① 商圣虎. 高职教育研究逻辑起点的抉择 [J]. 职教论坛，2006（13）：32－34.

②⑤ 杨丽. 我国现代教学理论建构应有的五个追求 [J]. 教育研究，2010（2）：52－56.

③ 冯向东. 教育科学的理论与实践逻辑——关于布迪厄"实践逻辑"的方法论意蕴 [J]. 教育学（人大复印报刊资料），2012（7）：70.

④ 李斌. 论职业教育的逻辑起点 [J]. 职业时空，2007（8）：7－8.

⑥ 王川. 试论职业教育学的逻辑起点 [J]. 职业技术教育，2005（16）：8－12.

它是实际操作层面的东西，是一种实训方式，是学生的技能、能力由以习得和掌握的实践前提。第二，技能训练只是职业教育课程构成的一个方面，是与理论课相对应的，属于实习实训的范畴。它是职业教育比较微观的领域，由此出发并不能铺衍、展开、形成职业教育赖以建立的理论体系，最多也只能在学生能力培养和体现职教特色方面彰显其价值效能。第三，与其把技能训练称为逻辑起点，不如把它称为逻辑基点。逻辑基点也称逻辑基项，它是范畴体系的核心，贯串体系的始终，在范畴体系中具有奠基石的地位和作用，如职业教育中的"实践"，就是这样的中心范畴。与学科教育理论属性相比，可以说职业教育就是实践教育学，它是围绕实践并通过实践这个基点或中心而建构起来的"另一类型"教育。"技能训练"的外延小于实践概念（若将实践作为职业教育的逻辑基项将更加准确），但内涵相近、相等，所以也可作为逻辑基点。有学者认为，逻辑起点（始项）与基项的关系，是一般形态与特殊形态的关系。从始项出发，推演出基项，就是范畴从抽象上升到具体的运动，是前提和结论的关系。始项是前提，基项是始项的推论，是由前提必然得到的结果。①

（二）技术、岗位技能起点观

河海大学的商圣虎认为："高等职业教育是以技术为核心的教育，其研究的最基本的、最抽象、最简单的问题当然是技术。技术在高等职业教育本质中的核心地位决定了研究的逻辑起点必然是技术。"② 西安广播电视大学的李斌认为，"职业教育的终极目标是使受教育者最大限度地满足工作岗位所需的技能和素质，因此，把岗位技能的要求作为职业教育的逻辑起点，才能建立起职业教育的理论体系"。同时，他也认为："确立岗位技能作为职业教育的逻辑起点，建构职业教育的逻辑体系，是对传统职业教育逻辑体系的挑战，也是职前技能培养和职后技能提升的改革方向。"③我们认为，以上两种起点论是将职业教育目标或终点误为起点。首先，教育目标是人们对教育的期望，产生于教与学的过去与未来、现实与理想、客观与主观之间的差距与张力。职业教育的培养目标就是培养技术与技能

① 孙显元. 范畴体系的逻辑基项 [J]. 齐鲁学刊, 1985 (1): 18 – 22.

② 商圣虎. 高职教育研究逻辑起点的抉择 [J]. 职教论坛, 2006 (13): 32 – 34.

③ 李斌. 论职业教育的逻辑起点 [J]. 职业时空, 2007 (8): 7 – 8.

型人才，赋予学生"谋生之准备、谋个性之发展"的技术和能力。这种能力只能产生于教育过程的终结，而非教育过程的起点，因而它是终点性质的，而终点是起点的目的、起点的实现，却不可能是起点本身，所以并不具备逻辑起点的性质。其次，培养目标是具有价值取向的主观范畴。它是人们在对职业教育的规律深刻理解、认知的基础上完成和确定的，是在职业教育本质的制导下意欲达臻的追求，它不是一个先在的直接的存在，而是第二位的、被决定的，因而不能成为逻辑起点。

（三）职业起点观

职业起点观即认为"职业"是职业教育学的逻辑起点。有学者分析这种起点观时指出，以职业为逻辑起点的高等职业教育研究，主要是从社会职业的分类出发，去探讨高等职业教育对社会职业岗位的适应与胜任。在当今，以职业为逻辑起点的研究还是处于主流的地位。我们认为，这种起点观是将职业教育特有属性或学科立足点——职业误为逻辑起点。这是因为：第一，职业反映的是教育属性。职业教育当然是职业属性的。它不同于普通高等教育遵循的是知识体系背景下的学科路径，是以知识类型为载体划分学科的，如数学系、物理系、中文系等，它们是学科属性的；而高等职业教育则是以职业类型为载体划分专业的，如文秘专业、营销专业、建筑工程专业、数控加工专业等。其专业设置是直接对应并面向职业体系的。[①] 但职业并非抽象的规定和思维方式。《现代汉语词典》把职业解释为"个人在社会中所从事的作为主要生活来源的工作"，是人在社会分工体系中获得的一种社会位置。它是一个内涵十分具体的概念。同时，职业也与逻辑起点所要求的思维方式的规定性不相符合。第二，职业作为职业教育的逻辑起点，不是由其内在的科学性、合理性所致，而是由"以就业为导向"办学方针的话语强势和就业难背景下，催生的对职业的忧患、追逐、趋附等外致因素所造成的，它并不能够真正承载职业教育研究逻辑起点的理论之重。

（四）技艺自由起点观

深圳职业技术学院徐平利认为，"技艺自由是职业教育的逻辑起点"。

---

① 张健. 职业教育的追问与视界［M］. 芜湖：安徽师范大学出版社，2010：87.

同时，他也认为"'技艺自由'是建构职业教育理论的'元概念'"。这里，徐平利主要是通过技艺和自由两个概念纳入职业教育的历史进程来考察职业教育"何以降生"的，认为"技艺和自由，缺少了两点之中的任何一个，职业教育就不会诞生"①。因而，与其说技艺和自由是职业教育研究的逻辑起点，不如说它是职业教育产生的历史起点更为准确。

（五）职业技能授受观

兰州大学教育学院马君认为，"职业技能授受"是职业教育学的逻辑起点。理由是："首先，'职业技能授受'是职业教育学最简单、最基本的起始范畴。其次，'职业技能授受'符合逻辑起点与历史起点相统一的规则。再者，'职业技能授受'标志着职业教育的直接存在。最后，'职业技能授受'揭示出职业教育最本质规定。"② 我们认为，"职业技能授受"并非最简单的范畴，起码它是由职业技能和授受关系两部分构成的，表达了职业教育"教什么"和"怎样教"两层意涵。以此作为职业教育的逻辑起点，就会将其锁定在教学论的范畴，这是偏狭的、作茧自缚的。

三、认定职业教育逻辑起点的依据

认定什么是职业教育的逻辑起点，不是以主观上觉得如何而定，而应该科学准确地把握逻辑起点的内在规定性和认定依据，这样才能帮助我们循此追索、披表入里，有效地厘清职业教育逻辑起点的本真性状，真正找到属于职业教育的逻辑起点。

（一）逻辑起点是理论的起始范畴

首先，逻辑起点是理论建构的基石。逻辑起点又称初始性范畴或理论基石、逻辑基石。"逻辑起点是一门科学或学科的理论体系的基石，是理论体系赖以建立的基础。"③ 这一基石以"胚芽"的形态内在地隐含着所

---

① 徐平利. 职业教育的历史逻辑和哲学基础［M］. 桂林：广西师范大学出版社，2010：153–154.
② 马君. 中国职业教育学的反思与理论建构［J］. 职教论坛，2012（7）：17.
③ 瞿葆奎，郑金洲. 教育学逻辑起点：昨天的观点与今天的认识［J］. 上海教育科研，1998（3）：3.

有后继规定的内容，一切后来的东西都可以而且必须从中合理地、有序地演化出来、拓展开来。其次，逻辑起点是理论有序展开的始点。理论，是经由缜密论证的概念组成的知识体系，是系统化了的理性认识。这种由概念、判断和原理构成的体系不是胡乱堆积的，而是有机联系的、相互兼容的，并能够被有序化地推导。逻辑起点就是理论有序展开的"起始范畴"，是理论体系的"始自对象"。因而，反过来，逻辑起点又成为掌握理论精髓的重要前提。它既是我们把握已知科学规律的瞭望窗口，又是我们窥探未知领域奥秘的开门钥匙。

（二）逻辑起点是一个抽象的规定

逻辑起点是包括教育学体系在内任何一门学科体系诸范畴中最抽象之物。只有找到了这个抽象之物，并将教育理论奠基于此基础之上，它才能科学地体现出教育理论对教育实践的巨大指导意义。[1] 黑格尔说，造成开端的东西，不能是一个具体物，开端应当是抽象的开端。"可以说根本不可能对开端采用任何更详密的规定或肯定的内容。"为此，不少学者都强调逻辑起点"必须抽象到不能再抽象的程度""必须达到抽象极限"。究其原因，首先，逻辑起点是最集中地反映事物全体的本质的范畴，它必须是经由现象概括达于本质而又能反转过来解释现象、指导现实的范畴，这样的范畴必然是一个抽象的、一般的、普遍的规定。其次，逻辑起点只有高度抽象，才能达到形而上的理论高峰，产生高屋建瓴的理论势能，才能极大地拓展其外延，为理论体系的建构开辟更广阔的空间，预留足够的领地。换言之，作为逻辑起点的范畴必须是一个虚灵的概念，才能承载和生成更多、更丰富的东西，反之，所有板实的概念、抽象不足的实体性范畴，都会因其外延的逼仄狭小，而局囿甚或窒息理论本身。再次，越是抽象的就越是具体的。逻辑起点只有高度抽象，才能与形而下的教育实践之间形成巨大的理论张力和活力，才能在与具体的、个别的、特殊的职业教育实践的相互结合、相互作用过程中，产生普遍的指导作用。正如马克思在《资本论》中所说："最一般的抽象总只是产生在最丰富的具体发展的地方，在那里，一种东西为许多东西所共有，为一切所共有。"[2]

---

[1] 刘旭东. 也谈教育学体系的逻辑起点［J］. 教育理论与实践，1988（1）：55.
[2] 冯振广，荣今兴. 逻辑起点问题琐谈［J］. 河南社会科学，1996（4）：58.

（三）逻辑起点是一种思维方式和前提

思维方式是人脑活动的内在程式。它是人们通过思维活动达到思维目的的途径与方式。不同的人有着不同的思维方式。比如，哲学家通过符合逻辑的思维思考抽象的事物，文学家则通过形象的思维把握外部世界。逻辑起点是人们把握理论并建构理论的切入点，它应该是与人的思维方式直接相通，或者说它本身就构成一种思维方式。这可以从以下两方面求证。一方面，"逻辑起点问题是哲学特别是逻辑学研究中的一个基本问题，对它的理解就不能脱离开哲学、逻辑学的基本理论"①。逻辑学是以思维本身为研究对象的，是研究思维的形式和规律的科学，逻辑起点自然要符合逻辑学的规定，与逻辑学过从甚密，并和人的思维方式、方法结下姻缘。因而，人们通常也把逻辑起点当作思维的前提和取向、思维的有机构成。另一方面，"哲学方法论是人的思维方法的核心，对各种具体的思维方法起着制约作用"②。"从哲学意义上讲，逻辑起点是人们思维的具体上升到抽象再到具体全过程的初始概念，从而构成思维的基石。"③ 就是说，逻辑起点对整个思维过程具有引领制导作用，并在过程中体现方法，在方法中蕴含过程。

四、整合：职业教育逻辑起点的澄明

何谓整合？整合就是将零碎、分散的东西通过一定的方式组合起来，构成一个全新的功能系统。其主要精髓在于整合、合并零散要素，使之形成合目的的价值整体。对于职业教育来说，整合就是将职业教育的要素、构件等重新组合，使之形成符合职业教育发展要求的新的功能整体。对照逻辑起点的内在规定，扬弃各种职业教育逻辑起点论，我们认为，整合堪为职业教育真正的逻辑起点。因为它符合职业教育逻辑起点的内在要求和理论定性，是职业教育的根基所在，方法所系，特色所凭。以整合为逻辑

① 瞿葆奎，郑金洲. 教育学逻辑起点：昨天的观点与今天的认识 [J]. 上海教育科研，1998（3）：3.

② 聂锦芳. 哲学原论 [M]. 北京：中国广播电视出版社，1998：53.

③ 吴伟达. 国家调节：经济法逻辑起点的科学界定 [J]. 河北法学，2008（4）：83-88.

起点，才能引导职业教育进入澄明之境。

（一）整合是职业教育的起始范畴

逻辑起点要求作为起点的东西，必须是一个理论体系的开端，是理论体系的根基。正如杨丽强调，逻辑起点是指理论开始的地方，是构建整个理论大厦不可或缺的原始根基。考察"整合"这一范畴，完全具备这样的特性。它是一个外延极宽泛和内涵广延性极大的概念，由此出发，可以涵盖和推导出整个职业教育的理论体系。

这从职业教育的产生、性质和发展路径等多方面都可以得到印证。其一，高等职业教育的产生就是以整合为发端、为手段，组合重整的产物。整合的方针是"三改一补"，即对现有高等专科学校、职业院校和独立设置的成人高校进行改革、改组和改制，并选择部分符合条件的中专改办。整合的类型和策略是：①中专整合的升级版，即多所中专学校合并重组，升格为高职院校。②独立转型的改制版。即由单一的成人高校、职业大学或专科学校改制成高职高专院校。③多级整合的混成版。即由一所专科加一所以上的中专学校，不同层级的学校混合整合而成的高职院校。正是由于职业教育的成功整合，才迎来了高等职业教育大扩容、大发展的黄金10年，为我国经济的振兴与发展奠定了人力资源基础，提供了有力的保障。其二，从高等职业教育的性质看，也是基于整合而生成的。也就是说，"高等职业教育在层次上属于高等教育的范畴，有别于初、中等职业教育；在类型上属于职业教育范畴，有别于普通高等教育的学科体系；在内容上属于技术教育范畴，既有别于普通高等教育的学术教育，也有别于中等职业教育的技能教育"①。可见，高等职业教育的性质就是高等教育、职业教育、技术教育的整合。它是层次、类型、内容"三位一体"多元整合的产物。其三，职业教育的发展路径是"工学结合、校企合作"，同样是工作和学习整合、学校和企业整合的产物。为此，姜大源就直接把职业教育视为"整合科学"，认为它是指"在职业教育领域内集成教育过程与工作过程的创新性的职业科学"②。除此之外，他还鲜明地提出了职业教育是"跨界教育"的观点，实质上还是整合教育的另一种表述。显见，研究这

① 张社字. 略论高等职业技术教育课程开发的特色［J］. 中国电力教育，2003（3－4）：104.

② 姜大源. 职业教育专业教学论初探［J］. 教育研究，2004（5）：49－53.

样的教育，如果不以整合为起始范畴和视点，找不到正确的切入点，那就只能迷失在"乱花渐欲迷人眼"的理论乱局中，徒生"不识庐山真面目"之叹了。

（二）整合是职业教育的抽象规定

作为职业教育的逻辑起点，整合是一个哲学概念，它是抽象的。所谓抽象，是指从许多事物中舍弃个别的、非本质的属性，抽出共同的本质属性，形成概念的过程。整合就是这样一个抽象的概念，它不能被具体体验，也不能被想象感知，是笼统的、空洞的东西。这种抽象规定代表的是一种哲学思考、一种方法表征、一种创新追求。

首先，作为哲学思考，整合是寻求联系的过程。联系性是整合的内在机理，整合就是发现联系并将具有内在联系的事物组合到一起的过程。没有联系，就没有整合。整合就是在思考中发现联系，在联系中实现整合的抽象思辨和理性统整的过程。其次，作为方法表征，整合是方法运筹的过程。"逻辑起点是一定的立场、观点和方法的集中体现，也是一种理论体系区别于其他理论体系的标记。选择科学的逻辑起点，也就是选择建构科学理论体系的重要方法和原则。"① 整合作为职业教育的方法论，是囊括全部和贯串始终的。就课程来说，面对职业教育课程的分散、错位、低效，以及教材的繁、难、偏、旧的积弊，个别的、具体的、隐性的整合行为是随时发生，无处不在、无时不有的。而当这样的整合实践积累到一定的程度，经由归纳、梳理、提炼，就可以概括成具体的整合方法，这时隐性的经验整合就上升到了显性的理性方法阶段。而对这些整合方法进行再抽象、再概括，就达到了方法论层面，进到了思维具体的更高阶段。这样经过一个"肯定—否定—否定之否定"的轮回，又重新回到了新的更高的整合的逻辑起点。最后，作为创新追求，整合是创新生成的过程。整合的本质就是创新。通过整合，归并、舍弃、删削旧的要素，增加、合并、重组新的要素，产生 $1+1>2$ 的整合效应，使对象发生我们所期望的合目的的变化、合需要的效能及合发展的创新。

① 吴伟达. 国家调节：经济法逻辑起点的科学界定 [J]. 河北法学，2008 (4)：83-88.

（三）整合是职业教育的思维方式

思维方式是人脑进行思维加工的活动程式。思维方法是思维方式的核心内容和具体体现，构成思维方式中最实质、最基本的部分。整合作为职业教育的逻辑起点，正是理论思维的形式和思维工具。这种整合思维方式在职业教育研究过程中表现为概括化、类比化、归纳化、演绎化等。

概括是思维的具体形式，它是指从事物的相同属性中抽取共同的本质属性，形成上位的普遍概念，然后再推广到具有同类属性的一切事物中。概括化是指对事物概括的过程，亦即整合的过程。因为任何概括都是由分析、分类、比较、抽象、综合等环节的整合实现的。在职业教育中，我们对事物的认知与把握，对方法的提炼与概括，对思维的历练与提升，一刻都离不开概括。

类比化也是一种整合的思维方式。"类比与演绎和归纳一样，是人类主要的思维和推论方式，也是任何一种理论展开论述的基础。"[①] 类比是两类事物多个相似点的系统比较，它是结构化的。在这两类事物的比照中，必有一种具有简单的、直观的、确定的性质，使人们"从熟悉的、众所周知、一清二楚的事例中得到的知识与不明确的、人们不甚熟悉的或然性境况相联系。因而类比关系调动了创造成功机会的资源"[②]。在类比中用于类比的事物是形成思维推论的基础和前提，它与被类比的事物相整合，完成认识和理解的过程，实现推论和赋义的思维目标。

归纳化是从个别性的前提推论出一般性结论的方法。它是个别与个别相整合，归入一般的类来认识，最后达到一般的过程。因而，归纳化具有鲜明的思维整合的特征。对职业教育来说，"归纳侧重对经验事实的概括，从经验升华为结论，从个别的、表面化的、缺乏普遍性的经验中抽象出一般原理，把握个性中的共性"[③]。它是职业教育最重要的思维方法之一。

演绎化是从一般性的前提推出个别性结论的方法，先假说，后求证，这是从一般到个别，推论和判断个别事例的认识方法。演绎是一般与个别相整合，最后推导出新的个别的过程。演绎的逻辑思维和推论可以使我们

① 董洪亮. 教育理论建设中的类比问题 [J]. 教育研究，2007 (12)：36.

② 卡林·诺尔－塞蒂纳. 制造知识：建构主义与科学的与境性 [M]. 王善博，等，译. 北京：东方出版社，2001：108.

③ 裴娣娜. 教育研究方法导论 [M]. 合肥：安徽教育出版社，1995：328.

利用知识不断认识新的事物，使认识不断拓展、深化。归纳和演绎两种思维方式又是互补的。归纳的结论成为演绎的前提，演绎的结论又成为归纳的新的材料；归纳是获得知识，演绎是运用知识。正如哲学家怀特海指出，知识来自从特殊上升到一般的归纳性逻辑，而利用则是把这个过程颠倒过来，再从一般降至特殊，是演绎的逻辑。整合起来看，利用知识实为一个不断上升和下降的过程。①

第三节
整合：高等职业教育的核心范式

一、范式理论及当下研究的偏误

范式是 1962 年美国科学哲学家托马斯·库恩（Thomas Samuel Kuhn）在《科学革命的结构》一书中提出的核心概念，自此以后就开始逐渐泛化到社会科学领域，并被教育研究领域普遍使用。库恩认为，范式主要是指某一学科群体在某一专业和学科中所具有的共同信念。这种信念规定了他们共同的基本观点、基本理论和基本方法，为他们提供了共同的理论模型和框架，从而成为该学科的一种共同传统并为该学科的发展规定了方向。②当下高等职业教育在寻求理论创新与突破的过程中，也开始尝试引入和借鉴范式理论，但也存在着一些争议和问题。具体来说有以下几种情形。

（一）认为职业教育无范式

原《职教通讯》杂志副主编刘诗能认为，"职业教育的'范式'应该是在职业教育研究活动中形成的具有自身特点的对职业教育的公认看法，以及作为认知前提的思维框架。它不仅仅是一种研究方法，而是包括思维

---

① 怀特海. 教育的目的［M］. 徐汝舟，译. 北京：生活·读书·新知三联书店，2002：92.

② 夏基松，沈斐风. 西方科学哲学［M］. 南京：南京大学出版社，1987：192.

方式、价值判断、研究内容、研究途径等在内的一个思想体系。从这个层面看，我们今天的职业教育研究尚无'范式'可言"①。这种观点有失偏颇。姜大源认为："在职业教育领域里，宏观体制层面'以就业为导向、以服务为宗旨'可以说是职业教育的发展范式；中观办学层面的'工学结合、校企合作'可以说是职业教育的人才培养范式；微观教学层面的'工作过程系统化'可以说是课程开发的范式；而教育观念层面关于职业教育的类型与层次观也可称得上是一种教育范式。"②

（二）认为范式理论不适合职业教育和职业教育缺乏范式

刘诗能还从范式理论的适用性角度出发，认为范式理论"不完全适合职业教育的发展实际"，"解决不了职业教育所面临的具体问题"，"对职业教育的本质属性、地位和作用，职业教育与外部世界的关系、专业建设、课程与教学、师资队伍建设、学校管理等的研究，就很难在'范式'理论中获得有效展开"③。兰州大学教育学院马君博士则认为，职业教育学的研究没有形成自己独特（或达成共识）的方法。由于缺乏自身独特的方法论建构，职业教育学研究在获取研究对象中缺乏应有的学科筛选，往往简单地将现实的职业教育生活事实直接当作职业教育学的研究对象，缺乏应有的科学反思，因而容易形成学科建构对实践的亦步亦趋，丧失学术研究应有的自主性。④

（三）范式的泛化倾向

首先，将一些具体的方法泛化为范式理论，如有人提出职业教育的研究范式有传统范式（演绎范式、经验范式）、方式范式、工作过程范式、问题研究范式等。⑤ 其次，将职业教育的重要范畴或研究对象泛化为范式。有学者指出，当今职业教育研究的基本范式主要是"职业教育本质属性"

---

①③ 刘诗能. 职业教育研究"范式"与理论"硬核"［J］. 江苏技术师范学院学报：职教通讯，2008（2）：6–9.

② 姜大源. 职业教育：模式与范式辨［J］. 中国职业技术教育，2008（31）：8.

④ 马君. 论职业教育学研究范式的构建［J］. 职教论坛，2008（3）：9–11.

⑤ 杨雪艳，吴真. 职业教育的研究范式与研究方法［J］. 江苏技术师范学院学报：职教通讯，2009（3）：16–17.

"职业教育概念"和"职业教育基本问题"三个基本范式。① 再次，将研究的视角或领域泛化成范式学说，如文化学范式、经济学范式、社会学范式、人类学范式等。

二、职业教育范式的澄明与解蔽

（一）职业教育范式的澄明

对于认为职业教育无范式或范式理论不适合职业教育的观点，我们难以苟同。一个学科领域有无适合自身的研究范式并不取决于我们的主观感觉，而是取决于客观实际，因此我们不应盲目轻率地做出上述推论。换言之，我们没有找到职业教育中具有普适性的共有信念、思维框架或研究方法，即范式，就不能说明职业教育的研究范式不存在，而只能说明我们的研究还不深入、不到位，没有发现这样的范式而已。这就好比牛顿的万有引力定律，在牛顿之前就早已客观地存在着，我们不能因为人类没有发现就否认它的存在。

（二）职业教育范式内涵的厘定

对范式的理解和把握当然可以有所不同，但我们主张应在库恩"范式"理论的基础上，去理解和把握范式的内涵。也就是说，范式的内涵应基本符合库恩版本的界定，而不是随意地冠以范式之名，造成范式概念的泛化与混乱。对此，张应强指出："虽然人文社会科学领域可以对库恩的范式概念和范式理论进行适应性改造，但必须避免脱离其核心要件和旨趣而泛化范式概念和范式理论。"② 比照库恩的范式界定的核心要旨，不少研究者也给出了自己的研判和定义。欧阳河指出，范式是指从事某一科学的科学家群体所共同遵从的世界观和行为方式，它包括三个方面内容：①共同的基本理论、观点和方法；②共有的信念；③某种自然观的假定。③

---

① 刘春生. 职业技术教育导论［M］. 长春：吉林科学技术出版社，1989：315－317.

② 张应强. 中国教育研究的范式和范式转换——兼论教育研究的文化学范式［J］. 教育研究，2010（10）：3.

③ 欧阳河. 职业教育基本问题研究［M］. 北京：教育科学出版社，2006：55.

张应强认为，"教育研究范式"是指教育学学术共同体对教育研究活动所持有的共有信念、共同的前提假设，以及共同的基本理论、观点和研究规范。① 南海也认为，职业教育学的研究范式即职业教育研究共同体所共有的研究传统理论框架理论上和方法上的信念，以及对职业教育的根本看法和根本观点。② 这些界定虽有微别，但宏旨相同，符合库恩范式观的基本精神。在此有必要基于我们的理解从相近的视角对范式的内涵加以展开。

首先，范式是一种共有信念。信念是人所笃信、秉持和坚守的一种思想观念。范式是一种以"信念"为内涵的理念，是一种理论研究的定位和把持。这一信念是研究共同体成员基于同类研究而共同恪守的学科信仰，是群体一致遵循的一种学术理想和信念。这一信念对特定领域的学术研究具有明确方向、指明路径的根本性指导意义，它以前瞻性、预设性的学术远见激发研究群体迸发出极大的研究热情和动力，去追求共有信念或目标的实现。例如，泰勒的课程开发范式及其追随者就是在"目标模式"范式之下类聚起来的，他们是具有相同或相近共有信念的研究群体，并在课程发展史上为课程变革与转型做出了自己突出的贡献。信念之于范式或研究是统一的。没有信念支撑的研究，必定不能持久和专注，而是短瞬的和即兴的；而失去群体坚守和研究成果"给力"的信念也将是空洞的和苍白的。

其次，范式是一种方法论。范式作为一种方法或方法论，是库恩范式理论的题中之意，也是所有后继的研究者认同的应有内涵。方法论是指人们认识世界、改造世界的一般方式、方法所构成的学说或理论体系。"方法论重在论方法，而不是方法本身的技术性研究。"③ 范式作为一种方法论和价值规则，它支配着探究的行为、解释资料的方法以及看待问题的方式。它是一种超越方法的宏方法，是从整体上对职业教育研究方法进行哲学思考的总体把握，当一种研究由模式或方法层面上升到范式和方法论层面，它就提升到了哲学境界，就获得了形而上的视野和方法论的精髓。

再次，范式是一种思维方式和研究框架。盖奇曾指出："范式是模式、

① 张应强. 中国教育研究的范式和范式转换——兼论教育研究的文化学范式 [J]. 教育研究，2010（10）：3.

② 南海. 论职业教育研究的基本"范式" [J]. 山西大学学报：哲学社会科学版，2003（1）：296.

③ 郝德永. 课程研制方法论 [M]. 北京：教育科学出版社，2002：6.

型式或图式，范式不是理论，更确切地说，它是思维方式或研究形式。"①有学者指出："今天，这一概念（范式）早已超出了库恩赋给范式的原义，被广泛地用来表征或描述一种理论模型、一种框架、一种思维方式、一种理解现实的体系、科学共同体的共识。"② 张应强也强调，"范式可以通过多种方式来体现，它可能表现为一种研究方法论、一种思维方式、一种学科视野和研究角度，甚至可能是一种具体的研究方法"③。范式作为一种思维方式，是人们以哲学的方式统摄人与外部世界关系的一种具体的思维形式和解释方式。哲学作为最高层次的方法论是人的思维方式的核心，对各种具体的思维方法起着指导和制约作用。从范式的形成看，它经历了一个由"感性具体—理性抽象—思维具体"的发展历程，即由具体做法的程式，到理性抽象的模式，再到思维具体的范式过程。当研究方法推进到范式层面，就成为方法论意义上的思维方式，成为思维中的具体方法和真正指导。

三、整合作为职业教育核心范式的逻辑论证

到底什么是职业教育的研究范式？我们的回答是"整合"。整合范式是教育工作者共同持有的关于教育理论与实践所依托的教育理念、理论框架和文化认知方式。整合何以能成为职业教育研究的核心范式呢？

（一）整合具有范式应具有的共性特征和属性

这里不妨从范式的基本信念、基本的前提假设和基本的研究方法三个规范维度加以展开。

1. 当下人们对职业教育的基本信念，是在与学科教育相比较中获致的，即一致认定它是"另一类型"的教育

所谓"另一类型"的教育，我们认为它的本质内涵就是整合教育。姜大源认为，普通中等与高等教育是定界的教育，而职业教育作为一种开放

---

① 靳玉乐. 现代课程论［M］. 重庆：西南师范大学出版社，1995：38－40.

② 于宁. 当代中国法哲学研究范式的转换［EB/OL］. 中国理论法学研究信息网. http：//www. legal－theory. org/？mod＝info&act＝view&id＝310.

③ 张应强. 中国教育研究的范式和范式转换——兼论教育研究的文化学范式［J］. 教育研究，2010（10）：6.

的教育类型，跨越了职业与教育、企业与学校、工作与学习的界域，是一种跨界的教育。① 跨界实质上就是整合教育的另一种表述。这一创新的理念，因符合职业教育的规律、类型、特点和本质，得到了学界的普遍呼应和广泛认同。它为职业教育的研究创立了一个全新的语境。

2. 整合是职业教育研究最具特色和创新品格的前提假设

英国哲学家怀特海曾明确指出："一切体系化的思想都必须从一些预先作出的假定出发。"② 恩格斯说："只要自然科学在思维着，它的发现形式就是假说。" 理论假设是一种推测性的论断和创新性的前提。理论假设就是思想理论假定的界说和推断。我们认为，它有三个基本特征，即假设是基于经验进行的判断；假设是基于研究产生的观念；假设是基于思考形成的提炼。它是整个理论研究的先导，起着纲领性的作用，具有聚焦研究目标，明确研究内容，制导研究方向的功能。"整合"这种基本假设并非书斋冥想或主观臆造的，而是基于对职业教育的大量现象和事实观察、思考、研究的基础上提出来的。W. J. 吉德和 P. K. 哈特认为科学假设的必要条件是：第一，以明确的概念为基础；第二，具有经验性的统一；第三，有所限制；第四，与有效的技术相联系；第五，与总体理论相关联。我国学者也提出，假设作为对科学问题的一种试探性回答，应满足三个条件：①能够合理地解释原有理论所能解释的那些事实和现象；②能解释新发现的，但原有理论不能解释的那些事实和现象；③能明确预言尚未发现的新事实，并进一步检验假设提供的可能性。③ 征之以整合范式，应当说是完全符合上述条件的。

3. 整合是职业教育研究最基本的方法和策略

"研究方法是一项研究的重要组成部分，它提供了人们在该科学领域分析问题的视角、工具和框架，同时也是立论的逻辑起点。"④ 整合就是职业教育研究所能找到的最具有解释性和预测性的好的理论和方法。可以毫不夸张地说，整合之于职教，犹如人的大脑和神经系统之于人体，是具

① 姜大源. 职业教育立法的跨界思考——基于德国经验的反思 [J]. 教育发展研究，2009（10）：38－41.

② 怀特海. 思维的方式 [M]. 刘放桐，译. 北京：商务印书馆，2004：3.

③ 裴娣娜. 教育研究方法导论 [M]. 合肥：安徽教育出版社，1995：106.

④ 马永霞. 冲突与整合：高等教育供求主体利益分析 [M]. 北京：高等教育出版社，2006：6.

有中枢效用和统领功能的最重要的理论基石。

（二）整合是职业教育研究全能的、通行的方法体系

首先，从整合方法的性质看，整合不仅是形而下的具体的实践方法，也是形而中的一般的研究方法论，更是形而上的、宏观的、哲学层面的方法论。它是全能的、通行的方法体系。例如，在微观的教学层面，面对职业教育教材体系繁、难、偏、旧的现状，整合的行为可以说是随时发生、无处不在。只不过它是隐性的、经验形态的整合而已。在中观的方法层面，经由整合提炼、抽象概括而生成的整合的方法也迭出时现，如任务驱动法、项目导向法、问题引领法等，都是具体的课程载体形式与教学整合；再如，当我们将几门多有重复交叉的课程整合成一门广覆盖、多信息、少重叠的新课程，就是采用了课程门类归并整合法。在宏观的方法层面，整合还是一种统驭化的哲学方法论。它以整合的视野和宏方法，观照整个职业教育的发展过程，给予思维方式的引领和方法论范式的指导。

其次，从整合方法的特点看，它是联系的、综合的和辩证的方法。这些特点体现了范式的哲学品质和作为方法论的应有内涵。联系性讲的是整合范式的基础。联系是整合的必要条件和基本环节，没有联系就没有整合。综合性讲的是整合范式的手段。"综合是把事物的各个部分、侧面和属性的认识统一为整体的认识，是从整体上把握事物的本质和规律。"① 综合是整合范式的精髓和实现手段。辩证性讲的是整合范式的思维方式。无论是由特殊到一般的经验整合、归纳整合，还是从一般到特殊的理性推导、演绎整合，还有两类事物系统的、结构化比较的类比整合等，都是辩证思维方法的具体体现。

再次，从整合方法的功能看，其最重要的价值取向在于创新。创新是人类最高的本性。它是人们性灵深处内蕴的一种本能和追求境界，是人类发展前驱的不竭动力。整合是最有利于职业教育创新思想生成的方法范式。因为整合不是拼凑，而是熔铸，是取法其上、扬弃臻优，因而能产生新的东西。当然也可以是由库恩所说的经由"范式转型"而产生的创新。

最后，从整合方法的适用性看，它是最适合职业教育的一种范式，是

① 上海市高校《马克思主义哲学基本原理》编写组. 马克思主义哲学基本原理 [M]. 6 版. 上海：上海人民出版社，1994：157.

与职业教育特点和性质最吻合、最贴近的一种方法。有研究者指出，就中国职业教育学科而言，独特研究范式的缺失是学科发展的沉疴。① 而当我们用整合范式来审思职业教育的问题时，就会发现职业教育的属性、形态、关系、结构、功能、特色、环境、政策等，包括课程、教学、管理等，所有这些涉及职业教育理论与实践的话题，都能够从整合找到解释和答案，都能够归结到整合这个核心范式上来，它打开了我们研究职业教育的新的视野和天地。

（三）整合是一种研究的理论框架

框架是安置问题的假设和联系。长期以来，职业教育研究并没有找到自己的思想根基和理论的立足点，以至于总是移植、借鉴其他学科的各种理论，不能有效地建立自身的逻辑自洽的理论体系，造成了思想的游牧，逻辑的离散和理论的错位。这也是人们总是质疑职业教育无范式或范式不适合职业教育的根本原因。整合的框架是一个极具包容性和承载力的理论架构。它几乎可以解释职业教育的一切现象，或者说，一切职业教育的现象都可以归结为整合。这里我们不妨对上文刘诗能提出的"对职业教育的本质属性、地位和作用，职业教育与外部世界的关系、专业建设、课程与教学、师资队伍建设、学校管理等的研究，就很难在'范式'理论中获得有效展开"做出正面回应。

就职业教育的本质属性看高等职业教育，高等是层次属性，有别于中等职业教育；职业是类别属性，它们是整合一体的。职业教育与政府和企业构成的外部关系，也是整合的关系，这一点在"工学结合、校企合作"办学模式中体现得更为突出。职业教育的专业多是整合式的，不仅与职业直接融合（融合也是一种整合），而且还跨职业交叉整合，如机电一体化专业、电子商务专业、嵌入式工程专业等。课程与教学更是整合性的产物，如"理实一体化""学做教合一""学工交替""工作过程导向教学"等都是整合的结果。师资队伍方面，所谓"双师型"教师、双师素质等，不也是要求教师理论水平和实践技能双向整合吗？至于学校管理，如果不整合人力资源、物力资源、教学资源、教育资源等，你能管理好吗？可

---

① 周明星. 职业教育学对象、体系与范式的反思 [J]. 职业技术教育，2006 (25)：11-14.

见，所有这些问题没有不能通过整合范式圆满解说、有效化解的。整合还是一根贯串职业教育研究的线绳。以往的职业教育研究在很大程度上都是分散的、点状的、缺乏逻辑聚合的研究，虽然也取得了一定的研究成果，但都是一些"散钱"，没有线绳贯串，因而无法构成一个紧密相连的有一定秩序或结构的理论体系，形成不了内在的一致性。而职业教育研究一旦找到了整合的线绳，找到了理论的框架和宗旨，就能将孤立状态下的分散研究串联、整合起来，形成一个有机的逻辑整体；也能将各自为政的，甚至混乱冲突的研究协调、统一起来，形成内在一致和逻辑完满的理论建构，使职业教育研究不仅有"筋骨肉"，还有"精气神"。

综合上述，我们从共有信念、基本方法论、研究假设、理论框架、思维方式和事实实证等多元角度，证明了整合作为职业教育研究核心范式的逻辑必然性和理论应然性，它将为职业教育的研究带来新的思考机制，引发整合的思维和研究，为职业教育发展注入新的理论活力，引领职业教育走整合、创新、永续发展之路。

第四节
整合： 高等职业教育应然的思维方式

一、思维方式及其特性

思维方式是人们的理性认识方式。姜正国认为："思维方式是由一定社会历史实践活动形成的，由人的各种思维要素及其结合并按一定的方法和程序表现出来的、相对稳定的思维样式，是主体观念把握客体的一种认识方式。"[①] 杨礼信认为："思维方式是由人们在实践与认识的过程中形成的一些思想观点、思维方法、价值取向构成的相对稳定的思维框架、指

---

① 姜正国，杨小军. 基于思维方式转变的视角看科学发展观的实践 [J]. 湖南师范大学社会科学学报，2010（1）：5.

向、程式、定式、模式。"① 我们认为，思维方式是人们思考问题时，所选择的一种思想的加工方式和内隐的思维程序。思维方式的作用在于，它是思维主体从外界获取信息、加工信息，从而形成新信息的途径和方法、工具和手段，是思想、观念、意识、理论、方案等一切"软件"的生产方式，即精神产品的生产方式，"对思维发挥着启动、运行和转换的作用，规定着思维的方向及其侧重点，并执行着对信息的选择、组织和解释的功能，顽强地显示其活力"②。

人类的思维方式是一个不断发展的历史过程。现代思维方式是由历史思维方式发展而来的，是时代文化的凝结和体现，它植根于实践的基础之上，又是传统思维方式的继承和延伸。总体来看，古代思维方式的特点是直观猜测性、朴素整体性和模糊综合性；近代思维方式则表现出分析性、静态性和机械性；现代思维方式的基本特征是系统综合性、动态开放性和自觉创新性。

（一）系统综合性

在古代，人们对认识对象的把握主要采取综合的方式，但那时是以直观猜测为基础的模糊的综合。在近代，各门科学、各个领域都处于收集材料阶段，人们分门别类地研究世界的各个方面，思维过程中占主导地位的不再是综合而是分析。到了现代，综合又成为占据主导地位的思维方式。现代综合思维不再局限于"实体—属性"的范围，而是侧重于从事物之间的联系、事物内部各部分和各要素之间的联系的角度去把握事物，使人们从整体性、相关性、结构—功能一致性、层次性、有序性等方面深刻地认识复杂的事物。思维方式的系统综合性还表现为，它是由人的各种精神或观念要素构成的综合体，是理性思维与非理性思维、知识体系与理想信念、个体经验与文化传统的统一。③系统综合性亦即思维的整合特性。人的思维是具有整合功能的，它是在思维中将人的认知前见、观念、经验等，整合到对当下事物的理解中，形成不同的视域融合。

①③　杨礼信. 从思维方式视角研究科学发展观的初步尝试［EB/OL］. 全国哲学社会科学规划办［2012 - 07 - 15］. http：//www. npoposs - cn. gov. cn/GB/230165/238541/17077032. htm.

②　姜正国，杨小军. 基于思维方式转变的视角看科学发展观的实践［J］. 湖南师范大学社会科学学报，2010（1）：5.

（二）动态开放性

任何思维都是动态的，它是思考并产生思维成果的过程，是思维主体的内宇宙不断进行信息交换、组合、生成的过程。我们常说，思想在头脑中是气体，说出来是液体，写出来是固体。"气体"的思想，即指思维在头脑中飘忽不定、变幻无常的动态特征。同时，思维又是开放的。思维在任何时候都不能放弃自己对外部世界思考的干预，这是人之为人的根本。它总是不断地接受和吸纳外界的思维材料，同时也努力调动和激活内在的思想资源进行思考，始终保持思维的开放性与动态性，保持与外部世界信息渠道沟通的流畅性和"源头活水"的补给性，使思维始终保持鲜活的品质和开放的属性。思维的动态开放性逻辑因由还表现在，思维的客体或对象始终是处在运动、变化、发展之中的，这就要求我们的思维方式必须实行动态跟进和调节，才能适应变化的外部世界，掌握思维的调控权和主动权，以达到理想的思维结果。

（三）自觉创新性

现代社会是一个不断创新的社会。创新思维就是要开创前所未有的新理论、新原理、新观点、新方法、新设计等，所以自觉的怀疑、批判和创新精神构成了现代思维的又一特征。创新是人类最高的本性，是社会进步和人类发展的灵魂。而创新离不开思维方式的创新，没有创新的思维只能是因袭、复制、搬运和照抄，思维之剑就失去锋芒，创新之花就萎落凋零。没有创新就不能创生理论，已有的理论也会失去与时俱进的活性和张力。而一旦我们的思维注入创新的基因，就会提高思维品质，提升理论品位，使创新成为理论思维的"名片"。早在 20 世纪 40 年代，陶行知先生在其《创造宣言》中就指出："处处是创造之地，天天是创造之时，人人是创造之人。"所以，创新性不应成为"少数人的专利"，应当普遍地成为大多数职教人的共有品质。

二、职业教育整合思维方式的逻辑确证

整合思维方式是以思维目标为引领，以整合为运作的内在机制进行的思维整合和加工过程。整合思维擅长多维度、全方位地认识事物的各个方

面、各个层次和结构，把握事物要素间的内在联系和变化，并将其整合为一体。整合思维方式作为一种现代创新思维，符合客观实际和历史发展的大趋势，有利于我们应对人类社会实践日益多样化、复杂化、大型化、体系化的现实。就其主导倾向而言，职业教育的思维方式就是一种跨界的思维、整合的思维。换言之，这种思维是职业教育最根本的思维方式，虽然也不排除其他思维方式。为什么整合思维是职业教育最根本的思维方式呢？

（一）职业教育整合市质的规定

职业教育的本质是什么？人们一般喜欢从培养目标层面加以界定。以高等职业教育为例，2005 年颁布的《国务院关于大力发展职业教育的决定》认为它是培养"数以千万计的高技能专门人才"的教育；2011 年教育部副部长鲁昕又首提培养"高端技能型人才"的教育的概念；2013 年颁布的《国家教育事业发展第十二个五年规划》又将培养对象修订为"高等职业教育重点培养产业转型升级和企业技术创新需要的发展型、复合型、创新型的技术技能人才"。姜大源则从职业教育本身性质角度独辟蹊径，提出了"职业教育是跨界教育"的观点，得到了普遍的认同。兰州大学教育学院马君博士在论及职业教育学性质时也指出："职业教育学是一门介于社会科学与人文科学之间，但更偏向于人文科学的跨界性学科。"[①] 与姜大源提出的跨界教育观可以相互佐证。我们认为，跨界就是整合，而且比跨界更具有理论包容性和实践指导性。因为跨界是观念对事物的，重在揭示职业教育的性质，具有认识功能，但缺乏对行动路径的揭示和澄明，不能解决职业教育面对"怎么办"时的焦虑；而整合是观念对实践的，不仅能指导人们认识事物，而且具有变革实践的功能。所以，我们毋宁称职业教育是整合教育。

（二）职业教育实践经验的昭示

职业教育的实践经验也昭示了其整合的本质。例如，国内有一参访团赴德考察"双元制"教学，要求看德国学校的课程表。结果所看的课程表

---

① 马君. 中国职业教育学的反思与理论建构［J］. 职教论坛，2012（7）：16.

与国内课程表大相径庭（见图 2 - 1），① 这令参观者大惑不解。如此粗线条的课程表怎么操作？其要求再换一个专业看，但还是差不多。

图 2 - 1 德国学校的课程表

对这一课程表我们可以作如下解读。

（1）德国"双元制"课程体系（学校一元）的建构是以职业活动为中心，基于专业能力培养的课程体系。

（2）德国"双元制"课程体系是大模块化的。

（3）德国"双元制"课程是整合态的，它更加关注整体，而不纠结于具体课程门类的设定及其他细节，这就为教师作为课程领导者留下了选择和创新的足够空间。

（4）至于质量控制，德国有国家层面制定的课程标准。这是"指挥棒"和验收尺度。有了这个标准，就不怕教学内容的个性化和多样化，只要能达及标准、通过验收，就是好课程。德国"双元制"课程的安排及其成功，说明课程的模块化整合是符合职业教育的本质和规律的。

（三）职业教育整合市质的多元确认

职业教育整合的本质还可以从诸多方面予以确认。从职业教育的"以服务为宗旨、以就业为导向"的办学方针看，它是办学职能和办学目标的整合；从"校企合作、工学结合"的人才培养模式看，它分别是办学模式和教学模式的整合；从现代职业教育体系的建构看，它是教育的层次、类别等的立交整合；从职业教育的"合作办学、合作育人、合作发展、合作就业"办学观念来看，其本身就是整合的产物；从课程改革的形态看，它是工作与课程或项目、任务等与课程的整合；从职教集团办学模式看，它是不同办学主体、资源等的集约整合；从师资队伍的特点看，它要求进行

① 案例取自郭扬教授 2012 年 7 月 4 日在江苏太仓中等专业学校所作的《现代职教体系建设背景下的课程改革宏观思考》讲座内容，分析解读为笔者所加。

"双师型"整合等。此外，还有《国家教育事业发展第十二个五年规划》提及的"职业教育体系、现代产业体系、公共服务体系"的三个体系的融合，以及"促进职业院校的专业设置与产业布局的对接、课程内容与职业标准对接、教学过程与生产过程对接、职业教育与终身学习的对接、学历证书与资格证书的对接"[①] 的五个对接，均彰显了高等职业教育的整合本质。可以说职业教育的一切方面和方面的一切，都是整合性的，概莫能外。它放，可以一生万，收，可以万归一。这个"一"，就是整合。

职业教育整合的本质决定了职业教育的思维方式是整合性思维，决定了整合在职业教育思维体系中的主导地位。它要求我们必须以整合的思维来正确认识和把握职业教育的现状和规律，思考和解决职业教育的现象和问题。

三、高等职业教育二元论思维方式的形成、悖反与表现

整合的职业教育和职业教育的整合，呼唤整合的思维方式。但目前职业教育领域依然是二元论思维的天下，需要我们认真认识分析，颠覆解构。

（一）二元论思维的形成与强化

二元论思维就是把职业教育的高等性和职业性、理论性和实践性等分解成对立的两个方面来进行思考和把握的一种思维模式。

与传统的普通高等教育相比，高等职业教育发展的历史短，办学初期缺乏经验和参照，只能仰承普通高等教育，学习和移植它的办学经验，形成了"路径依赖"。然而高等职业教育与普通高等教育原本就是两股道上跑的车，是两种不同的教育类型。学科教育是基于知识体系的，追求认知水平的高质量，它是符号化的、去情境化的和场独立型的"致知"教育；职业教育是基于职业体系的，追求能力的高技能，它是去符号化的、情境化的和场依赖型的"致能"教育。这是两种完全不同的教育类型，有着完全不同培养目标和追求、思维方式和路径、教学方法和模式，硬要将二者拉扯到一块，必然造成职业教育的错位走样。对这两种不同类型教育界限

---

① 国家教育事业发展第十二个五年规划 [N]. 中国教育报, 2012 –07 –22.

的模糊化也是职业教育二元论思维方式形成的根本基础。虽然人们逐渐认识到了两种教育的根本差异，但肇始于教育类型差异的二元论思维却远未终结。两种教育你中有我、我中有你的纠结，使它们陷入了二者之间的长期冲突与角力。比如，理论与实践教学的比例之争，高等职业教育姓"高"还是姓"职"的身份之辨，外延发展、规模扩张与内涵跟进、质量保障的对立之举，还有普通论和专业论、基础论与实用论的学术之思，这些都体现了二元论思维在理论之域和办学实践中的延传与强化。可以断言的是，在职业教育还没有找到适合于自身的新的思维方式，实现思想观念、思维方法和价值取向的突围之前，二元论思维都还将延续。

（二）二元论思维对职业教育的悖反

二元论思维对职业教育的悖反表现在以下方面：①在对职业教育的理论与实践探索相对贫弱之际，没有沿着职业教育的路线应然推进，而是试图引进学科教育的模式、经验和方法，以济职业教育之穷，种下了二元论思维的"种子"。②职业教育原本是整合教育，现在却被人为撕裂为二元，而且还在二元之分的道路上穷极思辨与争讼。表面看来是在为职业教育正名和去蔽，揭橥问题，澄明其理，以正确指导职业教育实践，实则起到了为二元论的强化推波助澜的作用，使逻辑的事物变成了事物的逻辑，其负面效应实为欲益却反损了职业教育的人们始料不及。

以职业教育"理实一体化"模式为例，按照职业教育整合教育观，职业教育的理论与实践本来就应是一体的。但我们现在基于二元论的思维模式非要把它分开，认为将非职业教育的重理轻实转变为理实并重、理实一体，甚或颠覆为重实轻理，就是真正的职业教育了。当然，后者确实比前者进了一大步。但问题在于，我们所做的是把原本不应是问题的事情当成问题来研究，非要把理论与实践分为两块，分开后又想方设法地再把它合起来，并标榜为职业教育的应然模式，这不是纯粹的烦琐哲学、瞎折腾、庸人自扰吗？深而究之，承认理实一体或重实轻理，就能解决职业教育的问题吗？回答是否定的。因为职业教育不是一个理论的问题，而是一个实践的问题。对职业教育来说，观念不转不行，但仅转观念也不行。不是口头上讲重实践了，实际上就做到了，学生的能力就培养出来了，还必须要有方法、手段的保证才行。正如职业教育课程改革，光讲能力本位不行，也没用，必须有工作过程或项目作为课程改革的载体，有让学生做的切实的方法和手段保证，才能真正取得人才培养的实效。

（三）二元论思维的表现举隅

还以国内参访团赴德考察"双元制"教学为例。当问及"双元制"教学实施时，德国人回答每周1～2天在学校学习，3～4天到企业实践。参访团成员不禁感慨，怪不得"双元制"那么厉害，享誉世界，原来它的实践教学已经达到了70%～80%。这是典型的线性思维、简单归因。无怪德国人连连摇头摆手说"NO"，强调不能这样简单区分，我们是学校学习里有实践，企业实践中也有理论。有人继续追问，那按此再分，理论与实践的比例究竟是多少呢？德国人无语凝噎。换位来看，如果德国人把这个问题反弹给我们，我们能分得清，答得出吗？职业教育是整合教育。德国人回答得已很清楚，是理论中有实践，实践中有理论，它们应该是融合态的，而我们却还要死缠烂打地追问比例问题。这就是我们思维方式的问题。因为在我们看来，实践多是职业的，理论多是学科的，如果我们连二者的多和少都搞不清，还怎么界定职业教育呢，更别说先进的职业教育。

这一案例充分说明，第一，在德国人观念中，职业教育是整合教育，是理实融合的，而不是机械组合的。第二，二元论思维在我们头脑中已根深蒂固，它使我们已远离了职业教育的本真性状、应然规律。第三，这是我们的思维追求确定性的表现。因为确定性意味着懂得、理解、把握。但问题在于"双元制"整合本来就是不确定的、复杂的事物，正如杜威强调："实践活动有一个内在而不能排除的显著特征，那就是与它俱在的不确定性。"①第四，德国"双元制"的成功，不仅因为它主体双元——学校和企业，内容双元——职业技能和专业知识，学生身份双元——企业学徒和职校学生，考试双元——技能考试和资格考试，证书双元——行会考试证书和企业学习证书、学校毕业证书；更重要的还在于它是整合的，是思维方式上更加符合职业教育的特点和规律，这才是它制胜的深层次原因。第五，整体思维、和合思想原本是中国文化的特色和精髓，现在倒是更重视抽象分析、理性思考的西方人强调职业教育的整合精神，这就从另一个角度进一步佐证了整合是职业教育的本质。因此，我们一定要转变二元论的思维方式，以整合的思维和视野思考和看待职业教育。

① 约翰·杜威. 确定性的寻求［M］. 上海：上海人民出版社，2005：3-4.

四、职业教育整合思维方式的转换与建构

职业教育思维方式的变革，不是在旧的理论框架下提出某一新的思想，而是必须走出二元论的思维陷阱，打破其思维定势，确立正确的思维方式和价值取向，实现思维方式的根本转换和创新建构。

（一）实现二元论思维向整合性思维转换

二元论思维的错误就在于违背了职业教育的跨界的属性、整合的本质。比如职业性与人文性之争。人文性多了，强调职业性；职业性强了，又呼唤人文性。总之，总是在二者之间找平衡，在二者之间钟摆式回荡，缺乏稳态和定性，在方向把握上忽左忽右、忽东忽西，弄得人们不知所向，无所适从。而且，二元论的无谓之争耗费了我们太多的精力和心神，对办好职业教育产生了一定的负面影响和冲击。所以，必须由二元论思维转向整合性思维。整合性思维是在思维中将事物凝为一体的过程。整合思维就是把不同方向、不同距离、不同角度、不同方面的元素思考在内，形成一种巨大的思维合力，指向特定的思维目标。以整合思维考虑职业性和人文性的关系，就不再是单方考量，而是考虑职业性时不忘人文性，重视人文性时亦不能贬抑职业性，始终是和合考虑，联系把握的。这样才能避免二元论思维"偏颇—失衡—矫枉"恶性循环的怪圈，才能在一以贯之的整合理念的指导下，始终把握职业教育发展的正确方向，营造稳定的发展环境，推动职业教育健康、协调、可持续的发展。

（二）实现离散性思维向系统性思维转换

二元论思维是一种离散性思维，它是将事物的要素、成分、结构等离散开来，孤立地加以考量的思维模式，类似于分析的思维过程。离散思维的作用在于达及思维的深刻性和透彻性。因为对一个复杂的事物囫囵思考，往往很难清透洞彻，常常受困于复杂性和人的认识能力的局限性，只能作表面的把握，所以必须离散开来做各个击破的思考。但离散毕竟不是事物的本真状态，事物原本是浑然一体的，之所以在逻辑上、思维上不得不把它分隔开来加以思考，是受人类认识能力的局限使然，而不是事物本身的要求。职业教育是复杂的事物和现象系统，具有规模庞大、结构复

杂、目标多样、功能综合、因素众多等特征，当然也需要分开来认识。但这不是目的，分析是为了综合，综合是分析的目的。所以，职业教育必须由离散性思维向系统性思维转变。所谓系统性思维，是立足于整体或全局考虑事物的一种思维范式。系统思维有助于打破离散思维顾此失彼的片面性弊端和孤立性偏执。如现代职教体系建设问题，高等职业教育办学一度被严格限定在专科层次，不准提甚至都不准想"升本"的问题。这就是缺乏对体系建设系统思维的表现，暴露了计划经济体制下形成的离散思维的惯性影响和话语霸权，在一定程度上迟滞了现代职教体系建设的步伐。现在重提这个问题，强调"坚持统筹规划、系统设计，坚持着眼长远、分步实施，坚持分类试点、创新实践，坚持放眼国际、立足高远"，做到"适应需求，有机衔接，立体交叉"① 就是由离散思维向系统思维回归的表现，值得肯定，但中经的曲折与磨合，也值得反思和引以为戒。

（三）实现预成性思维向生成性思维转换

预成性思维"是一种先在设定对象的本质，然后用这种本质来解释对象存在和发展的思维模式"②。这种思维模式否定事物发展的动态性、可变性、生成性，把事物的发展看成僵死不变的直线过程，试图人为预控其发展和走向。这是违反教育的生成规律和辩证法则的。因为人不是预成性存在，无法规定其未来，只能面向未来。教育同样不是机械的流程，不是先在预设、忠实执行，在机械循环呆板操作中，把学生打造成流水线上划一的产品。生成性思维与之相反。罗祖兵指出："'生成'主要是相对于'预成'而言的，其意思是'变成某物'，它强调的是事物发展变化的过程本身。'生成'原本是用来解释事物运动变化的过程与机制，今天它则带有思维方式甚至是本体论属性。作为思维方式，生成性思维主要是指那种认为事物及其本质和规律是在事物发展过程中生成的，而不是在其发展过程之前就存在的思维模式。"③ 生成性思维具有重过程而非本质，重关

---

① 鲁昕. 加快建设中国特色世界水准的现代职业教育体系服务国家发展方式转变和现代产业体系建设 [J]. 管理观察，2012（1）：11－17.

② 李文阁. 回归现实生活世界 [M]. 北京：中国社会科学出版社，2002：41.

③ 罗祖兵. 生成性教学的基本理念及其实践诉求 [J]. 高等教育研究，2006（8）：51－57.

系而非实体，重创造而反预订等特征。① 生成性思维是极具活性和再生能力的思维，其生成机理就是整合。生成是一种在思维中整合加工思想的过程，它通过与既有知识、经验的相互作用，生成新的认识和思维成果。在这一过程中充满了意义拓展和价值衍生，是预成性思维无法限量和想象的。

（四）实现常规性思维向创新性思维转换

常规性思维是依循传统模式，沿袭惯常理路而展开的思维。它是常态化、大众化、日常化、浅表化的思维方式及其所产生的看法见解，具有平面、直线甚至庸常的特点，是思维低质化、凡俗化的表现。创新性思维是不拘传统、不囿成见、不循陈规，具有开创意义和建树特质的思维活动方式。在职业教育领域充斥着太多的常规思维和庸常识见，一定程度上制约了职业教育的创新发展和改革进程，因而必须要向创新性思维转变。创新是整合的本质和目的，是整合的价值归依，整合是创新的手段和形式。基于此，可以毫不夸张地说，整合思维就是创新思维，二者具有同一性和等值性。职业教育必须弘扬整合性创新思维。

1. 整合是事物非线性的加合创新

整合是事物的要素、环节、关系、部分、结构等重新组合而生成新事物的过程，其结果却是非线性的加合，具有 $1+1>2$ 的功能。这说明在整合过程中产生了新质和突破，产生了关联放大的溢出效应和增值创新的协同效果。

2. 整合性创新思维是一种扬弃思维

即在整合中进行思维"过滤"，抛弃思维中陈旧的、凡庸的、过时的东西，保留思维中具有创新品质和属性的东西。在思维中进行辩证地"扬弃"，是既克服抛弃，又保留吸收。在这一整合思维过程中，新旧事物被联系起来，经过整合者认真思考、分析、比较、萃取和加工再造，在融合与整合中显发创新精神，张扬能动智慧，弃旧图新，扬长避短，"出乎其类、拔乎其萃"，实现了"扬弃"创新。

---

① 李文阁. 生成性思维：现代哲学的思维方式 [J]. 中国社会科学，2000 (6)：45 - 54.

3. 整合是一种变造式的创新思维

变造即变化创造，它是思维中对旧客体的一种优化、整合、创新。变造，必有所本，必有所依，它是在某种思维原型的基础上的变化改造。变造的目的在于优化创新、整合超越。如姜大源在引进德国的工作过程导向课程理论实践中，发现单一的工作过程并不能全面覆盖学生应知、应会的知识和能力，也无助于学生复杂职业能力的培养，于是予以变造优化，提出了工作过程系统化的课程理论，实现了对原型启发理论的系统性升华和结构性完善。

（五）实现单向性思维向关系性思维转换

单向性思维是单一方向、视角、维度、层面上的思维，也可以说是孤立、片面、内敛、忽略事物之间联结和关系的思维。关系性思维则是基于联系的、全面的、多元的思维方式，关系思维必然是整合态的。反之，整合也不是任意拼合，随意纠结的，它是建立在对事物内在关系把握基础上，依凭关系论思维完成的对思维对象的一种睿智组合或创新融合。这种整合以思维目标作为逻辑依据，统整、协调和把握各种教育关系，力图为职业教育发展营造良好的关系场域和发展环境。职业教育是一项多重关系卷入其中的活动，它不是孤立独存的社会现象，不是自为、自洽的领域，而是"一幅由种种联系和相互作用无穷无尽地交织起来的画面"，其中任何事物都不是孤立的，而是处于与其他存在物的内在关系中，需要从社会、政治、经济、环境、人自身等诸多因素和复杂关系入手加以研究把握，需要以整合的理论思维来协调和优化各种关系，与社会的大系统不断地进行物质、能量、信息的交换，整合各种资源。如"工学结合、校企合作"的命题求解，"双师型"师资队伍如何建设，课程如何整合重构，职业教育的政策环境如何优化"给力"等，这些现实关系问题或难题的处置都是对我们整合智慧、整合思维能力、关系处置能力的考量和检验。但我们也有理由相信，当我们拥有了整合这一理论思维的武器，自觉地用整合思维思考职业教育，用整合的眼光审视职业教育，就能够为职业教育发展注入新的能量和活力，引领职业教育走整合、创新、永续发展之路。

第三章

学理审思：高等职业教育整合的理论基础

理论基础是指观点、命题和思想得以生发的前提和条件，是学科的理论建构得以成立的依据和基石。因而，从学理角度审思高等职业教育整合的理论基础，有助于我们从理性层面透视它的理论意涵，把握它的理论基础，厘清它的理论脉络，明了它的理论归依，懂得它的理论价值，以便我们全面、准确、深刻地理解整合理论的精神实质。正如宋代大儒朱熹所指出的："穷理者，欲知事物之所以然与所当然者而已。知其所以然，故志不惑；知其所当然，故行不谬。"故本章我们将穷理竟源，追问整合的学理基础。

第一节
中国古代的和合思想是整合理论的缘起

　　整合理论可以追溯到中国古代的和合思想。"和合"是一个具有中国特色的哲学范畴。早在中国古代甲骨文、金文中，"和""合"两字就已经出现了。在那里，"和"指的是和谐、和睦、和平、和善、和祥、中和等思想；"合"指的是汇合、结合、联合、融合、组合、合作等思想。随着语言的进步与发展，"和""合"二字开始并举连用，和合思想也渐次发展起来。如《国语·郑语》："商契能和合五教，以保于百姓者也"；《管子·幼官》："蓄之以道则民和，养之以德则民合。和合故能习"；《文子》："若天若地，何不覆载，合而和之者君也。"① 可见，作为整合理论缘起的和合思想，在我国源远流长，根基深厚。

　　和合思想的确立，一方面是稳定社会发展与统治的需要，另一方面也是以儒家文化为代表的社会价值观、伦理观、道德观的体现。它表现为人与己之和，人与人之合，人与社会之和。与己和乐，与人和处，与社会和融。和合学认为天、地、人三才，应构成一个多维建构的完整世界，"地"是生存世界，"人"是意义世界，"天"是可能世界，三者的和合构成一

　　① 张军. 价值与存在——价值话语的形上之思［M］. 北京：中国社会科学出版社，2004：77-78，85，82.

个完整的和谐的世界。同时，和合还极力主张人与自然的和合，即与天地合其德，与日月合其明，与四时合其序，体现了天地人合一的和合境界。从儒家所推重的修身、齐家、治国、平天下四大人生目标看，也体现了和合精神由内而外、推己及人的放大过程和发散路径。

和合思想之所以在中国传统文化中历经几千年而盛行不衰，是与中国传统文化中一以贯之的整体性思维、系统性思维和关系性思维密切相关的。中国人的传统思维崇尚直觉思维、整体思维，往往从整体的完美性着眼，以感悟和想象为思维的基本方法，体现了东方哲学的整合精神；西方人崇尚概念思维，从抽象的具体性着眼，以形式逻辑和推理归纳为思维的基本方法，体现了西方哲学的分析精神。[①] 比较而言，中国传统的和合思维是直觉的、感悟的、多维的、相对的、模糊的、永恒而内聚的，但缺少科学分析。西方的抽象思维是抽象的、解析的、单向的、绝对的、明晰的、变化而散射的，但缺少应有的宽容。换言之，西方人习惯于向外延续扩散，向四方发散；而我国传统的和合思维习惯于向内通和守成，向核心收敛。表现在思维特质方面，前者鲜明、精微；后者含蓄，模糊。表现在实践上，前者尚异，后者趋同。

从现代哲学语境审视与解析和合，有学者认为，和合是研究事物关系的哲学范畴。"和"表示一种关系态，体现了客观世界普遍联系的状态，即和谐、平衡、统一的存在。"从事物发展的逻辑规律看，事物的发展存在两种变化模式：一种是从单一性向多样性的变动，另一种是从多样性向统一体的变动。这种向多样统一体的变动就是事物趋'和'的过程。"[②] "合"表示一种关系质，它体现为物质系统的协同运动，以及通过事物内部不同要素的有机结合而产生的不同于原来状态的事物质变过程，反映的是关系系统中互为对象的事物之间相互规定、相互依赖、相互渗透、相互转化、相互创造和相互实现的过程。"和合"是关系态和关系质的有机统一。"和合"表征的是所有关系的最佳性质和状态，指在承认"不同"事物之矛盾、差异的前提下，把彼此不同的事物统一于一个相互依存的和合体中，并在不同事物的和合过程中，吸收各个事物的优长而克其短，使之

---

① 马建勋. 圆点哲学 [M]. 北京：作家出版社，2003：22.

② 张军. 价值与存在——价值话语的形上之思 [M]. 北京：中国社会科学出版社，2004：85.

达到最佳组合，由此促进新事物的产生，推动事物的发展。① "和合"还是一种境界，"是指自然、社会、人际、心灵、文明中诸多元素、要素相互冲突、融合，与在冲突、融合的动态过程中各元素、要素和合为新结构方式、新事物、新生命的总和"②，是通过系统整合的过程而形成的事物总体上的平衡、和谐、合作的状态。

基于上述分析可见，无论是从古代和合思想的缘起，还是从现代义释的角度来看，整合理论与和合思想都是一脉相承的，在内涵的界定上也有着极大的相似性。可以说，整合理论是中国传统文化的精髓——和合的历史延传，是和合文化孕育了整合理论，实现了其在现代语境下的文化接续和理论递交，为高等职业教育的发展提供了最可贵的精神财富和文化遗存，提供了具有工具价值和精神价值的思想武器。

第二节
系统论是高等职业教育整合的哲学根基

系统泛指相同或相似事物按一定的秩序和内部联系组合而成的整体。系统是事物的存在方式，世界上的一切物质现象都是以系统的整体状态存在着的。在这一意义上，系统论不仅深化了事物都是普遍联系的哲学观点，而且还具体地揭示了联系的总体样态——系统化的存在。最早从联系或整体的角度考察事物本然状态的，是对系统论思想做出巨大贡献的亚里士多德。他提出了"有机整体"的观点，认为整体就是由互不相同的东西按照一定的比例、秩序即内在结构组合而成的有机体，从而揭示了有序是有机整体的固有属性。康德一生致力于"发现把宇宙各个巨大部分联系起来的系统性"③。马克思主义的辩证唯物主义认为，世界是万事万物相互

① 张军. 价值与存在——价值话语的形上之思［M］. 北京：中国社会科学出版社，2004：85.
② 张立文. 和合学概论［M］. 北京：首都师范大学出版社，1996：71.
③ 康德. 宇宙发展史概论［M］. 上海外国自然科学哲学著作编译组，译. 上海：上海人民出版社，1972：196.

联系着的统一整体，任何事物都不能孤立地存在着，都同其他事物发生着联系，都是统一的联系之网上的一个部分或环节。早在 19 世纪，恩格斯就通过总结能量守恒与转化定律、细胞学说和达尔文的进化论等科学成果，提出了一种崭新的自然观——辩证唯物主义自然观。这个自然观的基本特征就是把世界看成一个正运动、进化、发展的系统整体。正如恩格斯所指出的："当我们深思熟虑地考察自然界或人类历史或我们的精神活动的时候，首先呈现在我们眼前的，是一幅由种种联系和相互作用无穷无尽地交织起来的画面。"① 20 世纪 40 年代，奥地利出生的美国生物学家贝塔朗菲（Bertalanffy，1901—1922）于 1945 年发表了《一般系统论》一文，标志着系统论理论的正式创生。贝塔朗菲提出了较为完整的系统论建构的原则，如整体性原则、相互联系原则、动态原则和有序性原则。他认为，解释事物现象不仅要通过它们的组成部分，而且也要估计到它们之间联系的总和……有联系的事物的总和，可以看成具有特殊的整体水平的功能和属性的系统。② 同时，贝塔朗菲还强调系统是开放的，它要和周围环境进行物质和能量的交换，并将生命和生物现象的有序性和目的性与系统的结构稳定性联系起来。

高等职业教育是一个自组织系统。它是相同或相类的事物按照一定的秩序和内部联系组合而成的整体状态，具有规模庞大、结构复杂、目标多样、功能综合、因素众多等特征，且每一个系统本身都是它所从属的更大系统的组成部分，同时又下属着比它更小的若干系统。它是以系统论作为整合的哲学基础的。

一是系统的联系性构成整合的基础。系统是由联系构成的整体，联系是系统的基础；同时，整合是在系统基础上的整合，因而联系也必然是整合的基础。换言之，没有联系，就没有系统，也就没有整合。高等职业教育的一切事物或现象都是一种联系着的系统化存在。比如，教育质量问题关系到师资水平、学生基础、设施条件、教学方法改革、评价体系激励、校风环境影响，可以说涉及学校办学的方方面面，这些联系有直接联系与间接联系、显性联系与隐性联系，共同构成了影响高等职业教育质量生成的系统要素和整合优化的前提。倘若没有这些内在联系，教育质量的综合

① 马克思恩格斯选集：第三卷 [M]. 中共中央马克思恩格斯列宁斯大林著作编译局，编. 北京：人民出版社，1995：60.

② 沈泰昌. 系统工程 [M]. 杭州：浙江教育出版社，1985：17.

改革、配套治理，就无从谈起。

二是系统的整体性赋予整合宏观的视野。整体性是系统的最大特点。立足整体看事物、观万象，才能看到整体，总览全貌，而不致乱花迷眼，为局部所迷、所惑，为一端所障、所蔽。当下的高等职业教育没有系统的整体眼光，缺乏整合的联动意识。一提外延发展、规模扩张，就轻视内涵跟进、质量保障；一强调服务经济，就遮蔽了"以人为本"；一讲职业性，就忽略了人文性。而系统整合诉诸我们的哲学智慧，就是要赋予我们"跳出此山而看山"的整体视野，改变"头疼医头、脚疼医脚"，执其一端而偏失的行为迷误，在系统整合中获得平衡、和谐的协同发展和整体推进。

三是系统的动态性使整合具有了开放性。任何系统都是一个动态演化的过程，是系统的物质、能量、信息不断交换的过程。系统的动态性在于系统内部的矛盾性。黑格尔曾经指出，矛盾是一切生命力和运动的根源。马克思主义哲学也认为，世界上的一切事物、现象、过程都是一个矛盾的统一体；而世界便是由众多相互联系的、不同层次的矛盾构成的一个庞大的矛盾体系。矛盾提供了理解一切现存事物自己运动的钥匙。同样，系统的动态特性和演化过程也是其内在矛盾性运动的结果。系统的动态特征决定了整合的开放性和生成性。整合永远是面向未来的开放体系，它不是一过性的、终结性的、在热寂耗散中趋于能竭势衰的封闭的体系，而是生成着、建构着、更新着的系统。旧的整合完成了，新的整合又重新开始，它永远是一个健行不息、生生不已的过程，是在一定条件下自我选择、自我淘汰、自我优化、自我组合、自我完善，从而向更高层次、更高阶段发展跃进的过程。

第三节
创新论是高等职业教育整合的价值归依

创新，字面解读，不外创造、更新之意。创新是人的最高本性的弘扬，是人的高水平的综合素质的体现。我国学者唐五湘在其著作《创新论》中归纳了五种创新定义：①创新是开发一种新事物的过程；②创新是运用知识或相关信息创造和引进某种有用的新事物的过程；③创新是对一个组织或相关环境新变化的接受；④创新是指新事物的本身；⑤创新就是从产生新思想到行动。① 张武升则认为："创新是指主体（人）为了一定的目的，遵循事物发展的规律，对事物的整体或部分进行变革，从而使其得以更新与发展的活动。"② 它可以是形态的转变、要素的更新、结构的重组、功能的优化等。价值隶属哲学话语体系，是事物对人的意义、有用性、合目的性、有效性等的体现。高等职业教育整合的价值在于它的创新品质和超越属性。创新是整合的价值归依，整合是创新的手段与形式。换言之，整合的价值是在整合过程中并通过整合而彰显出来的一种新品质、新形态、新思维、新方法、新结构、新功能、新机制、新过程等。

一、整合是事物非线性的加合创新

整合是事物的要素、环节、关系、部分、结构等重新组合而生成新事物的过程。如果就整合的过程看，它是加合性的、组合式的，是 1 + 1 的线性组合。但就整合的结果看，它是非线性的加合，是 1 + 1 > 2 的非线性组合。线性的加合关系，整体就等于部分相加的常数和，这说明在加合的过程中并没有新质的突破和生成，是零效应和零价值的。而非线性的整合关系，整体大于部分之和，说明在整合过程中产生了新质和突破，是正效应和正价值的。这是因为，在线性相互作用的条件下，要素间是独立不相干、机械叠加的，所以难以产生协同相关的整体效应，形成新质和突破。而在非线性相互作用条件下，由于要素间存在着非独立的相干性，所以才会出现关联放大，产生协同有序的整体效应，突现生成了各独立要素所不曾有的系统新质。

二、整合是变革旧事物的扬弃创新

新生事物战胜旧事物是事物发展的必然规律，但这种战胜不是简单抛弃，更不是全盘否定、一笔勾销，如倒洗澡水时把澡盆里的婴孩也一并泼

---

① 唐五湘. 创新论［M］. 北京：中国盲文出版社，1999：2 - 3.

② 张武升. 教育创新论［M］. 上海：上海教育出版社，2001：27.

掉，而是辩证地扬弃，是既克服、抛弃，又保留、吸收。这一过程就是整合的过程。在整合中，新旧事物被联系起来，将人的认知前见、经验整合到对当下事物的理解中，形成不同的视域融合和支持；同时，经过整合者认真思考、分析、比较、萃取和加工再造，将旧事物中过时的东西、消极的成分予以抛弃，而对旧事物中那些经过改造后可以成为新事物养料的因素予以吸收，加以改造，作为新事物的有机成分保留下来。这样整合就在辩证否定中剔除糟粕、吸取精华，在更高的基础上实现对事物的"扬弃"创新。

三、整合是变造式的优化创新

变造即变化创造。它是对旧客体的一种优化整合。变造，必有所本，必有所依，它是在某种原型的基础上的变化改造。变造的目的在于优化创新、整合超越。例如陶行知对杜威理论的超越就是如此。杜威重视教育与生活的联系与经验的建构，提出了"教育即生活""学校即社会"和"从做中学"的著名论断。陶行知在学习借鉴的基础上，发现杜威的理论并不完全符合中国的实际，于是加以变造，将其倒转过来，变成"生活即教育""社会即学校""教学做合一"的生活教育理论，实现了对杜威理论的变造超越。其实，我们今天还可以将陶行知的"教学做合一"变造成"做学教合一"，即先"做"，后"学"，再"教"，才更加符合职业教育的根本规律和模式。对此，江苏职业教育与终身教育研究所马成荣所长也主张"做"字当头，"学"贯始终，相机而"教"。

四、整合是统整嬗变的超越创新

整合是教育主体有目的、有意识的行为或活动，它是指向非整合态的事物或现象的，整合就是不断克服、协调、超越非整合事物局限的过程。一般而言，非整合态的事物都是单一的、分散的、片面的、直线性的，不具备创新优化的基础；而整合则是统一的、包容的、兼具的、统属的、合和的，具备通过整理、规整、统整而后合并、融合、加合超越创新的条件和基础。超越是对现存状态（非整合态）的否定，是对局限或不足的改进和优化。超越的最本质意义在于向着一个更高超的东西的升华和提升，是在适应的前提下向着更完善境界的挺进与突破，是一个标志着具有向上行进感的升华与高扬。从 A 向 B 的超越，一定意味着 A 是向着 B 真正得到升华的，但一定不是不要 A，或抛弃 A。超越自我一定不是不要自我和抛弃自我，而是自我被升华到一个更高远博大的境界中。整合就是这样的一种超越和创新的过程。

五、整合是系统联系和作用的开放创新

现代科学证明，严格不与环境进行任何物质、能量、信息变换的孤立系统，由于系统内部要素间相互作用不断地消耗物质和能量，熵的增加成为一个不可逆的过程，必定会走向无序和混乱，最终会逐渐退化和瓦解。与此相反，开放的系统由于不断地从环境输入能量和信息，不仅可以使系统维持原有的有序结构和稳定状态，而且还可以由于输入的增多，对原系统形成一定的"偏离""涨落"和"扰动"，当它达到一定的阈值，便使系统逐步离开它的平衡态，原有的结构因失去维持自身的能力而瓦解，为新的结构所取代，形成新的有序和稳定。① 高等职业教育的整合就是这样一种物质、能量、信息、要素等输入、交互、统整、融合的开放过程，并通过这一过程实现了高等职业教育的结构、功能、观念、形式等的创新。

六、整合是对平衡把握的智慧创新

平衡原指器物两端承受的重量相等。这里指对立或博弈的双方矛盾的消解而达成的暂时相对的统一与稳定和谐的状态。高等职业教育的整合就是一种对平衡把握的智慧创新。如校企合作的利益平衡，资源整合的资源分配和利用的平衡，教师的"双师型"整合中理论与实践两种教学能力的平衡等。应当注意的是，整合平衡是一个相对的概念，不是半斤八两，重者轻之、轻者重之的那种绝对平衡，而是事物应有的那种平衡。比如，理论教学与实践教学的比例并非各50%，而是在重视实践的基础上，精确地处理好支持实践能力生成的必要的理论学习的比例。这一比例对于不同的

---

① 张军. 价值与存在——价值话语的形上之思［M］. 北京：中国社会科学出版社，2004：189.

专业是不同的，可能大于 50%，也可能小于 50%，但只要符合"必需、够用"原则，都是属于平衡整合。可见，平衡整合并非易事，它需要谙熟职业教育规律，精确把握教学过程、要素、内容的分寸，灵活地掌控其"火候"，做出决断和整合。它是对教师的理论水平和实践经验的考量，是对其具有挑战的智慧创新。

第四节
职业教育社会学是高等职业教育整合的外部机制

高等职业教育作为一种运行的价值系统，不仅有其内在的逻辑机理，而且也有其外部作用的机制。这种机制是通过高等职业教育系统与外部的环境要素相互联系、相互作用而存在和发展的。本节将从职业教育的社会学视角对这一问题一探究竟。

什么是职业教育社会学和机制呢？张社字指出："职业教育社会学是一门通过对职业教育社会现象及职业教育与社会之间的关系、互动机制及协调发展问题的研究，揭示职业教育与社会协调发展规律的综合性的边缘学科。"① 什么是机制？看一个案例：2007 年诺贝尔经济学奖获得者埃里克·马斯金教授曾经讲述过一个分蛋糕的故事。一位母亲想把一块蛋糕公平地分给两个孩子，而使他们又没有意见，她该怎么做呢？母亲设计了这样一种分蛋糕的机制。让两个孩子中的任何一个负责分蛋糕，而另外一个则可以先挑选想要的那一块。母亲虽然不能保证自己就能分得公平，也不知道孩子认为怎样分才是公平的，但她却通过这种公平机制的设计，成功地解决了这一问题。借助这个案例，我们可以对机制的特点做如下解析：①机制是事物运行时的一种安排设计。②机制的设计是有意识、有目的的，以保证事物运行达到理想化状态。③机制的设计应当科学、合理，能为人们所接受。④机制的设计具有制约性、有效性，充满智慧。循此继进，我们可以概括出机制的定义：机制是人们在研究和把握事物相互联

---

① 王清连，张社字. 职业教育社会学 [M]. 北京：教育科学出版社，2008：5.

系、作用和关系的过程中，为谋求问题的处理解决而设计的保证其合目的性运行的一种安排和方法。陈玉琨也认为："机制是落实制度的一些组织设计和运行安排，以保证实现预期的结果。"① 职业教育社会学是高等职业教育实施外部整合的理论依据和运行机制。从研究对象看，职业教育社会学研究职业教育的因素与社会因素的相互作用，这就必须关注职业教育与人口、职业教育与社会、职业教育与经济、职业教育与科技、职业教育与劳动力的整合。从学科功能看，职业教育社会学重在研究并揭示职业教育发生、发展的外部规律及对职业教育的影响作用，要求高等职业教育与之相整合，以保证高等职业教育合规律、合目的地发展。从关系论角度看，任何教育都是在一定的环境中存在和发展的，即教育的发展离不开社会，反之，社会的发展也离不开教育。它们是整合一体的、有机统一的。一方面，高等职业教育与社会的良性互动和协调发展是其健康发展、高效运行的基本条件，因此需要谋求与社会制度、社会环境、社会文化、社会经济发展、社会管理部门—政府机构等的全面整合；另一方面，社会的发展与进步也离不开高等职业教育的基础先导作用、支柱后盾作用。职业教育与社会的这种客观必然的联系性，要求其必须与外部发展环境进行社会化整合。外部环境作用于职业教育形成的运行机制，要求高等职业教育从以下几方面进行外适性整合。

一、与问题整合，形成创新突破

问题是由职业教育系统与社会其他系统之间失调而引发的。与问题整合，就是研究问题产生的社会根由，并寻求解决对策。当下的高等职业教育与社会发展不协调的现象普遍存在，尤其是在社会转型、时代转换、经济转轨的今天，新旧体制、新旧观念的对立和摩擦，以及由此产生的失序、混乱和震荡，不仅使职业教育与社会的互动日趋复杂，也使职业教育与社会协调发展严重受阻。解决这些问题需要整合智慧。它既不能单纯从学校角度入手，也不能一味要求社会应当怎样。那样不但不能很好地解决这些问题，反而可能会导致相互埋怨、彼此指责。因此，必须首先对这些

---

① 陈玉琨. 发展性教育质量保障的理论与操作［M］. 北京：商务印书馆，2006：80.

问题进行职业教育的社会学分析，找准症结，统一认识，多方配合，进行综合治理。这样才有可能在整合中解决职业教育的热点、难点、焦点、盲点问题，取得创新突破。

二、与国情整合，形成本土特色

国情是职业教育发展的最大的外部环境。任何高等职业教育都是在特定的空间和境域的原生场中存在和发展的，都是本境、本土的。因而，中国的高等职业教育必须从我国的现实出发，立足于本土化实践，选择职业教育的发展道路和发展模式，以形成本土化的特色，向世界发出我们自己的声音。但强调"中国化""本土化"，并不是要拒斥国际职业教育的先进经验，而应该以整合的意识和思维，反思国外理论与方法在中国的适用性，立足本土，以我为主，吸收外来营养和精华，滋养本根本我，这样才更有利于形成本土特色，增强同国际职业教育的对话能力，并在国际经验本土化及自身特色实现的整合过程中，唤醒超越意识，拿出超越自信，实现超越自强，最终达成视界融合和本土化超越。

三、与环境整合，形成良性发展

环境是环绕主体周围的一切情况和条件的总和。对于高等职业教育来说，环境就是指能够影响高等职业教育办学的一切外部条件的综合。因而，职业教育社会学整合还要求高等职业教育办学要重视与环境整合，研究政治、经济、文化、科技等宏观环境，以及制度、资源、管理、就业等微观环境对高等职业教育发展的影响，并根据高等职业教育发展对环境和条件的要求，尽可能地去改造环境、创造条件、优化环境，让环境成为推动高等职业教育良性发展的外在动力，让高等职业教育为优化的环境创设增光添彩、回馈奉献。

第五节
认知结构理论是高等职业教育整合的心理学基础

认知是包括知觉、思维、推理、理解、问题解决和记忆等的过程。认知结构是思维方式、科学知识、价值观念等方面凝结而成的统一体。① 它制约着人们的认识过程、认识层次和认识成果。认知结构是学生已有观念的全部内容及其组织。个人的认知结构是在学习过程中通过同化作用，在心理上不断扩大并改进所积累的知识而组成的。它一旦形成，就成为学习新知识的重要变量、因素和援手。所以，认知结构是整合学习的重要的心理机制。近百年来，心理学史上先后产生和出现的操作条件学习理论、信息加工学习理论、意义接受学习理论、认知发展学习理论，以及当今正在兴起的情境认知理论、社会文化理论、自我调节理论、建构主义学习理论，都是各种理论流派与学习的整合，都是不同的认知方式在学习中的应用。每一学习理论都包含不同的认知模式和策略，其实质均可以归结为整合。其中，最重要的就是建构主义学习理论。

建构主义学习理论认为，世界是客观存在的，由于每个人的知识、经验和信念的不同，每个人都有自己对世界的独特的理解。知识并非主体对客观现实被动的、照镜子式的反应，而是一个主动建构的过程。建构主义者认为，所谓"学习"，就是把新的知识信息"统合"到个体已有的知识结构中去的过程，就是在新旧知识之间建立联结的过程。② 换言之，建构是通过联结而使知识"再生"的过程，既为再生，就必有先在的知识基础在，再生不过是新知与旧知相互作用、相互整合而生成的过程。这个"先在"的建构基础，即人的认知结构，不同认知学派代表从不同角度出发有着不同的阐释。皮亚杰的"同化—顺应"的图式学习理论，维果斯基的最

---

① 上海市高校《马克思主义哲学基本原理》编写组. 马克思主义哲学基本原理 [M]. 6版. 上海：上海人民出版社，1994：131.

② 夏正江. 一个模子不适合所有的学生——差异教学的原理与实践 [M]. 上海：华东师范大学出版社，2008：88.

近发展区理论，布鲁纳的认知结构理论，奥苏贝尔的先行组织者理论，都清楚地说明认知是基于建构的。学习心理学认为，学习是由经验引起的知识内化和行为练习的过程。①

建构主义学习理论从认知结构角度阐释了知识或能力习得的内在心理机制，其本质与核心就是整合。它包括学习者与经验的整合、与意义的整合、与情境的整合诸多方面。

一、与经验的整合

经验是生活的经历和体验，是个体在现实境遇中感受生活反思生活而来。② 经验是知识的源泉，知识是经过理性建构的经验。经验构成理解的支撑，是人与世界实践层面关系的整合建构。它要求我们在知识和经验的整合上，倡导一种经验支撑性寻"根"式学习。这个"根"或"经验"，就是皮亚杰（Jean Piaget，1896—1980）所说的"图式"、奥苏贝尔（David Paul Ausubel，1918—2008）所强调的"先行组织者"。对知识的理解只有在学生"先在的经验"中找到位置和归依，才能真正同化或内化到个体的知识结构中去。换言之，学习并不是在学生心灵的"白板"上刻上"痕迹"，而是在学生先赋的经验、已有的精神世界的基础上的一种塑造和再构，是在学生先在的人生阅历、知识背景的"画板"上锦上添花。离开了学生已有的经验基础，知识的学习、认知的建构就成了无源之水、无本之木。可以说，任何学习如果没有经过学生经验所统整、所应用，其所获得的知识就是食而不化的死的知识，就是没有被学生真正理解、无法转变为行动智慧的"无根"的知识。

二、与意义的整合

教育心理学特别强调有意义学习，认为"机械地获得的知识是同发展智力无关的。只有有意义地获得知识，才有迁移和应用的价值，知识的迁

---

① 朱德全，张家琼. 论教学逻辑［J］. 教育研究，2007（11）：47－52.
② 金生鈜. 理解与教育——走向哲学解释学的教育哲学导论［M］. 北京：教育科学出版社，2001：66.

移和应用乃是衡量智力的最可靠的标准"①。有意义的学习意涵：①学习者对学习材料的意义已经理解掌握；②学习者明了当下学习的意义与价值；③懂得学习对于自身未来就业与发展的需要。此三者，①是学习者所欲追求并确立的东西，对学习效率的提高具有直接的现实意义，它取决于学习者积极主动的学习心向和努力；②和③虽只具有间接意义，但却直接影响着学习者的学习态度、努力程度和学习成效，体现了对学习需求的理性认知和觉识，而这恰恰是决定高职学生学习有效性的关键因素。因为如果他们自身不能意识到当下学习的意义或对未来就业需要的意义关联，就很可能会以一种消极、倦怠、应付的态度对待它。斯普朗格指出："与人的生活和个体精神没有关联的知识是无生命的知识，知识必须转向人的内在精神才有意义。"② 所以，一些职业教育专家强调，职业教育的课程不应从理论讲述切入，而应该从"做"入手，让学生在"做"的过程中体会职业教育课程的特色与不同，并通过"做"而后知困的问题暴露，使他们感悟自身理论知识的欠缺及学习理论的实际意义，从而诱发"愤""悱"境界，变"要我学"为"我要学"。如一名数学和英语学习都不太好的学生，却痴迷于计算机学习。但随着学习程度的日益加深，他发现计算机编程中没有数学寸步难行，在浏览国外网站时也会碰到语言障碍。为此，他开始意识到学习数学、英语对学好计算机的意义。于是，他开始"逼"着自己主动学习数学和英语，并且取得了很大的进步。

三、与情境的整合

知识不仅依赖于个体经验，还依赖于现实情境。情境，顾名思义是指"情况、境地"。"情境是指与个体现实地发生着关系的、是我们感受得到相互影响的特定时空的环境。"③ 杜威一贯认为，知识本身是有机体和环境之间相互作用的结果，思维其实源于直接经验的情境，它不能从情境中被剥离。"任何知识要具有一定的生命力，都必须作为一个过程存在于一

---

① 邵瑞珍，等. 教育心理学——学与教的原理 [M]. 上海：上海教育出版社，1983：30.

② 邹进. 现代德国文化教育学 [M]. 太原：山西教育出版社，1992：70.

③ 余文森. 论个体知识的课程论意义 [J]. 教育研究，2008（12）：48.

定的生活场景、问题情境或思想语境之中。"① 在知识的情境之中，知识是活的；脱离特定的情境，知识就是死的。高等职业教育是"致能"性教育，其重点首先在于"会做"，而会做（能力培养）始终是情境化的，而不是抽象的，是在个体与情境的相互作用的过程中被建构、被习得的。也就是说，高职学生的学习始终是"场依存型"的，他们学习的知识是场域化的、情境化的知识，他们必须亲临在场、真实地卷入其中才能学好。因而，建构主义要求学生把握知识在具体环境中的复杂变化，使所学知识具体化。这就要求高等职业教育要重视学生躬行实践的亲历性，尽可能地创设真实的职业情境，让学生通过自身亲历、体验、活动、操作、观察、参观、感悟、反思等来学习课程知识，凸显课程知识的经验性、体验性和情境性，让知识和技能真正走进学生的心灵，内化为他们的素养和智慧。

第六节
多元智能理论是高等职业教育整合的人才观基础

智力与智能是相近的概念，对其内涵的阐发见仁见智。美国学者韦克斯勒（David Wechsler, 1896—1981）认为："智力是一种个体理智地思考、有目的地行动、有效地处理他或她周围环境的综合能力。"赫伯把智力定义为"认知发展的内在潜能"；"个体观察、学习、解决问题思考和适应能力发展的一般水平"两个方面。美国心理学家 R．J．斯滕伯格的成功智力理论则认为：智力是一种个体适应环境的心理能力，包括选择环境和改造环境的能力。并将这种智力分为分析性智力、创造性智力和实践性智力三种，将那些选择、改造和适应环境、知道平衡使用三种智力的人称为"成功智力"的人。这一理论产生了很大的影响。1983 年，美国哈佛大学心理学家加德纳（Howard Gardner, 1943— ）在其所著的《智能的结构》一书中首次提出了著名的"多元智能理论"。他认为，智力是一种

---

① 郭晓明，蒋红斌. 论知识在教材中的存在方式［J］. 课程·教材·教法，2004（4）：3－7.

在特定的自然环境中创造产品或解决问题的能力。人的智力是多元化的，不是一种能力，而是一组能力，并且不同类型的智能之间是相对独立的。基于此，每个人身上同时拥有九种彼此独立的智力，即言语智力、逻辑—数学智力、视觉—空间智力、肢体—动觉智力、音乐—节奏智力、人际交往智力、内省智力、关于自然的智力和与存在有关的智力。这九种智能在每一个人的身上不是平衡存在的，而是以某种优势智能为主导并与其相关智能组合成一个能力集，错综复杂地存在的。这就是说，每个人都是一个多元智能的组合体，智能之于人是结构化的和整合态的。

一般而言，在这九种智能类型中，高职学生应归属于言语智力、视觉空间智能、肢体动觉智能、音乐智能、人际智能等形象思维大类的群体。每种智能所对应的每个人的能倾或智倾结构同样是整合化的，这就要求高等职业教育必须顺应学生的智能结构，以整合化的教学策略去适应学生多元化的智能培养，优化完善其智能结构。例如，以"房屋"为主题的多元智能整合教学，可以让言语智能的人阅读有关房屋的书籍，并在此基础上从事相关的写作；以视觉空间智能为主的人，可以分配给他设计并绘制房屋图纸的任务；肢体动觉智能的人，可以让他用特定材料制作房屋模型；音乐智能的人，可以让他从事有关房屋歌曲的创作并演唱；人际智能的人，可以让他学习房屋销售等。然后让大家在一起交流，交换或共享彼此成果，形成成果整合互补学习。这样，每个人必能获得更多的收获和教益。再如，根据学生不擅长听觉分析智力，而擅长动觉实践智力的特点，采用"做学教合一"的教学整合模式，必能取得良好的教学效果。

姜大源认为，无论是中职学校的学生还是高职院校的学生，与相应层次的高中学生或大专学生相比，"他们是同一层次不同类型的人才，没有智力的高低之分，只有智能的结构类型的不同"，并认为"个体的智能倾向（能倾）是多种智能集成的结果"。他执其大端，从总体上与人才大类划分相对应，将九种智能类型粗分为两大类型：一是抽象思维，二是形象思维。通过学习、教育与培养，主要能倾为抽象思维者可以成为研究型、学术型、设计型专家，而主要能倾为形象思维者则可成为技术型、技能型、技艺型的专家。[①]（见图 3-1）

---

① 姜大源. 职业教育学研究新论［M］. 北京：教育科学出版社，2007：6-9.

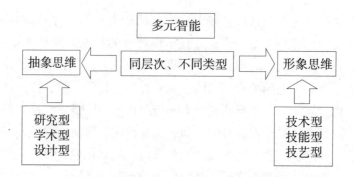

图 3 - 1　智力类型与人才类型对应图

高等职业教育的根本任务就是要完善、优化人的智能结构，将以形象思维为主导的高等职业教育群体培养成高端技能型、管理型、技术型的人才。

第四章

历史视野：整合视域下高等职业教育的发展演进

所谓历史，就是追求着自己目的的人的活动，也是人的自我创生的过程。研究高等职业教育整合发展的过程，必须要有历史视野，因为高等职业教育的整合发展是在一定的历史条件下进行的。当下的发展需要过往的实践奠定历史基础，提供历史前提；而当下的实践又为未来的发展奠定历史基础，提供历史前提。如果没有对高等职业教育整合实践的历史审视，不知晓它的"前世今生"，就很难明了其"在历史中生成""在历史中存在""在历史中超越"的过程。通过对高等职业教育整合发展的历程考察，将有助于我们进一步理解和认识高等职业教育整合的本质，厘清高等职业教育一路走来的发展脉络和基本情况，明了高等职业教育历经多元整合汇聚而成的当今基本格局，并有助于我们顺应历史的延传和趋势，去探触高等职业教育发展的未来走向和路径。如若没有这样的历史视野和实证支撑，高等职业教育整合论的建构就将是残缺的、虚屏的，是立不稳、站不牢的。

董仁忠将"我国高等职业教育发展演变的历程划分为探索兴起阶段（1980—1992）、地位确立阶段（1993—1998）、跨越发展阶段（1999—2003）和内涵提升阶段（2004—2009）"①，这种划分应当说大致不差。但从整合的视角来看，高等职业教育的整合发展经历了"散点形成—分流萎缩—发展整合"的演进轨迹，其整合发展类别可以概括为高职高专成人高校转制的归类整合、五年制高等职业教育贯通的衔接整合、中等职业教育合并的升格整合。

第一节
高等职业教育整合演进的"路线图"

学界普遍认为，我国高等职业教育的发展始自 20 世纪 80 年代。如郭扬研究员指出："我国高等职业教育的'本史'是从 1980 年才开始的。"②

---

① 董仁忠. 从政策调控高职教育走向依法治理高职教育［J］. 职业技术教育（人大复印报刊资料），2011（9）：35.

② 郭扬. 中国高等职业教育史纲［M］. 北京：科学普及出版社，2010：48.

湖南商务职业技术学院院长张新民指出，"'高等职业教育'的概念事实上是 20 世纪 80 年代随中国职业大学的发展才出现的"①。当时的背景是1978 年党的十一届三中全会召开，毅然将工作重点转到社会主义现代化建设上来，转移到以发展经济为中心的轨道上来，吹响了向"四化"进军的冲锋号。邓小平在 1978 年召开的全国教育工作会议讲话中，就要求"整个教育事业必须同国家经济发展要求相适应"，"使教育事业的计划成为国民经济计划的一个重要部分"。对于教育来说，"文革"十年的高考"停摆"造成了高等教育人才培养的"真空"，虽然 1977 年开始恢复高考，但招生的规模数量十分有限，因而"我国高等教育还处于恢复性大发展阶段"②，高等教育的发展正面临破冰之旅。正是在经济发展需要和教育发展复兴的背景下，高等职业教育的发展才站在了历史的起点。

一、高等职业教育的诞生与创立

高等职业教育"在我国是伴随着地方短期职业大学的诞生而形成的。1980 年前后，随着国民经济的恢复和发展，各地为了解决地方建设人才严重缺乏的局面，纷纷开始在一部分有条件的中心城市，主要依靠地方集资兴办了一批市属的专科层次高等学校，培养较高层次的地方急需的应用性人才，这就是短期职业大学"③。第一所短期职业大学是 1980 年诞生于我国南京市的金陵职业大学，它的出现标志着我国高等职业教育的产生。金陵职业大学是经江苏省人民政府批准，利用南京市大专、中专学校师资、校舍和教学设备创办的一所文理工科综合性全日制地方高校。金陵职业大学"采取统一领导、分散办学的形式组织教学，主要任务是为南京市各条战线培养具有大专水平的专业人才。招生对象是城区有走读条件的非在职高中毕业生，学生一律走读，毕业后不包分配"④。同年，还有常州职业大学、无锡职业大学、江汉大学（武汉）、平原大学（新乡）、合肥联合大学、杭州工业专科学校等 13 所同类市办高校相继创办，成为我国

---

① 张新民. 高等职业教育理论构建 [M]. 长沙：湖南人民出版社，2010：62.

② 陈英杰. 中国高等职业教育发展史研究 [M]. 郑州：中州古籍出版社，2007：9.

③ 郭扬. 中国高等职业教育史纲 [M]. 北京：科学普及出版社，2010：49.

④ 赵绍龙. 南京创办金陵职业大学 [N]. 人民日报，1980 – 08 – 29.

最早喊出"高等职业教育"口号的第一批短期职业大学。① 在当时人才奇缺的背景下，职业大学的办学成效得到了社会的认同，也受到了国家高层的关注与肯定。1982 年全国人大五届五次会议提出："要试办一批花钱少、见效快，可收学费，学生尽可能走读，毕业生择优录用的专科学校和短期职业大学。"1983 年国务院发布的《关于调整改革和加速发展高等教育若干问题的意见》也指出："积极提倡大城市、经济发展较快的中等城市和大企业举办高等专科学校和短期职业大学。"正是在这样的政策背景下，到 1985 年，全国短期职业大学已遍及 25 个省市，达到 118 所。

最早创办的这些职业大学的特点主要体现在以下几个方面。

第一，从办学特点看，体现了地方性、灵活性、开放性的特点，开创了我国现代高等职业教育发展的先河，标志着我国现代高等职业教育的开始，基本代表了我国现代高等职业教育发展的雏形。

第二，从办学方式看，实现了管理体制的突破。如《江苏省职业大学暂行条例（修改稿）》第一条规定：职业大学是缴费、走读、不包分配、择优录用的市属（个别县属）地方性全日制高等学校，属于高等教育体系中的专科层次，又是职业教育的高层次。② 这样的办学机制，打破了指令性计划年代的国家"统包统配"的制度和办法，是高校办学体制配套改革的重大突破和整合创新。

第三，从办学条件看，高等职业教育学校普遍规模偏小，办学条件差。如 118 所短期职业大学的在校生总计 63 535 人，校均 538 人，最少的仅仅 30 人。就条件资源看，教学条件、图书馆、实验室均齐备的只有 61 所学校，三种缺一种的有 35 所学校，还有一些学校处于更为困难的状态。③ 再如 1980 年 8 月成立的合肥联合大学，当时"没有校园校舍，所有教学都是'联办'，插在科大、合肥工业大学、安徽大学等的教学空档中完成，没有固定的师资队伍，所有的教师都是从合肥地区 12 所高校中择优聘用。"④

第四，从培养目标、培养规格、培养方式看，由于条件所限制，基本

---

① 高帜. 关于高等职业教育的改革与发展 [N]. 中国教育报，1997 - 10 - 08.

② 叶春生. 江苏职业大学十年 [M]. 徐州：中国矿业大学出版社，1991：264.

③ 陈英杰. 中国高等职业教育发展史研究 [M]. 郑州：中州古籍出版社，2007：55.

④ http://baike. baidu. com/view/2583970. htm.

上依然是学科型培养方法，高等职业教育的特色不明显。

第五，从学校的产生、布局等方面看，最早的高职院校是点状出现、批次产生的。如由金陵职业大学带动产生的第一批13所职业大学，再到1985年，在全国范围内增至118所就是如此。

总之，以1980年为时间起点，以金陵职业大学出现为标志，我国的高等职业教育开始了从无到有的发展历程。但最初的高等职业教育由于规模小、学校少、条件差，发展还很不充分。这是因为职业大学作为地方上举办的综合性高等专科学校，以服务地方为主，其"需求的一个基本特点是种类多、批量小"，因此"职业大学往往办成多科性、小而全的学校"。① 另外，在布局上也显得孤立、分散、零星，尚不具备整合的基础和条件。如当时一些学校有的还没有统一的校区，只是分散在各个教学点上办学。但不可否认的是，虽然大规模整合发展的条件还不成熟，但不少学校创办时就包含了整合因素和方式，这种整合的萌芽为大力发展期的规模整合提供了启迪借鉴和生长的先机。

二、高等职业教育的分流与萎缩

中国高等职业教育的发展，如果按照兴办职业大学的路径和速度平顺、稳步的发展，那将是多么令人期待和乐观的事。但历史的进程并不总是遂顺人愿，事物的发展也往往充满曲折反复。就在职业大学历尽艰辛发展的第十个年头，1990年11月，原国家教育委员会在广州召开了"全国普通高等专科教育工作座谈会"，这次会议在当时国家提出的治理整顿经济和存在问题要求的大背景下，对隶属于地方举办的职业大学，有人提出了"分流"的意见。他们认为"现有大多数短期职业大学在服务对象、专业设置、培养模式、培养目标、毕业去向等方面与普通高等专科学校区别甚微，实际上是由地方举办的综合性高等专科学校"。基于这样的观点，会议形成的文件要求："办学部门应根据本地区经济建设和社会发展的实际需要，认真研究这些学校的办学方向。一部分应办成以培养高级技艺性人才为目标的高等职业教育；一部分根据需要经过上级主管部门审定并报

---

① 中央教育行政学院. 高等专科教育研究 [M]. 北京：高等教育出版社，1989：246－251.

经国家教委批准，可以明确为普通高等专科学校"。① 这就是所谓职业大学的"分流说"。

"分流说"的出台引起了高等职业教育界的震动和困惑，也引发了许多异议和质疑。1991 年 5 月，在天津召开的中国高等职业教育研究会第二届第三次理事会就提出了讨论的不同意见和看法，认为"要求职业大学一部分转为普通专科，一部分改为培养技艺性人才的学校，总之都要转轨变型，这实际上是否定了职业大学这种类型及其办学形式"。"目前专科学校是被列入普通教育体系的，如果职业大学转为普通专科，且不论其理论上是否应该如此，其实际上必将削弱高等职业教育的队伍，这无助于职业教育体系的形成、充实和完善。""用一刀切的办法来否定它（职业大学），将会挫伤地方政府热心办学的积极性，扼杀一大批战斗在一线并付出了大量心血的职业大学同志们的积极性，将带来严重的不良后果。"因此，意见要求"对'分流'的做法慎重考虑，不要规定期限，草率从事"②。"分流说"直到 1995 年 10 月颁布《国家教育委员会关于推动职业大学改革与建设的几点意见》规定"今后职业大学不再改名高等专科学校"才告一段落，而"直到 1998 年教育部实行'三教统筹'时，才最终得以清理"③。

特定历史时期的高等职业教育"分流"政策，导致了对高等职业教育类别的否定，带来了发展停滞和阵容削弱的负面影响。正如郭扬指出："'分流'的政策要求意味着对于高等职业教育作为一种高等教育类型的否定和排斥。"④它是对高等职业教育整合发展的异动与倒退，给起势阶段的高等职业教育兜头一盆冷水。尽管仍然有一些职业大学矢志不移，继续探索高等职业教育的发展道路，但由于国家对新办高校严格控制，不再审批建立新的地方职业大学，导致此后近十年时间我国的高等职业学校数和在校生人数一直徘徊不前，发展停滞。另外，一部分并不看好职业大学前景的学校，也借此"分流"之机转入了普通高等教育，使原本"盘子"

① 陈英杰. 中国高等职业教育发展史研究［M］. 郑州：中州古籍出版社，2007：64 - 65.

② 中国高等职业技术教育研究会. 中国高等职业技术教育研究会史料汇编［M］. 北京：高等教育出版社，2002：316.

③④ 郭扬. 中国高等职业教育史纲［M］. 北京：科学普及出版社，2010：63，63.

就不大的高等职业教育因此次"瘦身"而更加"孱弱虚脱"。

三、高等职业教育的整合与发展

1999 年，我国的高等职业教育进入了整合发展的新阶段，拉开了大力发展的序幕。高等职业教育究竟如何大力发展，李岚清副总理早在1996 就明确指出："发展高职千万不要发起新建高职的风，更不能盲目地发展，而主要在现有高校，包括普通高等学校、职业学校，改革提高的基础上发展。"① 这就为高等职业教育的发展定下了整合的基调。可以说，嗣后 10 年高等职业教育波澜壮阔的大发展都是整合的结果、整合的产物。

（一）高等职业教育整合发展的政策背景

高等职业教育的大力发展与政策引领和给力是分不开的。这一时期涉及高等职业教育整合发展的政策，主要有"三教统筹"的管理体制整合、"三改一补"高等职业院校创办整合和高等职业院校审批权限下放到省级三大配套利好政策。

1998 年，教育部为理顺行政关系而进行机构调整，实施"三教统筹"的管理体制改革，将原来由高等教育司、职业技术教育司、成人教育司分别主管的普通高等专科教育、高等职业教育、成人高等教育全部归并到高等教育司统一管理，并为此专门成立了高职高专处。后又于 1999 年 5 月成立了全国高职高专教育人才培养工作委员会，明确提出要把"高等技术应用型专门人才"作为高等专科教育、高等职业学校、成人高等学校的统一旗帜，要求三种形式的专科层次学校教育相互学习，形成合力，共同发展，各创特色。"三教统筹"政策的出台，理顺了顶层的管理体制的渠道，为高等职业教育的"扩容"和整合发展格局的形成奠定了良好的基础。

1999 年 1 月 13 日，国务院批转了教育部制定的《面向 21 世纪教育振兴行动计划》（以下简称《计划》）。《计划》指出："对于学历高等职业教育除对现有高等专科学校、职业大学和独立设置的成人高校进行改革、改组和改制，并选择部分符合条件的中专改办（简称'三改一补'）发展

① 陈英杰. 中国高等职业教育发展史研究［M］. 郑州：中州古籍出版社，2007：94.

高等职业教育之外，部分本科院校可以设立高等职业技术学院，基本不搞新建。"《计划》规定了高等职业院校"基本不搞新建"的要求，只能通过"三改一补"的路径设立和创办高等职业院校，这就对高等职业院校的创办发出了明确的整合信号。

2000年1月，国务院办公厅下发了《国务院办公厅关于国务院授权省、自治区、直辖市人民政府审批设立高等职业学校有关问题的通知》（以下简称《通知》），把设立高等职业技术院校的权力下放到省级人民政府。《通知》还明确要求："今后一个时期内，重点是通过对现有专科层次普通高等学校的调整改制，通过对现有成人高等学校资源的合并、调整和充实，通过鼓励支持有条件的省属本科学校举办二级学院的方式，努力发展高等职业学校。同时，大力支持社会力量举办高等职业学校，如确有需要，可以少数符合条件的中等专业学校为基础，组建高等职业学校。"这是对"三改一补"政策的进一步补充和细化，由此开启了我国高等职业教育多渠道、多机制、多类型整合发展，多头并举办高等职业院校的局面。还不仅此，这一下放审批权限、降低管理重心的重大改革，极大地调动了地方政府办学的积极性，对于"地方为主，政府统筹"发展职业教育是一个极大的促进。从此，省级人民政府根据经济发展和社会需要自行批准设立职业技术学院，开始了职业技术学院数量和规模上的大发展时期。

（二）高等职业教育整合发展的特征绩效

始自1999年的高等职业教育的整合发展，在其后的10年中狂飙突进的快速发展，取得了令人瞠目的发展成效。这种整合发展的特征在于：第一，整合政策的配套化。如上述"三教统筹""三改一补"和高等职业院校审批权限下放等，就是政策配套化的体现。第二，整合院校的广泛化。参与整合的院校有普通高等专科学校、职业大学、成人高校，还有许多中专学校。可以说，除普通本科院校以外的其他学校几乎都有所关涉。第三，整合对象的外在化。一般而言，整合是归整组合的合并行为，是在做"减法"，但这次整合却是放大性的、扩容式的，是在做"加法"。原因就在于这次整合不是存量资源（比如对业已产生的职业大学）的整合，而是对外在增量资源的整合。这就是说，它并非体制内的合并压缩，而是由"三改一补"增量因素加入进来完成的整合。正如时任上海市教委副主任的薛喜民指出："在'三改一补'方针中，只有高等专科学校改革成高职不需要国家教委批，其他都要经过国家教委严格审批。"① 这显示了有宽有严、有紧有松的鲜明的导向性和倾斜性。第四，整合类别的多样化。此次整合涉及普通高专、职业大学、成人高校、中专学校、本科二级学院、民办高职，形成人们通常所说"六路大军"办高等职业教育的多样整合，合力建构高等教育的另一类别体系。

1980—1999 年，我国高等职业教育发展缓慢，1998 年全国普通高校中独立设置的高职高专院校仅有 432 所，而在其后的七年间，独立设置的高职院校的数量却以每年 20%～40% 的速度迅猛增长，2001 年 628 所，2002 年达到 767 所，2003 年升为 908 所，2004 年又增至 1 047 所，到 2005 年已达到 1 091 所之多（见表 4－1）。② 在校生数量也水涨船高，迅速激增。1998 年 117 万人，2003 年 480 万人，2004 年 596 万人，2005 年增长到 713 万人，增加了 5 倍（见表 4－2）。高等职业教育的急剧扩容也拉动了整个中国高等教育毛入学率的增长，高等教育毛入学率由 1998 年的 6.8% 提高到 2002 年的 15%，再到 2005 年的 21%，短短几年时间就翻了两番，创造了世界高等教育发展的奇迹（见表 4－3）。③ 如周济指出："在过去短短的六年中，高等教育规模翻了两番，进入了国际公认的大众化阶段，规模达到世界第一。"④

表 4－1 1999—2008 十年间我国独立设置高职高专院校数演变情况

年　份	1999	2000	2001	2002	2003	2004	2005	2006	2007	2008
职业院校数（所）	474	442	628	767	908	1 047	1 091	1 147	1 168	1 184

① 陈英杰. 中国高等职业教育发展史研究 ［M］. 郑州：中州古籍出版社，2007：99.

② 胡秀锦. 高等职业教育发展的特征分析 ［J］. 教育发展研究，2006（19）：32－34.

③ 张健. 高职教育偏离生态环境的问题观与可持续发展对策 ［J］. 黑龙江高教，2007（10）：95－98.

④ 周济. 以科学发展观统领教育全局工作 ［J］. 求是，2005（8）：11－14.

表 4 – 2　1999—2008 十年间我国独立设置高职高专学生数演变情况

年　　份	1999	2000	2001	2002	2003	2004	2005	2006	2007	2008
在校生数 （人）	136.1	216.1	294.7	376.3	479.4	595.7	713.0	795.5	860.3	916.8

表 4 – 3　1999—2008 十年间我国高等教育毛入学率演变情况

年　　份	1999	2000	2001	2002	2003	2004	2005	2006	2007	2008
毛入学率 （%）	10.5	11.5	13.3	15.0	17.0	19.0	21.0	22.0	23.0	23.3

以上数据均出自全国教育事业发展年度统计公报暨教育部网站统计数据。

第二节
高职高专及成人高校转制的归类整合

高职高专归为高等职业教育大类是高等职业教育整合的三大类别之一，本节将对这类整合加以梳理，力图揭示其整合发展的轨迹与脉络。

一、高职高专转制整合的过程与依据

1980 年以金陵职业大学为标志的高职创生之前，高等职业教育培养高级应用型人才的职能主要是由专科学校承担的。1977 年恢复高考之后到 1997 年止，我国的专科教育也取得了较大的发展，但真正能代表高等职业教育的是职业大学。因为"高职是一种教育类型，高专却是一个教育层次，两者是不同质的概念"。① 这时的高职高专还是两股道上跑的车，走的不是一条路。在这一过程中，高职与高专的发展曲曲折折、分分合合，最终统合为一体。

① 张新民. 高等职业教育理论构建［M］. 长沙：湖南人民出版社，2010：63 – 68.

早期的高等专科教育和高等职业教育是向着有利于高等专科教育的方向发展的。这是因为高等专科教育办学历史长，是传统高等教育的一个层次，正规稳定，认同度高。而高等职业教育产生的历史短，认同度低，发展前景如何还存在变数，而且"收费、走读、不包分配"，也让人感到缺乏政策庇佑，低于高等专科一等。因而，一方面，专科学校普遍不愿意与高等职业院校为伍，"低就"为职业大学。另一方面，职业大学则拼命想挤进高等专科教育的"盘子"。如 1990 年"分流"政策出台后，很多"地方职业大学千方百计地设法回避或删除'职业'的名称，舍弃自己的特色而去追求普通高等教育的'学术'性，有的走上了普通高等教育的老路，办成了本科压缩式模式"①。但高职与高专毕竟是同一层级的教育，在办学定位、人才培养目标、教学要求等方面，具有太多的相似性和一致性。我国学者吕鑫祥就认为："当前我国的高专与高职并不存在本质区别。"②"如专科教育的定位：是在普通高中教育基础上进行的专业教育，培养高等应用型专门人才。"③

1990 年，原国家教育委员会在广州召开的全国高专座谈会会后发布的《关于加强普通高等专科教育工作的意见》（以下简称《意见》）强调："普通高等专科教育的教学要突出理论知识的应用和实践动手能力的培养；基础理论教学要以应用为目的，以必需、够用为度，以掌握概念、强化应用为教学重点。专业科的教学内容要加强针对性和实用性。各类课程都要精简理论的推导和讲课时数，加强各种实践性教学环节。实践教学（尤其是专业实践教学）要在教学计划中占有较大比例，使学生受到较好的专业训练和实际动手能力的培养。实践教学的安排方式，可分散在教学全过程中，也可相对集中安排在一个或两个学期中进行。"④《意见》的这些内涵与高等职业教育的要求基本相同，标志着高等专科教育的发展实际上已开始朝着高等职业教育的方向转轨。再就专科办学的特色和就业出路而言，跟在本科后面比拼学术人才培养，那是以短博长，以劣竞优，不可能形成自己的优势和特色，只能办成一种简化了的本科教育，难有建树和出路。

① 郭扬. 中国高等职业教育史纲［M］. 北京：科学普及出版社，2010：65.

②③ 吕鑫祥. 高等职业技术教育研究［M］. 上海：上海教育出版社，1998：25，25.

④ 孟广平. 面向 21 世纪我的教育观·职业技术教育卷［M］. 广州：广东教育出版社，2000：372.

从就业出路看，1996 年 9 月 6 日，我国工程院著名院士张光斗教授在写给李岚清的信中指出：“近几年高专毕业生就业困难，因为学业不如本科，又无工程技术和工艺操作特长。这对于我国工业建设的发展不利，对高等工程教育和高专、中专职业教育的发展，也是不利的。所以必须改革。”①所以，专科层次的高等教育为新兴的高等职业院校所取代，专科学校改制为高等职业院校，或被综合大学所兼并，或升格为普通本科院校，是它的必然归宿和出路。

二、高职高专转制整合的步骤与路径

1994 年，全国教育工作会议提出了“通过现有的职业大学、部分高等专科学校和独立设置的成人高校改革办学模式，调整培养目标来发展高等职业教育。仍不满足时，经批准利用少数具备条件的重点中等专业学校改制或举办高职班等方式作为补充”的高等职业教育发展思路，这就是后来被统称为“三改一补”基本方针的最初形成。②李岚清副总理在会议的讲话中也要求：“高中后的分流要多样化，培养更多的工艺型、应用型人才；发展高等职业教育，主要走现有职业大学、成人高校和部分高等专科学校调整专业方向及培养目标，改建、合并和联合办学的路子。”李岚清的讲话表明了国家通过“改建、合并和联合办学”的途径，宏观调控和全面整合专科教育，发展高等职业教育的意图和决心。

在高等职业教育发展“三改一补”整合政策的引领下，“从 1997 年，国家在普通高校招生计划中将高等职业学校和高等专科学校的招生合并统计，在成人高校招生计划中将高等职业教育招生计划单列”③。这标志着国家已将高职高专招生纳入统一的统计口径，二者已实质上整合为一体。

如果说“三改一补”着眼于各类专科层次高校的整合改革，那么“三教统筹”则是这种改革实施的管理体制上的保证。但在 1998 年之前，“国家教委对高等职业教育还是实行多头管理，职教司、高教司、成教司

---

① 杨金土. 90 年代中国教育改革大潮丛书·职业教育卷 [M]. 北京：北京师范大学出版社，2002：170.

② 胡秀锦，马树超. 我国高等职业教育发展的政策环境分析与思考 [J]. 职教论坛，2006（23）：10－13.

③ 王明伦. 高等职业教育发展论 [M]. 北京：教育科学出版社，2004：5.

各管一块，结果大家都在管，却都不作为重要工作来管，更无法统一来管，尽管有个协调小组也很难发挥作用"①。显然，如果不能从管理体制上改变分散管理、各行其是的现状，"三改一补"的高等职业教育的整合就很难有效落实。为解决这一问题，1998年教育部实施"三教统筹"的管理体制改革，将原来由高等教育司、职业技术教育司、成人教育司分别主管的普通高等专科教育、高等职业教育、成人高等教育全部归并到高等教育司统一管理，并为此专门成立了高职高专处。这样就为高职与高专的改制整合理顺了关系，提供了保证。自此，"高职高专教育"作为一个综合性统称开始在全国教育界广泛使用，预示着我国高等职业教育的跨越式大发展即将到来。

三、成人高校改制整合概述

从1986年起，上海、天津、沈阳、江苏等部分省市少数办学条件较好的职工大学试办"高职班"，到1994年发展到全国10个省和2个部委的41所成人高校，4所普通高校成人教育学院试办了35个专业的"高职班"，其招生对象主要是中等职业技术学校和普通高中毕业的在职人员。入学采用"3+2"模式考试，即国家统一组织的政治、语文、数学三门考试和两门省招办统一命题的专业考试（后又改为由试点学校自行组织命题和考试），成绩合格者颁发国家统一印制的大学专科毕业证书。有关成人高校举办高职班的情况，不妨以江苏省为例加以说明。1994年，经国家教委批准，有13所成人高校举办应用电子技术、机电一体化、计算机应用、精细化工、财务会计5个专业高等职业教育试点，对口招收中等专业学校（普通中专、成人中专、职业中专、职业中学、技工学校）的往届毕业生。1995年又增加了建筑施工、烹饪2个专业，7个专业有2 000多人报考，录取900多人。

自1994年全国教育工作会议上明确提出成人高等教育也可举办高等职业教育后，原国家教育委员会即于1995年发布了《关于成人高等学校试办高等职业教育的意见》，决定在一部分有条件的成人高校试办高等职业教育，对此前成人高校举办的高等职业教育进行规范和推动。"经审核

---

①　郭扬. 中国高等职业教育史纲［M］. 北京：科学普及出版社，2010：71.

批准，1995 年有 188 所学校试点，预计招生近万人。"① 以后各年又陆续批准了一些成人高校举办高职试点班。到 1999 年，共有 383 所成人高等学校 222 个专业举办了高等职业教育，为它们后来转制整合为高等职业技术学院奠定了基础。②

第三节
五年制高等职业教育贯通的衔接整合

五年制高等职业教育是中等职业教育与高等职业教育贯通整合的一种形式，是高等职业教育办学模式创新的又一举措。本节我们将描述五年制高等职业教育最初形成和整合的情形，并分析五年制高等职业教育整合的优势和成效。

一、五年制高等职业教育最初的形成和整合

五年制高等职业教育肇始于 20 世纪 80 年代。1985 年 5 月《中共中央关于教育体制改革的决定》明确要求："积极发展高等职业技术院校，优先对口招收中等职业技术学校毕业生，以及有本专业实践经验、成绩合格的在职人员入学，逐步建立起一个从初级到高级、行业配套、结构合理又能与普通教育相互沟通的职业技术教育体系。"为贯彻落实这一决定，1985 年 7 月，原国家教育委员会下发《关于同意试办三所五年制技术专科学校的通知》，同意在西安航空工业学校、国家地质局地震学校、上海电机制造学校三所中等专业学校的基础上试办五年制技术专科学校，校名分别定为西安航空工业技术专科学校、国家地质局地震技术专科学校、上海电机制造技术专科学校。研究员郭扬指出，单从三所学校名称的改变就可以看出国家推动高等专科教育改革的意图。命名为"技术专科学校"，

---

① 中国教育年鉴编辑部. 中国教育年鉴（1996）［M］. 北京：人民教育出版社，1997：233.

② 郭扬. 中国高等职业教育史纲［M］. 北京：科学普及出版社，2010：72.

以区别于"普通专科学校"，后来这类学校又正名为"技术高等专科学校"（简称"技术高专"）。三所学校试点时均为大专与中专并存，招生时以中专名义招收初中毕业生，学生入学后前两年只具有中专学籍，两年期满成绩合格升入专科学习，学习三年。期满后经考试合格者发专科毕业证书，享受大学专科毕业生待遇；未能升入专科的学生，继续学习两年，完成四年制中专学业，毕业时发给中专毕业证书。这就是技术高专试点起步时被称为"四五套办"的高等职业教育模式，它开启了高等职业教育五年制的探索与发展历程。试点期的学生分流进大专的比例在30%左右，逐年提高。后来全部实行五年一贯制后就不再分流，"四五套办"即自然消亡。1990年，原国家教育委员会在邢台军需工业学校的基础上批准成立邢台高等职业技术学校，也是实现初中后入学的五年制高等职业教育办学模式，这样五年制高等职业教育试点学校就由三所增加为四所。

1994年，原国家教育委员会扩大五年制高等职业教育试点，批准成都航空工业学校、中国民航广州中等专科学校、九江船舶工业学校、浙江交通学校、无锡机械制造学校、包头机械工业学校、北京煤炭工业学校、郑州铁路机械学校、株洲冶金工业学校、上海邮电学校10所中专增办五年制高职班；1996年又决定在大连海运学校、湖北省轻工学校、成都水力发电学校、南通纺织工业学校、山东省轻工经济管理学校、呼和浩特交通学校、吉林省交通学校、福建高级工业专门学校八所中专增办五年制高职班。这样五年制高等职业教育就由点到面发散开来，为后来全国普遍推开的五年制高等职业教育的举办积累了经验。"到2002年3月《教育部关于进一步办好五年制高等职业教育的几点意见》（教职成〔2002〕2号）发文，以及《国务院关于大力推进职业教育改革与发展的决定》中有关'适度发展初中后五年制高等职业教育'一系列政策的出台，都标志着五年制高等职业教育进入规范、快速发展期。到2002年全国已有355所独立设置的高等职业院校举办五年制高等职业教育，在校生达25万人。"①可以说，五年制高等职业教育已从小规模试办演变为规模发展，成为高等职业教育发展的重要形式。

---

① 姚延芹. 五年制高职与三年制高职教育的比较研究［J］. 太原城市职业技术学院学报，2010（1）：18－20.

二、五年制高等职业教育整合的优势和特点

五年一贯制高等职业教育是典型的中高职衔接的贯通整合，它直接将中等职业教育和高等职业教育相互打通，将同一类型、两种不同层级的职业教育融为一体，体现了教育整合的创新。它为我国高等职业教育多渠道、多机制、多类型整合发展开辟了一个新的路径，丰富了办学类型，对高等职业教育发展的贡献功不可没。具体来看，五年制高等职业教育的优势有这样几点。

第一，学制上的整合优势。初中起点的五年一贯制学生，多是基础差、起点低的群体，即使上高中，考上大学的概率也很低。而五年一贯的学制就为他们由中等职业教育直接升入高等职业教育，完成大专学业、圆其大学梦，提供了机会，因而这是一种对学生和家长都很有吸引力的选择。正是在这个意义上，我们认为这将是一种很有发展前景、被普遍认同、有一定潜在需求的办学形式。

第二，教学上的连贯优势。技术、技能的形成同知识的积累一样，同样需要有一个循序渐进的过程。五年制高职的学生在校时间长，有利于统筹安排教学计划，系统地进行课程实施，使学生有充足的时间进行专业学习和训练，能比较系统地掌握专业技术和专业知识，提高学生综合应用各种知识解决实际问题的能力，从而保证较高层次技术应用型人才培养的基本质量。同时，五年一贯的学制，贯串学生的青春生长期，有利于教师和家长充分了解每个学生的个性特征，对学生进行世界观、人生观、价值观的教育，帮助他们实现由成人到成才的生涯设计和根本转变。

第三，主体上的特长优势。五年制学生的特点是入学年龄小、可塑性强、手脑灵活，他们不擅长基础理论知识学习，抽象思维不足，但长于形象思维或行动思维，动手能力较强。这样的学生进入五年制高职学习，能够在基于行动导向和能力培养的课程学习中发挥自身的优势。尤其是与三年制高职相比，五年制学生在中等职业教育阶段就受过良好的技能训练，技能基础好、动手能力强，有利于在高等职业教育阶段通过更高层级的技术和技能训练，掌握复杂的高技能，真正成为专业领域的行家里手和高技能人才。

第四，课程上的避复优势。中等职业教育和高等职业教育课程的有效

衔接，一直是困扰高等职业教育的一个难题，中高职课程"两张皮"的问题一直比较突出。通常中职或高中阶段学过的基础理论知识或专业基础知识，在高职又重学一遍，造成课程内容重复和学时浪费，做了许多无用功。而五年制高等职业教育由于将中等和高等职业教育两个学习阶段结合为一个整体，来统筹安排教学计划，设计课程体系，能有效避免课程的重复设置、内容的交叉学习、学时的浪费损耗，提高了教学效益。

第五，时间上的效率优势。初中起点的五年制高职比读完高中再升入高职学习的三年制高职少一年学习时间。而且，初中毕业入校后就明确就业方向，中间没有再次升学问题的困扰，学生早早就开始了自己的职业生涯规划，这对学生的择业、就业都大有好处。此外，效率优势不仅体现在缩短了一年的学制，减少了机会成本，还体现在"有效教学时数"上。"'有效教学时数'是严雪怡先生首先提出的，他对五年制高职、招高中毕业生的三年制高职、招职业高中毕业生的三年制高职和四年制中专等四种教学计划中的'每学年的上课天数''每门学科的授课时数''学生每天在校时间'等项目做了比较，得出五年制高职由于直接衔接，不存在重复学习的问题，有效教学时数最高的结论。"①

第四节
中等职业教育合并的升格整合

中等职业教育的升格整合是高等职业教育整合发展中的一种主要样态。因为中等职业教育升格为高等职业教育，学校的地位提升了，档次上去了，学校发展的前景明朗了，后顾之忧减少了，尤其是经历了1998年前后的中等职业教育招生低谷的锥心之痛，使得中等职业教育普遍有升格为高等职业教育的冲动诉求。因而，在"三改一补"政策利好的驱动下，他们迫切希望学校的办学层次上一个台阶，跻身高等教育行列。这就使得

① 姚延芹. 五年制高职与三年制高职教育的比较研究 ［J］. 太原城市职业技术学院学报，2010（1）：18－20.

他们在高等教育扩容整合的背景下，用心谋划，积极争取，努力促成学校升格为高等职业学院。因而在高等职业院校构成的类型结构中，中专升格，或与其他专科、成人高校等捆绑升格的学校占了绝对多数的比例。如1999年国家批准的34所高等职业院校中，有11所是由省部级重点中专单独升格，18所是与一个或两个成人高校加中专学校合并组建、捆绑升格的，总数达29所，占获批院校比例的85%之多。①

再从地方扩容整合的比例情况看，我们来看几个案例。

案例一：我们选择安徽省20所国家级和省级示范高等职业院校的历史整合情况来看，单一由职工大学、教育学院、成人高校改制整合的有4所，占20%，中专整合的占80%。其中，直接由中专整合的学校有11所，占50%，间接由职业大学等与中专合并整合的有5所，占25%（见表4-4）。

表4-4 安徽省20所国家级和省级示范高等职业院校整合情况②

校 名	整合前学校名	整合类别
芜湖职业技术学院	芜湖联合大学	职大改办整合
安徽职业技术学院	安徽省轻工业学校、安徽材料工程学校、安徽工业经济学校、安徽纺织学校	中职升格整合
安徽水利职业技术学院	安徽水利职工大学、安徽水利电力学校	职大中专整合
安徽机电职业技术学院	芜湖机械学校	中职升格整合
安徽电气工程职业技术学院	安徽电力职工大学、安徽电力学校	职大中专整合
安徽商贸职业技术学院	安徽商业学校、安徽商业职工大学	职大中专整合
安徽交通职业技术学院	安徽交通学校、安徽交通干部学校	中职升格整合
淮南职业技术学院	淮南矿务局职工大学、淮南矿务局职工医科大学、淮南矿务局党校、淮南煤炭体育运动学校、淮南矿务局高级技工学校	职大中专整合

① 陈英杰. 中国高等职业教育发展史研究 [M]. 郑州：中州古籍出版社，2007：169.

② 以上学院合并整合情况均由各校网站查得，个别查不到者，为电话咨询。

校　名	整合前学校名	整合类别
阜阳职业技术学院	阜阳教育学院（成人高校）	成人高校改制
安徽工商职业学院	安徽省合肥商业学校	中职升格整合
安徽工业经济职业技术学院	安徽工业经济职工大学	职大改办整合
滁州职业技术学院	滁州建筑工程学校、滁州技工学校、滁州市财税干部学校、滁州市商业干部学校、滁州市供销干部学校、滁州市粮食成人中专学校	中职升格整合
安徽财贸职业学院	安徽省供销学校	中职升格整合
安徽中医药高等专科学校	芜湖市中医学校	中职升格整合
安徽医学高等专科学校	合肥市卫校、安徽省卫生干部学校	中职升格整合
安庆职业技术学院	安庆师范学院东一区、安庆师范学院东二区、安庆农业学校、安庆市财贸学校	中职升格整合
池州职业技术学院	池州师范学校、池州农校、池州职业教育中心	中职升格整合
安徽电子信息职业技术学院	安徽省电子工业学校、蚌埠市工业学校	中职升格整合
六安职业技术学院	六安市农业学校、六安市农业机械学校、六安市工业学校	中职升格整合
淮北职业技术学院	淮北矿务局职工大学、淮北教育学院、淮北电大、淮北财政学校	职大中专整合

案例二：以湖南省独立设置的高等职业学校发展为例，1998 年该省高等职业院校只有 1 所，而到 2003 年时达到 50 所（见表 4 - 5）。

表 4 - 5　湖南省独立设置的高等职业学校发展情况

年　份	1998	1999	2000	2001	2002	2003
院校数（所）	1	4	11	19	36	50

在这 50 所独立设置的职业技术院校中，按其结构类别分析，中专升格有 38 所，成人高校转办有 5 所，普通专科转办有 1 所，普通本科举办

的有 7 所。其中，中专升格的占 76%。①

中等职业教育的整合升格，一方面，扩大了高等职业教育的阵容，增加了高等职业教育的办学资源，提升了高等教育的毛入学率，缓解了人们希望接受高等教育而不得的矛盾，满足了人们接受高等教育的现实需要；另一方面，大量的中专或中职升格后，它们所留下的中等职业教育的空缺也需要填补和加强，这就为中等职业教育的发展腾出了新的增长空间和生长机遇。

---

① 袁吉林，张翌鸣. 中部地区高等职业教育与区域经济发展的实证研究 ［M］. 北京：开明出版社，2004：212.

第五章 办学整合：高等职业教育运作与建构的路径

办学整合是指高等职业教育在举办、运作、实施过程中而形成的各种整合，包括办学理念整合、人才培养模式整合、资源整合、课程整合等。本章只就前两点加以展开，后者本书将专章述及。

第一节
办学理念的熔铸与创新整合

理念是人们对教育的理性认识、理想追求与信念，是对高等职业教育进行改革与发展的指导思想或深层次的理论基础。刘铁芳认为：理念是一所学校存在的最根本、最重要的理由，理念是学校人一切活动的指南，理念是学校存在的核心和灵魂。[①] 眭依凡认为：理念是人们经过长期的理性思考及实践所形成的思想观念、精神向往、理想追求和哲学信仰的抽象概括。[②] 办学理念是高等职业院校的核心价值、办学思想和学校精神的综合体现，它是指导高等职业教育办学的精神路向，属于形而上的精神层面，是一种思想统帅、精神引领、追求定位和行动纲领。理念上同心，才能目标上同向、实践上同行。本节将从宏观上对高等职业教育性质整合、高等职业教育的办学方针整合，以及微观上高等职业院校办学思想的整合几方面加以讨论。

一、高等职业教育本质属性的整合

（一）高等职业教育本质属性的观点概览

近年来，对高等职业教育本质属性研究和讨论的文章不断见诸报刊，形成了不同的观点和意见。现择其要者列示于此，以便读者对研究的基本情况有一梗概了解，并在比较、鉴别、甄选中获得启迪和教益。

---

① 刘铁芳. 守望教育 ［M］. 上海：华东师范大学出版社，2004：145 – 146.
② 眭依凡. 简论教育理念 ［J］. 江西教育科研，2000（8）：7 – 10.

教育部职业教育中心研究所的孙琳认为："所谓职业教育本质属性，是职业教育区别于其他类型教育和其他社会活动的根本属性""相对于普通教育，职业教育具有鲜明的职业性，是以职业为导向的教育；它是为生产和服务领域培养应用型人才的教育，具有为生产服务的直接性；职业教育的职业性和为生产服务的直接性，决定了职业教育的实践性特征，即教育过程注重与生产劳动相结合，注重实践教育，强化技能训练，培养职业能力。因此，职业性、生产性、实践性构成了职业教育的本质属性"①。

广东技术师范学院的王川从"本质"这一概念的四个方面的哲学规定和教育的一般属性入手剖析职业教育的本质属性，认为"职业教育的本质属性是职业教育者按照一定社会的要求和教育规律，为引导学生掌握在某一特定的职业或行业或某类职业或行业中从业所需的实际技能、知识和认识，通过一定的职业教育方式对有关资源进行有效利用，为促进社会生产方式发展和人类自身再生产的一种实践活动"②。湖南农业大学职成教研究所欧阳河认为：职业教育是为想要成为技术应用型、技能型人才的人提供的一种教育服务。传授技术、技能是职业教育独立存在并区别于其他教育的质的规定性，目的是帮助人们获得技术应用型、技能型职业的能力和资格。因而，"技术技能职业性是职业教育的本质属性。职业教育的大众性、实践性是技术技能职业性派生出来的从属属性"③。其所持论的依据是：技术技能职业性贯串于职业教育各要素之中，具有普遍性；技术技能职业性将职业教育与基础教育、高等教育区分开来，具有区别性；技术技能职业性自始至终贯串于职业教育不同发展阶段，具有一贯性。

湖南商务职业技术学院院长张新民认为："高等职业教育的本质是培养高级应用型人才的社会活动，其本质属性是高等性和应用性的结合。普通高等教育培养学术型人才，高等职业教育培养高级应用型人才，可以说，高级应用型人才这一本质贯串于高等职业教育的始终。"基于此，他又提出了"高等职业教育的基本特征有四点：应用性、实践性、高等性、

① 孙琳，李里. 职业教育的本质属性与发展模式选择 [J]. 中国职业技术教育，2006（4）：19 - 21.

② 王川. 论职业教育学的内涵和本质属性 [J]. 职教论坛，2005（6）：5 - 10.

③ 欧阳河. 职业教育本质问题三论 [J]. 河南职业技术师范学院学报，2004（6）：6 - 7.

职业性"①。广东机电职业技术学院裴云在《对高职教育本质的解析》一文中认为："培养目标是教育形式的本质特性之所在，判断教育本质的根本依据是培养目标上的差异性，即人才的特异性。并由此得出结论：培养的人才的差异性是高教形式最本质的特征。高等职业教育最本质的特征就在于其培养目标是技术型人才，其他的特性都是围绕着这个特性而产生的，并为这个特性所制约。"②

以上各种观点虽持之有据、言之成理，但依然存在不够准确、完善之处。比如，有的视野"散光"，罗列过宽；有的眼光逼仄，定义过窄，在逻辑把握和理论依据的选择上还欠"火候"。

（二）高等职业教育本质属性的三重整合

我们认为，对高等职业教育的本质属性应该从整合的视角予以宏观把握。其学理依据是：其一，整合是研究高等职业教育的基本范式和逻辑起点，所有的研究都应该纳入这个理论框架下予以讨论和审视。其二，姜大源指出："职业教育是跨界的教育"，表现为职业与教育的跨界、学校与企业的跨界、工作与学习的跨界。跨界的教育就是整合的教育，相应地，其本质属性也应该具有整合的特质、整合的属性，即这种属性应该是多元特质的集合与彰显。其三，从高等职业教育的正名上，1986 年 7 月，李鹏总理在全国职业教育工作会议上就明确指出："发展职业教育要实行多层次、多形式和大家来办的方针，这是我们中国的特点所决定的"，"这类学校应该属于职业性的高等教育，应该划入高等职业教育这个层次"③。从此，"高等职业教育"一词开始正式在官方文件中使用。我们认为，这一教育类型名称的确定并非兴之所至的随意定义，而是与高等职业教育的性质密切相关、吻合无间的。

高等职业教育作为一种新兴的教育类型，其本质属性鲜明地体现在它的名称上，它是一种"三位一体"的多元整合，即"高等职业教育在层次上属于高等教育的范畴，有别于初、中等职业教育；在类型上属于职业

---

① 张新民. 高等职业教育理论构建 [M]. 长沙：湖南人民出版社，2010：176－177.

② 裴云. 对高职教育本质的解析 [J]. 扬州大学学报：高教研究版，2003 (1)：16－19.

③ 教育改革重要文献选编 [M]. 北京：人民教育出版社，1988：345.

教育范畴，有别于普通高等教育的学科体系；在内容上属于技术教育范畴，既有别于普通高等教育的学术教育，也有别于中等职业教育的技能教育"①。通过这一比较的视角，我们可以清楚地看到，高等职业教育性质就是高等教育、职业教育、技术教育的整合，它是层次、类型、内容三个维度交集融合的产物。

1. "高"是层次属性

高等职业教育的"高"，不能等同于普通高等教育学术水平的"高"。学术水平的高是对应于高深学问取向的研究性学习，研究是指主体从未知到有知的探索过程，是探求事物规律和奥秘的过程。因而，它要求培养对象掌握系统、全面、深刻的学科知识，打下坚实的理论基础，这样才能胜任发展学术理论、繁荣民族文化的重任。高等职业教育的"高"则不同，它是表现在应用领域里的"高"，而不是理论水平或研究能力的"高"。对于高等职业教育来说，理论"必需、够用"即可。因为，深刻而准确的理论可能并不符合实践的要求，有时反倒引致麻烦，掩盖了行动的目标，使问题复杂化，以致无从解决。所以，绝不能用普通高等教育的学术标准衡量高等职业教育。

高等职业教育的"高"是与中等职业教育培养技能型人才目标相对应的。与中等职业教育相比，"高"一方面体现在基础理论方面，即高职生必须具有高出于中职生的知识基础和理论底蕴。另一方面体现在应用技能方面，即高职生所掌握的技能不是单纯的只具有外显行为结构的操作技能，而是一种具备一定复杂性的、融入一定智力含量的复合技能。姜大源在他的学术报告中多次讲到高等职业教育"高"的内涵，是"高"在工作过程的复杂程度上，高在策略层面的知识上，而中专则是经验层面的知识，策略知识是对经验知识的系统化和结构化。徐国庆也认为，"高等职业教育应当培养学生在复杂的职业情境中，处置和应对各种现实工作的经验和能力"，而中专生所需要的则是单纯的操作情境中的动手能力。

2. 职业是类别属性

从普泛的意义上讲，所有的高等教育都具有"职业性"，都要解决学生毕业后的工作归属和职业需求问题，但为何"职业"二字只落在高等职

---

① 张社字. 略论高等职业技术教育课程开发的特色［J］. 中国电力教育，2003（3—4）：104.

业教育头上呢？原因在于以下几个方面。

首先，高等职业教育是"以就业为导向"的教育，就业是国家职业教育规划的出发点和落脚点。就业，即以劳动的形式从事赖以谋生、实现自我的职业。高等职业教育的首要使命是要解决在社会分层的机制下，这一庞大群体的就业安置问题。它是"以人为本"的要求，也是社会安定和谐的需要。

其次，从学科或专业设置角度看，普通高等教育遵循的是知识体系背景下的学科路径，它是以知识类型为载体划分学科的，如数学系、物理系、中文系等，其学科设置是直接对应并面向知识体系的。而高等职业教育则是以职业类型为载体划分专业的，如文秘专业、营销专业、建筑工程专业、数控加工专业等，其专业设置是直接对应并面向职业体系的。

再次，高等职业教育是培养目标明确、职业定向性很强的教育。它就是要培养在生产一线从事操作、服务或管理的高素质、高技能人才，职业定位明确、特点突出。而普通本科院校很大一部分是通才教育，即就业面宽，但职业针对性不强的教育。比如中文系毕业生，可以做新闻记者、自由撰稿人、作家、教师、编辑，甚至可以当文秘，就业面很宽。这一点与职业教育明确指向某种职业资格和职业能力的教育有很大的不同。

3. 技术是内容规定

技术是高等职业教育内容的规定性。技术教育的维度包含两方面的内容，既与普通高等教育的学术性相对应，又与中等职业教育的技能性相对应。高等职业教育必须既要严守技术性教育的类型底线，又要在纵向层次上超越技能，实现技术与技能的有效衔接和整合。技术的含义是宽泛而不断发展的。古代的技术是与技能相通的，它是指与主体不能分离的某种技艺、手艺或技巧。如"黔驴技穷"中的技就是指活动的本领和能力。现在"技术则指人类创造、控制、应用和改进人工系统的手段和方法"，它是知识和技能的集合，是人的创造力的表现，是人的本质力量的对象化。而技能则偏重于操作本身的动手能力。也就是说，单纯的技能操作者并不一定了解设备的原理和性能，他们只知道这样做，却不懂得为什么要这样做。显然，对于高职生来说，光有操作技能是不行的，还必须有智力技能。作为高素质、高技能人才，他们需要掌握机器的原理、性能，深入到技术和工艺的内部，尽可能地揭示其本质规律，给技术规则以理论上的说明、解释和指导。他们既需要有精湛的技术，又应该具有较高的知识水准。使理论知识与经验技能、操作技能与心智技能在技术主体身上达到和谐统一，才是高等职业教育培养的人才目标。

二、以服务为宗旨、以就业为导向的办学方针整合

2004 年 3 月，在教育部公布国务院批准的《2003—2007 年教育振兴行动计划》中首次明确提出了"以就业为导向，大力发展高等职业教育"的观点；2005 年，《国务院关于大力发展职业教育的决定》第三条提出了"推进职业教育办学思想的转变。坚持'以服务为宗旨、以就业为导向'的职业教育办学方针，积极推动职业教育从计划培养向市场驱动转变，从政府直接管理向宏观引导转变，从传统的升学导向向就业导向转变"。2010 年，《国家中长期教育改革和发展规划纲要（2010—2020 年)》（以下简称《教育规划纲要》)第六章职业教育部分也写道，"把提高质量作为重点。以服务为宗旨，以就业为导向，推进教育教学改革。实行工学结合、校企合作、顶岗实习的人才培养模式"。"以服务为宗旨、以就业为导向"成为质量提升和教学改革的重要抓手被写进了《教育规划纲要》，成为我国职业教育改革与发展的一项长期方针和政策。

（一）以服务为宗旨、以就业为导向的功能和关系

什么是方针？《现代汉语词典》的解释是"引导事业前进的方向和目标"。"以服务为宗旨、以就业为导向"的高等职业教育办学方针本质上是高等职业教育办学职能和办学目标的整合。服务是职业教育的基本职能，就业是职业教育的根本目标。职能和目标是高等职业教育办学最重要的两个实体目标。

就其功能和关系来说，首先，以服务为宗旨，定位高等职业教育办学方向；以就业为导向，昭示高等职业教育办学目标。二者各有侧重和所指，同时与"方针"一词的内涵界定也是一致的。其次，服务职能明确职业教育要"做什么"，就业目标回答应该"做成什么""做到怎样"。再次，从价值理论观点看，"价值是客体满足主体需要的关系。价值取决于

主体，来源于客体，产生于实践活动"①。价值又分为内在的主体性价值和外在的工具性价值。"以就业为导向"是内在的主体性价值的体现。它是主体根据个人的身心条件和愿望确定专业方向，选择未来将从事的职业，通过职业教育或培训获得学历和职业资格证书，最终谋得职业岗位及相应的劳动报酬。它体现的是"谋个性之发展，为个人谋生之准备"本体性价值。"以服务为宗旨"是外在的工具性价值的体现，主要是指职业教育对社会的价值。它主要通过高技能人才的培养，服务经济与社会发展，促进就业和社会和谐，实现人力资源与职业的匹配。它彰显的是"为个人服务社会之准备，为国家及世界增进先进生产力之准备"（黄炎培语）工具性价值。总之，以服务为宗旨体现了社会本位价值观，以就业为导向体现的是个人本位价值观，二者的相互整合体现了服务国家、社会经济发展需求和个人发展需求相统一的教育价值观。最后，从服务宗旨与就业导向的关系看，服务保障就业，就业为服务提供机会；服务促进就业，就业才能更好地服务。

（二）以服务为宗旨、以就业为导向的内涵解析

服务是高等职业教育办学的基本职能，是高等职业院校在社会服务过程中所表现的服务方式、服务功能、服务态度、服务质量，以及由此引起的消费者和社会公众的客观评价的行为的总称，是职业学校树立美誉度和知名度形象的活力之所在。高等教育办学的功能通常表述为：培养人才、服务社会、科学研究。胡锦涛在庆祝清华大学百年校庆大会讲话中又提出了"文化传承创新"功能。这些功能作为"另一类型"的高等职业教育当然也都具备，这里之所以突出强调"以服务为宗旨"，我认为可以从以下几方面理解考量。

第一，服务是一种责任、理念和品质。要教育学生树立服务理念，担当服务责任，养成服务社会、服务他人的品质、习惯和本领。正如孙中山先生所言："要调和三种人使之平等，则人人当以服务为目的，而不以夺取为目的。聪明才力愈大者，当尽其能力而服千万人之务，造千万人之福。聪明才力愈小者当尽其力以服十百人之福。至于全无聪明才力者，亦

① 王清连，张社字. 职业教育社会学［M］. 北京：教育科学出版社，2008：189.

当尽一己之能力服一人之务，造一人之福。"① 第二，从学校外部看，服务才能彰显存在，赢得发展的支持和先机。服务社会的状况和能力，决定了一所学校发展壮大的后劲和力道。与本科院校定位于学术研究、科研创新不同，高等职业教育必须依靠服务经济、服务社会、服务企业的作为和实力来彰显自我的存在和不可替代性，并通过"以服务求支持、以贡献求发展"理念的践行，做强、做优自身，提高服务的质量和对社会的贡献度，这样才能赢得社会的信赖、企业的支持、别人的看重，才能为自己赢得社会声誉、竞争优势和发展先机。第三，从校内教学及管理看，也要以服务为宗旨，突出服务育人的理念。学生是学校服务的直接对象，也是学校推出的教育产品，高等职业院校应该把服务学生作为事业发展的根本，通过课程、管理、教育教学设施等向学生提供一系列的教育服务。课程服务要抓好课程改革，为学生提供优质、先进的课程资源和精品课程，服务于学生的求知、求技、求职的学习和发展需要；管理服务要为学生提供正确的世界观、人生观和价值观的引导，营造良好的校风、班风、学风、教风，使学生在和谐团结、积极向上的育人环境中健康成长。生活服务要树立以人为本的管理理念，竭尽全力为学生提供安全、文明、舒适、及时、经济、诚信的全方位的优质服务。

以就业为导向是关系高等职业教育发展方向的根本问题。就业之所以被提到办学主导地位和方向性高度，是因为：①顺应世界职业教育发展趋势。在世界经济总体衰颓的背景下，促进就业已成为世界职业教育发展的共同诉求和趋势之一。②高职生是一个很大的社会群体，他们就业的落实顺应了社会分层的需要，使大量低分考生成功分流，在经济建设的主战场上找到了自己的用武之地，具有明显的社会效益。③就业是学校产出的产品顺利进入人力资本市场，实现其价值的过程。高等职业教育办学只有把自己"造就的劳动者""生产的生产力"推销出去，实现学生大面积、高质量的就业，才算完成了自己的使命。④就业是民生之本、安国之策、和谐之基，它是每一个人获得生存的前提，是生活来源的保证。每一个人只有从事社会所需要的某种工作，才能获得生存的条件、发展的基础。⑤就业是对高等职业教育办学质量的验收，它是高等职业教育办学成效外显性的标志，是人人能看得见、摸得着的刚性结果。高等职业教育只有毕业生

---

① 孙中山. 孙中山选集［M］. 北京：人民出版社，1981：740.

的销路看好、行情看涨，才有求学者的争相趋附、门庭若市，高等职业教育才能实现良性循环。所谓"出口畅"，才能"进口旺"是也。因而，抓住就业这个发展主导问题，就是抓住了高等职业教育发展的"总开关"，就是找到了高等职业教育的"根"和"魂"。

三、高等职业教育人才培养目标的完善整合

高等职业教育人才培养目标定位，关系到人才培养的目标和规格的认定，关系到职业教育发展方向的澄明，也关系到高等职业教育类别特征和本质属性的规范，是一个必须慎思明辨、不懈追问的命题。

（一）高等职业教育人才培养目标定位的演变梳理

考察高等职业教育人才培养目标的概念，必须放在历史的坐标系中予以审视，才能看清其演变发展的轨迹和不断追问的历程。1995 年 8 月，首次比较明确地提出"高层次实用人才"，到 1999 年年底教育部召开的第一次全国高职高专教学工作会议界定为"高等技术应用型专门人才"，再到《2003—2007 年教育振兴行动计划》提出的"高素质的技能型人才特别是高技能人才"。嗣后，2005 年，《国务院关于大力发展职业教育的决定》提出"数以千万计的高技能专门人才"。2011 年，《教育部关于推进高等职业教育改革创新引领职业教育科学发展的若干意见》（教职成〔2011〕12 号）明确提出"高端技能型专门人才"。2012 年 7 月，《国家教育事业发展"十二五"规划》（以下简称《规划》）的最新界定是"高等职业教育重点培养产业转型升级和企业技术创新需要的发展型、复合型、创新型的技术技能人才"①。考察"十二五"规划前的诸多定义，基本上都是"高 + 技能性"的复合，或者说是在二维组合框架内的微调和变达。与之相比，"十二五"规划培养目标定义别开生面，有了较大的变化和创新，体现了完善整合的不懈追问过程。

---

① 国家教育事业发展第十二个五年规划［N］. 中国教育报，2012 – 07 – 22.

（二）"十二五"规划对高等职业教育人才定义的整合创新与突破

1. 明确了人才培养服务面向，定位更加具体

职业教育是与经济联系最为直接致密的教育，但高等职业教育和中等职业教育的服务面向与对象又有一定的区隔。《规划》强调"中等职业教育重点培养现代农业、工业、服务业和民族传统工艺振兴需要的一线技术技能人才"，而高等职业教育对应的则是产业转型升级和企业技术创新的需求，较之中等职业教育对应的面向传统产业的一线操作型人才，显然有了层级上的区隔。而这样的区隔要求高等职业教育主要致力于培养升级后的高端产业和技术进步创新需要的服务经济发展的人才，其服务面向的特定领域异常明晰，定位也更加具体，有利于高等职业教育划清与中等职业教育人才培养相纠结的畛域，锁定自身的培养目标，有针对性地制订人才培养计划，并进行相应的人才培养。

2. 整合了人才培养类型特征，定性更加全面

高等职业教育人才培养的类型特征或内涵界定一直是人才类型定性的一个难点，也是人们反复琢磨、修订，力求完善的着力之处。但《规划》以前的高等职业教育人才定性仍有不少缺失。一是内涵过于单一，总是在"高层次实用人才""高技能人才""高技能专门人才""高端技能型人才"这些概念上打圈圈。虽然这类界定意在突出高等职业教育"高技能"性的根本特征，无可厚非，但过于狭隘、单一、偏执。而将其局限在技能之"高"的限定上，容易把高等职业教育引入"唯能论""唯用论"的误区，难免招致人们的批判、挞伐。二是漏失了"高等性""人文性""发展性"等应有内涵，引致了人们长期以来对高等职业教育的"高等性"与"职业性"、"技能性"与"人文性"、"工具性"与"人本性"的无谓之争或钟摆式两极回荡的偏颇。

3. 融合了人才培养划分类域，定界更加宽泛

高等职业教育究竟是培养技术型人才还是技能型人才，颇有争议。《规划》前的主流观点都倾向于"高技能人才""高端技能型人才"等。但也有不同观点。原厦门大学高教所研究生裴云就认为，"高等职业教育最本质的特征就在于其培养目标是技术型人才"，而且他认为技术型人才一般被认为是由高等职业教育来培养的，而直接操作的技能型人才一般是

由中等职业技术教育所培养的。① 第三种观点是技术技能合成观。如华东师范大学匡瑛、石伟平认为，只提高技能人才的目标定位，可能"造成技术型人才培养的真空"，"使得技术型人才培养落空"，因此"高等职业教育的培养目标定位于高技能和各类技术型人才才更为合适"②。王明伦研究员也持同样观点，认为高等职业教育的根本任务是培养高素质的技术应用型人才和高技能型人才。③ 显然，《规划》采纳了技术技能合成观。这样的定位，一是融合了技术技能型两类人才培养职能，使高等职业教育培养面向更加宽泛，避免了二者纠结不清造成的无谓之争。二是有利于厘清技术技能上的认知迷误。姜大源批判了认为技术和技能是层次关系的错误观点：从定义看，技术是以文本形态呈现的尚未开显的设计与符号规范，体现的是人的构想设计能力；技能是对技术的开显，是应用专门的技术将研发设计的文本转变为现实存在物的能力。从技术技能的关系看，姜大源指出："技能与技术不是层次的关系，技能是对技术的开显。技能作为人所掌握的技术，不是低级的技术，它有一个符合自身规律的层次递进发展的时空。"④ 从技术技能的特征看，技能是以"动作难度大"为特征的，技术是以"知识含量高"为特征的，二者不可相互替代。撇开技术谈技能，技能无所依附；撇开技能谈技术，技术无由开显。离开了技能的技术，脱离了技术的技能，都是不行的。所以，姜大源亦认为："职业教育涵盖了两种技能型人才的培养"。

《规划》给出的高等职业教育人才定义实现了根本性突破。一是跳出了旧的高等职业教育人才定义的框架，创新特色鲜明。二是"发展型、复合型、创新型"多重限定，发展性是根本，复合性是特征，创新性是标高，体现了全面整合精神。三是多重意涵的整合，有利于克服非此即彼、执其一端的思维方式，纠偏意味明显。

（1）发展性。长期以来，由于高等职业教育与普通高等教育学科教育纠结不清，人们始终想与之撇清干系，走出阴影，凸显职业教育不可替代

① 裴云. 高职教育的本质属性探悉 [J]. 河南技术师范学院学报，2002（5）：13－15.

② 匡瑛，石伟平. 高职人才培养目标的转换 [J]. 职业技术教育：教科版，2006（22）：23－25.

③ 王明伦. 高等职业教育发展论 [M]. 北京：教育科学出版社，2004：12.

④ 姜大源. 现代职业教育体系建构的理性追问 [J]. 教育研究，2011（11）：71.

的类型地位，于是拼命强调其"职业性""能力本位性"。这一做法固然起到了纠偏返本之效，但也障蔽了发展性内涵的光芒。高等职业教育固然要强化职业能力培养，但也不能不讲高等性和发展性，尤其是当"致能性"已成为人们的共识和自觉追求时，发展性就更应成为衡量人的全面发展的刚性指标。发展性是指人的发展朝向今后的延伸性和向上突破的拓展性。发展性是一种动力机制，这一机制的生成是教育所提供和赋予的。从社会角度看，高等职业教育不能只注重人的工具价值，而忽略其发展价值。教育不能把人作为手段，当成经济发展机器上的齿轮和螺钉，而应该尊重人的发展和成长的需要，将其当成目的，"全面和谐地发展人的一切天赋力量和才能"（裴斯泰洛齐）。从教育的视角看，不能把教育仅仅当成谋职的手段或敲门砖，而忽略了对人的发展后劲的打造。教育不仅需要就业的现实关怀，也需要发展的终极关怀，更需要职业成长和发展的向上的动能和向前的助推。职业教育倘若仅仅定格在职业能力的培养上，就无法实现发展的目标。从学生本身的维度看，人不能光有职业能力，而失却人文底蕴；人不能光"谋职"，还需要"谋道"；不能光作"谋生之准备"，还需要"谋个性之发展"，需要提高生活质量，追求生命价值。而这一切都是基于人的发展的内涵建构和文化底蕴的打造。高等职业教育必须把发展性作为自己高扬的人本取向的旗帜。

（2）复合性。复合性是职业教育根本特性的集成。虽然没有确指，但更具涵括性，理应包括知与能、知与行、智与能、学与做、德与技等的统一与复合。复合性是由职业教育的特性和职业人才的特性两方面所决定的。职业教育是一种跨界的教育，它"跨越了职业与教育、企业与学校、工作与学习的界域"[①]。在这种跨界中，多元的教育要素或力量被复合为一体，共同作用于高等职业教育人才的培养。复合的职业教育必然培养复合的人才，这类人才是高等性与职业性的复合、技术性与技能性的复合、操作能力与智力技能的复合、理论知识与实践能力的复合、经验的积淀与制作智慧的复合等。它决然不同于学科教育培养的单纯的"致知性"人才，而必须是知能兼备、行思兼具、学做兼善的复合型人才，是既具有一定的理论知识，又具有"制作智慧"和实践能力的人。因而，复合性是高

① 姜大源. 职业教育立法的跨界思考——基于德国经验的反思［J］. 教育发展研究，2009（19）：38-41.

等职业教育人才的根本特性。

（3）创新性。把创新性设定为高等职业教育人才培养的目标维度有一定的合理性。一是从高等职业教育的办学职能看，要求培养"企业技术创新需要"的人才，为企业的竞争至胜、创新发展提供人力资源，这样的人才自然必须具备一定的创新能力；否则，企业技术创新的使命就会失去担当主体。二是从人才的特性看，高等职业教育培养的人才具有复合特质，他们是一群集专业能力、社会能力、方法能力于一身的应用型人才精英，是既有较扎实的理论知识功底，又有技术实践能力的复合型人才，体现了高等性与职业性、技术性的完美融合，这样的人才当然具有学科型人才所不具备的实践创新能力。三是创新是高等职业教育人才培养定位的标高和追求。也就是说，虽然并非所有人都能成为创新型人才，但提出这样的培养目标，有利于引领高等职业教育人才培养的发展方向，激发师生戮力同心朝向这个目标努力，将学生培养成具有实践能力、创新精神和创新能力的人。

（三）"十二五"规划中高等职业教育人才培养目标定义存在的不足

《规划》提出的高等职业教育人才培养目标的定义，吸收了一些新的合理有益的意见和观点，对旧的提法进行了整合、调适、平衡与修正，有所突破和超越，具有全面、深刻、前瞻的科学内涵，但仍然存在不足。第一，能力特点不够突出，淹没在"复合性"的概括之中。第二，定义似乎过于冗繁，不够简洁。第三，"创新性"的人才特征提得过高，普遍做不到，少数能做到，代表不了整体全局，所以这一提法有虚高不实之嫌。第四，几个表征高等职业教育人才本质特征的词语排序也有问题。发展性不应排在最前面，一要生存，二要发展，生存是基础，而生存的前提——职业能力是寓于"复合性"之中的，理应居前；另外，各种教育的分野在于培养人才的差异，所以高等职业教育应首先突出教育类型差异——职业性和人才目标差异——致能性，而这些应然性的要素都是包含在"复合性"之中的，所以复合性应排在首位。总之，我们认为高等职业教育人才培养目标的定义一定要做到以能为据、以人为本，并将这两个目标尺度综合起来，构成一个真正体现高等职业教育人才培养内涵要求的价值规范和概念组合，引领职业教育的科学发展。我们期待着涵盖全面的、简洁明了的、突出职业和能力特性的高等职业教育人才培养目标新定义的出现。

四、高等职业院校办学理念的创新整合

高等职业院校的办学理念是在国家教育思想、办学方针的指引下，各校以特定的价值观、目标追求作为精神负载，设计出的具有自身特色和创新意蕴的办学思想的总和。它包括校训、办学目标、特色定位、文化凝练等，是一种思想集成和创新整合的过程。办学理念的创新整合是一种精神建构，其意义在于：①它有助于我们明确办学目标和教育追求。办学目标是一所学校的追求，是一个方向性问题。方向对头了，路再远，总有抵达的那一天。②有助于聚焦思想，形成合力，用先进的教育思想凝聚人、武装人，将学校的办学追求转化为全体教职工的信念和自觉行为。③有助于形成科学发展观，扩大和丰富我们的视界和心灵，使职业教育走上健康、协调、可持续发展之路。④有助于在实践和操作层面上获得正确的指引，按照职业教育的客观规律办事，使自身的办学行为既符合规则又合乎目的，以成熟的教育智慧引领学校不断发展和超越。这里我们只想就高等职业院校校训的创新整合加以展开。

（一）校训的命意、效用及提炼

校训是学校的办学规训。王彦斌认为："校训是学校理念的集中体现，是对学生进行思想道德教育、行为习惯训练及品格培养的简明戒条。"[1]王继华认为："校训，也可叫育人取向，这是人才培养长久要锁定的一个方向。"[2] 换言之，校训是一所学校办学理念的高度概括和凝练，是指导教育实践的精神路向，是一所学校的灵魂。同时，校训又是一种文化、一种愿景，它是校园文化建设的重要内容，是一所学校教风、学风、校风的集中表现，凸显学校文化精神的核心和精髓，是全体师生共同遵循的行动纲领和努力实现的追求定位。

校训的效用主要体现在以下几方面：①有利于形成校园文化的"根"。从文化意义上讲，校训是教师治学、学生成长的基本价值遵循，是师生员工的共同职业理想、共同办学信念、共同教育风格、共同育人标准等的综

---

① 王清连，张社字. 职业教育社会学［M］. 北京：教育科学出版社，2008：263.

② 王继华. 校长职业化与教育创新［M］. 北京：北京大学出版社，2003：93.

合反映。它是校园文化建设的核心内容，是校园文化的"根"。②有利于形成校园景观的"魂"。高校是一个让人憧憬的场所，人文环境、校园景观的营造十分重要。如果把这些校园景观比成"画龙"写形，校训无疑就是"点睛"显旨。它是校园景观的"识别码"，是校园景观的"魂"。③有利于形成学子记忆的"痕"。校训是大学生涯最宝贵的精神元素，能唤起师生们的归属感、荣誉感和责任感，能给学生的大学生活留下深刻的记忆。如果一所学校没有校训，当人们问及你当年就读的学校校训是什么时，那种哑然无语的尴尬，真是一种无奈。有人说，校训是人一辈子最深的记忆，是烙在身上最深的"痕"，这种烙印的价值极为珍贵。④有利于形成学校特色的"牌"。校训是学校办学理念、人才培养要求和精神文化特质的高度浓缩，就像一张亮丽的文化名片，既张扬出学校鲜明的个性，又陶冶了学生的修养，并能彰显该校学生的特质。每个在校园精神中浸润过且牢记校训走向社会的毕业生，都是展现学校品牌的宣传员。①

好的校训提炼必然是高等职业教育特色、培养目标要求、学院文化特质、创新精神彰显等多元要素的整合与侧重。高等职业教育校训的提炼应注意以下几点：第一，它虽不必像清华的"自强不息、厚德载物"、北大的"思想自由、兼容并包"、哈佛的"让真理与你同在"那样博大恢宏，但却一定要有自己的职业教育特色。如南京工业职业技术学院的"手脑并用、学做合一"，安徽商贸职业技术学院的"厚德弘商、笃学励能"，安徽电气工程职业技术学院的"厚德重技、知行合一"，其中重技能，强调"知行""学做"合一的高等职业教育特色非常鲜明。第二，要有创新品位。如安徽滁州职业技术学院的"修能致用、笃学致远"，浙江经济职业技术学院的"立德为本、致用为宗"，唐山工业职业技术学院的"立德、尚能、善学、笃行"，山东商业职业技术学院的"尚德蕴能、日精日新"皆立意超远、命意独到、整合有致，很有创新色彩。最要注意的是千万要避开那种"团结、拼搏、求实、创新"之类人云亦云的校训，即便我们设计不出高品位的校训为学校加分，也千万不能用这样的校训来给学校丢丑。第三，要凸显学校自身的文化特质和文化精神。例如，长沙民政职业技术学院"爱众亲仁、博学笃行"的校训很好地反映了民政学校"在乎

① 刘南平. 论高职院校校训的提炼［J］. 九江职业技术学院学报，2008（1）：8－9.

民生、关乎民意""为国分忧、为民解愁"的办学传统，长沙环境保护职业技术学院"物我同舟、天人共泰"的校训就很好地诠释了环保教育的先进理念；又如，四川建筑职业技术学院"建德明志、筑能笃行"的校训就很好地涵盖了学校的个性特色和德技双馨的教育要求，江苏海事职业技术学院的校训"海涵地负、德诚志远"反映出该校的本质属性和个性特点。总之，在提炼校训时要力求做到继承与创新相结合、传统与特色相结合、理想与实践相结合。

（二）滁州职业技术学院校训举隅

滁州职业技术学院经过多年的办学实践和精心提炼，确定了"修能致用、笃学致远"的"双致"办学校训。

1. 校训的提炼过程

这一校训的形成经历了一个反复提炼、不断深化、升华完善的过程。学院开始提出的是"以德为魂，以勤为径，以能为本，以创为先"的"四以"办学理念，后来感到过于烦琐，有面面俱到之嫌，且没能充分体现高等职业教育的办学特色，于是 2004 年又将其凝练成"育人铸魂，修能致用"，并于 2005 年国家领导人彭珮云来校视察之际，请她题写了这一校训。但仍然感到这一校训存在不足，即"育人铸魂"的提法只面向和针对教师，并不能覆盖对全体学生的训导要求，同时高等职业教育的特点还是不够集中突出。遂又更进一步再度提炼，不懈思考，认真琢磨，最终凝练出职教特点鲜明、内涵品位较高的八字校训："修能致用、笃学致远"。

2. 校训的内涵解读

"修能致用、笃学致远"这八个字内涵厚重，言简义丰。"致"，有"使达到"之意。故字面解读为："修习技能，达成应用；专心力学，达及久远"。但我们还不能止于这种浅表解读，还需要深究所以，才能实现对其理性把持和深刻理解。

第一，修能，即修习技能，是修炼并习得技能之意。首先，"修能"是高等职业教育培养目标的定位。从教育部《2003—2007 年教育振兴行动计划》开始提出"大力发展职业教育，大量培养高素质的技能型人才特别是高技能人才"，把高等职业教育的人才培养目标定位于高技能人才，到 2005 年《国务院关于大力发展职业教育的决定》指出"以服务社会主义现代化建设为宗旨，培养数以亿计的高素质劳动者和数以千万计的高技能专门人才"，再到 2006 年教育部 16 号文件《关于全面提高高等职业教育教学质量的若干意见》指出"高等职业教育作为高等教育发展中的一个类型，肩负着培养面向生产、建设、服务和管理第一线需要的高技能人才的使命，在我国加快推进社会主义现代化建设进程中具有不可替代的作用"，"修能"这一概念所反映的是高等职业教育人才培养的目标要求和根本追求。其次，"修能"是高等职业教育本质属性的彰显。判断高等职业教育本质属性的根本依据，在于人才培养目标上的差异性。高等职业教育不同于培养学术性人才、工程性人才的普通高等教育，它是培养高技能人才的教育。这一差异彰显了高等职业教育作为"另一类型"教育的本质所在，是高等职业教育的必然律则和最重要的价值取向。再次，"修能"是对高职学生学业侧重的根本要求。技能是高职学生的生存本领和现实能力，是高职学生谋职就业之本、安身立命之基、才略智能之长、个性发展之根。所以，高等职业教育必须以修能为灵魂和取向，建构自身的理念体系。

第二，"致用"，即达成应用。一方面，致用是一切教育的目的所在。正如毛泽东同志指出："学习的目的全在于运用"。知识和技能的学习不是摆设，不是为了装饰门面，也不仅仅是为了获得身份标签或精英符号，学习的目的在于应用、在于指导实践，并通过应用和实践服务社会，贡献自己的能量和才智。另一方面，高等职业教育本身就是一种"致用"型教育。作为高等教育大众化的主导形式，高等职业教育由精英教育的深度模式向平面模式转移，对理论学习的要求不追求系统性、完整性、深刻性，"必需、够用"即可，呈现出扁平化发展的表征。高等职业教育是重在培养学生实践能力和应用技能的教育，是以"致用"为核心的教育。对职业教育来说，更多的是关注学生"会了什么"，而不是"知道了什么"，这里"会做"比"懂得"更重要。

修能与致用，修能是培养目标，亦是致用的手段；致用是人才培养的归宿，亦是修能的目的。离开了修能，无以致用；离开了致用，修能又有何益。换言之，离开了致用的修能和失去了修能的致用，都是没有意义的。

第三，笃学。"笃"有忠实、专一的意思。笃学，即专心地学、努力地学。首先，学生以"学"为主，笃学是学生在校学习的根本任务。其次，作为高考竞争中的殿后一族，高职学生存在着学习基础薄弱、学习沉浸度低、学习的意志品质不强等问题，非"笃学"不足以博其知，广其才，增其能，益其智。再次，人类已进入了学习化生存时代。学习是成功之母。发展之本在于学，进步之要在于学，创新之魂在于学。面对时代的发展、科技的进步、知识的"井喷"、职业的频变，如果高职学生不能养成"笃学"的良好品质，就难以立足社会，行之久远。最后，笃学强调学习的用心和专注，并不排斥对技能的学习，更不是要人们回到重理论学习的"知识本位"的老路上去。正如大教育家裴斯泰洛齐所指出的：教育的目的是全面和谐地发展人的一切天赋力量和才能。所以，这里所讲的"笃学"还是以技能学习为主导，体现高等职业教育特色的突出实践品格的学习。

第四，致远，即达及久远。笃学是致远的基础性前提，致远是笃学欲达臻的发展性目标。远，既是一个时间概念、空间概念，也是一个成功的概念、内蕴哲学意涵的概念。从时间上看，"远"蕴含"久远"之意。它是指学生通过笃学获得成长和发展的可持续性，要求高等职业教育要为学生的整个职业生涯和终身幸福奠基。从空间上看，"远"具有"深远""远大"之意。它是指学生通过笃学，拓展了发展空间，获得了生命"景深"，提高了生命质量，可以飞得更高、走得更远。从成功学角度看，"远"是指学生实现自我的程度和达及的境界。正如萨特所指出的："人实现自己多少，他就有多少存在。"存在并非简单地指人的"生命的存活"，而是指"生成着的存在"，它是人在发展中得到展示与实现的存在。教育的目的就在于帮助人们在不断的发展中实现其存在的意义和价值。从哲学层面看，"远"是一个不断生成发展的概念。笃学开阔了学生的视野和心胸，提升了学生的素养和技能，使他们必然产生"知不足"的觉识和省察，产生"登高必自卑、行远必自迩"的辩证否定，感到自己的渺小和浅近，感悟天之高远、地之博厚、知之丰博、路之远漫，使他们重整行囊，踏上"正如万山圈子里，一山放过一山拦"的追远超先的永续发展之路。①

① 张健. 职业教育的追问与视界［M］. 芜湖：安徽师范大学出版社，2010：90－92.

第二节
工学结合、校企合作的人才培养模式整合

　　与办学理念相比，人才培养模式是高等职业教育办学实施与操作层面的一种方法论建构和创新。高等职业教育人才培养模式既是高等职业教育的基本问题，也是高等职业教育改革的关键问题。什么是高等职业教育人才培养模式？有研究者指出，教育的问题可以归结为两大方面："培养什么人"（培养目标）和"怎样培养人"（培养的方式和方法），人才培养模式就是将这两方面联结起来，是人才培养目标和人才培养方式的总和。详而言之，高等职业教育人才培养模式就是在一定的教育思想指导下，为实现高等职业教育人才培养目标而采取的人才培养活动的组织样式和运行方式。也有人认为，高等职业教育人才培养模式是指高等职业院校为实现其培养目标，在现代职教理论指导下形成的相对系统、稳定的人才培养方式。① 江苏技术师范学院王明伦研究员则认为："所谓高等职业教育人才培养模式，是指在高等职业教育发展过程中具有一定格式要求的人才培养程序、方式和结构；是在先进教育思想指导下，为接受高等职业教育的学生构建一个复合知识结构、综合能力结构和人格素质结构均衡发展的教育平台。"② 工学结合、校企合作人才培养模式是我国在高等职业教育办学实践中，经过认真反思、不懈探索，而渐次明朗确定下来的符合高等职业教育人才培养规律和特点的模式和途径。这一探索和确认的过程经历了以下概念流变和政策认同的变化。

一、工学结合、校企合作的概念流变

　　工学结合的人才培养方法最早出现在英国，但目前世界上较为一致认可的现代工学结合人才培养模式的创始人是美国俄亥俄州辛辛那提大学工学院院长赫尔曼·施耐德。他根据自己早期一边学习一边工作，日后成为

　　① 曾令奇. 我国高等职业教育人才培养模式理论研究综述 ［J］. 职教论坛，2006（9）：28 - 31.

　　② 王明伦. 高等职业教育发展论 ［M］. 北京：教育科学出版社，2004：177.

一名教师的经历，发现很多东西学生无法在课堂和实验室里学到，只有在车间和工厂里才能学到。于是，他设想出一种新的教育方法，即组织学生参加实际工作，然后再回到课堂学习。美国职业协会 1946 年发表的《合作教育宣言》第一次给这种教育模式下了一个定义，认为它是"将理论学习与真实工作经历结合起来，从而使课堂教学更加有效的教育模式"。2001 年 4 月由美国工学结合规模最大的东北大学主持召开的"美国合作教育大会"的文件中指出："与工作相结合的学习是一种将理论知识的学习、职业技能的训练和实际工作的经历三者结合在一起，使学生在复杂且不断变化的世界中更好地生存和发展的教育方法。"①

我国在高等职业教育工学结合、校企合作人才培养模式的探索中，概念在使用上几经变化，主要表现为由"产学研合作—校企合作、工学结合"的演变历程。"产学研合作"系由国外的"合作教育"演变而来，由中国产学研合作教育协会三次易名而定，是一种人才培养模式。2002 年 10 月，在湖南永州职业技术学院召开以"现代农业"为主题的第一次产学研结合经验交流会；2003 年 12 月，在武汉职业技术学院召开以"现代制造业"为主题的第二次产学研结合经验交流会。第三次产学研结合经验交流会于 2004 年 2 月在江苏无锡商业职业技术学院召开，这次会议以"现代服务业"为主题。这三次会议都是教育部主持召开的，规格很高，周济部长每次都亲自到会并发表讲话。这三次会议突出强调的一个重要主题就是"产学研结合是高等职业教育发展的必由之路。高等职业教育发展要有新思路，这个思路就是产学研结合之路"。正是在这样的背景下，2004 年 4 月颁布的《教育部关于以就业为导向深化高等职业教育改革的若干意见》（教高〔2004〕1 号）将其写入其中，即"积极开展订单式培养，建立产学研结合的长效机制。产学研结合是高等职业教育发展的必由之路，要积极探索校企全程合作进行人才培养的途径和方式"。江苏技术师范学院王明伦曾就产学研结合的意义与内涵发表过独到见解。他认为，产学研结合的意义在于"产学研结合是社会经济发展之需要，产学研结合是高等职业院校专业发展之要求，产学研结合是高等职业院校学生成长之要求"，在论及三者结合及其关系的内涵时，他又指出"'学'是主体，

---

① 陈解放. 基于中国国情的工学结合人才培养模式实施路径选择［J］. 中国高教研究，2007（7）：56－58.

'产''研'是两翼，'结合'是关键，应用技术开发转化是重点，学生参与开发与研究活动是核心，提高人才培养质量是根本目的"①。2005 年 11 月 7 日，国务院召开的全国职业教育工作会议上公布了《国务院关于大力发展职业教育的决定》，明确提出了"大力推行工学结合、校企合作的培养模式"，要求"建立和完善与市场需求和劳动就业紧密结合的，校企合作、工学结合、结构合理、形式多样，灵活开放、自主发展，有中国特色的现代职业教育体系"②。2006 年，《教育部关于职业院校试行工学结合、半工半读的意见》（教职成〔2006〕4 号）再次强调："大力推行工学结合、校企合作的培养模式，逐步建立和完善半工半读制度，实现新时期我国职业教育改革与发展的新突破。"同年出台的《关于全面提高高等职业教育教学质量的若干意见》（教高〔2006〕16 号）又从质量保证角度提出要求，"要积极推行与生产劳动和社会实践相结合的学习模式，把工学结合作为高等职业教育人才培养模式改革的重要切入点，带动专业调整与建设，引导课程设置、教学内容和教学方法改革"。2010 年，《国家中长期教育改革和发展规划纲要（2010—2020 年)》第六章职业教育部分，更是将"以服务为宗旨，以就业为导向，推进教育教学改革。实行工学结合、校企合作、顶岗实习的人才培养模式"写了进去，肯定了"工学结合、校企合作"将成为我国职业教育改革与发展的一项长期政策和基本方向。

二、工学结合、校企合作的整合意蕴

工学结合、校企合作作为我国高技能人才培养的运行机制、职业教育发展的重要战略思想、高等职业教育办学的根本途径，其重要性不言而喻。因而，我们对工学结合、校企合作整合的意蕴、关系不可不察。

（一）工学结合、校企合作的整合意蕴

工学结合、校企合作，字面直解就是工作与教学的结合，学校与企业的合作，体现了学习途径和不同办学主体的整合。先谈"工学结合"。工学结合的概念是结合工作的学习，是学习工作化和工作学习化的整合。有

① 王明伦. 高等职业教育发展论 [M]. 北京：教育科学出版社，2004：107 - 109.

② 国务院关于大力发展职业教育的决定 [N]. 中国教育报，2005 - 11 - 10.

人认为，工学结合的"工"应该包括工厂、工作、工人的内涵，"学"则包括了学校、学习、学生的概念。郭苏华认为，工学结合"这个概念从教育的角度看，就是教育和生产的结合；从主体的角度看，就是企业和学校的结合；从教学的角度看，就是教学内容引入企业的因素、生产的因素、技术的因素、岗位的因素。因此，在运用工学结合这一概念时，有时是在说一种合作关系，有时是在说一种学习方式，有时是在说一种教育教学环境，而最经常的用法，是指一种人才培养模式"①。也有研究者认为，工学结合是基于实践的理论学习和基于学习的工作实践相结合的办学模式。具体而言，"工学结合是指学校和用人单位进行合作，以培养学生全面发展的综合职业能力为目标，学校的理论学习和用人单位的顶岗实践相结合的人才培养模式"②。

工学结合人才培养模式的整合特色体现在以下几个方面：一是学习方式的双向整合，即工作与学习的有机结合。它打破了学习方式上学习与工作（实践）彼此割裂、不相往来的隔绝状态，使工作和学习融为一体，学习工作化、工作学习化。二是施教主体的多元整合。在工学结合人才培养模式中，学生的培养由学校和企业共同合作完成，施教主体为学校和企业，呈现多元化主体。三是教学形式的多样整合。在工学结合人才培养模式中，教学的组织形式不仅仅是传统的课堂教学一种形式，而是有"半工半读""工学交替""任务驱动""项目导向""顶岗实习""订单式培养""产学一体化"等多种形式。

"校企合作"意义相对明了，它是一种办学模式，是一种以市场和社会需求为导向的运行机制，是由学校和企业双方共同参与人才培养过程。进一步分析，"校"是举办职业教育的机构，"企"是通过经营创造利润的组织，这是说二者的性质不同；从职能角度看，学校的职能是根据职业的需要组织实施教育教学，完成培养高技能人才、服务社会、传承文化、进行科研的使命，企业的职能是组织生产经营，发展经济，创造利润和社会财富，贡献社会。可见，学校和企业是两个性质迥别而又各司其职的完全不同的异质主体。要使他们走到一起，结合在一块，必须进行整合。其整合意蕴主要体现在以下四个方面。

---

① 郭苏华，隋明. 职业教育产学结合实践研究［M］. 上海：上海财经大学出版社，2009：94.

② 张成涛. 工学结合内涵探析［J］. 职教论坛，2010（28）：6.

1. 不同主体利益诉求的整合

利益相关理论认为，人类任何活动都是行为主体追求自身利益最大化的过程。也就是说，在高等职业教育供求主体中，每个主体都有自身利益需求。他们的行为追求都是根据自身利益取向做出的理性选择。[①] 工学结合、校企合作涉及不同的利益主体，不仅包括学校和企业，还有政府和学生，他们的利益需求是完全不同的。学校的需求是按照社会要求组织提供高等教育服务，组织教育管理活动，全面、系统、规范、集中地培养高技能人才。学生的需求主要是对供给主体所能提供的满足个人接受高等教育机会的需求。企业作为需求主体，主要是对学校所能提供的适合企业生产和发展需要的人力资源的需求。工学结合、校企合作的实质就是对不同利益主体诉求的兼顾和整合。良好的利益机制必然能推进校企合作、工学结合深度发展并维系其良性运转；反之，如果这种整合不能协调，甚至损害合作主体的切身利益，那么，这种整合就必然无法维系而解体失败。

2. 合作基本矛盾的差异化整合

学校与企业作为不同的异质主体，客观地存在着明显的差异和距离，而高等职业教育办学的规律和特点又要求学校加强与企业的紧密合作，以培养应需切用的高技能人才，"这就构成了一对矛盾，即企业与学校之间客观上存在的距离和职业教育要求缩短这一距离的矛盾"[②]。我们认为，这一矛盾就是校企合作的基本矛盾。而工学结合、校企合作人才培养模式的建构，本质上是对这一矛盾的整合，要求正确地处置和解决这一矛盾，它们是对立统一的。工学结合、校企合作要求我们在工与学、校与企的对立中，寻求其统一的出路和方略。它以差异化整合的思维求同存异、化解矛盾，力图弥合并缩小学校教学与实际工作情境之间的距离，实现工学结合、校企合作整合的成功。当然，工与学、校与企的对立是客观的、长期的、绝对的，而统一是主观的、暂时的、相对的，即便统一达成了，整合成功了，也会在运行过程中出现新的对立和矛盾因素，这就需要重新协调、对话、处置。可以说，这一整合是一个循环往复以至无穷的无限的过

高等职业教育整合论

---

① 张爱勤. 论高职教育供求主体的利益博弈与整合对策 [J]. 华东经济管理，2011（12）：132-134.

② 郭苏华，隋明. 职业教育产学结合实践研究 [M]. 上海：上海财经大学出版社，2009：1.

程，是一个不断磨合完善、接近更好的过程。

3. 办学思想、理念的形而上整合

工学结合、校企合作是办学思想和理念的整合，是高等职业教育办学必须遵循的指导思想，处于形而上的精神层面。对于高等职业院校来说，当然希望与企业进行实质性的合作，提高企业对办学的支持度、影响力和实效性。但即便没有这种合作，高等职业教育也要融入企业的要求和元素，贯彻工学结合、校企合作的指导思想。例如，一些学校建设校内实训基地，企业并不参与其中，但学校还是要考虑按照企业的生产组织形式和环境设计来优化基地的建设和运转。可见，工学结合、校企合作作为一种符合高等职业教育办学规律形而上的办学理念，是渗透在办学过程中的，即便没有形式上的、表面上的合作，也要强调企业因素的整合与融入，也要按照这一思路和理念关注生产和教育的结合，并把它贯彻到办学实践中去。

4. 育人模式、教学方法的创新整合

工学结合、校企合作，将"工"和"企"的因素引入高等职业教育人才培养的教学过程，强调学中做、做中学，有利于人的协调发展，实现了育人模式、教学方法的创新整合。传统的学科式教学是学校单一的教学行为，是单纯的知识传授、理论灌输，是以提高学生的认知能力为目的的。虽然在这一学习过程中，也会有一些实践、实验的教学环节，但都是辅助性的、印证性的，是为加深学生对知识或理论的理解、记忆服务的。工学结合、校企合作的方法模式则截然不同。它们是由学校和企业两个主体参与人才培养的过程，在方法上颠覆了知识本位的培养模式，采用亦工亦学、工学结合、学做一体、产教同一的方法和模式，"做""工""产"这些因素再也不是摆设性的、次要性的、作秀式的东西，而是被实质性地整合到方法体系之中，并在教学中被提升到主导地位，起决定性的作用。因为只有这样，才符合职业人才培养的规律，才能培养出能力见长的高技能人才。

（二）工学结合、校企合作的差异关系

工学结合、校企合作是一种两级整合的合成模式，第一级是工与学、校与企的分别整合，第二级再将一级整合的两个局部整合，整合为一个整体。虽然工学结合、校企合作两组概念多有交叉和互含，往往你中有我，我中有你，但细究起来，还是有许多不同的意涵和关系，有明确的边际和区隔。

1. 主体不一

校企合作与工学结合的一个根本区别是，校企合作的主体是学校和企业，而工学结合的主体主要是教师（当然也包括企业师傅）和学生。校企合作主要是学校和企业的顶层运作，工学结合则是院校的二级管理部门、教师和学生通力协作完成有待落实和完成的任务。

2. 内涵有别

校企合作是一种办学模式。潘懋元、邬大光认为："办学模式是指在一定的历史条件下，以一定办学思想为指导，在办学实践中逐步形成的规范化的结构形态和运行机制。"① 校企合作是一种以市场和社会需求为导向的运行机制，是学校和企业双方共同参与的人才培养过程。工学结合则是一种人才培养模式。它利用学校和企业两种不同的教育环境和教育资源，采用课堂教学与学生参加实际工作有机结合的方式，来培养适合不同用人单位需要的应用型人才。正如丁金昌指出，工学结合与校企合作两个概念既相互联系，又有所区别。校企合作是办学层面的概念，是一种办学模式。工学结合是人才培养层面的概念，是一种育人模式。校企合作的基本内涵是产学合作，它是工学结合的基础；工学结合是实施校企合作教育的有效途径和方法。② 马树超也强调："在办学上强化校企合作，在教学培训上加强工学结合。"③ 徐国庆认为："办学模式的所指是教育制度、办学形态，而人才培养模式所指是人才培养过程、方式。"他又说，"办学模式是指这所职业院校运行的整体制度框架，而人才培养模式是指在这个制度框架下教职员工围绕人才培养所进行的工作方式"④。可见，工学结合、校企合作在内涵的意义上、外延的适用上和模式的分野上还是有一定区

① 潘懋元，邬大光. 世纪之交中国办学模式的变化与走向 ［J］. 教育研究，2001（3）：4-8.

② 丁金昌，童卫军. 关于高职教育推进"校企合作、工学结合"的再认识 ［J］. 高等教育研究，2008（6）：53-59.

③ 马树超. 工学结合——职业教育模式转型的必然要求 ［J］. 教育发展研究，2005（8B）：13-16.

④ 徐国庆. 职业教育办学模式研究的分析框架 ［J］. 职教论坛，2013（19）：16.

别的。

3. 地位不同

校企合作是办学层面的模式，工学结合是育人层面的模式。前者是主导模式，后者是从属模式。校企合作是"源"，工学结合是"流"。也就是说，没有校企合作，就没有工学结合，有也是自发的，而非自觉的"结合"行为，是没有真正形成这一特定的人才培养模式之前的前探索和准实践行为。这样说一点也没有贬低工学结合重要性的意思。因为校企合作，合作什么？没有工学结合的实际内容支撑，其合作就会沦为名义上的、空洞的、缺乏实质内容的合作。所以，周济要求以校企合作为人才培养模式的体制基础，建立和完善工学结合人才培养模式，深化职业教育教学改革，并强调工学结合中要让学生顶岗实习，在真实的工作环境中得到相关工作经验，获得一定的劳动报酬。[①]

4. 功能各异

校企合作的职能是搭建平台，工学结合的功能是创新载体。前者为工学结合的实施创造条件，后者为校企合作的落实尽力作为。换言之，如果说校企合作只是办学主体关系的缔结，那么工学结合就是企业因素向教学过程的注入，是实质性地融入整合。如果说校企合作是工学结合的前提和基础，那么工学结合就是对合作的拓展与深化，是更为实际和具体的合作。正像郭苏华所说："在合作内容上，超越了校企合作的范围，实现了全方位合作；在合作深度上，大大深化了合作内涵，在许多环节上实现了深度合作；在合作渠道上，实现了多元合作；在合作方式上，不断开拓合作关系，创新方法。"[②]

5. 关系区隔

关系是事物的相互关联和系结。总体来看，工学结合、校企合作是一种整合关系，是局部的要素加合成一个整体的关系。但细辨起来，二者的关系还存在着先后、轻重、高低、大小之别。从先和后看，我们认为，校企合作在先，它是打基础的、搭平台的、创条件的。工学结合在后，它是

---

① 周济. 工学结合 半工半读 实现我国职业教育改革和发展的新突破 [N]. 中国教育报，2005 – 08 – 20.

② 郭苏华，隋明. 职业教育产学结合实践研究 [M]. 上海：上海财经大学出版社，2009：4 – 5.

基础之上的建筑，平台之上的施展，条件之上的作为。从轻和重看，校企合作是大局、根本，决定办学的走向，为重；工学结合是局部、次生的，是被决定的、跟进性的，为轻。从高和低看，校企合作是顶层架构，是"骨骼"，是处于上位的东西，工学结合是填充的内容，是"血肉"，处于下位的层面。从大和小看，校企合作是办学模式，工学结合是培养过程的实施模式，校企合作包含工学结合，工学结合体现校企合作，是校企合作的载体和亚模式，因而校企合作是大于和高于工学结合的模式。

基于上述分析，我们认为，工学结合、校企合作这一人才培养模式是以校企合作为途径、基础，以工学结合为实现载体，校企合作的深度和广度决定着工学结合的程度和质量。因而，将工学结合居前，颠倒了事物的本末、主次、先后、轻重的逻辑关系，是一种倒置的提法，应该将其调整为校企合作、工学结合才更为科学和符合实际。

三、工学结合、校企合作的整合机理

工学结合、校企合作整合的内在机理和逻辑因由可以从以下几方面管窥而知。

（一）知行学说的内在学理基础

我国教育向来就有知行合一的优良传统。最早的知行学说可以追溯到孔子提出的"学—思—习—行"，荀子提出的"不闻不若闻之，闻之不若见之，见之不若知之，知之不若行之"，即"闻—见—知—行"，墨子提出的"亲—闻—说—行"，王充主张的"任耳目—开心意—引效验"，还有朱熹提出的"博学—审问—慎思—明辨—时习—笃行"六环节学习模式，这些论述都包含了知行合一学说的精髓和内涵。清代王夫之说："行焉，可以得知之效也；知也，未可以得行之有效也。"颜习斋也说："读得书来，口会说，笔会做，都不济事，须是身上行出，才算学问"；又说："口中说，纸上作，不从身上习过，皆无用也"。伟大的民主革命先行者孙中山先生也曾提出"以行而求知，因知以进行"的知行统一的精辟见解。现代人民教育家陶行知先生特别重视行，他把"行"放在生活教育的主导地位，并将自己的名字由"知行"改为"行知"。他认为只有"为行动而读书，在行动上读书"，做到"说学做"合一，才是真正的学习。^① 知行学说的本质是认识和实践的关系问题，它为工学结合、校企合作人才培养模式的提出奠定了理论基础。

（二）实践哲学的思想奠基引领

杜威的实用主义哲学是实践哲学的重要支脉。杜威特别重视教育与生活的联系，以及经验的建构在学习中的重要作用。他提出"教育即生活""学校即社会"和"从做中学"的著名论断。在杜威实用主义哲学和经验主义教育思想的引领下，美国学习与工作相结合的合作教育得到快速发展。马克思主义的实践哲学认为，实践是认识的源泉、目的、动力和检验标准，实践是人类的本性，是认识论之第一的和基本的观点。石中英教授将实践的基本特征概括为六点："第一，所有的人类实践都是有目的的实践，都是由活动的目的所指引和支配的。第二，所有的人类实践都是对象性实践，都是要改变某种形式的主客观事物或其存在状态的。第三，所有的人类实践都是制度性实践，都是在一定的社会制度下遵循一定的社会制度来进行的。第四，所有的人类实践都是技术性实践，都需要一定的专门的技术。第五，所有的人类实践都是文化性实践，都是在一定的文化背景中进行的。第六，所有的人类实践都是历史性实践，都是在历史上已有实践成果基础上并为着解决历史实践所未能解决的问题展开的。"^② 正是这些实践哲学思想为工学结合、校企合作教育的产生和发展打下了思想根基。

（三）职业属性的人才规格要求

职业教育是根据职业需求实施的教育。职业性是职业教育的根本属性，这种属性要求它所培养的人才规格是"高技能应用型专门人才"，应着重传授"操作性学问"（培根语），培养学生"制作的智慧"（亚里士多德语），要求学生掌握"各种工具和规则的体系"（狄德罗语）。而职业性说到底就是企业的岗位需求性，职业教育以服务为宗旨、以就业为导向、以培养职业人才为目标，就必须贴近企业实际，了解企业发展，研究企业的需要和岗位需求。做到这一点，就必须与企业紧密联系、相互整合，校

---

① 张健. 职业教育的追问与视界［M］. 芜湖：安徽师范大学出版社，2010：127.

② 石中英. 知识转型与教育改革［M］. 北京：教育科学出版社，2001：3–4.

企合作，工学结合。这样人才的培养才具有职业针对性，质量规格才能对上企业的"胃口"。同时，通过校企合作的纽带和平台，学校有了工学结合的机会和条件，更有利于学生在亦工亦学、学做合一的职业环境下实践操作，从而培养起企业需要的职业技能。

（四）合作办学的资源整合需要

迄今为止，高等职业教育办学最重要的"瓶颈"依然是资源的短缺，如企业氛围的缺失，工作场所的不足，实训条件的薄弱等。这些都有待于通过校企合作、工学结合人才培养模式和机制的创新去破解。通过"校与企""工与学"的整合，让企业加盟，让工作前移，利用学校和企业两种不同的教育环境和教育资源，合力培养高技能人才，实现"合作办学、合作育人、合作就业、合作发展"的目标。反之，如果我们不能创造校企合作这种全新的办学格局，没有资源和环境的整合，仅凭学校一己之力闭门办学、单打独斗，就不可能开创校企共赢、工学相融的新局面，也就无法凸显高等职业教育的特色和成效。

（五）课程优化的改革创新必然

由于高等职业院校闭门办学，使得教学方法、模式、手段与市场需求总有一段距离，存在着一定的异步差。一是培养模式还是学校"自拉自唱"，延续传统的灌输和讲授；二是企业的人才规格要求、应然的培养方式由于缺乏沟通的管道和途径，无法传递影响到学校，结果只能是"教非学生所愿意学，学非企业所愿意用"，错位和"两张皮"的弊端非常突出。如若校企合作深化或前移到课程领域，学校尊重和倾听企业的诉求，改造课程和传授方式，如"做学教合一"；企业参与、支持和帮助学校，如制订人才培养方案、参与人才培养过程，上述隔膜和"两张皮"的问题就能得到很好的解决，传统的课程模式就能得到根本的改造，人才与企业需求之间的鸿沟就能弥合与填平。

四、工学结合、校企合作的整合现状

始于21世纪初叶的我国工学结合、校企合作人才培养模式的发展，经历了由自发到自觉、由单一到多元、由简单到全面、由无序到逐步规范的阶段，已获得职业教育者们的广泛认同和接受，并在多年的积极践行中取得了一定的成效。有研究者对我国高等职业院校校企合作现状进行了统计分析，截至2007年，我国有近1 200所独立设置的高等职业院校。国家首批立项建设的28所高等职业院校已与5 000多家企业合作建立了5 300多个校外实习（实训）基地，聘请了5 300多位企业技术骨干担任兼职教师，企业一年接受就业毕业生3.5万人。① 另外，从2010年3月18日至4月14日一个月的时间，《中国教育报》第一版连续刊载了七所职业院校校企合作的成功经验，即深圳宝安职业技术学校（时晓玲：校企合作的"宝安模式"）、杨凌职业技术学院（李丹：校企融合架起助农致富金桥）、山东商职院（张兴华：未出学校门，已知企业事）、新疆农职院（蒋夫尔：政府主导搭台、校企自愿"捆绑"）、湖南永州道县职业中专（李让恒等：企业引进学校、教师学生受益）、河南机电学校（陈强："引厂入校"蹚出校企合作新路）、湖州职业技术学院（李丹：湖州职院"三层对接"提升办学水平），这说明校企合作的实践探索确实取得了令人称道的实绩。但我们也应该看到，工学结合、校企合作的普遍性、稳定性、深入性以及合作的效能还没有充分发挥出来，整合的总体状况也并不理想。突出表现在"三个不够"上：一是停留在"点"上，尚未"面"上开花，普及性不够；二是漂浮在"面"上，尚未达及更深层面，深入性不够；三是自觉性差，随意性大，刚性制约不够。② 其原因在于以下几个方面。

（一）观念整合偏颇谜误

观念整合主要表现在对工学结合、校企合作的认识上。一方面，一部分企业对于技能型人才重招用、轻培养，认为不通过校企合作也能获得企业需要的人力资源，何必多此一举。因而普遍缺乏参与合作的积极性，不愿在这一过程中耗散精力、影响经营，使得本应是平等互利的合作双方很难达到对等和均衡。另一方面，学校在合作过程中也打自己的"小算盘"，总想着从企业那里获得什么。眼睛总是瞄着企业的设备、资金、接纳学生实习、提高就业率等，想着解决学校办学的各种困难和问题，使自身利益

---

① 刘建龙. 我国高职院校校企合作之现状分析 [J]. 经济师，2008（9）：153 - 154.

② 张健. 职业教育的追问与视界 [M]. 芜湖：安徽师范大学出版社，2010：100.

最大化。校企合作的双方都从自身利益出发思考问题，很少能站在对方的立场换位思考，这就使得他们很难在合作的理念、认识上达成一致，观念的整合始终以自利为取向，相互博弈，彼此冲突，无法整合到一起。

（二）利益整合未能契合

高等职业院校与企业的合作整合应该建立在一定的利益基础之上，利益是双方产生合作内驱力的根本源泉。学校和企业在合作过程中各有自身的利益和追求，这并没有错，关键是如何将二者的利益整合为一体，化利益冲突、矛盾为利益互惠、双赢，结成利益共同体。这样才能使合作具有持久动力，获得持续发展。但问题在于，双方在合作问题上缺乏利益整合思维，各执己见。高等职业院校在合作过程中更多地考虑如何借助外部资源，为培养高素质技能型人才服务，强调政府以及行业企业支持职业教育的责任和义务，很少考虑如何用自身的优势为行业企业提供技术服务和支持。显然，这种追求自身利益最大化的单边诉求，很难为企业所接纳，融入企业的价值链中去。而企业呢，也认为合作无利可图，把合作视为"脑门上长瘤——额外负担"，不愿承担高技能人才的培养工作。于是，剩下的只能是学校"剃头挑子一头热"，校企合作就像"受潮的橡皮膏"，学校怎么贴也贴不上去。

（三）制度整合尚不到位

制度整合是指校企合作、工学结合人才培养模式的实施，一定要有与之相应的制度配套，以保证校企合作的顺利推进。"制度是要求成员共同遵守的、按一定程序办事的规则或行为准则"，"职业教育制度指人们自觉制定的并要求社会成员共同遵守的职业活动的规范体系……是确保技能型人才培养质量的重要保证，是制约职业教育发展的极为重要的因素"①。但就目前来看，校企合作、工学结合的制度整合还很不到位。其表现为：①已有的政策制度，如《职业教育法》《国务院关于大力发展职业教育的决定》等，笼统浮泛，过于宏观概括，缺乏具体的可操作的实施细则，导致校企合作在实际运行过程中难以落实。②从没有的政策制度看，"犹抱

---

① 董仁忠. 职业教育制度论纲 [J]. 河北师范大学学报：教育科学版，2008 (3)：116.

琵琶半遮面，千呼万唤不出来"。如国家层面的《校企合作教育法》，地方层面的《职业教育开展校企合作、工学结合的暂行办法》等，都迟迟难以出台。而失去制度保障的校企合作，只能在随意、脆弱、放任的环境中，任意沉浮，自生自灭。

（四）政府整合严重缺位

政府作为国家利益的代表，是高等职业教育人才产出社会效益的最大获益方，理应在校企合作、工学结合的办学体系中担当主角，发挥倡导推动、组织协调、投入保障、顶层设计、信息服务、管理监督、评价验收的主导作用。但有些政府部门领导却认为，职业教育是非义务教育，应当尽量推向市场。在这种思想指导下，一些地方领导以此为借口，认为政府应当淡出职业教育，甚至还提出要为职业教育"断奶"的说法，即由职业教育通过办学收费、产教结合创收、社会资助等非政府性投入来维持学校的生存和发展。显然，这种试图推卸政府责任、将职业教育完全推向市场的观点是行不通的，也是非常错误的。在中国现行体制下，没有强势政府的认同、支持与参与，职业教育就难以行之久远，校企合作更是如此。作为两个社会职责、目标定位、利益追求以及运行方式都存在很大差异的异质主体，其合作是跨界属性整合，没有政府的撮合、促成，是很难取得多大成效的。但事实上，在校企合作、工学结合的过程中，政府的作为却十分有限，他们虽然嘴上也说合作的重要，要给予支持，但"雷声大、雨点小"，联动性不够，支持度不高，责任感不强，基本游离于校企合作之外，缺位严重。

（五）内容整合过于狭隘

校企合作的内容整合关系到对象和范围，关系到整合的周延性问题，但现行的合作整合大多只涉及落实订单培养、共建基地、顶岗实习等显在的方面，这当然也无可厚非。但问题在于，这样的合作视野逼仄、范围狭隘，并不能涵括合作的全部外延。例如，在课程开发与建设方面，就缺乏合作互动，表现为在课程改革和课程设置方面没有或很少征求企业的意见，企业管理（技术）人员参与课程设计和进课堂讲课也未能形成制度。再如，校企文化的共建合作，也很少被提上议事日程，缺乏通盘的考虑和实践，企业文化进校园，校园书香入企业的文化整合，还基本上是一个空白的盲点。还有学校和企业科研平台建设、信息共享的合作开发，也是一个未开垦的处女地。这一方面说明校企合作"面"还太窄，"根"还太浅，远未达及合作的理想预期和应然目标。另外，也说明校企合作的潜力巨大、空间广阔，还有许多尚未开发或需深度开发的领域等待我们去开发、耕耘、创造和完成。

五、工学结合、校企合作的整合对策

校企合作、工学结合在整合过程中所存在的问题，反映了"合作"与"结合"的实践并不尽如人意，还有许多有待改进和完善的地方，需要我们继续探索实践，以臻完善。

（一）观念统合：形成一致和共识

观念是人的心灵模式，直接主导着人的一切。它是由众多的教育事件、现象、细节支撑、整合、归纳、升华而成的。观念是行为的先导，观念开悟了，行为才会跟进。对于校企合作、工学结合来说，如果校企双方观念上不能统一，认识上无法统合，认识不到校企合作对企业和学校发展的价值、意义，其行动必然消极被动、拖沓滞后。因此，问题的关键还是在于认识的提高、观念的开悟、思想的趋同。这就要求合作双方要充分认识合作之于自身的发展价值。

对于企业来说，第一，要充分认识人力资源开发和投资的重要性。在生产力的三要素中，人永远是最重要、最核心的因素，是企业发展的生命和根本。美国钢铁大王卡耐基说过："你可以把我的资金、厂房、设备全拿走，只要人不动，十年后我还是世界第一。"可见，人的因素之重要。君不见，企业的"企"字去掉上面的"人"，就成了"止"。因而有远见的企业家应该永远把人放在企业发展的第一位，而校企合作、工学结合正是企业获取优秀高技能人才的首选方式。第二，参与人才培养是企业的责任所在。科教兴国、人才强国，是国家发展和强盛的必由之路。江泽民同志指出："知识不断更新，科技不断突破，经济不断发展，对劳动者素质的要求越来越高。加强人力资源开发，加强人力资源能力建设，从来没有像今天这样重要、这样紧迫。"而发展支持参与职业教育正是企业参与人力资源开发的一种义不容辞的责任，也是致力于经济赶超的基础工程，是我们民族振兴和腾飞的共同使命。第三，企业消费了学校培养的人力资源，获得了符合企业生产经营需要的高素质员工，从而大大提高了工作效率和经济效益，就应当为职业教育"埋单"，分摊职业教育的成本费用，在校企合作中出一份力，而不应该做只享受行动所带来的收益，却不承担行动的相应成本的"搭便车"的事。

对于学校来说，其一，不能只盯着鼻子尖底下的那点利益，老是想着从合作方得到什么，看不清学院长远发展与企业合作之间的必然的逻辑关系，总是以急功近利的心态看待合作，而要"风物长宜放眼量"，从学院发展的大局和长远利益考虑来看待合作、促成合作。其二，应该变换角度，换位思考。想一想，我在合作中到底能给对方什么？能为对方做些什么？这样的思考基点和超脱境界才是合作的正确的逻辑起点，才算找准了定位，摆正了位置。而一旦当你在合作实践中真正为对方付出，"投之以木桃"，给对方带来了实利，就一定会获得对方的积极响应和"报之以琼瑶"的回报，才会取得"下自成蹊"的效应。正所谓：心底无私，才能天宽地阔；利他惠人，才能合作久远。

（二）利益弥合：达成双赢和互惠

利益的冲突与矛盾是校企合作、工学结合的最大障碍，利益的协调与弥合是校企合作、工学结合成功的根本和关键。校企合作，不是不讲利益原则，而是要反对那种只想得好处，不愿负责任；只想索取，不愿给予；口头上讲"双赢"，骨子里想"独赢"的有损校企合作的行为。因而，双赢互惠的合作整合，第一，一定要注意把握利益枢纽，寻找利益交会点和共同点，将自身利益和他人利益结合起来，强调共同的利益高于一切，最终使彼此都能获得利益，达成利益的双赢共荣、平衡互惠。这样才能使利益矛盾与冲突变成利益的统一与和谐。我国外贸专家许文溶说得好："我有利，客无利，则客不存；我利大，客利小，则客不久；客我利相当，则客可久存，我可久利。"所以，在校企合作中，彼此双赢，客我共利，才是获得合作发展和"久利"的最大智慧。第二，把握并实现好企业关注的利益焦点。"一是将学校的教学真正贴近企业的需求，为企业培养出符合所需的、优质的技能型人才；二是真正为企业和社会提供优质的教育培训服务；三是实现学校发展的良性循环，通过办学声誉、办学质量带动企业的人才和技术的提升，最终带动企业的经济效益，实现在效益支持下的稳定运行。"① 第三，合作过程中决策行事一定要注意保护企业参与校企合作的积极性，确保企业在合作中能获得预期的利益。比如，为防范学生实习对企业生产的影响和冲击，学校应根据企业用人需要适时调整实践教学计划，或适应企业生产流程需要，实行弹性学制等。第四，建设"人才共育、过程共管、成果共享、责任共担"的校企利益共同体，充分发挥双方的优势，真正实现"合作办学、合作育人、合作就业、合作发展"的"四合"运行格局和整合的理想境界。

（三）政府撮合：形成纽带和后盾

在校企合作、工学结合的整合中，政府的主导作用非常重要。校企合作不能单靠市场"无形的手"发挥作用，还要靠政府"有形的手"从中撮合促成。这其中最重要的就是在政府主导下，成立校企合作促进会。校企合作促进会可由地方领导、相关政府部门、企业、行业、学校等组合而成。通过这一组织机构，统筹区域经济发展与人才培养的方向目标，协调并解决合作过程中出现的问题，理顺合作过程中的各种复杂关系，创造良好的合作环境，促进校企合作和谐、有序、健康的发展。其次，发挥政府的纽带联结作用。校企合作并非"单相思"，而是两情相悦的"联姻"。企业与学校"择偶标准"不同，校企联姻必须要有政府这个"媒人"的牵线搭桥，才能促成和提高校企合作的成功率。例如，宁波职业技术学院是全国率先实行校企合作的典范，但 1999 年最初启动时也是到处碰壁，虽然苏志刚院长到处游说，试图与企业"攀亲结缘"，但"人家对学校的办学定位和发展前景半信半疑，不肯与学校合作"。后来还是由北仑区政府领导出面牵线搭桥、做媒担保，才使学校与台资企业宁波敏孚机械有限公司老总坐到了一起，达成了合作办学的协议。可见政府的重要性。现在学校的敏孚机械系已发展成为在校生达 3 000 多人的机电学院；敏孚也从一个普通企业发展成年产值 10 亿元的香港主板上市企业。② 宁波职业技术学院与敏孚的合作成为校企合作的成功典范。再如，邢台市通过政府出面搭建"职教广场"，促成 30 多所职校与 80 多家企业达成合作协议，搭建

① 郭苏华，隋明. 职业教育产学结合实践研究 [M]. 上海：上海财经大学出版社，2009：216.

② 刘海，姚树伟. 好学校是怎样诞生的——高等职业教育办学实践报告 [M]. 长春：东北师范大学出版社，2007：48 –49.

了一个校企长期合作的交流平台和信息共享平台，实现了校企交流沟通的制度化、常态化，促进职业学校开放办学，主动对接市场需求，变职教"一头热"为校企"两头甜"，力争使校企合作成为一种"企业发展模式"①。

（四）制度整合：提供合作的保障

制度是影响职业教育存在、发展和运行的一种规范体系和行动准则。其作用在于：增进职业教育活动的秩序；减少职业教育活动的交易成本；激励和约束职业教育利益相关者；营造职业教育发展的环境。我国目前虽然大力倡导校企合作、工学结合，但由于体制、机制、利益格局调整等问题相对突出，造成了职业教育法律体系的薄弱，表现为配套性差、操作性不强、刚性制约不够。以校企合作、工学结合来说，国家还没有出台专门法规，地方也鲜见具体的规定和办法，形成了大力发展的要求与制度严重缺失的反差。要想制度整合，一方面抓紧补课，弥补"欠账"，出台具有法规效力的《校企合作、工学结合的暂行办法》，如美国 1906 年由辛辛那提大学最早提出的"合作教育"历经百年，制定了一系列的法规，推动社区学院和当地企业的合作；日本 1978 年颁布的《职业训练法》（修正案）确认企业主在为其雇员提供职业训练方面承担主要责任，公共当局的主要任务是对雇主所开展的职业训练活动进行鼓励和帮助。② 应当强调的是，出台的制度办法一定要具有刚性力度和可操作性。刚性就是要有约束性、强制性和惩戒性，防止有法不依；操作性就是要简明易行，防止口号化、宣言化、"棚架化"。另一方面还要有柔性激励举措。如加拿大安大略省的退税制度，该政策规定用人单位每接受一名学生实践，就可以享受相应的退税待遇。如果我们也能通过制度规范将接受学生实习、实践与企业利益挂钩，肯定会破解企业"门难进"的问题。可以预期的是，当我们有了配套整合的制度环境为校企合作提供保证，就一定会取得新的突破和进展。

① 杨占苍. 变职教"一头热"为校企"两头甜" ［N］. 中国教育报，2011 - 03 - 22 （1）.

② 佚名. 日本：职业教育紧贴产业需求 ［N］. 中国教育报，2011 - 07 - 21 （4）.

（五）文化融合：提升合作的品质

高等职业教育的实践性、开放性和职业性的特点，决定了在校企合作中必须与企业文化融合。余祖光认为，校企合作的关键不在于利益而在于文化，校企合作不仅要搭设校企间知识技能的桥梁，更要搭建校企间文化融合的桥梁。有研究表明，2000—2011 年，校园文化与企业文化关系研究的论文有 175 篇，表述其关系的主题词主要有"融合""对接""融入""互融""耦合"等，其中将其关系定位为"融合"（46 篇）、"对接"（34 篇）、"融入"（14 篇）。① 可见，文化融合与整合乃是校企合作的重要方面。教育部鲁昕副部长就曾提出，要"把工业文化融入职业学校，做到产业文化进教育，工业文化进校园，企业文化进课堂"。企业文化与校园文化是两种不同的异质文化。

校园文化是一种教育文化，其实践旨趣是如何有效地利用各种资源培养更多更好的人才；企业文化是一种经营文化，其追求旨归是为社会提供良好服务的同时追求利润和效益最大化。但在以人为本的管理要求上，以及两类文化所遵循的价值准则和行为规范上，却有内在的必然联系，具有一定的相通性、协调性和互融性。因而，作为为企业培养人才的高等职业教育，一定要谋求与企业文化的整合对接，这种对接和文化融合使校企合作不只是停留在物质资源整合的层面，也上升到了更高的精神文化层面，提升了校企合作的品质。两种异质文化的融合使教育的要素更加丰富多元，更加接近未来职场的实际，学生从企业文化中能更多地感受职业精神的内涵和精髓，从而增强自己的学习动力，养成自律、诚信、责任意识，为自己成人成才奠定文化根基。

杭州职业技术学院所推崇和践行的与企业文化合一的"融"文化，就是文化融合的典范。他们以"融"文化为核心，倡导学校融入区域发展，专业融入产业发展，教师融入学校发展，学生融入专业发展，着力打造校企、校校、产学、工学、研学整合一体的"融"文化品牌。如该学院的友嘉机电学院高调标举企业的"做事准则"文化。这些准则分别为："服务准则：忠诚胜于能力；责任准则：责任就是使命；思想准则：有志者事竟

---

① 姜汉荣. 浅谈职业学校校园文化与企业文化关系的现状研究——基于中国知网 2000—2011 年学术文献的统计分析 [J]. 河南科技学院学报：职教版，2012（4）：52 – 53.

成；机遇准则：强者制造机会；合作准则：团队高于一切；道德准则：荣誉至高无上；竞争准则：进退自如；智慧准则：智取胜于力敌；承挫准则：百折不挠才能成功；细节准则：细节决定大成败；行为准则：没有任何借口；执行准则：服从无条件；评价准则：赢在执行力；生存准则：学会适应环境；胆识准则：超越昨天才有明天；进取准则：学习是终身的事业。"这些准则被做成巨大的标牌悬挂在机电学院楼门厅的墙上，每一位进出的学生天天都能看到它，这样耳濡目染、陶冶性灵、塑造精神，让准则内化为学生的一种行为规范、一种自然习惯。江苏扬州商务高等职业学校"积极推进工业文化进学校、企业文化进教室、专业文化进现场、高雅文化进宿舍、素质文化进社团，熔铸校园文化精髓，全方位、立体式地构建了传统文化与现代文明交相辉映的富有地域特色和职教特质的校园文化，在社会上树立起一块独特的校园精神符号"①。这种"五进"文化也体现了鲜明的整合特色。

（六）层次整合：搭建合作的阶梯

高等职业教育工学结合、校企合作的整合是有层次的整合。这种层次性反映了合作的深度和效度，也体现了整合的级别和质量。有研究者将校企合作划分为紧密型、半紧密型和松散型三种类型（层次）。紧密型是合作的企业、学生人数和就业都比较确定的合作；半紧密型是不定岗位、不定人数、选择合适者就业但不包就业，灵活性较强的合作；松散型是口头约定合作事项，存在事实合作关系的随机性、单一性的合作。② 上海信息技术学校邬宪伟校长认为，校企合作的整合分为交流层面的整合、混合层面的整合和融合层面的整合三个层次。交流性合作是指有联系关系、相互来往、彼此走动的松散性合作；混合性合作主要指你中有我，我中有你的资源利用层面的合作；融合性合作主要是深度的、实质性的合作，它不仅是物质层面的合作，而且已进到了人事互融、文化共融的合作层面，是真正的双主体打造的培养高技能人才的整合教育。如杭州职业技术学院的友嘉机电学院（二级学院）就是融合整合的典范。"友嘉实业集团把学院作

① 马成荣. 职业学校文化：蕴涵、构建与表达 [J]. 中国职业技术教育，2012（1）：39－46.

② 郭敏雄. 不断完善工学结合人才培养机制 [J]. 中国职业技术教育，2007（24）：22－24.

为企业的一个事业部，双方共同组成友嘉机电学院管理层，共同制定考核办法。企业派出两位管理人员担任友嘉机电学院副院长，企业参与机电学院的行政和教学管理工作。"① 友嘉机电学院已成为友嘉实业集团全球化人才发展战略和企业发展模式的重要组成部分。校企合作的层次性整合是随着合作的深化、发展而不断提升的，体现了合作的渐进性和发展性，符合事物由量变到质变的辩证发展规律。顺应这一规律，推进校企合作须做到：一要合理规划安排合作的进程和时序。做到加强交流，联络感情，深化合作，有序推进。二要根据目的需要选择恰当的合作类型。如订单式的冠名班，可以说是一种紧密型的合作层次，并非一定要经过松散型、半紧密型的发展过渡，才可以签约。只要企业有需要，条件又具备，即便是初始性合作也可以选择这种合作形式，实现跨越式推进。三要适时推进和提升合作的层次与质量。即当低一层次和上一阶段的合作已见成效、已到"火候"，就要及时地推进到高一层次和下一阶段的合作，以便巩固成果，深化合作，取得更大的合作成效。

六、工学结合、校企合作的整合类型

工学结合、校企合作的整合类型指的是在这一总的办学模式之下衍生出的亚形态的、多样化的实施模式。这些模式都是高等职业院校在自身合作办学的实践中探索、总结和整合的结果，也是借鉴、创新、超越的产物。它是支撑办学模式具体实施的运行模式，也是校与企、工与学具体整合的路径选择和实现样态。

（一）"学工交替"整合实施模式

"学工交替"模式源于英国的"学习—实践—学习"的三明治模式。宁波职业技术学院在学习借鉴的基础上较早实施了这种学校与企业共同制订人才培养方案，学生在企业生产实践与学校学习相互交替，学用结合的教育模式。这一教学模式的具体内涵是：新生到校后，第一学期先到企业实习，由企业负责学生的入学教育和专业思想教育，并让学生在不同的技

---

① 叶鉴铭. 校企共同体的实践探索——以友嘉机电学院为例 [J]. 中国高教研究，2009（12）：62 – 64.

术岗位上进行实习，转换角色，树立"企业人"意识；第二、四、五学期学生在学校进行理论知识学习，第三学期又到企业进行全顶岗的生产实践，第六学期在企业进行毕业实习和毕业设计。如此循环交替，使学生熟悉企业，感知企业氛围，尽快认知未来专业岗位群，进入专业学习角色，实质性地提高学生的实践能力、岗位适应能力和职业素养，实现与企业需要之间的无缝对接。这种整合模式的特点是：①学生先参加企业实践，后到学校学习，再返回实践，完全符合人类的认知规律；②企业参与人才培养的全过程，从培养方案、教学计划、课堂教学、实习实训等所有环节都全程参与，为学院人才培养和实践教学提供后援和保证；③学生具有员工和学生的双重身份，增强学生对企业的认同和参与企业实践的积极性和紧迫感；④具有企业和学校两个不同的教学场所，两种不同的教学资源，有利于加强和提高学校的实践教学实力。

（二）"做学教合一"整合实施模式

"做学教合一"模式是由"教学做合一"模式脱胎而来，这一模式最早是由我国著名教育家陶行知先生提出来的。他认为，"教学做是一件事，不是三件事。我们要在做上教，在做上学。先生拿做来教，乃是真教；学生拿做来学，方是真学"，"做是学的中心，也是教的中心"①。"教学做合一"模式虽然将职业教育最缺失的"做"纳入到模式之中，实现了教学模式的根本变革与转换，但依然还是先"教"、先"学"，而后"做"的格局。这样的排序实际上还是把实践的"做"放在理论教学的附属地位，起印证、深化、加深理解的辅助作用，学科式教学的本质并没有得到根本的扭转和矫正。所以，我们认为应该提倡"做学教合一"，因为先"做"体现职业性，后"学"体现主体性，再"教"体现主导性，形成了一种合乎逻辑的完美组合与链接，这才是真正意义上的职业教育的优化模式。②

苏州工业园区职业技术学院深刻认知这一模式的精髓，提出了"先问会了没有，再问懂了没有"的职教新理念，较早实践了"做学教合一"的整合模式。他们把课堂设在车间，或者说课堂按车间的要求布设。课堂就设在车间的一隅，摆上几十张桌凳，挂一方黑板，其设备也是企业捐赠

---

① 王世杰. 陶行知创造教育思想［M］. 合肥：安徽教育出版社，1991：37－39.

② 张健. 应当提"做学教合一"［J］. 职教通讯，2011（8）：1.

的一流的设备。教师和学生讲讲做做，做做讲讲，有时先讲后做，有时先做后讲，边学边做，亦工亦学，学完了以后当即通过做来实践、印证，实践过程中遇到的共性问题，再回到课堂上来讲，予以解决。应当说，这种"教学做"紧密结合，课堂学习与场地实践完全同步的教学模式，是高等职业教育工学结合的最佳模式。

（三）案例化教学整合实施模式

案例化教学模式是以实际发生的各类经营案例作为教学资源，培养学生实际能力的一种训练。它是一种对未来工作和社会实践的模拟、仿真和预演。这种训练比较适宜于经济、管理类学生的实习。美国哈佛商学院是全世界案例教学的典范，该校也因之声名鹊起，成为莘莘学子向往的圣地。在哈佛商学院没有多少正式的教科书，他们的教科书就是全世界的商战案例，教学也不像一般学校那样授课，而是研习案例。哈佛案例学习的一个突出特点就是，努力创设一个真实的环境，将学生置身于实际经营者的立场上，让学生在公司总裁、零售商、烟草商等各种经营角色的位置上，处理各种复杂的现实问题。所有在校学生两年内将接触各式各样、各种类型的案例 800 多个，这些案例也许比他们一生经营实践中所遇到的问题还要多得多，学生面对各种具体的案例时，不是旁观者，而是当局者；不是解释问题，而是解决问题；不是以理论家的姿态"指点江山，激扬文字"，而是化解各种纷繁复杂的营销实践的难题，培养他们的应对智慧和经营才能。正是得益于这样的实践训练，哈佛的学生出来后在实际商战中个个如鱼得水，人人游刃有余。哈佛商学院的毕业生平均年薪 14.5 万美元，远远高于其他大学。美国 500 家最大财团决策经理中 2/3 是哈佛商学院的毕业生。

（四）自主创业整合实施模式

今天的时代是呼唤创意的时代，更是呼唤创业的时代。联合国教科文组织提出，作为一个现代人，应该掌握三本"教育护照"：第一本是文化的，第二本是技术的，第三本是有关创业知识和技能的。正是基于这样的时代要求，无锡商业职业技术学院凝练和培育职业教育特色，首创了以创业为形式和载体的工学结合实践教学模式。他们在办学实践中积极思考和探索有利于培养学生创新精神和实践能力的教学模式，努力为学生搭建参与创业、接触社会、增长才干的"绿色平台"，开创了一种崭新的实践教学模式。创业模式的内涵是由学生自主创业开办公司。教师主要是帮助、指导学生创业，是创业公司的指导者，家长主要是支持、资助大学生创业，为学生的公司提供资金和信誉担保，学院为学生创业提供有偿和无偿系列服务（如学校统一为经营的学生办理营业执照、门面，租金也给予优惠），并负责创业的体制、机制、环境、协调、服务五方面的管理。2003年学院开辟了一条含商贸、旅游、艺术为一体的1 000多米的创业街，共有70余间门面房，49家公司，吸纳约150名学生参与了自主创业。无锡商院的这一创新举措，就是要把创业作为学生实践教学的载体，把创业公司变成企业的孵化器，培养学生知识应用、技能掌握、经验积累、职业意识、合作公关、协调创新的复合型职业能力，实现由单纯的专业技能拓展向综合职业素养提高的转变。

（五）"2+1"整合实施模式

"2+1"模式是以河南机电高等专科学校为代表的职业院校创造的一种实践教学模式。这种模式的内涵是三年的教学，两年在学校组织，一年在企业进行。校内教学以理论课为主，辅之以实验、实习等实践性教学环节；学生在企业的一年以顶岗实习为主，同时学习部分专业课，结合生产实际选择毕业设计题目，并在学校、企业指导教师的共同指导下完成毕业设计。

"2+1"实践教学模式与"学工交替"实践教学模式相比有着相同之处：一是它们都是与企业紧密合作的实践教学培养模式；二是它们都具有零距离、深层次、契约化、双主体的实践教学特色；三是它们都是同样依托企业，利用企业的资源和育人环境，把企业作为高等职业教育人力资源培训的又一平台。四是学校和企业两个实践教学主体共同参与培养学生的实践技能和其他职业素养的培养。不同之处在于：一是在企业的时间分配不同。"学工交替"是一、三、六三个学期间隔开到企业实践实习，"2+1"是第三学年全部在企业实践实习，前者时间切分得较为零散，后者时间较为集中和整一。二是学习主体实习的目的不同。"学工交替"第一学期主要是感性体验，转换角色，树立企业人意识，为专业理论学习做好准备，第三学期是引证深化知识、巩固所学，第六学期主要是顶岗操作，为就业做好直接准备。"2+1"模式则主要是利用一年的整体时间，使学生由理论到实践，获得一个全面的转化和提升，实现由学生到职业人的根本转变。三是学生实习时的知识背景和经验不同。两种不同的实践教学模式，由于学生在校学习的时间长短不同，因而带入企业实习岗位的背景和经验也有很大差别，实习的目的和效果也不会完全一样。

（六）"三出三入"整合实施模式

"三出三入"校企合作人才培养整合模式的基本内涵是："三出校门、三入市场"。第一步：从零起点开始，走出校门，介入市场，进行感悟式学习。主要内涵是"一出"校门，靠近市场，了解和熟悉市场。第二步：围绕技能训练，走出校门，进入市场，进行体验式学习。主要内涵是"二出"校门，到企业实际操作，到企业现场学习。此阶段在学习专业课的基础上，重在加强学生的实操训练。第三步：面向就业目标，走出校门，融入市场，进行生产性实习。主要内涵是"三出"校门，到企业参加"岗前特训"或"顶班上岗"。① "三出三入"整合模式的特点：①通过学校、市场、企业三个点的空间转换的交替整合，使学生熟悉、了解并能融入未来的职业环境，实现开放高效的办学。②时间上的"三步走"分段整合，使整个学习形成连续性和阶段性的统一。③学习上的感悟式、体验式、生产实习三形式的递进整合，使学习的进程不断推进、学习的程度不断加深、"工"的成分与比例不断加强，这符合职业教育的学习规律和特点。

高等职业教育整合论

---

① 何静，等. "三出三入"：高职教育校企合作、工学结合的新举措［J］. 教育与职业，2007（7）：55－56.

第六章 质量焦点：高等职业教育课程的整合

本章我们将目光聚焦于高等职业教育办学的质量问题，锁定质量问题最重要的影响因子——课程，并把它作为研究的着力点和突破口。课程是一个旨在适应与促进社会、学生发展的包括课程目标、课程内容、课程实施、课程评价在内的有机的、动态系统。在这一章，我们将研究高等职业教育质量与课程的逻辑关系，研究高等职业教育课程观的整合、课程目标的整合、课程形态的整合以及课程评价的整合等几个重要方面。

第一节
课程作为质量焦点的逻辑思考

课程是什么？徐国庆认为，课程是为师生共同学习所设计的教育环境，以及在这个环境中所进行的范围广泛的教育活动和经验。[①] 金生鈜认为："课程通常被认为是实现学校教育目标而选择的教育内容的总和。"[②] 周海涛认为，课程是特定情境下凭借理论研究和实践探索来选择和建构包括目标（或计划、蓝图）、内容（正规或非正规的内容）、实施（教学过程）、评价（或考核、评估）等彼此关联要素而形成的有机、动态系统。[③] 我们认为："课程是学生为未来从业需要而学习的知识、经验、技能的总和。"

课程为何能成为高等职业教育质量提高的焦点呢？

第一，高等职业教育改革发展的核心在于课程。教育的改革发展是一个永恒的主题，对高等职业教育来说尤其如此。作为新发展起来的"另一类型"教育，高等职业教育缺乏经验和传承，没有先例和借鉴，只好摸着普通高等教育这块"石头"过河，形成了"本科压缩""专科克隆"的路径依赖。这种错位迷失的教育，倘若不加改革，就永远只能充当普通高等教育的"跟班"和"随从"，无法办出自身的特色和质量。因而必须通过

---

① 徐国庆. 课程含义与课程思维［J］. 中国职业技术教育，2006（3）：22-24.
② 金生鈜. 理解与教育——走向哲学解释学的教育哲学导论［M］. 北京：教育科学出版社，2001：143.
③ 周海涛. 大学课程研究［M］. 北京：中国社会科学出版社，2008：7.

改革保质量、促发展、扬特色。这样的改革当然是全方位的浩大工程，但必须把握其核心与根本——课程。正如姜大源所指出的："在任何一种教育体系中，课程始终处于核心地位。职业教育发展与改革特别是教育教学改革，最终也会归结为课程的改革与发展。"①

第二，高等职业教育质量的根基在于课程。教育质量不是一个空泛的概念，而是一个必须建基于实在的承载物基础上的实体概念、生成概念。这个实体和生成的根基就是课程。课程是学校产品的"卖点"，是培养高端技能性人才的最直接的载体。对学生来说，选准专业固然重要，但每天接触最多、印象最深、每日斯磨的还是一门门具体的课程，这是他们获取知识、习得技能、养成素质直接受益的互动平台，对教育质量的提高与保证具有直接的现实性。在这个意义上，"与其说是教育培养人，不如说是课程塑造人"②。

第三，高等职业教育质量的抓手在于课程。教育质量提高的路径当然是多方面的，比如教学管理、学校风气、学习环境、育人氛围等，都不同程度地直接或间接地影响着教育质量，但根本抓手和着力焦点还是课程。管理、校风、环境、氛围这些外在要素的好坏，都只能对教育质量提升起辅助作用、保障作用，并不能起到决定作用。只有课程才是质量提升的根本环节和决定因素，外在的影响因子也只有作用于课程，才能发挥自身的作用。

第四，高等职业教育培养目标的实现在于课程。课程是学生为未来从业需要而学习的知识、经验、技能的总和。它是实际作用于学生，并保证培养目标实现的根本。离开了课程，离开了课程所负载的具体的知识、经验、技能等课程内容要素，剩下的"高端技能型人才"这一培养目标就被抽空了，变成了没有内涵概念的空壳。问题的根本仍然在于，只有通过课程学习，让学生建构知识、积累经验、习得技能，高端技能型人才才具有名副其实的内涵，高等职业教育的培养目标才能得以实现。

第五，高等职业教育质量特色的实现在于课程。高等职业教育特色在于培养高端技能型人才，它是"能力本位"教育。实现这一"致能"性培养目标，同样离不开课程。能力是人驾驭活动本领的大小和熟练程度，

---

① 姜大源. 职业教育学研究新论［M］. 北京：教育科学出版社，2007：124.
② 郝德永. 课程研制方法论［M］. 北京：教育科学出版社，2002：303.

是人的综合素质在行为上的外在表现，是实现人的价值的一种有效方式，是左右人生命运的一种积极力量。① 课程是学生职业能力建构的"桥梁"，是能力建构的出发点和落脚点，尤其是技能实践、实习课程，更是实现学生知识向能力转化的直接"桥梁"，学生正是通过课程学习，获得胜任职业岗位工作的能力、适应社会发展的需要，为涉世就业创造条件。可以说，高等职业教育产学结合、就业导向、能力本位等特色建设的核心概念，没有一样不是建立在或落脚在课程的基础之上的。所以，课程是核心，是真正的基础工程。

第六，高职学生生涯发展质量在于课程。职业能力是一个动态的、不断生成的过程，学生作为职业人走上社会，也只是一个新的起点。换言之，学校培养的职业能力、课程赋予他的生存本领，绝不是课程功能的终结，而只是为他的生涯发展提供了新的"增长点"，奠定了牢固的"基石"，有利于竖立其上的学生整个职业生涯能力大厦的构建。也就是说，不管学生日后会发展到什么程度，他的一生发展的基础却是学校学习的课程所给予的、所奠基的。

除了上述逻辑因由外，徐国庆还提出"课程是师生共同开展教学活动、建构学习共同体的载体；课程是教育思想转化为现实的核心纽带；课程是高等职业教育内涵建设的核心"② 的基本观点，同样对于我们富有启发和教益。

第二节
高等职业教育课程的观念整合

一、什么是高等职业教育的课程观

一直以来，高等职业教育课程观始终是一个聚讼不已、莫衷一是的话

---

① 韩庆祥，张军. 能力改变命运［M］. 北京：中国发展出版社，2002：233 - 234.

② 徐国庆. 职业教育课程论［M］. 上海：华东师范大学出版社，2008：4.

题。于广云研究员认为，高等职业教育课程观应抛弃单一的"学科本位""能力本位"的观念，形成新型的"以综合职业能力和全面素质为中心"的课程观。①姜大源则提出了"基于工作过程的课程观"。他认为，职业教育课程改革长期以来止步不前的原因在于课程微观内容的设计与编排远未跳出学科体系的藩篱，应按照工作过程的顺序开发课程，这才是凸显职业教育特色的课程开发的突破口。②王桂龙则撰文指出："课程观是人们源于哲学、心理学、社会学、技术学、教育学、课程论等方面的原理或主张，进而形成的对于课程的基本观点或一般看法。"③我们认为，课程观是关于课程的总看法和根本观点。它是人们在对课程实践总结的基础上，形成的一种理性觉识和信念，是一种审视课程的视界，即通过形而上的思考，为课程建设提供价值选择和思想指引。它是一种建构课程的理念，是一定课程主体基于这一理念处理各种课程问题的依凭和遵循，是一种处置课程各种关系、理顺课程繁难问题的理论指导和精神路向。应当指出的是，课程问题是一个涉及课程价值选择、课程目标确立、课程内容建构、课程组织实施、课程评价改革等十分复杂的体系，因而，课程观绝不可能是单一维度的认知，而是一种系统思想的建构和观念组合的集成。

二、多元集成的高等职业教育课程观的机理

高等职业教育课程观是一个多维度的集合建构。它不是单一观念的"一指禅"，而是多元建构的"组合拳"。这种观念的多元性是由课程要素的复杂性、课程观价值的多功能性以及认识课程视角的多样性所决定的。

（一）课程要素的复杂性决定课程观的多元性

课程要素，顾名思义是指构成课程的主要因素或基本构件。美国著名课程论专家施瓦布（Joseph Schwab）在 20 世纪七八十年代就曾提出：课

---

① 于广云，黄慧丹. 高职教育课程观的影响因素及构建［J］. 宁波职业技术学院学报，2006（1）：40.

② 姜大源. 职业教育学研究新论［M］. 北京：教育科学出版社，2007：17 - 18.

③ 王桂龙. 基于"就业导向与人的可持续发展理念"的现代高职课程观［J］. 高等职业教育，2010（1）：57.

程是由教师、学生、教材、环境四个要素构成的，这四个要素持续地相互作用便构成实践性课程的基本内涵。① 基于以上要素，生成了与课程相关的教师观、学生观、教材观、环境观。不仅如此，如果我们纵向审视课程环节的流程，又能将课程分解为课程目标建构、课程内容选择、课程组织实施及课程评价反馈四大构成要素。这就是对美国著名课程论专家泰勒提出的课程开发的四个基本问题的概括，由此又可以蘗生出课程目标观、课程内容观、课程实施观、课程评价观。可见，课程要素的复杂性决定了课程观的复杂性和多元性。

（二）课程观价值的多功能性决定课程观的多元性

课程观是指导课程实践的基本思想和理念。课程观的价值即指导课程实践所发挥的实际效能和功用。现实中，人们总是寄望于课程观能够全面地指导课程实践，覆盖课程的全部领域和方面。正如郭元祥指出的："课程观需要回答课程的本质、课程的价值、课程的要素与结构、课程中人的地位等基本问题。"② 也有研究者期望课程观"主要回答什么课程有价值，学生如何学习，采用什么样的方法才能达到既定的课程目标等"③。显然，人们对课程观价值功能的广覆盖、多功能的预期，使课程观必然超越单一内涵的界定，形成系统化的多元建构。

（三）认识课程视角的多样性决定课程观的多元性

视角是人们认识事物的视野和角度。美国学者贝斯特与凯尔纳所建构的视角理论认为，一个视角就是一种观察方法，一个视角就是一个解释社会现象、过程及关系的特定的切入点。④ 同时，任何视角都是有限的、不完全的，难以穷尽现象的丰富性和复杂性。因而，人们总是希望通过多元视角去把握现象的丰富性和复杂性。以课程为例，既有通过学科视野、知识视角认识课程的，也有通过经验和能力视域考量课程的，更有通过素质

---

① 张华. 课程与教学论 [M]. 上海：上海教育出版社，2000：20.

② 郭元祥. 课程观的转向 [J]. 课程·教材·教法，2001（6）：13 – 18.

③ 王桂龙. 基于"就业导向与人的可持续发展理念"的现代高职课程观 [J].
高等职业教育，2010（1）：57.

④ 道格拉斯·凯尔纳，斯蒂文·贝斯特. 后现代理论：批判性的质疑 [M]. 张志斌，译. 北京：中央编译出版社，1999：339 – 341.

维度聚焦和认知课程的。由此，就形成了知识本位课程观、能力本位课程观和素质本位课程观的多元分野。

三、高等职业教育课程观的多元整合

在乱花迷眼的高等职业教育课程观的"园圃"中，并不是所有的都是适合高等职业教育的"那一朵"。究竟该做出何种采撷抉择，并将其正确地集成为适合高等职业教育的课程观"花束"，是对我们的教育眼力、课程智慧、凝练能力的一种考验。多元课程观的功能是建立在对所有观念组成部分整合的基础上，实现对课程实践的整体指导、全面指导。在此，我们将从课程基础观、课程价值观、课程设计观、课程实施观、课程目标观维度进行多元设计、整合建构。

（一）生物学导向的课程基础观

基础，《现代汉语词典》解释的适用义项："建筑物的根脚"。它是事物底部用于承载和支撑竖立其上的事物的根基。课程基础观即对课程基础的看法和观念，它是在对课程基础性质、特点理性认知的基础上，选择和建构的一种基础观的样态。当下的高等职业教育课程基础观有传统的"深基础"课程观、蒋乃平提出的"宽基础"课程观，还有我们将要论证并确立的"根基础"课程观。

"深基础"课程观是学科导向、知识本位的课程观，属于精英教育"深度模式"的基础观，它是一种适用于普通高等教育研究型、学术型人才培养的基础模式。因而，对于属于"平面模式"大众教育的高等职业教育来说，它是一种错位的课程观。换言之，学科化课程观的齿轮难以匹配高等职业教育的机器，它们是格格不入的。以这样的基础观来指导高等职业教育的课程实施，必然会将高等职业教育引入导向知识体系而不是技术体系和职业体系的学科化教学歧途，使职业教育迷失自我。

与纵向"深度模式"不同的是，"宽基础"课程观是一种追求横向的"宽度模式"的基础观。由"深"及"宽"，表面上看做了些"扁平化"的改进和处理，实则依然"换汤不换药"，本同而末异。一是宽厚丰博的基础与职业能力的培养是对立冲突的。学生用于宽基础的学时多了，用于专业课、实践课的学时必然就少了，这样即便学生的基础"宽"了，但专业知识和职业能力也肯定"窄"了，而这还是职业教育吗？二是"宽基础"的诉求，明显超出了学生职业能力建构所需要的知识边界，是与"必需、够用"的基础理论课取舍原则相违背的，只会导致学生对理论知识的过度学习。三是"宽基础"实质上是课程学习最终所欲达及的素质底蕴和精神建构的一种境界，而"宽基础"却要求在打基础的始点就做到"宽"，这是误把终点作为始点，在实践中是缺乏可操作性的。

"根基础"课程基础观是一种生物学模型的活性的课程基础观，与建筑模型的"深基础"静态的课程观和不当强求的"宽基础"课程观是根本不同的，它是适合高等职业教育的一种课程基础观。第一，"根基础"课程观是应需适度的恰切的课程观。作为为树木或植物提供生长所需的养料的根，在不被人为不当干预的自然生态条件下，其所提供的生长的动能是平衡适当的，是一种应需适度的基础。第二，"根基础"课程观是基于学生成长的发展的课程观。"根"是活性的、生长的，是与树木和植物共生共荣的。这样的特性迁移到课程基础观上，要求课程必须具有活性的、动态的、促进学生发展的功能和效用。它追求知识的奠基与学生的发展同步提升，重视学生职业技能的更新与知识的支撑协调跟进，这样的课程观是基于发展的以人为本的课程基础观。第三，"根基础"课程观是与外部环境互动的生态课程观。不言而喻，树木与植物主要是依靠其内在活性作为"变化的根据"而生长的，但也离不开外部环境所构成的生态条件的作用，比如阳光、空气、水分、土壤等。同理，高等职业教育课程的建设与发展不独是课程本身的事，也依赖于外部的整体生境的优化，因而必须树立"根基础"所要求的生态课程观：一是课程依赖于企业环境，树立校企互动的课程生态观；二是课程依赖于社会环境，树立与社会互动课程生态观；三是政府应当宏观统筹职业教育课程建设与发展，规范课程的管理，引领课程改革，创优课程发展的环境。第四，"根基础"课程观是扎根于生活和职业世界的课程观。"根基础"的优势在于，这种基础是能够向下无限深入和向四周无限拓展的，由此才能够满足树木或植物不断生长的需要。在这个意义上，我们说"根基础"是一种集成了"深基础"和"宽基础"优点的课程观。

（二）适应社会的课程价值观

价值是客体满足主体需要的效用。价值观是人们基于自身的立场而形成的对外部世界和客观事物带倾向性的认知和观念。课程价值观则是人们对课程的目的、功能、效用的追问与定位，它要求人们回答课程设置的目的是什么？什么样的课程最有价值？这样的价值能否实现目标效用？在教育或高等职业教育课程价值体系中，历来就有社会发展、知识进步、人的自我实现三个视角，由此形成了社会改造主义、学科（或知识）中心主义、人本主义三大课程价值观。其中，社会改造主义价值论，不管是"柏拉图《理想国》中的'三级教育'，还是近代洛克依人性设计的'绅士教育'，抑或是当代迪尔凯姆'崭新的社会我'、帕森斯的'角色理论'，都从不同视角关注了课程发展在社会进步、文明进化中所承担的神圣使命"①。可见，社会本位课程价值观作为其重要一脉，其核心思想就是要求教育必须以促进社会进步为目的，即通过职业教育及其课程培养符合并适应社会发展需要的人才。适应社会的课程价值观，是由培养人才、服务社会的目的，以及人的社会化、职业化两方面所决定的。

1. 培养人才、服务社会的目的，决定了适应社会的课程价值观

众所周知，任何高等职业教育都是为社会经济发展培养人才的活动，都具有特定的工具属性，必须遵循满足并促进社会需求与发展这一教育的客观规律。高等职业教育的这一核心功能决定了它社会本位的价值取向。与之相应，课程作为教育的最重要的载体和实现形式，必然要把服务社会、促进社会进步和经济发展作为课程定位的价值目标，即"为个人服务社会之准备，为国家及世界增进生产力之准备"（黄炎培语）。如果没有这样的课程视野，课程设置就很可能成为闭门造车的"经院式"的"标本"，成为脱离社会经济发展实际的、失去依附之"皮"的"毛"。

2. 人的社会化、职业化需要，决定了适应社会的课程价值观

社会化是指一个人接受社会文化和行为模式的教化完善与发展个性的过程，② 是人由自然人转变为社会人的过程。社会化与职业化是相伴随的。职业化是个体接受教育的结果，是个体获得了职业能力和职业资格，在社会分工体系中获得一种社会位置，融入社会的体现。而无论是人的社会化还是职业化，都是以逐步适应社会为前提的。正如房剑森教授指出的：

① 周海涛. 大学课程研究［M］. 北京：中国社会科学出版社，2008：101.

② 教师百科词典编委会. 教师百科词典［M］. 北京：社会科学文献出版社，1987：126.

"适应性是高等教育质量的本质"①。课程（当然不单纯是课程）作为学校为学生提供的认识社会、适应社会，并获得社会能力的一种平台和资源，它的设计必须率先适应社会，才能使学生通过学习，具备和提升自身适应社会、融入社会、服务社会的能力，为学生的社会化和职业化开辟道路。因此不难看出，适应社会是课程建构价值基准的重要一维，也是衡量最有价值课程的标准所在。任何课程的建设如果背离了这一价值取向，不仅对社会无益，而且会贻害学生，误国、误民、误生。

（三）"技能为本"的课程设计观

技能为本课程设计观，是相对于知识为本课程设计观而言的。知识本位的课程观，其核心思想是强调传授系统的职业知识为职业教育的基础，教育的课程目标、组织形态、实施取向、评价标准均以知识的传授为中心。"技能为本"的课程观源于对职业岗位操作能力的推崇，它是随着科学技术的发展，对从业人员规格要求变化的自觉回应。技能本位思想抓住了职业教育的核心内涵与本质特点，正确反映了高等职业教育培养"数以千万计的高技能专门人才"和最新提出的"高端技能性人才"的目标定位；彰显了高端技能作为高等职业教育本质属性的追求；同时也体现了对高职学生学业侧重的根本要求。它是高等职业教育课程设计观的必然要求和价值体现。

"技能为本"的课程设计观要求高等职业教育课程设计应以技能为主线，服务于学生的技能习得。这样的课程设计应当体现出以下逻辑内涵：第一，以能力为核心剪裁知识，选择课程内容。高等职业教育究竟是以能力为中心取舍知识，还是以知识为中心派生能力，代表了两种不同的课程观和课程设计路径。前者代表的是围绕工作过程组织知识、建构课程的过程观，它是"能力本位"的；后者代表为实践先储备知识、建构课程的准备观，它是"知识本位"的。正如徐国庆所说，职业教育的关键问题不在于理论知识的多和少，而在于是以工作的相关性还是以知识的相关性为课程架构的逻辑基础，在于以工作体系的结构还是以知识体系的结构作为新课程构造的基本依据。② 显然，技能本位的课程设计观必须选择后者。第

---

① 房剑森. 高等教育发展论 ［M］. 桂林：广西师范大学出版社，2001：193.
② 徐国庆. 职业教育课程论 ［M］. 上海：华东师范大学出版社，2008：65.

二，以技术进步为参数，调整课程门类。技术的发展与进步，引导着职业教育人才培养规格的调整。新技术的广泛运用和生产智能化程度的提高，导致了从业结构的调整，即由劳动密集型向智能密集型转型，再向知识密集型跃升。这就要求人才培养规格的跟进升级以及课程门类的调整与更新。同时，技术的进步促进了新经济的蘖生，产生了大量新的职业。这就要求职业院校要及时调整专业设置及课程供给，保证人才培养的方向不致发生结构性偏差，保证新的职业岗位的人才供给，以更好地服务于技术进步和经济发展。第三，以技能掌握为目的，重构课程体系。新课程体系的建构必须是基于工作过程导向的项目驱动型或任务引领型的课程，这样的课程必将成为高等职业教育课程的主流形态，并把高等职业教育带入一个新的境界。

（四）实践主导的课程实施观

课程实施是将所设计的课程付诸实践并使之发生效用的过程，它是达成预期课程目标的基本途径，是课程编制过程中一个实质性阶段。高等职业教育的课程实施必须践行实践主导的课程观。

首先，实践是职业教育的本质特征。高等职业教育是培养"复合型、创新型高技能专门人才"的教育，这种教育不同于以学习理论知识为主的学科性教育，而是应着重传授职业技能，培养学生实践智慧，要求学生掌握各种技能应用的本领、方法和规则。因而，实践是职业教育的本质特征。

其次，实践是技能学习的基本路径。高等职业教育是"技能本位"教育，技能的掌握不是知识派生的产物，而是实践笃行的结果。早在东汉时期，王充在《论衡》里就提出了"施用累能"的著名论断；王阳明和朱熹也强调"知行合一"，"知行常相须"，推重"践履"的功夫；爱因斯坦更是忠告我们"最重要的教育方法是鼓励学生去实际行动"。杜威也从另一视角指出：学与做相比，学毕竟是有些间接和空洞的。所以对于培养能力来说，实践学习永远比书本学习更重要。比如学骑自行车，如果只从理论上学习骑车要领、须知、注意事项等，即便倒背如流，也无济于事。只有给他一辆车，让他在大操场练，不消半天、一天就可以学会。所以必然的结论是：获得能力，提高本领，不是靠听讲、阅读、记忆，而是靠实践、行动、修炼，靠在实践中学习，在使用中学习。

再次，实践是笃学求知的根本目的。学习知识不是为了冷冻和储藏，也不是为了炫耀才情和装饰门面，一切知识的目的是赋予人征服自然的力量。知识只有回到实践中去，才能实现自身的价值和伟大的飞跃。脱离实践的知识永远是抽象的、没有实现的知识，是封闭的、自我宣称的知识。德鲁克认为，知识经济时代有知识的人，首先必须拥有有实践效用的知识，而不能是仅仅起装饰作用的知识。[①] 知识只有走向实践，与实践对话融合，才能更新、发展，才富有活性和价值，才能发挥出现实的力量。所以，知识永远是一种实践性存在，实践是人们求知的根本目的。

最后，实践是提高学习效能的催化酵母。一是实践对学习具有印证深化作用。理论的学习离不开实践的支撑。所谓"纸上得来终觉浅，绝知此事要躬行"，因为这种"躬行"实践的知识，融入了学习主体的尝试、体验、感悟，与心灵融为一体，所以更容易理解把握，更能够内化为能力和素质。二是实践对学习具有激励促进作用。学习和生活实践中遇到的问题和困境，对理论学习有一种激励促进作用。它有助于强化学生的学习动机，激发学生的学习热情，刺激学生的智力觉醒，驱动他们为解决问题而积极主动地去学习。[②]

实践主导的课程实施观要求高等职业教育一定要突出实践教学，追求课程的实践品格。首先，要确保实践教学的课时比例。课时是对课程的教学时数的指称，也是衡量实践教学主导地位落实与否的关键。当下的高等职业教育由于实训条件落后、教师能力欠缺、重视程度不够等原因，在课程实施中理论课越位和扩张、实践课严重缩水现象还普遍存在，因而要大幅度提升实践课的比例，压缩理论课的比例，使两类课型的比例真正达到教育部设定的6∶4的科学的比值，真正落实教育部《关于制定高职高专教育专业教学计划的原则意见》所规定的"实践教学在教学计划中应有较大比重"的要求。其次，要在理论课中渗透更多实践教学因素。高等职业教育虽然要重视和突出实践教学，但也并不排除和否定理论教学的重要性。因为没有理论知识会影响学生理解实践，阻碍他们在一般的、抽象的层面理解任务，从而不利于实践能力的迁移。只是职业教育理论教学应当重视

---

① 彼得·德鲁克. 后资本主义社会［M］. 张星岩，译. 上海：上海译文出版社，1998：49.

② 张健. 高职实践教学的现状反思与出路研探［J］. 滁州职业技术学院学报，2004（2）：5-10.

与学生的经验世界对接，与具体的教学情境的融合。比如，可以通过实物、图像、模型、标本、音乐、表演、模拟、语言、录像等手段演示教学内容，创设非现场化的形象直观、联类感悟的教学情境，以拉近学习者与学习内容之间的距离，弥补教师语言描述和学生想象难以把握的不足，化抽象为具体，变陌生为熟悉，这样做利于诱发学习的主动性，强化感受性，提高知识识记和掌握的效果。再次，课程的实施要遵循实践的逻辑。要树立"为了行动而学习和通过行动来学习"的行动导向理念，建立实践主导的"行动体系"课程。因为对于职业教育来说，更多的是关注学生"会了什么"，而不是"知道了什么"，这里"会做"比"懂得"更重要。因为学生在日后的工作中所依赖的知识大部分是实践知识，理论知识也只有转化为实践知识后，才能被运用到工作中去。①

（五）就业为本的课程目标观

课程目标就是我们预期的课程结果，即期望学生学习某门课程后，在知识、技能、态度、就业等方面所能达到的状态和程度。高等职业教育必须确立就业为本的课程目标观。这是因为：①"以服务为宗旨、以就业为导向"的职业教育办学方针，是国家教育政策定下的主基调，必须遵循和执行。②就业是衡量高等职业教育办学质量的验收机制。高等职业教育办学只有把自己"造就的劳动者""生产的生产力"推销出去，实现学生大面积、高质量的就业，才算完成了自己的使命。③就业是民生之本、安国之策、和谐之基，它是每一个人获得生存的前提，是生活来源的保证。离开了就业，人的安全需要、生存需要，包括心理需要就失去了根基和保证。④就业为本的课程目标观使课程的建设与开发有明确的价值观引领，能为课程评价提供基础和依据，使学校明确办学的主导问题，也使学习者看清方向和目标。

落实就业为本的课程目标观，一要在课程实施中找到统领课程学习的逻辑基准。杜威认为，这个基准就是职业。他非常欣赏用职业来组织知识，促进能力的发展，因为只有这种方式才是牢靠有效的，而以纯粹抽象的方式来组织和保存知识则是刻板、表面和无趣的。② 课程知识的学习一

---

① 石伟平，徐国庆. 职业教育课程开发技术 ［M］. 上海：上海教育出版社，2006：8.

② 徐国庆. 职业教育课程论 ［M］. 上海：华东师范大学出版社，2008：106.

旦找到了这样的现实载体，它们将再也不是空洞的概念、被迫掌握的知识，而是与其生涯发展密切相关的知识。姜大源也认为："职业教育的课程应该是：根据就业导向的教育目标，将职业和职业岗位（群）工作任务的内容，根据学习主体的心理特点和智力特点，按照工作过程进行基于教学论的组合和序化而构成的教学内容体系。"① 二要把提高学生的职业能力放在突出位置，真正帮助学生获得生存发展的真本事、真技能，为他们的当下就业和未来发展奠定坚实的基础。三要在课程实施中重视学生职业人格的培养。职业人格是一个人在职业生涯中品行、责任、态度的规定和体现。高等职业教育课程在赋予学生知识、技能的同时，还应当把人格培养作为人才培养目标的重要一维，自觉地承担人格化育功能。要教育学生对自己的职业热爱、敬畏，对职业的规范遵从与信守，对本职工作投入与付出。培养学生尊重契约、信守承诺的诚信意识，敢于负责、勇于担当的责任意识，以及踏实勤奋、努力作为的职业态度，这样的学生才是企业真正欢迎的人，才能实现高质量地就业。

第三节
高等职业教育课程的目标整合

一、课程目标及高等职业教育课程目标的梳理

美国著名课程论专家拉尔夫·泰勒认为："目标即有意识地选择的目的，也就是学校教职员所向往的结果。"② 课程目标是通过课程学习所欲达及的预期结果，"即期望学生学习某门课程后，在知识、技能、态度等方面所能达到的状态"③。它是课程价值观的具体化，也是课程的灵魂，还是指导和规范课程实施的最关键的准则。它是教育目的与培养目标在课程领域的具体化，其重要性不言而喻。一是课程目标能使教育者明确课程

① 姜大源. 职业教育：课程与教材辨 ［J］. 中国职业技术教育，2008（19）：2.
② 张华. 课程与教学论 ［M］. 上海：上海教育出版社，2001：96.
③ 徐国庆. 职业教育课程论 ［M］. 上海：华东师范大学出版社，2008：136.

定位，以详细而具体的理念去规划教学，从而使课程有明确的价值观导引；二是课程目标能够规范教学手段与模式的选择；三是课程目标能为课程实施提供正确的课程实践路标与思路；四是课程目标能为课程评价提供基础和依据。

什么是高等职业教育的课程目标？对此有不同的观点。姜大源认为，"职业能力在课程中成为核心目标"，"职业导向目标是职业教育课程的根本指向"①。徐国庆曾对这一问题有过较深入的思辨，他认为，职业教育的课程目标是什么？通常的答案是"会做"，是"动手能力"。但仅仅这样的回答是远远不够的。② 因为知识经济时代"使得泰罗时代那种被动、机械的技能型技术工人成为历史，而主动的、弹性的智慧型技术工人正成为现代产业的主要支柱"③。所以，他提出"知识经济时代课程的目标技能，应从以培养再造技能为主转变为以培养创造技能为主，从以培养动作技能为主转变为培养智慧技能为主，从以培养简单、重复的技能为主转变为以培养复杂、灵活的技能为主"。同时，为了防范技能概念泛化，并与其他各类技能相混淆，他进一步强调"鉴于此，把职业教育课程目标定位在'技术实践能力'上或许更合适，这意味着职业教育课程目标是让学生'会做'，能正确地完成相关职业中的任务"④。但也有许多人从人的全面发展或全面发展的人的角度考量，不同意这种单纯基于能力的课程目标观。如天津市教育科学研究院基础教育研究所王敏勤提出："职业教育必须实现由能力本位向素质本位（目标）的转变。"⑤ 李尚群认为，高等职业教育课程目标的基本取向包括针对性目标、适应性目标和创造性目标，是三种取向的整合。另外，也有学者从理论上提出了课程目标的表述与特征的要求，"课程目标的表述应当具有全面性、合适性、有效性、可行性、相容性、特定性、诠释性。全面性指包括所有期望的学习成果，合适性指与学校及社会环境相关，有效性指能反映目标所代表的价值，可行性指在学生能力和现有资源条件下能达到的目标，相容性指某一目标的表述与其

① 姜大源. 职业教育学研究新论 [M]. 北京：教育科学出版社，2007：136 - 137.

②③④ 徐国庆. 实践导向职业教育课程研究 [M]. 上海：上海教育出版社，2005：165，166，168.

⑤ 王敏勤. 由能力本位向素质本位转变——职业教育的变革 [J]. 教育研究，2002（5）：65.

他目标相一致，特定性指消除一些含糊的成分而变得准确，诠释性指能使实施目标的有关人员能够理解"①。鉴于各种课程目标的纷争或偏颇，以及对课程目标理性规范的特性要求，我们在此提出高等职业教育的"三致"课程目标，即致知、致能、致思。

二、"三致"课程目标的内涵及排序对应的不同人才类型

从字面看，"三致"课程目标所指涉的语义内涵应当是自明的，即通过课程实施实现教会学生知识、提高学生能力和锻炼学生思维三项预期目标。从目标取向的多元性，我们不难判定，这一课程目标并非高等职业教育的专属，而是为所有教育所共有。但其不同排序却具有区分效应，是对应于不同的人才类型的。

（一）"三致"课程目标的内涵

首先，"致知"是基础性目标。知识是人们对客观事物反映的精神产物，是思想与逻辑相结合演绎而成的符号化系统，是经过精密的逻辑处理得到精心阐释的理论形态。它是人类认识的结晶、优秀文明的根基、社会进步的核能、历史前驱的杠杆、人类精神的阳光。② 对知识的传承与给予永远是教育的责任与使命。人类教育发展的历史，就是知识传承的历史；人类也只有依靠知识的奠基和武装，才能变得有力量并由以成为全面发展的人。

其次，"致能"是根本性目标。能力是人的综合素质在行为上的外在表现，是人驾驭和顺利完成活动本领的大小。它是实现人的价值的一种有效方式，是左右人生命运的一种积极力量。能力比知识更重要。因为知识是基于存储的，能力是基于应用的，知识只有转化成能力，才能发挥现实的作用。换言之，知识体现着人的认识能力，实践及其职业能力体现着人的改造能力，认识的目的全在于实践。正如马克思指出："哲学家只是用不同的方式解释世界，而问题在于改变世界。"所以，如何在课程中培养学生的改造世界的能力，才是更为根本的目标。

① 周海涛. 大学课程研究［M］. 北京：中国社会科学出版社，2008：14.

② 张健. 职业教育的追问与视界［M］. 芜湖：安徽师范大学出版社，2010：195.

再次，"致思"是发展性目标。思维是人脑对客观现实概括的、间接的反映，是在表象、概念的基础上进行分析、综合、判断、推理等认识活动的过程。"致思"即培养学生的思维能力。思维是人之为人的根本，人只有以思维为工具，才能在认识过程中获得真知，才能培养独立思考的创造能力。巴尔扎克说："一个能思考的人，才真正是一个力量无穷的人。"福柯也认为，思考是人们获致知识的途径，是对现有真理形式的不断超越。学校的课程只有培养起学生的思维能力，才能为他们一生的可持续发展奠定基础。

（二）"三致"课程目标不同排序对应的人才类型

国际上通常将人才分为学术型、工程型、技术型、技能型四种类型。学术型人才主要进行基础学科研究，工程型人才主要进行工程开发设计，技术型人才主要完成生产过程的技术与管理，技能型人才主要完成实际操作。我们认为，按照"三致"课程培养目标的不同组合也可以将人才分为相近的类型。其中的机理源自马克思主义哲学的质量互变规律，它是量变引起质变的一种特定形式，即构成事物的成分在空间排列次序上的变化而引起的质变。在这种情况下构成事物的要素或数量虽然没有变化，但由于事物的各个组成部分空间排列次序发生变化，也会引起事物根本性质的变化。如在自然界中，金刚石和石墨都是由碳（C）元素构成，但由于原子的空间排列形式不同，结晶的结构不同，因而形成了两个性质、表现形态和用途各不相同的晶体。[①] 这就是结构决定类别。

1. 致思、致知、致能——学术型人才

学术型人才是具有高深学问的研究型人才。研究是指主体从未知到有知的探索过程，是探求事物规律和奥秘的过程，因而它要求培养对象首先要具有长于别人的抽象思维、创造思维能力。而且思维是基于知识的，因此它还需要深厚的学理资源的支撑。"知识构成了思维的基础，掌握知识的多少，知识积累的厚薄，在一定程度上影响着思维能力的发展。"[②] 学术型人才只有掌握系统、全面、深刻的学科知识，打下坚实的理论基础，

---

① 上海市高校《马克思主义哲学基本原理》编写组. 马克思主义哲学基本原理［M］. 6 版. 上海：上海人民出版社，1994：112.

② 郅庭瑾. 为思维而教［J］. 教育研究，2007（10）：44–48.

才能胜任发展学术理论、繁荣民族文化的重任。至于能力，我们这里主要是指实践操作能力，学术型人才主要是"劳心""用脑"的人才，对于"致能"的要求比较低。也就是说，从知识结构的总体和重点来看，学术型人才教育的性质是"致思"的，它培养的是高精尖研究人才。但当下人们对这一教育的性质认识并不十分清楚，而是把它与"致知"类教育混为一谈，并没有特别重视对学生思维能力和思辨才华的培养。

2. 致知、致能、致思——应用型人才

应用型人才主要是指上述人才"四分法"中的工程型和技术型两类人才。他们主要承担工程开发设计和技术指导与管理工作，因而对专业知识的要求上升到第一位；同时作为应用型人才，他们对"致能"的要求也非常高，必须完全懂得操作、熟悉操作，并能给一线技能操作人员以指导。至于"致思"，虽然始终与他们的学习、工作过程相伴生，也十分重要，但相对于学术型人才作用并不突出，只能退居其次。因而，面向这类人才的教育是以致知为先导的能力培养教育。

3. 致能、致思、致知——职业型人才

职业型人才主要是对应于高等职业教育培养的高技能人才，职业能力是这类人才生存的本领，是他们谋职就业之本、安身立命之基、才略智能之长、个性发展之根，所以必须以"致能"作为课程的灵魂和根本取向。高技能人才虽然也强调智力技能的重要，要求实践技能与智力技能并重，但事实上，他并不比应用型人才更强调"致思"，只是与"致知"相比，职业型人才对理论知识的要求更少、更低，所以才将"致思"提前，而"致知"置后。所以，就其根本而言，高等职业教育的性质是"致能"的，是能力本位的教育。与学科教育相比，是特色鲜明的"另一类型"教育。只是在"致能"目标是否实现上，与课程预期还存在着一定的差距。

三、"三致"课程目标的科学整合及实现的路径

在高等职业教育课程领域，学科课程虽然受到诟病和批判，但在课程实施层面依然占据着主导地位，其改革之艰难说明学科课程仍然有着深厚的思想根基。由此推知，职业教育在"致知"上是僭越的，但又与"致能"目标的本质相悖，招致挞伐。只能在矛盾中被憋屈，在夹缝中求效能，其结果可想而知。在"致能"上，它本是职业教育的本分、着力点，

特色所在，但受制于师能低下、设备短缺、课程改革不到位等因素，"致能"教育也遭遇瓶颈，效果并不理想。在"致思"上，受困于广义的知识观对思维教育的轻慢，对思维能力培养的不作为，遂使这一课程目标也完全落空。由上分析可见，当下的职业教育，"致知"不可取，"致思"不作为，"致能"不到位，由此造成了高等职业教育的特色无由彰显、质量难以保证的不容乐观的困局。要改变这一状况，必须对"三致"课程目标进行科学整合，并寻求实现路径上的突破。

（一）科学整合并理顺高等职业教育课程目标的逻辑顺序

"三致"课程目标是一种结构化的体系，其内在组合和排序的差异形成了不同的教育类别和人才培养定位。因此，高等职业教育一定要准确判释课程定位的逻辑尺度，认真甄选符合自身要求的课程目标，合理地排列"三致"课程目标的内在顺序，即按照致能、致思、致知——职业型人才培养的逻辑路径来培养人才。这就要求高等职业教育，一要打破以"致知"为逻辑起点，甚至是目标重点的误区，把"致能"放在首位，推向前台，置于焦点位置，而将"致知"放在背景位置，实现课程焦点与背景的根本转换。在这样的整合与转换中，职业能力的培养被凸显出来，理论知识、程序性知识都变成了操作背后赖以支持的东西，被传统的学科教学遮蔽的职业教育规律得到了还原和尊重。二要重视"致思"教育的逻辑纽带作用。无论是"致能"教育还是"致知"教育，都离不开思维中介的缝合联结作用。一方面，"致能"教育是操作技能和智力技能的统一，离不开"致思"；另一方面，"致能"与"致知"的相互转化，也离不开"致思"这一前提条件。反过来看，离开了"致能"与"致知"的目标依附，"致思"也就成了无源之水、无本之木，无由发展与提升。三要坚守由"致能"到"致知"的正确路径。与学科教育相反，职业教育本应走上一条由"致能"而"致知"的路径，但在学科教育传统习惯的影响下，他们走得也并不"周正"，总是对"致知"教育回眸顾盼、情缘不了，这就使得高等职业教育摇摆于"致能"和"致知"两极，形成了"理论不着天、能力不落地"的尴尬局面。职业教育若不能回归由"致能"到"致知"、行知统一的本然路径，就不能行之久远。所以，整合"三致"课程目标、理顺其内在逻辑关系是首当其冲的要务。

（二）"三致"课程目标的实现路径

"三致"课程目标是一个逻辑整体，应当从总体上科学把握目标之间的衔接、递进、连贯、互补的相互作用及整合关系，但在具体的实现路径和方式上，又宜区别对待，分而治之。

1. 强化"致能"教育

"致能"是高等职业教育的根本性目标。能力不是在理论学习中获得的，而是在特定的职业情境或完成具体工作任务的过程中有效建构的。因而强化"致能"教育需要：第一，改善能力培养的实训环境与条件。实训条件是"致能"教育的物质基础、"硬件"设施，也是职业情境构成的核心要件，必须要跟上，不能玩"空手道"；否则，能力的养成就只能沦为纸上谈兵、虚妄愿景。第二，提高教师的师能水平。师能水平是"致能"教育的关键。外因在能力培养的起步阶段往往起着决定性作用，只有当"师傅领进门"后，教师才能"放开手"，更多地让学生独立操作，学有所成。而问题在于，当下许多教师长于言而短于行，师能水平低下，甚至存在"失能"的现象，又怎能提高"致能"教育的质量呢？所以，教师作为教育之"根"，必须先固本强能，才能迎来枝繁叶茂"能育"的春天。第三，把学习过程转换成工作过程。把学习过程转换成工作过程，是当下职业教育课程改革的主流。这是一种颠覆性的变革，意在彻底解构高等职业教育中存在的普通高等教育的学科化教学形态，建构符合职业教育特色的工作化学习形态，实现由学中学转变为做中学、学中做、学做合一。这样以做驭学、以做导学，在完成工作任务或项目的躬行实践中，将理论学习过程转变为工作完成过程，将知识本位学习转变为职业能力学习，这样学生的职业能力就必然会得到有效提升，同时与专业认知能力相关的发现问题、解决问题的能力也会得到相应的发展。

2. 重视"致思"目标

徐国庆认为："实践性思考是技术实践能力的核心要素，它是知识经济的必然要求。"但长期以来，"致思"作为高等教育的重要课程目标，一直没有得到应有的重视，高等职业教育尤甚。笛卡儿曾经强调指出，只有思考获得的知识才是清晰可靠的、鲜活真实的、人类独有的，而感官获得的知识是混乱的、毫无理据的，是人类和动物所共有的。① 笛卡儿虽然说的是知识的获取，但对于高等职业教育来说同样如此。无论是对知识、技术及原理的理解、领悟，对心智技能的要求，还是分析问题、解决问题的实践需要，都离不开思维能力的培养。正如徐国庆强调它的重要性时指出，实践性思考的第一个核心要素是"情境性判断"，即在实践情境中判断实践问题的实质，并判断应采取什么合适的行动。实践性思考的另一个核心要素是对实践方法的思考，它的目的是要寻找解决实践问题的方法，这种思考是与情境和"物"紧密结合的，这使它有别于理论沉思②。人的思维能力能否培养呢？回答是肯定的。思维既构成着教育，也依赖着教育。从某种意义上说，思维其实就是一种程序性知识、一种能力和技能，当然是可教的。换句话说，教会学生思维，就是让学生"知道怎样思维"，让学生掌握一种"非言语程序性知识"的思维，而不是把有关思维的定义、概念、特性等陈述性知识教给学生③。而培养这样的思维技能恰恰是高等职业教育的强项，因为它与能力培养的规律是一致的、统一的。因而，高等职业院校一定要针对不同专业，开设一些与专业技能相配套的思维训练课程。这样既提高学生的动手操作能力，又培养学生智力技能，使学生真正成为高技能（操作）和高智能（思维）的双高人才。培养学生的思维能力可以采用问题致思法、思行合一法，使学生在应用知识或解决问题的过程中获得思维的历练，并发展自身相关的思维能力；同时还建议要适当开设一些与思维能力培养相关的哲学、逻辑学课程，如果认为学时紧张，起码也要作为能力拓展课或选修课开设。

3. 改革"致知"模式

高等职业教育把"致知"目标排在最后，不是不要知识，而是要改革知识获取的方式和路径，不能再按照传统的灌输式的教学方式获取系统性、逻辑性、完整性的知识，而是要以"致能"为主导，让"致知"依附于"致能"、服务于"致能"，即在培养能力或应用知识的过程中让学生获取知识。首先，要打破"致知"决定"致能"的传统观念。长期以

---

① 北京大学哲学系外国哲学史教研室. 西方哲学原著选读：上卷［M］. 北京：商务印书馆，1981：72 - 76.

② 徐国庆. 实践导向职业教育课程研究［M］. 上海：上海教育出版社，2005：168 - 169.

③ 郅庭瑾. 为思维而教［J］. 教育研究，2007（10）：44 - 48.

来，受传统学科教育重视"致知"教育，轻视"致能"教育，甚至取消"致能"教育的影响，人们普遍认为知识是能力生成的前提，能力不能建立在知识空白的基础之上，没有知识的奠基，任何能力都不能生成，因而必须先打好知识基础，然后才能进入能力培养的阶段和层次。这一观念危害甚深。其实，知识属于认知范畴，能力属于实践领域，二者之间是平等并列的关系，而不是演绎和生成的关系。因而对于高等职业教育来说，一定要正确把握"致知"的作用和功能，决不能凌驾于"致能"之上。其次，遵循"必需、够用"的原则，学到的是用得上的知识。"必需"既指对学生实践学习是必需的，也指务必适应和支撑将来工作的需要。"够用"是指理论知识学习不求系统性、科学性、完整性，能够满足实践教学和学生未来从事岗位工作的需要即可。只有经过这样的剪裁、取舍，才能保证学生学到的知识不是冗余的、浪费的、空疏无用的，而是有针对性、适用性和必要性的知识。再次，在应用知识过程中学习知识，学到的是活的知识。知识本身并没有力量，只有适当地使用知识，以知识为基础来解决问题才可能实现知识的力量。因而，一定要让学生在使用知识的过程中学习知识，这样才符合职业教育的学习规律，学到的知识才是活的知识、有用的知识，是与职场、与企业紧密对接的职业化知识，而不是"纸上得来终觉浅"的东西和脱离实际的知识。

第四节
高等职业教育课程的形态整合

一、课程形态意涵与高等职业教育课程形态的选择

课程形态，顾名思义是指课程的形式和样态，或者说得再具体点，是指课程内容组织的方式或表现样态。课程形态不等于课程。课程是学校课程表上开出的每门学习科目，它们是静态的知识载体，是学生学习的对象化存在。课程形态则是根据课程组织的特点和性质概括出的课程的类别，如经验课程、活动课程、项目课程等。课程形态也不等于课程模式。其

一，课程形态是课程的式样，课程模式则是带有相应的实践操作方式的系统。一种课程形态可以有不同的课程模式，一种课程模式必定隶属于特定的课程形态。其二，课程形态是一种确定了的式样，具有自身特定的内涵和外延，带有某种法度、规范和准则的意味，课程模式则是指方式、方法和程式等要素，大致上具有形式的、可操作的行为特征。也就是说，课程形态以特定的内在要求，规范并选择课程模式，要求其依循课程形态的"法度"行事，课程模式则必须服从、服务于这种规范，以与之相应的形式完成特定课程形态的教学，而不能走样。其三，课程形态是上位概念，课程模式则是下位概念。课程形态居有统摄的、支配的、主导的地位和作用，课程模式则处于被统摄、支配和服从的地位。

当下高等职业教育课程形态基本上还是学科化的。这一课程形态的表征，正如徐国庆概括的："课程内容理论化、学习方式课堂化、学习结果文凭化。"[①] 我们认为高等职业教育课程形态的问题主要体现在以下几个方面。

（1）课程内容上，是纯知识的。自教育产生以来，知识的传承就一直是课程的主流一脉和根本担当。从柏拉图的知识是人类理性认识的结果、"理性的作品"，到笛卡儿的"我思故我在"，强调思考对知识的理性整合作用，再到培根的"知识就是力量"，人们始终行走在"致知"的路上，并把它作为学科教育的逻辑尺度和根本旨趣。

（2）课程形式上，是非整合态的。当下高等职业教育课程形态还是单纯的知识要素在课堂上线性流动，在教与学、讲与听的主客体之间循环往复，没有对课程环境、实践活动、职业情境，包括学生的经验形式、有效方法的整合，只有教师"目中无人"的独白，学生"恹恹欲睡"的回应。

（3）课程结果上，是培养认知能力的。认知能力是指人脑加工、储存和提取信息的能力。它是人们成功完成活动的最重要的心理条件，知觉、记忆、注意、思维和想象能力都被认为是认知能力。美国著名教育心理学家加涅在《学习的条件》一书中提出了言语信息、智慧技能、认知策略三种认知能力。布鲁姆对认知领域的目标分类则包括知识、领会、运用、分析、综合、评价六个方面。

---

① 徐国庆. 实践导向职业教育课程研究［M］. 上海：上海教育出版社，2005：92-95.

可见，学科化课程的知识传授和掌握的过程，只能对应于学生理解、运用、分析、综合、思维等认知能力的培养，而无法培养高职学生安身立命所需要的职业能力。综合而言，这一课程形态是非职业教育的错位的形态，必然要被否定或扬弃。当下大力推进高等职业教育的课程改革，就是要改掉这种基于学科体系和知识传授的课程形态，选择真正的适合职业教育的课程形态。

课程形态的选择不是"依人们主观上觉得如何而定"，不是随意的、臆想的结果，而是由课程性质、培养目标等要素决定的。第一，课程的性质决定课程的形态。高等职业教育课程的本质特性是职业性。职业属性决定了其课程必须与职业岗位相整合。第二，培养的目标决定课程的形态。高等职业教育课程的培养目标是高端技能培养。能力目标决定了课程必须与职业实践相整合。与职业岗位对接整合及与职业实践相融整合的课程，必然能培养出学生适岗切用的职业能力，使学生在职业岗位上胜任其职，在职业竞争中立于不败之地。这样的课程形态就是工作过程系统化课程。

二、工作过程系统化课程的整合

（一）工作过程系统化课程的产生

工作过程系统化课程的产生经历了一个"引入—推广—超越"的发展过程。

第一，引入阶段（21世纪初叶）。工作过程系统化课程最早源于德国20世纪90年代以来针对传统职业教育与真实工作世界相脱离的弊端而提出的以工作过程为导向的职业教育理论。这一理论在德国的"学习领域课程"中得到了应用。"21世纪初，以工作过程为导向的职业教育被零星地介绍到我国，尽管并不系统，但一些核心思想已经被我国职业教育界所接受。"① 它催生了我国最早的工作过程导向课程，标志着工作过程导向课程在我国课程领域的落地生根。

第二，推广阶段（2002—2007）。工作过程导向课程一经传入我国，就因其全新的课程特质和对学科化课程一系列积弊的解构而受到广泛重

---

① 徐涵. 以工作过程为导向的职业教育 ［J］. 职业技术教育，2007（4）：5.

视。即课程体系上，从学科体系转向工作体系；课程内容上，从知识导向转向行动导向；课程目标上，从知识本位转向能力本位；课程顺序上，从知识逻辑为主线转向以职业活动为主线；课程环境上，从课堂情境转向工作情境；课程实施上，从教师为主导转向学生为中心；课程价值上，从知识储备为主转向知识应用为主。工作过程导向课程得到了以姜大源为代表的职教专家不遗余力地推广，一时间，工作过程导向课程的改革潮在全国波翻浪涌、蔚为大观，颇有"忽如一夜春风来，千树万树梨花开"的效应。2007年"工作过程课程"概念首次在教育部《关于2007年度高职高专国家精品课程申报工作的通知》（教高司函〔2007〕68号）中出现："专业课要突出职业能力培养，体现基于职业岗位分析和具体工作过程的课程设计理念，以真实工作情境中采用新的教学方法和手段实施。"2008年高职高专国家精品评选明确把"与行业企业合作进行基于工作过程的课程开发与设计"作为高等职业教育精品课程的评审标准之一，进一步推动了工作过程导向课程的改革与开发，同时也标志着这一课程形态已得到官方的认可和推广。

第三，超越阶段（2009— ）。随着工作过程导向课程改革实践的深入发展，课程设计中逐渐暴露出了单一的工作过程设计与知识点、信息量覆盖的矛盾，单一工作过程与复杂的职业能力培养的矛盾，以及单一的工作过程与培养目标实现程度的矛盾。这些矛盾困扰着改革的设计者和实践者们，如不能有效化解，就将影响工作过程导向课程改革实施的效度和信度。面对挑战，以姜大源为代表的我国职教精英在认真反思、上下求索的基础上，以高度的课程智慧提出了工作过程系统化的解决方案。2009年姜大源的论文《论高等职业教育课程的系统化设计——关于工作过程系统化课程开发的解读》发表在《中国高教研究》2009年第4期上，文章从课程体系设计的系统化、课程设计方法的系统化和课程载体设计的系统化三个层面，对工作过程系统化课程展开论述，详释了课程载体的意义及其设计原则，系统总结了工作过程系统化课程的设计思想和设计方法，具有普适性意义。这篇论文在《职业技术教育》杂志"中国职教研究学术影响力报告（2010）"（见2010年第36期）统计的"学者文献被引频次统计排名""学者文献被引频次即年统计排名""论文被引频次统计排名（前10名）"三项指标中均名列第一。"这反映出姜大源对我国高等职业教育课程的研究成果得到了广泛的引用，具有相当高的学术影响力"①，同时也标志着以此论文为时间节点，产生于外域的"工作过程导向课程"完成了向本土的"工作过程系统化课程"的蜕变和升华。"工作过程系统化"是对"工作过程导向"的系统性升华和结构性完善，虽然只有一词之差，但却是国际化向本土化的一种转化，是本土化对国际化的一种超越。它使国际化的经验在他国异域度过了"水土不服"的危险期，完成了本土化的适应与创新，顽强地存活了下来。

（二）工作过程系统化课程的本质：课程工作化与工作课程化的双向整合

本质是事物的根本性质，是构成一事物的各种必不可少的要素的内在联系，是事物外部表现形态的根据，它是由事物内部的特殊矛盾构成的。②工作过程系统化课程的本质就是由工作过程与课程之间既相联系又相矛盾的构成要素所决定的，同时体现了将二者整合为一体的课程改革的创新本质。这一整合的总体目标就是要把工作过程转化为学习过程，它是课程工作化与工作课程化的双向整合，是将高等职业教育课程的职业化因素—工作与教育化因素—课程融为一体的过程。课程工作化是把课程"化"于工作、"化"为工作，工作课程化是把工作"化"为课程，这是一个艰难的双向转化过程、一个有机的统一过程。

1. 课程工作化的整合

（1）课程工作化整合的意涵与机理追问。课程工作化是把课程"化"于工作、"化"为工作来进行学习的过程，即在工作中学习，在学习中工作。它通过实际工作任务或项目的完成过程（即做）来整合理论学习，使理论学习与能力培养更紧密地结合起来，变知识本位学习为能力本位学习。为什么要把课程转化为工作过程来学习？回答这个问题应当从致知方式和致知效果两个层面加以考量。

第一，从致知方式看，我们必须追问：什么样的知识最具职业教育价值？斯宾塞早就提出"什么样的知识最有价值"的哲学追问，回答是科学

---

① 陈衍，房巍，郝卓君. 中国职教研究学术影响力报告（2010）［J］. 职业技术教育，2010（36）：56.

② 上海市高校《马克思主义哲学基本原理》编写组. 马克思主义哲学基本原理［M］. 6 版. 上海：上海人民出版社，1994：62.

知识。今天我们要问，什么样的知识最具职业教育价值？答案必然是与工作过程相结合的知识及有助于能力生成的知识。因为学科化课程的科学知识是导向知识体系而不是技术体系和职业体系的课程形态，它的最大优点是"它的逻辑性、系统性和简约性"[①]。这种教学追求的是学科知识向人脑的空间位移和搬运，是知识覆盖型和事实记忆型的课程，目的在于达到认知发展的高质量。显然，这样的课程形态是与工作过程相割裂、与能力目标相疏离的，因而高等职业教育决不能走学科化教学的老路，必须将其转化为工作过程形态来学习，才符合职业教育的课程要求和定性。如果不做这样的转化，课程与岗位任务的联系就建立不起来，课程与职业情境就始终是"两张皮"，职业能力的培养目标就无由实现。

第二，从致知效果看，我们还须进一步追问：怎样获取的知识才最有价值？比如，究竟是死记硬背的知识最有价值，还是实践应用中掌握的知识最有价值，答案是不言而喻的。我国古代墨子曾将人类的致知方式概括为：亲知（亲身实践获得的）、闻知（听来或看来的）、说知（推想和思辨获得的）。对于高等职业教育课程改革来说，"亲知"就是与工作过程相结合获取的知识，是基于行动、从做中学的知识。这样获取的知识效果最佳、最有价值。正如荀子所说："不闻不若闻之，闻之不若见之，见之不若知之，知之不若行之。"（《儒效篇》）首先，亲知是一切知识的根本和源泉，也是"闻知"和"说知"的基础和前提，知识的获取倘若离开了人亲历亲为的实践，充其量也只能停留在"知其然"的层面，而无法达及"知其所以然"的境界。正所谓"纸上得来终觉浅，绝知此事要躬行"。其次，亲知是符合职业教育特点和规律的。杜威指出：学与做相比，学毕竟是有些间接和空洞的。职业教育只有学生亲临在场、真实卷入地去做，才能培养出真本领、真技能。再次，"躬行"而后"绝知"的知识，才是见得真切、悟得透脱的知识。这样的知识及其所内化而成的能力能渗透你的心灵、融进你的血液、深入你的骨髓，是拆不开、偷不走、拿不去的核心能力，是"学校知识全部忘光后仍能留下的那部分东西"（爱因斯坦语）。它是人的素质底蕴和生命建构，是立世生存的看家本领。

（2）课程工作化整合是一系列复杂的结构转化过程。按照姜大源的概括，课程工作的整合是一个经历了"工作任务分析—行动领域归纳—学习

---

① 李秉德. 教学论［M］. 北京：人民教育出版社，1991：175.

领域转换—学习情境设计"四个阶段、三次转化才完成的复杂的结构转换过程（见图 6-1）。

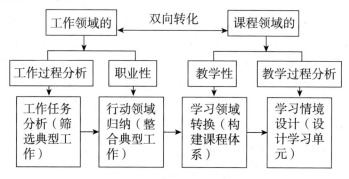

图 6-1 课程工作化结构性转换图

第一步：工作任务分析。它是对职业领域的调研，了解某一专业所对应的职业分布状况，掌握这一职业领域对应的职业任务的总体概貌，明确需要"做什么"，并筛选出与专业学习对应的典型工作任务。

第二步：行动领域归纳。即主要是建立任务与能力的对应关系，完成对能力的确认。它需要明确的是筛选出的典型工作需要哪些能力支撑才能做好，即在"做什么"和"依凭什么能力做"之间建立起逻辑关系。这就需要对任务进行整合，因为任务与能力不是一对一的关系，一种能力可以对应多种任务，所以必须对任务进行归纳整合，使之与能力建立起"多对一"的关系，提炼出纵横职场所需要的核心关键能力。

第三步：学习领域转换。明确了工作任务及完成任务所需要的能力，之后就可以由工作领域向学习领域转换了。学习领域是指一个由学习目标描述的主题学习单元，它由能力描述的学习目标、任务陈述和学习内容的总量给定的学习时间（基准学时）三部分构成。[①] 学习领域转换的具体标志是形成一门门具体课程，它是课业的集成。因为一个职业人的培养，需要培养专业能力、方法能力、社会能力等多种复合能力，且这些能力所负载的知识也有一定的质和量的要求，显然这样的培养目标的达成单靠一门、两门课程是无法完成的，必须在相应的学习领域构建完整的课程体系，才能承载"高端技能型人才"培养的重任，并完成由工作领域向课程领域的转换。

① 姜大源. 职业教育学研究新论 [M]. 北京：教育科学出版社，2007：186.

第四步：学习情境设计。课程体系的建构为专业人才的培养搭建了一个学习的总体框架，但具体实施还要落实到一门门具体课程的教学中去。什么是学习情境设计？按照赵志群的观点："设计学习情境的过程，就是课程开发人员（在实践专家的帮助下）在典型工作任务的基础上，按照典型工作任务对应的岗位、产品类型、操作部位或系统、复杂性或难度级别、工艺流程或服务对象的不同，在考虑学校教学资源、教师和学生等实际情况的条件下，进行教学设计的过程。"[①] 学习情境设计是工作过程系统化课程改革中最具直接现实性的关键环节，它是整个课程改革的落脚点，是课程实施最终环节，直接关系到课程改革的成败。它的设计是工作过程与学习过程的双向转化过程（见图6-2）。

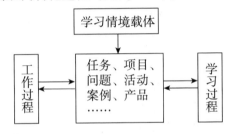

图6-2　工作过程与学习过程情境双向转化

第一，工作过程系统化课程改革就是把工作过程转化为学习过程，以及把学习过程转化为工作过程的双向转化过程，亦即课程工作化、工作课程化的过程。

第二，这一双向转化过程不是凭空发生的，它需要有中介联结、有桥梁过渡、有情境载体的支持。图中所列任务、项目、问题、活动、案例、产品等，都是转化的情境载体的中介形式，它们是多元的。正如恩格斯所说，一切都在中间环节融合。没有这样的中间环节，课程转化与整合是不可能实现的。

第三，当下课程改革形态丰富多元，都是由课程情境载体形式的多元所决定的，或者说这些不同的课程改革形态都是以不同载体的名称命名的。如任务驱动课程、项目引领课程、问题导向课程、活动课程、案例课程等。

---

① 赵志群. 职业教育工学结合一体化课程开发指南［M］. 北京：清华大学出版社，2009：72.

（3）课程工作化整合的难点。课程工作化是变理论学习过程为工作完成过程，其整合的难点就是如何将理论知识转化为工作知识。如果不能很好地处置理论知识，依然是"两张皮"，就是失败的整合。所谓工作知识，是指由工作过程作为逻辑纽带所吸附、联结的知识。它是关于工作原理、工作过程、工作方法、工具材料、工作诀窍的知识。按照邦德和西蒙斯的观点，工作知识是"一种能提高生产力，更为有效、更能满足劳动过程需要的知识"[1]。徐国庆认为，工作过程知识具有以下三个特征：一是工作过程所使用的知识；二是工作行动所表征的知识；三是工作任务所组织的知识。[2]

课程工作化就是将工作情境中生成的特殊类型的工作知识整合到工作过程系统化课程体系中去。这样整合的好处体现在这样几个方面：一是"既有利于开发出与工作实践密切相关的职业知识体系，形成职业教育所特有的课程内容，又有利于实现理论与实践的整合"[3]；二是有利于真正的以能力培养为主、以工作知识为辅的工作过程系统化课程体系的建立。传统的课程体系分析框架的弊端在于，知识和技能是平行并列、二元对立的，它是游离于工作过程之外的独立的价值要素，不愿低就于技能，融入工作。而且传统的高等职业教育课程所追求"必需、够用"的理论知识，所指的知识的概念和类别还是学科化知识，与工作过程体系是相互抵牾、冲突的，缺乏逻辑统一性与互洽性。"工作知识"概念的引入，以工作知识来区别和表征纯理论的学科知识，将与工作过程紧密相连、与能力培养密切相关的职业化了的工作知识纳入课程体系，既实现了概念表述的统一和逻辑自洽，也实现了课程体系的有机整合。

2. 工作课程化的整合

工作过程系统化课程整合，不是课程工作化的单方"给力"、单向度的整合，还需要工作课程化的同步发力、融入对方，它是一个彼此融入、双向整合的过程。为什么工作过程也需要课程化呢？第一，原生态的、纯职场的工作，是产业领域或服务行业完全异质化的东西，是远离课程的非教育化的东西，并不具有教育意义或课程意义，如果不加以课程化改造，是不能直接用于课程教学的。第二，现实中，零星的、分散的、不典型的

---

①②③　徐国庆. 工作知识：职业教育课程内容开发的新视角［J］. 教育发展研究，2009（11）：59 - 63.

工作过程很多，如不加以提炼、筛选，并不适用于课程教学、培养人才；即便是在课程中使用了，也不会取得好的效果。所以，必须对职场的工作进行课程化改造，使之变成老师可教、学生可学，而且是能取得好的学习效果的课程化的工作。要做到这一点，必须解决好以下几个问题。

（1）工作课程化转化要选择适合于教学的工作任务。判定工作任务是否适合课程教学，要从高与低、大与小、难与易、多与少四个维度加以考量。

第一，高与低的问题。适合教学的工作任务必定是基于职业工作中真实任务的、能够满足人才培养需要的项目，源于职业的真实性是其最低要求。但用于教学的工作任务不仅要源于职业，还要高于职业。所谓"高于职业"，是指这些工作任务或职业情境是具有典型性、高频性、教学性、普适性的。按照姜大源的话说，"是对实际职业情境经过加工而构建的更具有普遍意义的学习情境"。

第二，大与小的问题。适合教学的工作任务必定是大小适中的项目。大小适中的任务是指能够覆盖工作领域，承载职业岗位所需要的能力、知识，且有利于教学的工作任务。太大了学生驾驭不住，教学时间也不允许，太小了不能覆盖应当覆盖的课程内容、技术点、能力点等，学生的能力培养落不到实处。

第三，难与易的问题。适合教学的必须是学生跳一跳能够够得着，能够学得会，能够解决问题的任务。任务与任务之间具有先简单后复杂的层级关系，构成能力递进提高的逻辑序列。比如机械制图课程，要按照零件的复杂程度排序，进行任务序化。

第四，多与少的问题。工作任务载体的选择不能低于三，但也不提倡大于六。姜大源将系统的学习情境设定为≥3 是有一定道理的。因为单一的任务情境覆盖面总是十分有限的，无法覆盖一门课程（学习领域）的全部，而且涉及的也是浅易入门的东西，价值有限。若没有情境二、情境三的跟进，就会漏失很多应学、应知、应会的东西，这样的学习就是残缺的学习。而如果设计超过六个以上的项目情境，可能又会因情境样本过于繁多、琐细，学生不胜其烦，时间不允许，导致学习效果衰减。同时，任务情境数量过多，也存在提炼、筛选不精的可能与弊端。

（2）工作课程化转化要遵循"五性"原则。一是典型性，即任务选择要具有典型的职业意义，这样的任务与课程和职业能力的相关度高，能够承载关键能力的培养，满足学生就业的需要。二是覆盖性，即任务对知识和能力的覆盖要达到能力目标的要求，做到广覆盖，尽量不漏失或少漏失人才规格所要求的"必需、够用"的知识和能力。三是可迁移性，即任务应随着条件和技术的变化而更新，是可以替代的，具有广泛适用性和面向岗位群的触类旁通性、举一反三性。四是递进性，即任务的难度系数、综合程度、复杂性能要体现出递进特征和层级属性。五是可行性，即要充分考虑学校现有的师资、设备、场地等资源，选择有条件的可以实施的任务。

（3）工作课程化转化要转换评价思维和方法。评价是依据一定的标准对课程实施的效果进行价值评定的过程。它是课程体系的重要组成部分，是课程的引领和导向机制。高等职业教育工作过程系统化课程改革如果没有属于自身的评价方法跟进和制导，就很难取得成功。这就要求我们：首先，要打破传统的评价体系。改变学科化教学理论学习中一张试卷、一个分数判优劣、评好坏、论成败，一锤定音的评价方式，转向对学生完成实际工作任务能力的评价。其次，建构一种基于工作视角的课程评价方式。这种评价方式重在通过对学生完成工作任务或项目所"做"的样本或者说产品进行评价，评定和推断学生在工作过程中是否获得了应有的工作岗位能力或相关的知识；评价他们职业态度、协作能力、团队精神以及专业、社会和方法能力的习得情况，这样才能把工作过程系统化课程改革引向深入和成功。再次，在具体的评价过程上，要实现五个转变，即"考评人员由原来的学校单方面考核向学校、企业及学生三方共同考核转变；考核方式由终结性考核向过程性考核转变；考试内容由理论知识向职业技能转变；考核标准由标准答案向综合评价转变；考核形式由闭卷考试向开卷考试转变"①。

（三）工作过程系统化课程的特征整合

特征是事物的特性和表征。它是一事物区别于他事物的特殊的规定性，是事物本质属性的彰显。工作过程系统化课程的特征可以概括为：是职业性的，而非学科化的；是过程性的，而非流程化的；是情境性的，而

---

① 杨凤翔. 工作过程导向课程开发方法的实践探索 [J]. 职业技术教育，2009 (2)：54.

非符号化的；是系统集成的，而非孤立单一的。

特征一：职业性

高等职业教育是职业本位教育，这种教育不同于学科化教育。学科化教育是知识本位的，专业设置都是直接对应于知识体系的，如数学系、物理系、中文系等。王建华指出：高深学问首先转化为"学科"，然后以"学科"为原点，在知识体系层面导向了课程与专业，"课程，是高深学问的一种具体形态"①，而"高等职业教育则是以职业类型为载体划分专业的，如营销专业、建筑工程专业、数控加工专业、文秘专业等，其专业设置都是直接对应于职业体系的"②。再从就业角度看，就业是以劳动的形式从事赖以谋生、实现自我的职业。也就是说，帮助学生获取赖以谋生和发展的职业是高等职业教育的根本目标。职业是什么？职业是个人进入社会后，在社会分工体系中获得的一种社会位置，是个体与社会交往的最本质的一个空间。这种位置与空间的获得是与工作过程密不可分的。正如赵志群指出的："一个职业之所以能够成为一个职业，是因为它具有特殊的工作过程，即在工作的方式、内容、方法、组织以及工具的历史发展方面有它自身的独到之处。"③ 正是职业与工作过程的这种内在的逻辑对应关系，使工作过程系统化课程改革与高等职业教育"就业导向"的办学方针、"职业本位"的本质属性高度相关吻合无间，保证了改革方向的正确性、职业特色的鲜明性、实践引领的可行性和相互贯通的有效性。而在传统的职业教育中，学科化倾向还较为突出，"教学内容指向于专业理论知识和抽象的专业技能，而工作过程知识没有被考虑到"，充其量"仍然是在学科体系框架下寻找与工作世界的联系"④，这样的教学与改革当然无法彰显其职业特色。工作过程系统化课程改革通过工作过程引入，建构与职业世界的本质联系，加强高等职业教育的职业内涵，彰显高等职业教育的职业本性，是与工作过程融为一体的真正意义上的职业教育。唯其如此，江苏教科院职业教育与终身教育研究所所长马成荣特别强调职教课改

---

① 王建华. 高等教育学的建构 [M]. 广州：广东高等教育出版社，2009：50.

② 张健. 职业教育的追问与视界 [M]. 芜湖：安徽师范大学出版社，2010：87.

③ 赵志群. 职业教育与培训新概念 [M]. 北京：科学出版社，2003：98.

④ 徐涵. 以工作过程为导向的职业教育 [J]. 职业技术教育，2007 (4)：5 – 10.

应以职业为核心。他说："职教课改改的是'教育'，而改的方向、目的和内容却是'职业'，做到'反映职业内容、体现职业标准、营造职业情境、对接职业岗位'。"①

特征二：过程性

过程是指事物时间上的持续和空间上的延伸。人的任何活动都是一个过程，都是以过程的形式存在和发展的。恩格斯说："世界不是既成事物的集合体，而是过程的集合体。"② 离开了过程，事物不可能存在，也无法变化和发展。教育作为一种培养人的活动，是以过程的形式存在，并以过程的方式展开的，过程属性是教育的基本属性。德国教育家布列钦卡认为，教育是一种"过程概念"，是一种引导的经过或过程，是一种形成的过程。③ 工作过程系统化课程改革更是直接标举课程的"过程"属性，过程直接构成了课程学习的实体要素，过程成为直接影响和导致教育结果的一种教育实在和教育目标达成并拓展的必由之路，而不只是教育生成和发展的中介与形式。

过程不是流程。人不是预成性存在，无法规定其未来，只能面向未来。流程充其量也只能是机械的教育过程观，不具有充分的发展性，没有意义拓展和价值衍生，仅仅强调先在预设、死板规定、机械接受、忠实执行，在机械循环呆板操作中，把学生打造成流水线上划一的产品。因而，工作过程系统化课程改革一定要理性认知"工作过程"的"过程性"价值。首先，工作过程能使学生学到完整的工作过程（程序性）知识。工作过程是指完整的工作进程，工作过程知识是完成这一完整的工作进程直接需要并运用的知识，这种知识不是从学科知识中引导出来的第二手知识，它有自己的品质，隐含在具体的实际职业工作中。这样的知识只有通过对完整的工作过程的直接参与，才能感悟、积淀、了解、把握。其次，工作过程能使学生建构全面的职业能力。德国的劳耐尔教授指出，工作过程是

---

① 马成荣. 江苏职教课改的审视、反思与展望［J］. 江苏教育，2011（11）：16.

② 马克思恩格斯选集：第四卷［M］. 中共中央马克思恩格斯列宁斯大林著作编译局，编. 北京：人民出版社，1995：224.

③ 沃尔夫冈·列钦卡. 教育科学的基本概念——分析、批判和建议［M］. 胡劲松，译. 上海：华东师范大学出版社，2001：40.

"在企业里为完成一件工作并获得工作成果而进行的一个完整的工作程序"①。这个过程不是流水线上一道工序、一个工位的单纯、机械的操作，而是要求你从咨询、计划、决策，到实施、检查、评估全过程地、完整地"走一遭"，因为只有完整的工作过程才能建构学生完整的工作过程能力、全面的职业能力。再次，工作过程价值存在于过程之中，过程本身就是价值。过程总是充满着变数，充满着无法预知的附加价值和有意义的衍生物，这正是过程的魅力、意义和发展性之所在。② 在工作过程中，学生通过问题处置、关系协同、工作完成，不断产生新的结果、新的经验、新的体验、新的观念、新的价值，他们的知识与技能、情感与态度、个性与能力、思维与智慧也是在这个过程中得到历练和提升。

特征三：情境性

工作过程系统化课程是基于学习情境的。所谓学习情境，是指学习领域框架内的小型主题学习单元，它是在职业的工作任务和行动过程的背景下，对学习领域进行教学论和方法论转换的结果，其实质是对学习领域的进一步分解和具体化。学习情境是工作过程系统化课程实施的最终载体和直接现实，因而情境性是工作过程系统化课程又一重要和基本的特征。

（1）课程本身就是人与环境相互作用的产物。学习的情境理论关注物理的和社会的场景与个体的交互作用，认为学习不可能脱离具体的情境而产生，情境是整个学习中的重要而有意义的组成部分，情境不同，所产生的学习也不同。③ 从本质上说，教学就是一种环境的创造，它不能跨越情境边界，它在本质上就是情境性的，并深深地由它发生的情境构成。情境学习理论一贯强调知识对个体与情境的双向依赖，认为人类的知识和相互作用不能从工作世界中剥离。工作过程系统化课程更是直接把人置于具体的工作情境之中，使人与职业世界紧密相连。

（2）从工作与情境、学习的关系看，工作即情境，之所以在课程中引进工作过程，就是为了导入职业情境；学习即工作，在工作中学习，在岗位上学习。按照这一逻辑递推关系，情境性必然成为这类课程的应然特征。正如张华指出的："情境教学是指创设含有真实事件或真实问题的情

① 徐国庆. 职业教育课程论［M］. 上海：华东师范大学出版社，2008：46.

② 郭元祥. 论教育的过程属性和过程价值——生成性思维视阈中的教育过程观［J］. 教育研究，2005（9）：3-8.

③ 姚梅林. 从认知到情境：学习范式的变革［J］. 教育研究，2003（2）：60-64.

境，学生在探究事件或解决问题的过程中自主地理解知识、建构意义。"①在情境教学中，课程不再只是在教育情境之外开发出的书面文本内容，而是师生在学习情境中共同创生的一系列真实的事件和活动过程。"将学生置于知识产生的真实的情境中，学生的学习将经历类似专家解决问题的探索过程。这就能使学生主动探索，自己解决问题，从而实现对知识的主动建构。"②

（3）职业教育必然是情境性的教育。或许未必所有的知识都是情境性的，但职业知识必然是情境性。高等职业教育课程不是以传授学科知识为目的的，其宗旨是向学生传授工作过程知识，促进学生职业能力的形成。能力的核心首先在于"会做"，而"会做"或"行动"始终是情境化的，而不是抽象的。它是在个体与情境的相互作用的过程中被建构，而不是被客观定义或主观创造的。如果脱离具体的职业情境，让学生孤立地学习知识，是难以培养学生的职业能力的。

（4）工作过程系统化课程虽然不排斥符号化的理论学习，但它基本上是情境性的和去符号化的。因为：其一，只有在具体情境中，学习与工作过程才能结合起来，才能帮助学生消除"知"与"行"之间的隔阂，使"做学教"有机统一起来。其二，"情境教学能向学生提供一个可参照的模式，使学生真正理解教学的实际意义，使学生有机会看到如何将所学知识、技术应用于实际生活"③。其三，工作过程系统化课程所学习的知识基本上是基于行动体系的隐性的实践知识，这种知识往往是去符号化的、非语言性、潜逻辑性的经验、诀窍、手艺、技巧等，不通过具体的工作情境中的学习很难习得掌握。

特征四：系统性

系统化是将一定数量相互联系的部分或因素组成具有特定功能的有机整体的过程。对于工作过程系统化课程来说，这些系统的要素或部分就是指工作过程。姜大源指出，工作过程系统化课程，"不是通过一个而是多

---

① 张华. 课程与教学论 [M]. 上海：上海教育出版社，2001：477.

② 王鉴，安富海. 知识的普适性与境遇性：课程的视角 [J]. 教育研究，2007（8）：66.

③ 周海涛. 大学课程研究 [M]. 北京：中国社会科学出版社，2008：196.

个——三个以上的工作过程来进行整体化设计"① 的，而工作过程还必须转化为符合教学需要的学习情境，才能顺利进入课程实施阶段。所以，工作过程系统化实质就是对学习情境的数量整合。这种系统整合之所以必要，是因为在生产领域，一个复杂产品的最终完成通常是由多个生产过程所组成的，它们是系统集成的产物。可见系统性是工作过程本身的要求。再从课程学习的角度看，第一，只有系统化的工作过程，才能形成对课程知识点、信息点、学习点、能力点的全覆盖。工作过程系统化课程改革的关键在于要善于选取具有典型性、代表性、范例性的学习情境，这样的学习情境不是单一化的孤立的课程要素，而是构成职业能力培养工作任务的总和，是系统化的总体设计与建构。因为单一的情境覆盖的学生应会、应知的东西总是十分有限的，并不能达及课程目标所涵盖的应然要求。而且按照循序渐进的教学要求看，初始的情境也多是简单的、浅易的入门的东西，价值有限。若没有情境二、情境三的配套跟进系统组合，就将漏失很多应学、应知、应会的东西。第二，系统本身的建构是有逻辑秩序的。工作过程系统化课程"是一个由许多平行发生作用的'作用者'组成的网络，每一个作用者都会发现自己处于一个'作用者'相互作用而形成的系统环境之中"而发挥着作用，而且这样的"复杂系统都具有多层次的组织，每一个层次的作用者对更高层次的作用者来说都起着建设砖块的作用"②。也就是说，在构成工作过程系统化的多元情境中，三个以上工作情境的设计是遵循着由易到难、由浅入深、由简单到复杂、由单一到综合的内在逻辑秩序次第出现的，系统的"平行作用者"之间构成既独立自主，又拾级而上、螺旋递升的关系。第三，只有系统的工作情境，才能使学生学到复杂的职业能力、高技能。"教是为了不教"（叶圣陶语），这是教学过程发展的规律。因而，一次情境入门，需要教师"手把手"地教，学生学到的是浅易入门的能力和知识；二次情境是中继的，需要教师"放开手"地教，学生学到的是中等程度的岗位技能和知识。一般来说，有这样两次完整的工作过程情境整合与实践训练，中等职业教育层面的就业技能的培养就基本上可以了（当然多则更好）。但对于高等职业教育绝对不

① 姜大源. 课程改革与教学质量：当前我国职教改革的成就、问题与对策［A］//中国职业技术教育学会 2009 年学术年会论文集. 北京：人民教育出版社，2010：28.

② 文雪，扈中平. 复杂性视阈里的教育研究［J］. 教育研究，2003（11）：11.

行，因为他们所要学习和掌握的是复杂的职业能力、高技能，这就要求必须有三次，甚至四次的复杂的职业情境集成和过程历练，这时教师就可以"甩开手"，当配角，让学生自己学，当主角，使他们在更为复杂的工作任务的完成过程中，学到复杂的职业技能和技术知识。整个过程体现了教师控制力的减弱和学生主动性的加强，体现了教师渐次淡出，转为"少教"或"不教"的过程。

（四）工作过程系统化课程的结构整合

工作过程系统化课程在姜大源倡导并力推下，已然成为我国职业教育课程改革的主导形态，但对这一课程的结构形态和特征的研究，还略显薄弱与滞后，基本上还处于遮蔽状态。因此有必要对此加以研究和揭示，使其彰显和澄明。

1. 工作过程系统化课程结构的含义与功能

结构是事物的组织构造。课程结构是课程的各个组成部分的比例及其相互关系，以及课程内部各要素、各成分、各部分之间合乎规律的组织形式。徐国庆认为："职业教育的课程结构至少包括三层含义：①体系结构，指某专业所设置的课程及其之间的组合关系，即按什么样的逻辑设置课程。②内容结构，指一门课程内部知识的组织方式。③教学顺序，指教师按照什么样的逻辑顺序进行教学。"[①] 工作过程系统化课程结构，是以工作过程为主线、以职业能力培养为目标、以系统的学习情境为载体组织而成的课程结构形态。课程结构是影响学生职业能力形成的重要的变量，它影响课程目标的达成，是课程体系的核心。结构的差异，决定了课程的性质、功能和实施路径的不同，正如蚕丝织成绸缎，就不再是蚕丝，而应该叫绸缎了。结构改变了，性质、功能也就改变了。

第一，结构不同，课程的性质就不同。比如，以学科分类划分课程门类，以理论知识为学习起点，以高深学问为价值取向，按照知识逻辑组织课程内容，忽视知识与具体工作的联系，就必然是学科化的课程类型；而以职业活动为主线、以能力培养为目标，并按照实际工作结构重组课程内容、设计课程结构，就必然是职业教育的课程类型。

---

① 徐国庆. 职业教育项目课程开发指南［M］. 上海：华东师范大学出版社，2009：26.

178

高等职业教育整合论

第二，结构不同，课程的功能各异。以知识为核心的学科化课程结构，培养的是学术型人才、研究型人才，其目标取向是发展学生的认知功能，以胜任发展学术理论、繁荣民族文化的重任；以职业工作为核心的职业教育课程结构，培养的是技术型人才、技能型人才，目的在于培养学生的职业能力，以担纲技术进步、经济发展、服务社会的重任。

第三，结构不同，课程实施的路径迥别。课程实施是根据课程设计"路线图"施教，实现课程目标的过程。学科课程实施的路径是知识本位的，要求学生以理解、记忆为前提，掌握系统、全面、深刻的学科知识，打下坚实的理论基础；职业教育课程实施的路径是能力本位的，它奉行"先问会了没有，再问懂了没有"的职教理念，强调"先做、后学、再教"，即"做学教合一"[1]，以培养起学生"谋生之准备"的"做事"能力和"谋个性之发展"的"做人"的素质。

2. 学科化课程、传统的高等职业教育课程与工作过程系统化课程结构的比较

学科课程的结构是并行离散式结构，各门课程之间并不具有内在的逻辑关联，它们是组合式的。如中文系的古代文学、现代文学、当代文学、外国文学，这些开出的课程是平行的，并不具有从属、交叉、包含等逻辑关系，课程与课程之间是自闭的、自足的系统，缺乏有效的沟通与联动，呈现出一种离散形态。因而，"学科体系的课程结构常会导致陈述性知识与过程性知识的分割，理论知识与实践知识的分割，知识排序方式与知识习得方式的分割"[2]。显然，这样的课程结构对强调"工学结合""学做合一""理实一体""知行统一"的高等职业教育来说是不合时宜的，它需要一种新的结构来实现上述课程要求和功能。传统的高等职业教育课程结构是叠加式的（见图6-3）。

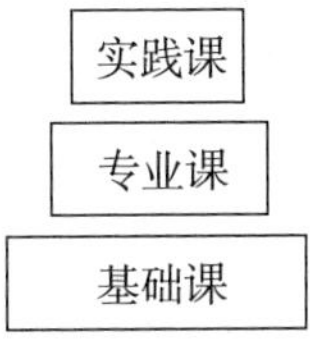

```
┌──────────┐
│  实践课   │
└──────────┘
  ┌──────────┐
  │  专业课   │
  └──────────┘
    ┌──────────┐
    │  基础课   │
    └──────────┘
```

图6-3 叠加式课程结构

---

① 张健. 职业教育的追问与视界［M］. 芜湖：安徽师范大学出版社，2010：12-15.

② 姜大源. 职业教育学研究新论［M］. 北京：教育科学出版社，2007：181.

由图6-3可见，传统的高等职业教育课程结构是三层叠加的（也称"三段式"），这一结构是违背职业教育的特点和规律的，表现在以下几个方面。

（1）逻辑机理是基础主义的。基础主义的课程结构是以建筑学为模型的。他们认为，课程知识的学习就像盖楼一样，是层层垒加上去的。底层的基础若打得不牢、不好，上面的建筑势必难有质量保证，因而必须按照陈陈相因的传递关系，逐层打牢基础，再学习基础之上的新课程，才是科学的、合乎事理和认知规律的。基础主义的课程结构理论看似有理，实则它所符合的只是"学科化"教学之"理"，高等职业教育若无视教育对象和性质的改变，盲目套用这一理论，只能造成结构的错位迷失。

（2）逻辑关系是割裂堆砌的。叠加式课程结构之间的关系是分裂堆垛的，而不是有机融合的。课程与课程之间有明显的分际，有明显的"段"际衔接的痕迹。这样的课程结构特征机械地将课程划分为"三段"，人为地在课程之间设置区隔，虚构了课程之间彼此不容的逻辑关系，不符合课程之间整合互渗的关系实际和发展趋势。同时，"段"与"段"之间的磨合周期与衔接过程也必然造成课程学习的重复和成本增加。如先学理论后实践的时间隔断，经常导致实践实习时理论忘光的情形，又需要回过头来复习、提醒，这就大大降低了课程学习的效率。另外，这种课程结构不利于理论知识学习与实践知识学习的相互支持与促进，容易强化理论与实践"两张皮"的现象，不利于学生职业能力培养。

（3）逻辑实践是有悖实情的。对于高等职业教育来说，技能与知识或理论与实践何者为先，是一个必须加以辩证的问题。考察这一问题，不能按照知识传递和生成的规律来加以考量，而必须按照能力培养的规律来寻求答案。能力培养是基于实践的，是行动导向的，而不是基于知识的，理论引领的。以电视维修为例，当电视出现"色异""图异""白屏"等问题时，维修者并不是首先想到相关原理，再从原理演绎出技术规则，然后根据规则去维修电视，而是直接运用维修实践中积累的经验和掌握的实践技能去维修。这时，他们并不一定意识到维修电视所需要的理论知识或原理，除非当他们的能力不能解决眼下的问题时，才会刻意去回忆、激活或再现原理性的知识。而通常情况下，这些知识都是以缄默的形式背景性地存在的。

工作过程系统化课程结构与学科化课程结构及传统的高等职业教育课程结构均不相同，它是一种追求课程要素和方法耦合互动、颠覆式的结构策略，是一种横向的有机整合结构。首先，工作过程系统化课程是工作过程与课程的整合。从整合的结构要素看，工作过程是整合的逻辑纽带，课程是整合的目标对象。从整合的实质看，这种整合结构是课程工作化与工作课程化的双向整合，其根本目的在于将工作过程转化为学习过程。从整合的功能看，就是要将知识本位的学科化课程改造成能力本位的职业化课程。其次，工作过程系统化课程具有内在的逻辑结构。无论是每一工作过程内部还是工作过程与过程之间，都有着密切的逻辑关联。比如，作为课程载体的学习情境1、情境2、情境3、……、情境 n 之间，在工作任务的难度、复杂程度、综合力度等方面都是关联递进的、交叉融合的，构成一个系统集成的整体。再次，工作过程系统化课程是对学科课程知识传授的重构。工作过程系统化课程并不排斥"必需、够用"的理论知识，而是依据行动体系和职业情境对知识实施职业化的重构，即通过工作过程来聚合知识、承载知识、熔铸知识，通过做事来理解知识、感悟知识、应用知识，通过做事的过程与结果来检验知识、升华知识、提升素质。总之，工作过程系统化课程的横向整合结构不仅可以整合知识、智力、能力，而且可以整合人的非智力因素，整合人的隐性的经验、智慧等。

3．工作过程的内在结构

所谓工作过程，是指为完成一件工作任务并获得工作成果而进行的一个完整的工作程序。工作过程的内在结构，就是指每一工作过程内部所包含的完整的流程、步骤或过程，它是一个完整的、自足的系统。德国联邦职教所（Bundesinstitut fuer Berufsbildung，简称BIBB）将其概括成著名的六阶段模型，即咨询、计划、决策、实施、检查、评估。姜大源认为，咨询就是获取信息，计划就是制订步骤，决策就是选择方式，实施就是付诸行动，检查就是审视过程，评估就是评价成果。① 就单一工作过程内在结构看：①六阶段模型是对工作过程结构要素的完备归纳。六阶段模型是人们经由工作过程实践总结归纳出来的工作过程的固有程序和实施步骤，这种归纳概括既是人类实践智慧的产物，又客观地反映了工作过程的流程，对规范工作、指导工作，乃至提高工作效率都具有极大的现实意义，因而为人们普遍接受和广泛运用。②六阶段模型是对工作过程结构内容的有序组合。六阶段的工作过程模型完整地体现了工作"筹划—实施—验收"的

---

① 姜大源. 职业教育学研究新论［M］. 北京：教育科学出版社，2007：242.

合乎逻辑的发展过程，符合人的认知和思维的过程性规律。同时，每一环节又是环环相扣、有机连贯、相互作用的，前一环节是后一环节的基础，后一环节在前一环节的基础上不断推进，形成科学排列、有序组合的自组织系统。③六阶段模型是完备自足的工作过程结构系统，是一个封闭的结构环，它们是循环相生、周而复始的，即在每一学习情境的实施过程中，这样的结构都会重复循环。因而，不变的是工作过程的内在环节、过程、步骤，变化的是工作过程的内容。唯其不变，每次循环，学生对这一过程都要体验一次，熟悉一次，多次反复，就能达到熟练掌握了。唯其变化，学生每次学到的内容都有所不同，知识是深化的知识，能力是更高的能力，既有量的扩张，也有质的深化，是螺旋上升、梯次递进的。这样的结构是变与不变的统一。

4. 工作过程与过程之间的结构

工作过程系统化课程是多元的、系统化的工作过程的能动集成。也就是说，它不是单一的工作过程的"一指禅"，而是多元工作过程的"组合拳"。既为组合，组合的要素——工作过程与过程之间必然要发生相互作用和结构关联，从而形成课程的外部结构。应当指出的是，姜大源认为，作为课程范式的工作过程是抽象性的工作过程，它们是形而上的、看不见、摸不着的人的思维的工作过程，① 必须转化为具体的课程形式——学习情境，才具有实施的现实意义，学习情境遂成为工作过程的现实形式和直接载体。因而，研究过程与过程之间的相互作用和结构关系就可以转换为对学习情境的结构与特点的研究。这种结构关系可以概括为以下几种。

第一，并行递进的结构关系。并行是一种横向关系，即情境 1、情境 2、情境 3、……、情境 n 之间是一种横向排列的结构关系，但排列的情境要素之间地位并不相同。情境与情境之间构成一种横向递进、渐次提升层级的关系。前一情境是后一情境的基础与支撑，后一情境是前一情境的发展与提升，系统的"平行作用者"在由易到难、由浅入深、由简单到复杂、由单一到综合的演进发展、次第展开的逻辑关系中，构成既独立自主，又拾级而上、螺旋递升的结构关系。

① 姜大源. 课程改革与教学质量：当前我国职教改革的成就、问题与对策 [A] //中国职业技术教育学会 2009 年学术年会论文集. 北京：人民教育出版社，2010：30.

第二，功能互补的结构关系。多元的课程情境，通常可分为入门情境、主导情境、自主情境、创新情境。比如"计算机网络技术"课程，对应于上述情境，可设计出家庭网络、网吧网络、小型企业网络和无线网络四种情境。不同的情境之间的关系不是等同和对当的，而是相互区别、功能互补的。入门情境较低级、较浅易、较简单，比较容易上手或完成，它起着引进门的作用，更多的是熟悉了解整个制作过程、步骤的程序性知识，激发学生的新鲜体验和学习兴趣。主导情境是典型的、中等难度的，但一定是能培养学生核心关键能力的项目，即有了这个项目完成的经验和能力，学生就基本上能够完成行业领域的一般加工任务，达到企业职业岗位一般的规格要求。自主情境比主导情境更进一步的地方是它的综合性的加强、复杂性的提高，但必须是学生有了自主项目的经历的奠基，经过努力可以自主（当然也包括向同学、老师或师傅的学习请教）完成的。创新项目是更高层次的项目，一般可以是一些拓展项目，或者说是举一反三、触类旁通的可迁移性项目，如上例无线网络的建构。学生不一定能达到这个层次，但可以鼓励学生努力去尝试、去做。总之，不同的职业情境对学生的能力要求是不一样的，获得的知识能力也是不一样的，他们之间的功能是互补的。

第三，焦点与背景转换结构。焦点与背景结构也是符合职业教育规律的一种整合结构模式（见图6-4）。

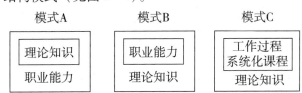

图6-4　职业教育课程焦点与背景转换结构

模式A是以理论知识为焦点、职业能力为背景的学科式课程结构模式。这种因循知识论陈规、循蹈学科化旧辙的模式对职业教育来说，早已成为众矢之的而倍受批判。模式B是以职业能力为核心、理论知识为背景的焦点与背景模式，但这一模式只是形式上将职业能力培养摆在核心位置，或者只是口头上讲重视能力培养目标，实际上却没有落实的手段和方法。它的问题在于，目的靠手段确立，手段靠目的规定；缺乏手段的目的和没有目的的手段同样是不能实现的。因而，模式B只是一种虚以委应的结构模式，在实践上并不能落到实处。现行的高等职业教育能力培养的效果之所以不理想，就是因为课程结构大多被锁定在这一状态。模式 C 把工作过程系统化课程摆在焦点与核心位置，理论知识成为背景性存在，它是一种内在整合结构。波兰尼曾举过一个往墙上揳钉子的例子：当我们往墙上揳钉子时，钉子是我们关注的焦点，属集中意识；握锤的手（松与紧等）则是背景存在，是辅助性意识的。同样，钢琴家流畅地弹奏乐曲，注意力集中在乐曲上，而不是在手指上。工作过程系统化课程改革让工作任务成为结构的焦点与核心，知识依附于工作任务，由职业情境所唤醒、激活，或为完成工作任务而补学、掌握，服务并支持任务的完成，这样的结构是完全符合职业教育规律的。同时，由于有了工作任务或项目载体，让学生实际去做、去完成，职业能力的培养也就落到了实处，课程实施的效果自然优于其他模式。

第五节
高等职业教育课程的方法论整合

一、课程方法论及其整合意义

能否把握高等职业教育课程的方法论，对高等职业教育质量的提升至关重要。方法论是关于方法的学问，是方法的理论化和系统化。方法论是方法背后的深刻、稳定的机制，是方法的升华和概括。有学者指出："方法论是关于认识世界和改造世界的方法的理论，是方法的体系。"① 它是方法之上的方法，是"宏方法"，是处在顶层的，更为根本性的、上位性的哲学层面的东西。正如朱德全指出的："职业教育研究方法论就是从事职业教育研究的工作者所采取的深层次途径和拥有的哲学观。"② 对高等职业教育课程而言，其方法论是由"做法—方法—方法论"整合而来的。整合的意义在于：①整合是对课程方法论的归纳概括。整合作为一种方法

① 裴娣娜. 教育研究方法导论 [M]. 合肥：安徽教育出版社，1995：4.

② 朱德全. 职业教育科学研究特尔斐法的运用价值与范畴 [J]. 江苏教育，2011（33）：18.

论客观地存在于课程实践中，关键在于我们缺乏发现的眼光，没能将其从课程实践中提炼出来。比如，备课是静态的课程文本（知识）与教师的课程智慧与经验的整合；上课是教师将知识、经验、技能等通过特定的方式作用于学生，使之与学生的理解、经验等相整合而内化的过程。整合方法论正是从这种源于实践的整合实践中概括和归纳出来的。②整合提供了一种课程的方法论。整合是一种哲学思想和课程方法论，是一种具有穿透性、解释性和普适性的价值范式。运用这种价值范式审视课程实践，我们就能认清职业教育的课程本质，就把握了所有职业教育课程方法的总根脉，而不会迷失在"只知其然，而不知其所以然"的课程实践，以及纷繁复杂、乱花迷眼的课程做法与方法之中。③整合方法论的提出是一种理论创新。方法的归纳概括由具体做法的低级层面达及方法论的整合层面，是进入哲学境界的一种理论创新。当我们进入了这一境界，就理性抵达了方法的最高本质，就能高屋建瓴地审视和把握整个方法体系，"一览众山小"。

二、课程方法论整合的三级循环模式

职业教育课程方法论是指课程开发或课程实施过程中运用的各类方法的总和。它以方法本身为研究对象，探求方法生成的机制、原理、规则，各类方法的特征、本质及相互关系，是对课程方法的系统概括和哲学升华。课程方法论是一种分层级的体系建构，即基层是实践做法，中层是技术方法，顶层是哲学方法论。

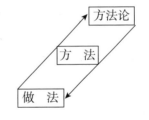

图 6 – 5　教学方法梯度循环三级模型图

职业教育的课程方法论提炼、生成就是遵循这样的演进"路线图"，由低级到高级发展而来的，或者说，职业教育课程方法论的整合就是遵循这样的"跑道"和不二路径概括生成的。这一方法论整合的逻辑路径就是"做法—方法—方法论"梯度循环三级模型（见图 6 – 5）。

（一）做法

做法是职业教育课程开发与实施的实践层面。这一阶段是方法论由以产生的基础阶段，是整个方法论建构逻辑起点，只有把这一基础工程做好了，才能使承载其上的方法奠定在稳定、牢靠、坚实的基础之上。在这一阶段一切都处在"做"的过程中，一切都在实践中融合、实现。教师必须在课堂——"这个充满创造的天地、洋溢智慧的平台，和学生的思想接壤，与年轻的生命对话，同青春的神韵握手"[1] 发挥自己的创造才能，上好每一节课。但在这一阶段教师还少有方法的意识和自觉，他们知道"怎么教"，但对"为什么这么教""用的是什么方法在教""有没有更好的方法教得更好"都缺乏反思和体认。也就是说，教师只有具体的教学思维，没有方法思维，只有形而下的实践，没有形而上的思考与提升。例如，面对职业教育课程改革大潮的推涌，我们的教师在课程改革实践中，深感学科式教学系统传授理论知识方法的错位之弊，教材的繁、难、偏、旧的过时之嫌，他们在实践中创生了许多鲜活有效的课程整合实施的做法，充满了实践智慧，但却缺乏向方法层面的提升，只能停留在个人的经验层面，沉沦于方法的底层，无法起到引领改革、指导实践、烛照一般的作用。

（二）方法

方法是做事的方略或法则、办法。方法之于做法有如下不同：①方法已由经验形态变身为观念形态。经验是课程实践中积累的有效的做法或体验，它是方法之源和方法之本。换言之，方法不是抽象地栖息在经验之外的东西，它是扎根于经验，生长于经验沃土之上的理性概括的成果，是已由缄默的经验变身为显性的观念形态的东西。正如斯宾诺莎指出："方法不是别的，只是反思的知识或观念的观念。"[2]方法已由实践层面上升到技术层面。实践层面是"教"的层面，是教师根据自身的职业要求，完成自己分内的工作的惯性操作层面，他们往往"只知其然，却不知其所以然"，因而没有技术可言。而方法一旦进到技术层面就大为不同，在这一阶段教师已经有了"如何才能教好"的自觉意识，有了对好的经验做法的理性筛选，有了对课程实施优化的技术考量和掌控，教师的教学已经开始由自在的行为走向自为和自觉，上升到技艺和智慧的层次。比如，"教学做合一"是当下职业教育课程改革一致认同的一种教学模式，但如何才能运用好这一模式，还必须有保证"合一"的具体手段和方法，否则真正意

---

① 张健. 职业教育的追问与视界 ［M］. 芜湖：安徽师范大学出版社，2010：123.

义上的"教学做合一"就很难实现。总结许多职业院校实施的经验，我们可以依循课程实施的必要环节提炼出：课程环境——车间与教室合一，课程内容——教学与工作过程合一，课程实施——理论学习与实际操作合一，能力培养——作业与产品合一，课程评价——样本与学习态度评价合一等保障方法。这样有了源于实践又高于实践的方法指导，教师就能得心应手、娴熟操作，确保课程改革与人才培养目标的实现。

（三）方法论

方法是理论的实际应用，是行动中的理论，而"方法论重在论方法，而不是方法本身的技术性研究"①。也就是说，方法论的对象是方法本身，它对课程实施的作用是间接的，中间需要有中介范畴和转换机制，因而只能从宏观上给人以方法论的指导与形而上的启迪；而方法则是直接应用于实践并指导实践的。再从二者的形成过程看，方法是"由具体到抽象，即从现实中感性事物出发，经过分析，把直观和表象中的具体变为越来越稀薄的抽象，直到得出一些简单的规定"，这是讲方法的形成；而方法论则是"由抽象到具体，即从那里回过头来，经过综合，使简单的规定按其内在固有联系，在思维中再现为具体的整体"②。从表现形式看，方法是观念形态的，而方法论是范畴形态的。方法是经由抽象概括而获得的具有自身逻辑形式的概念，如我们从课程整合实践中获得的问题整合法、任务整合法、项目整合法等指称就是如此；而方法论则是范畴形态的，范畴是反映事物本质属性和普遍联系的基本概念，它是方法理论的要核，是人类思维成果中最具概括性和稳定性的思维范式，具有普遍的方法论意义。比如，分析与综合、归纳与演绎、抽象与具体、历史与逻辑等，都是方法论领域的范畴，是比方法更抽象、更概括的宏方法。当方法论体系的建构推进到方法论层面，它就提升到了哲学层次，实现了对课程实施方法的整体观照和宏观把握。

---

① 郝德永. 课程研制方法论 [M]. 北京：教育科学出版社，2002：6.

② 郝志军. 教学理论的贫困与超越 [J]. 教育理论与实践，1995（5）：16.

表 6－1 职业教育课程方法论梯度循环三级模型与形态特性等对应关系

划分角度	基 础 层	中 间 层	顶 端 层
方法指称	做法	方法	方法论
对应模式	程式	模式	范式
方法类型	隐性化方法	显性化方法	统驭化方法
表现形态	经验形态	观念形态	范畴形态
隐显特性	隐	显	隐
对应层面	实践层面	技术层面	哲学层面
概念描述	形而下	形而中	形而上
方法特点	个别性总结方式	普遍性概括方式	整体性把握方式

由表 6－1 可以看出，职业教育课程开发或课程实施方法论作为目标实现的途径和实践方式是一种结构化的体系建构、一种渐变发展的过程，具有鲜明的层级性和阶段性。说它是一个过程，是因为它不是一蹴而就的，而是经历了"做法—方法—方法论"三个阶段和由"做法而方法"，又由"方法而方法论"两次转化，才完成的一种流程和建构，有鲜明的发展轨迹和脉络。说它是一种体系，是因为它不是一种单一的构成，而是由三环节和多要素形成的一个整体、一种结构。这种结构体系横向上具有鲜明的层级性和阶段性，是一种拾级而上、渐次推高、由此及彼的逻辑递推关系。在符号表征上，它们虽然都有共同的语素揭示相同的内涵，但却在同一中见差异，具有不同的本质规定，体现了总体逻辑进程的各个阶段与层级。纵向上是一种内在系结、联动互补的同构关系。虽然在符号所指上大相径庭，但在意义所指上却殊途同归，在区别中见出同一，体现了每个阶段的方法的各个侧面和不同视角。

三、课程方法论整合的隐显嬗变特征

特征是事物的特性和表征，职业教育课程方法论体系的特征是一个与上述方法论建构环节相对应的，由"隐性—显性—隐性"交替嬗变构成的特征链，这是一个完整的辩证否定过程，一个圆满而自足的体系结构的表征。

（一）隐性

当方法处在"做法"的初级阶段，它是隐性的。这可以从前文表格提供的做法的经验形态、实践特征及把握方式等几个维度加以证明。

1. 经验的形态是隐性的

经验是生活的经历和体验，是经体验内化而生成的一种解释模式，是知识的源泉。经验是内生性的，它既无法外现，也难以传递。例如，每位教师在课程实践中都积累了一定的经验，但这些经验大多是以隐性的方式存在于人们的心智结构中，无法被整理、表达。古代有一匠人与别人讨论箍轮子的事，说如果我把外面的铁圈做得过大，安上去就会掉下来，如果做得过小，就安不上去。怎样做到适中呢？我只能"得之于心、应之于手"。"得之于心"，就是讲内隐于心的经验；"应之于手"就是指彰显于外的操作。这样的操作依靠的是感觉或经验的隐方法，而不是可以言传，或见诸文字的显方法。教学的圈子里大家都熟悉"教无定法"的说法，在很大意义上指的就是这些大量有效的但还没有被概括成"定法"的隐性经验。在某种意义上，它成为我们概括能力低下、造成方法遮蔽的借口或托词。现在许多学校实施的"青蓝工程"，就是希望通过新老结对的方式，让青年教师从老教师那里学到宝贵的隐性经验，尽快成长起来。

2. 课程实践的方法是隐性的

做法是属于实践层面的行为，实践当然是显性的活动，但实践过程或背后所运用的方法却是隐性的。也就是说，方法是混杂在大量丰富的实践之中的，好比古人所说的："石蕴玉而山辉，水怀珠而川媚"。方法就是水怀之"珠"、石蕴之"玉"，它虽有使"山辉""川媚"之效，但却没有被提炼、开采出来，为我们"日用不知"。换一个角度说，做法阶段的方法只是一种"准方法"，它还处在"前方法"阶段，是隐性的、模糊的、混沌的、没有被概括出来、自觉运用的方法，有待于理性抽象、认真提炼、精心概括。

3. 概括方法的能力是遮蔽的

从方法的把握方式看，每个人在课程实施阶段的做法和表现都是不尽相同的，他们对教学都有自己的把握方式，因而是个性化的、因人而异的，也是丰富多彩的。但唯其丰富多彩，才让人目迷五色，不知所从；或者说，因为"身在此山"，才"不识庐山真面"，这样的因果逻辑，实在让人无奈汗颜。这就自然引出了做法隐性的又一个原因，即我们的教师方法意识薄弱，理论知识贫困，概括能力低下，没有意识，也缺乏能力将经验做法阶段的隐性方法概括出来，转化成显性的方法。这是亟待"补课"的。

（二）显性

当职业教育课程方法论的建构由"做法"演进到"方法"阶段，就由隐性变身为显性。它打破了隐性方法的遮蔽状态，使之彰显为可以用符码定格、名实相征的理性方法。我们通常所说的"教学有法"，指的就是这样的显性方法。它具有如下特点。

1. 显性方法是由感性上升到理性的方法

当方法还处在隐蔽的感性层面，它是经验化的、直接性的，是与具体的课程实施行为紧密系结、融为一体的。感性的方法只有经过抽象的逻辑思维的加工，才能上升到理性层面，这时的方法就开始舍弃个别的、具体的、非本质的成分，而进到一般的、本质的、相对独立的层面，具有了抽象性和间接性的属性，成为较之于隐性方法更高一级的方法。

2. 显性方法是源于实践、高于实践，反过来又能指导实践的具体方法

这种方法扎根于课程实践土壤，是在汲取实践智慧的基础上提炼概括而成的，既具有形而下的实践根基，又具有形而上的理论品格，是理论与实践结合的产物，因而必然可以有效地反哺教学、指导实践，也容易被人们理解、传递和分享。

3. 方法是做法的凝练和升华

方法是经验的归纳概括，是做法的提炼梳理，比之于大量、丰富、生动的课程实践或个体经验，方法是经验归纳而后致的形而上的结论，是理性概括而萃取的精华。它是稀缺的和珍贵的。如果说做法是给大树提供营养的根，那么，方法就是树上结出的果实；如果说做法是冰山下的八分之七，方法就是露出海面的"冰山一角"。这是从数量比较的角度对方法显性特征的描述。以课程整合为例，面对职业教育课程的芜杂与繁多，我们对它进行归并整合。如将种植专业的植物学、植物生理学、土壤学、农业气象学、肥料学五门课程整合成"植物生长与环境"一门课程，将蔬菜栽

培总论、蔬菜栽培各论、保护地蔬菜栽培三门课程整合成"蔬菜栽培"，这样的整合可以是无限发生的。但当我们对这一整合实践冠以恰当的方法之名，那就只有一个，即课程门类的归并整合法。

（三）隐性

如果说方法是经由语言表征的显性规定，那么到了方法论阶段，它又开始向隐性回归。

1. 方法论是更抽象、更概括的宏方法

方法论是以方法为研究对象的，它是对方法的再抽象和再概括。这时的方法已剥离了与具体方法相联系的实体要素，成为一个纯概念化的范畴形态的东西。例如，根据职业教育课程实施与载体形式的结合，我们可以概括出项目整合法、问题整合法、任务整合法、活动整合法、产品整合法、案例整合法等。这些显性具体的方法还没有完全蜕尽具体的痕迹，还与实体的成分有着藕断丝连的联系，这就需要进一步抽象，消解显性方法"实"的部分的附着，使之上升到为更为抽象的、更高层面的宏方法论——整合。而当整合的方法进入到方法论层面，就转化为一种概念化的存在。它是隐性的。好比"水果"只是个抽象的概念，它只存在于具体的苹果、梨、香蕉等实体对象之中，而它本身则成为事物特征抽象的概念。老子的"大道无形"的哲学思想也启示我们：凡是小道（具体的方法）都是有形的，而大道（抽象的范畴）则是无形的，整合作为抽象的方法论就是无形之"大道"。它不是用来解决具体问题的万能方法，而是让你想大问题的哲学智慧。

2. 方法论是思维具体中的形式

考察方法论演进的哲学路径，我们看到它是寻着一条"感性具体—理性抽象—思维具体"的逻辑通道走来的。感性具体是实践层面的做法，它是直接的、具体的和现实性的。理性抽象是由感性认识上升到理性认识，并凝练为抽象方法的过程，它是间接性的、普遍性的、本质化的，但在抽象概括中还留有词语表征的痕迹或线索，是不彻底的抽象。思维具体则是对方法的进一步概括，它剥离了与方法联结的具象中介，成为方法中最一般、最普遍、最稳定的规定性的综合。这样的综合规定性，进一步远离了具体，成为看不见、摸不着的、只存在于人们思维中的抽象意念。这时它已不再是一种具体的方法，而成为方法论意义上的思维方式，成为思维中的具体方法和真正指导。

3. 方法论已由经验归纳的结论转换为理性演绎的前提

方法不是凭空的想象和推演，它是在教学实践中生成的，是丰富的实践经验归纳的结果。归纳和演绎是方向相反的两种不同的方法论，且互为条件和前提。归纳由特殊到一般，归纳的结论成为演绎的前提；而演绎则由一般到特殊，演绎的结果又成为归纳的新要素和前提。就整合而言，当整合的课程实践被概括成整合的方法，这是归纳；而当整合的方法上升到方法论的高度，它就要返身向下，开始演绎的过程。正如著名过程哲学家怀特海指出的："重要的是，必须不断地发现方法的通用性，并将这种通用性与某一特定应用的特殊性进行对照。"① 知识来自从特殊上升到一般的归纳性逻辑，而利用则是把这个过程颠倒过来，再从一般降至特殊，是演绎的逻辑。整合起来看，利用知识实为一个不断上升和下降的过程。② 这里虽然讲的是知识，但与方法论形成及运用的过程与本质是一致的，可以等同看待。

第六节
高等职业教育课程的评价整合

一、课程评价的内涵、功能与原则

（一）课程评价的内涵

评价即评定其价值，《现代汉语词典》解释为："衡量人或事物的价值。"评价是人类有意识活动的一个表征，其实质在于促使人类活动日趋完善，是人类行为自觉性与反思性的体现，它是评价主体自我调适和建构的活动。课程评价是人们对课程实施价值和效果的评定与估价。泰勒所开

---

① 怀特海. 教育的目的 [M]. 徐汝舟，译. 北京：读书·生活·新知三联书店，2002：92.
② 黄铭. 论怀特海的教育哲学 [J]. 教育学（人大复印报刊资料），2004（6）：137.

创的课程开发的目标模式强调课程开发的四个焦点，即确定目标、选择经验、组织经验、评价结果。他认为，"课程评价是一个过程，基本上在于确定课程和教学方案实际达成教育目标的程度"①。廖哲勋教授认为："课程评价就是根据一定的标准和系统的信息对一定的课程产生的效果做出的价值判断。"② 刘义兵指出，课程评价是指为确保课程能够及时地更新、调整和完善，采用科学的评价手段，研究课程的某一方面或课程整体，从而为课程决策提供有用信息的过程。③ 施良方认为，课程评价是指研究课程价值的过程，是由判断课程在改进学生学习方面的价值活动构成的。④我们认为，课程评价就是依据一定的评价标准，通过科学的方法和手段对课程实施过程及其结果进行价值评判，并寻求改进和优化课程的过程。

（二）课程评价功能

课程评价具有导向、诊断、调控、激励、服务等功能。评价的导向功能在于通过评价与鉴定，引导课程建设向着我们所希望的方向和目标迈进。评价的诊断功能是指通过评价的"号脉"，发现课程实施过程中存在的问题，以便正确"施方"，加以改进。评价的调控功能是指通过跟踪问效，了解和掌握对评价对象的动态性状，及时加以反馈调控。评价的激励性在于通过评价的肯定和奖优，激活学校课程改革的积极性、激活教师"教"和学生"学"的积极性，达到唤醒、鼓舞和"给力"的效果。评价的服务功能体现在评价是服务于教育、教学、办学和决策的一种手段，它不是居高临下的评判、颐指气使的裁决、自以为是的独断，而应该是为提升课程质量服务的一种职能活动和共同建构的过程。

（三）课程评价原则

原则是人们对高等职业教育进行评价时应当依凭和遵循的原理和基本准则，是一种理论把持和操作定位。⑤ 高等职业教育课程评价应当遵循职业性原则、实效性原则、发展性原则、整体性原则。

---

① 周海涛. 大学课程研究［M］. 北京：中国社会科学出版社，2008：23.

②④ 李定仁，徐继存. 课程论研究二十年［M］. 北京：人民教育出版社，2004：154，154.

③ 刘义兵. 当代国外课程评价的基本模式［J］. 外国教育研究，1992（1）：14.

⑤ 张健. 职业教育的追问与视界［M］. 芜湖：安徽师范大学出版社，2010：88.

1. 职业性原则

职业性是高等职业教育课程评价的根本性原则。生态学中生态位理论强调物种的生存与发展都有自己特定的时间位置、空间位置和功能地位。与其他教育类型相比，高等职业教育也有自己的生态位，即职业性。其课程评价亦应坚持职业性原则，否则就会偏离自己的生态位，出现生态位的错位与僭越。那样其评价很可能就成为张冠李戴的非职业性的评价，丧失评价的效度。所以，职业性是保证高等职业教育课程评价根本属性的评价，是职业教育课程评价必须坚持的首要原则。

2. 实效性原则

实效性是高等职业教育评价的功能性原则。高等职业教育的课程评价不是为了评价而评价，而是为了通过评价达到"以评促建、以评促改"的目的，即通过评价发现高等职业教育课程实施过程的优势和特色，鉴别和诊断存在的问题、困难与不足，并据此提出解决、改进和完善的对策与办法，切实发挥课程评价的作用和功能。例如，在美国课程评价最常用的是学生评价。期末，学生填好课程评价表，包括对课程、教师及教学助手的评价和建议等项目，交回学院，院办汇总后交给教师，最后再反馈到学院。然后，由专人编写每年的评价结果报告，并存放于图书馆，既供人查阅，又供学生选课时参考。① 显然，这样的评价就是符合实效性原则的评价。

3. 发展性原则

发展性是高等职业教育评价的目标性原则。目标产生于过去与未来、期望与现实、主观与客观之间的距离。目标为评价提供方向，而目标一旦实现，就转化为评价的标准，但它们都是围绕并服务于发展这个根本的。也就是说，课程评价是为课程改进和课程发展服务的。正如美国著名教育评价专家斯塔佛尔比姆（D. L. Stufflebean）认为："评价最重要的意图不是为了证明，而是为了改进。"② 例如在日本，学校通常将学生做出的评价结果按学期制成录像带或报告书，向学生和教师公布。③ 显然，这样的评价就是立足于改进和发展的评价。教育评价是一种共同建构的过程，一种相互学习交流，并通过协商和对话，逐步达成共识的过程，一种为了发

①③ 周海涛. 大学课程研究 [M]. 北京：中国社会科学出版社，2008：42，57.

② 刘志军. 教育评价的反思和建构 [J]. 教育研究，2004（2）：60.

展，并促进发展的过程。

4. 整合性原则

整合性是高等职业教育评价的特色性原则。高等职业教育是一种整合教育，其课程评价必然要遵循整合性原则。一方面，高等职业教育课程评价是一个整体，无论是课程开发、课程建设、课程实施还是课程绩效，都是一个相互联动的整体，必须以整合的思维予以整体把握。另一方面，高等职业教育课程评价从外在中观视角的学校与企业合作、学校与行业合作，到内在微观的学与做、学与思、知与行、行与思的结合，都需要在遵循整合原则的前提下，进行整体评价、联动评价，而不能把它们作为分散的、孤立的因素加以评判。也就是说，必须要以整合的思维和方法，把它们放在一个整体的系统中加以考察评价，在整体中透视局部，在局部中反映整体，这样才能真正从整体上、联系中把握评价对象，厘清评价对象的状态并做出科学评价。

二、适合高等职业教育的课程评价方法

当下的高等职业教育基本上沿袭和套用了基础教育和普通高等教育的评价模式，它是一种学科化的评价方式。比如，重认知评价，轻能力评价；重分数评价，轻样本评价；重功利性评价，轻人本性评价。显然，这样的评价是有违职业教育课程评价本质的。有什么样的评价内容或对象，就必须采取与之相适应的评价方法。比如，"认知性评价主要是针对认知水平、认知能力和认知成果的评价，采用理性化、客观化、量化等方式进行"①。换言之，即采用传统的笔纸测试方式比较有效。而职业教育是"能力本位"教育，应该寻求以能力评价为主的相宜的方式来评价，如果依然习惯性沿用学科化的知性评价方式，就只能是一种南辕北辙的错位评价。这样的评价用评价事物 A 的方法评价事物 B，好比用农业种植的方法评价工业产品的制造，目标与手段背离，尺度与对象割裂，是不可能取得预期的评价成效的，同时也无助于课程的诊断、改革与完善，因而必须寻求适合于高等职业教育的课程评价方法。

① 陈理宣. 知识教育论——基于多学科视阈的知识观与知识教育理论研究 [M]. 北京：人民出版社，2011：356.

（一）更加重视形成性评价

形成性评价是指被评对象实施或进行过程中的评价，评价结果可用于适时调控评价对象，改进、修订、发展和优化教与学。以课程评价为例，形成性评价是在课程开发或课程实施尚处于发展或完善阶段时所进行的评价，其目的在于及时诊断和发现课程开发和实施过程中的优劣得失，并作为进一步修正和完善的依据。现在人们开始更加重视形成性评价，因为终结性评价是事后评价，不管过程，只问结果。倘若实施过程出现的问题也无法觉识，更不能予以及时指导、调控、解决，待到木已成舟，负面效果出来，也只能无奈接受。这种评价无法对过程实施干预和调控，给人以为了评价而评价的感觉，迷失了评价的目的，可以说是一种不作为的评价。形成性评价则不同，它是一种过程性评价，是对人们在追求进取的过程中努力付出的程度或态度的一种评价。它更加重视追求过程中学到和掌握的一些实践经验对人生的铺垫、历练和发展的作用。形成性评价是生成性和动态性评价，它不用刻板单一的标准来衡量所有的学生，不过分追求评价的客观性、精确性以及方法的规范化，而是通过学生在学习过程中的表现去判断每位学生的学习质量和水平，更加符合人的多元智能的实际，有利于激发学生的学习动力和自信心。形成性评价是事中评价，是与课程实施过程相伴生的及时性评价。这种评价在课程实施的进行过程和变化状态下进行，有利于课程实施的干预、调控、修正、完善，有利于把握、指导、掌控课改过程，使它始终沿着正确轨道健康运行。这比课改实施后的结果评价更有意义，更能促进有效的教育和学习。①

（二）更加重视能力评价

高等职业教育是培养高端技能型人才的教育，能力培养是高等职业教育课程的根本指向，因而高等职业教育课程必须更加重视能力评价。英国教育评价专家沃尔夫认为，能力本位评价是以对学习结果进行明确界定为基础而建立的一种评价形式。② 它是重在对学生完成实际工作任务能力的评价，即通过对学生完成工作任务所"做"的样本或者说产品的评价，评

---

① 张华. 课程与教学论［M］. 上海：上海教育出版社，2000：396.

② 徐国庆. 职业教育课程论［M］. 上海：华东师范大学出版社，2008：39.

定和推断学生是否获得了应有的工作岗位能力。如果我们依然沿用一张试卷、一个分数判优劣、评好坏、论成败，对学生学习效果"一锤定音"的评价方式，就会因评价体系的错误导向，而使得人们依然不会把"做"的成果当回事，依然会在看重学科成绩、轻能力习得的轨道上惯性滑行，从而导致高等职业教育能力评价的全面失败。因而，职业教育的能力评价一定把"做"摆上位置，彰显职业教育课程的评价特色，形成对能力培养的正确导向。做到这一点，首先，要更加重视对学生制作成果的样本进行评价。如机械加工的各种零部件、多媒体设计演示、艺术设计的展示等，而且评价过程最好有行业、企业专家参与，这样的评价才更有信度和效度，学生才会更有成就感，才会更加重视这样的学习。其次，还要重视对学生在"做学教合一"的学习过程中的态度进行评价，如守时意识、遵守操作规程的状况、工作学习的积极性、团结协作精神、吃苦耐劳的品质等，都应该纳入评价系统。再次，还要重视其他评价方式的广泛运用。在评价内容上，由重点评价学生对知识和技能的掌握程度转为重点评价学生对工作岗位的适应程度，包括对工作流程的适应和人际关系的适应；在评价方法上，由听课和书面考试为主转为面试或工作能力鉴定为主；在评价主体上，由校内人员为主转为企业人员为主。①

（三）更加重视表现性评价

高职学生所学的知识不是那种精确的、逻辑的、符号表征的理论知识，而是注重应用的程序性知识，是基于感觉和经验的缄默知识，这种知识是心理表征的，不宜用科学化、标准化、客观化的方式加以考核评价，但它却可以在行为中有所表现和运用，所以适宜于采用表现性评价方式。

表现性评价是诉诸实际操作的，其根本目的在于考查学生将知识和理解转化为实际行动的能力。它通过让学生完成一些实际的任务，诱导出学生的真实表现，然后根据事先制定的评价标准对学生掌握和运用知识的能力的状况与程度进行评价。作为能力本位的高等职业教育课程评价绝对不能沿用学校现行的学科化课程的评价方式，这种评价方式"只能反映出学生对静态的、死的书本知识的掌握程度，不能反映出学生灵活运用知识解

---

① 崔发周. 改变师资队伍建设模式走专业化发展之路［N］. 中国教育报，2009－12－14（7）.

决实际问题的能力，也不能反映学生发现新问题、提出新看法、解决新疑难的创造能力"[①]。表现性评价追求的不是学生反映的同质性，而是反映的多元性。与将分数和唯一的标准化答案作为评价标准和方式的学科式评价方式相比，表现性评价进了一大步。它重视对学生创造性、发挥性的评价，不规定学生对"雪化了是什么"的答案只能答"水"，而是允许想象、表现合理的多元答案。也就是说，它是唤起性的而非规定性的，是开放性的而非锁定性的。学生可以围绕一个任务、项目或问题等，运用学到的技能和理解了的意义，参与完成任务、解决问题的过程之中，并在这个过程中，考查学生解决问题的能力、操作实践的特长、独到新异的思维、创新探索的热情等。总之，允许学生围绕任务主题各施所长，从而获得个人的意义，如交流技能（写作、朗诵、演讲、辩论）、操作技能（组装仪器、使用设备、打字等）。显然，这样的评价才是更加符合高等职业教育的生态评价，才是不会用精确的知识窒息学生对知识的理解和应用的评价，才是有利于学生多元智能发展的评价，才是能促使知识向实践层面转化的评价。

三、高等职业教育课程评价的整合路径

选择适合高等职业教育课程的正确评价方法，可以避免其评价误入学科评价的歧途。但如果我们仅仅是孤立、割裂地使用，并不能必然保证评价结果的优效性，因而必须遵循高等职业教育课程实施的客观规律，以整合的思维方式进行综合评价。比如，在评价内容上，坚持职业能力与工作业绩相整合；在评价标准上，坚持国家标准与岗位要求相结合；在评价机制上，坚持课程评价与企业认可相结合。显然，这样的整合性评价才有利于高等职业教育课程的改革与发展，有利于课程的宏观指导和管理，有利于课程的建设与创新，有利于提高课程质量和对学生的科学评价，才能取得理想的评价效果。具体来说，高等职业教育课程的评价整合应走评价主体的多元整合、评价方法的多样整合、评价结果的多效整合的路径。

---

① 夏正江. 我们的教育评价能促进学生发展吗?（上）[J]. 教育发展研究，2011（2）：39.

（一）评价主体的多元整合

高等职业教育是一种整合教育，其课程，就外部而言，涉及政、校、企、行四大相关主体；就校内而言，也离不开教师、学生两大直接主体。因而，课程评价的参与主体不能太过狭隘，不能仅局限于校内教师和学生，而应该扩大参与主体的外延和边界，将相关度高的主体延纳整合进来，发挥异质主体的特定评价作用。刘延东同志在 2012 年全国教育工作会议上的讲话就强调了要"探索建立学校、行业、企业、研究机构和其他社会组织共同参与的职业教育质量评价机制"，讲的就是评价主体的多元整合。

以企业为例，第一，企业参与高等职业教育课程评价，可以帮助学校把握课程改革方向。企业作为用人方，最了解自身需要什么样的人才，以及当下的课程是否能培养出这样的人才，从而起到为学校的课程改革与设计把握方向、精准定位的作用。第二，企业参与高等职业教育课程评价，可以判定和矫治课程偏弊。企业通过深度介入学校的课程评价，可以了解、研判学校的课程设置与理论教学同企业职业岗位的距离，帮助学校调整课程设置，并矫正课程脱离企业实际的弊端。第三，企业参与高等职业教育课程评价，可以诊断学校课程价值。当下的工作过程系统化课程、项目化课程改革所设计的工作任务、学习情境、项目，是否是基于企业真实岗位的，是否能练出真本事、真技能，有无课程价值，企业最有发言权、话语权，他们的评价意见是最权威、最有诊断价值的。第四，企业参与高等职业教育课程评价，可以完善课程评价系统。"学校的好学生并不等于企业的好员工，学校的评价与企业的评价存在着太大的差别。我们必须让学校的评价机制与企业接轨，在学校的评价机制中引进企业的评价机制，构建学校企业共同承担、学生参与的动态评价体系。"①

不仅如此，即便从学校本身评价而言，也要重视教师与学生两个主体的整合。既要重视教师对学生的学习评价，也要重视学生个体的自评和学生之间的互评；不仅要重视在校生对课程的评价，更要重视走上工作岗位的毕业生"回头看"的评价。一方面，由于毕业生是在历经学校课程学习体验之后，跳出学校的"围城"看教育，这样的评价能更真切地看清课程

---

① 许爱谨. 试论高职生人文素质的构建 [J]. 滁州职业技术学院学报，2010 (1)：32 – 34.

的"庐山真面目"，判定其优劣。另一方面，这样的评价是学生基于自己的从业经历反思课程的所得、体会，能更真切地感受到学校课程在人才培养方面存在的问题、不足，从而提出更具针对性的宝贵意见，对课程改进和提高人才培养质量更具参考性。

（二）评价方法的多样整合

1．单一的评价方法无法涵括对跨界的职业教育的综合评价

姜大源认为，职业教育是跨越了职业与教育、企业与学校、工作与学习的界域的一种跨界教育。跨界的教育必然衍生出跨界的课程，如果我们只是用单一的方法对跨界特质的课程进行评价，必然会捉襟见肘，穷于应对。

2．单一的评价方式无法包容对多样化的学习方式的复杂评价

高等职业教育不仅包含了学科化的理论知识学习方式，也包含了培养能力为主的实践化的学习方式，还包括了其他各种活动课程的学习方式。面对多样化的学习方式，如果我们不能以多样化的评价方式进行整合评价，必然会有所疏失，不能实现对学生学习的全面评价、整体评价。

3．单一的评价方式无法覆盖对多极化培养目标的兼容评价

对于高等职业教育的评价来说，应该全面涵盖和判定多极化的培养目标的完成和落实情况。如知识积累—能力增长—方法渗透—智慧发展—素质建构—人性修炼等。倘若采用单一的评价方式，恐怕很难胜任这样的多极评价，因而只有整合多样的评价方法，才能适应职业教育课程评价的需要。中医讲究"望闻问切、四诊合参"，就是四种诊断方法的整合，也是辩证施治的基础。高等职业教育课程评价必须学习中医的这种"诊疗术"：一是要重视评价方式的关联整合、配套使用。比如过程性评价与终结性评价的结合、特质性评价和发展性评价的结合、定性评价与定量评价的结合、校内评价与校外评价的结合、表现性评价与认知性评价的结合等。二是一定要改变对学生课程学习结果一锤定音式的判定，转变到多途径、多方面、多阶段的判定上来，即要重视评价的数量整合。三是在具体的评价方式上，除了沿用必要的纸笔测试外，更要探索实践操作测试、制作的样本评价、完成任务的态度和能力评价，包括讨论发言及其相关活动中的表现等能力评价的新途径、新方法，发挥各种方法的整合效应。

（三）评价结果的多效整合

现行的高等职业教育课程评价还主要停留在对学生知识掌握程度的检验和评价上，评价效果单一，且不符合高等职业教育课程评价的根本旨趣。其评价结果的运用也缺乏针对性、适用性和参照性，并不能反映出学生的知识结构、实践能力的真实状况和水平，因而必须重视评价结果的多效整合。

1. 要重视评价功能的多效整合

要重视评价功能的多效整合，就是要重视评价的诊断功能、调控功能、激励功能等。诊断功能是调控功能的手段和前提，激励功能是调控功能的延伸和强化。一方面，没有诊断，发现不了课程实施过程中存在的问题，就不知道调控什么和如何调控，所以高等职业教育课程决不能忽略对问题发现和评价的诊断功能。另一方面，基于纠偏和问题解决的调控功能的正反馈，可以激励评价主体强化这一行为模式，激活教师正确地"教"和学生"学"的积极性，达到正向激励、唤醒、鼓舞的效果。通过多种评价功能的整合，服务于教育、教学及课程的改进，达到提升教学质量的目的。

2. 要重视评价针对性的多效整合

高等职业教育课程评价目前依然还是以纸笔测试的认知性评价为主，这是一种逻辑性的错位评价。错位评价不能说没有效果和价值，从根本来讲，它对理论知识学习的评价是有效的，但对职业教育的能力培养来说则是无效的和低效的，因为没有评到点子上。只有改变错位评价的弊端，才能提高评价的效果。这就要求我们：在评价目的上，要从单纯检验学生对知识的掌握程度转变到关注学生实践能力与思维能力，培养与验证学生的创新意识及创新能力上来；在评价内容上，要从单纯的知识掌握检验转变到对学生综合应用所学知识于发现问题、解决问题能力的检验上来；在评价方向上，要从重分数评价来界定课程的质量转向能力评价、素质评价和人格养成的程度评价，这才更符合高等职业教育评价的真谛。

3. 要重视评价结果的利用整合

当下高等职业教育课程评价重结果鉴定，而不重反馈利用，评价结果大多不与评价对象见面。对教师而言，评价结果只是作为教师工作优劣的参照；对学生来说，评价结果只是作为学生打分的依据。这种封闭的、没有反馈互动的评价完全背离了评价的初衷。评价不是为了证明或得到最终的结果，评价是为了改进、调控和完善，为了"以评促改，以评促建，以评促优"，如果评价的结果"冷冻"起来、封存起来，就起不到上述作用，其效果只能聊胜于无，所以必须重视评价结果的运用整合。

这就要求我们：第一，一定要让评价主体明了评价不是目的，只是用于改进课程的手段，从而树立反馈意识和正确的评价理念。第二，评价结果一定要与评价对象见面，使他们知道教师的"教"和学生的"学"，哪些是好的要发扬，哪些是不足必须改进。第三，结果还要以适当的形式公告，加以应用。在美国，学生评价教学的结果是必须公布的，但不是简单地公布评价排序或分数，而是通过评价统计中心按照一定的模式或要求统计计算和比较，给出一个综合评价结果，装订成册，供学生查阅或选课参考。① 这些都是非常好的结果应用方式。第四，还可以采用竞赛评奖的方式，评先奖优，树立标杆，强化评价的激励功能。

---

① 韩学军. 应用型创新人才培养与职业类高等教育体系建构［M］. 北京：中国人民大学出版社，2010：112.

第七章

境域优化：高等职业教育生态环境的整合

境域，不妨理解为环境和领域。环境，主要是指环绕主体周围的一切情况和条件。对于人类来说，环境是指人生活于其中，并能影响人的一切外部条件的综合。① 领域是事物发生及运行的周界和场域，它是一种泛化的大时空概念，类似于生态学中的生态位概念。生态位是指在生态系统及其群落中，一个物种与其他物种相关联的特定的时间位置、空间位置和功能地位。它是对有机体或物种在它的生存和发展环境中所处的位置、所居的地位的一种概括，包括其发展所需的各种条件及它所利用的资源。任何事物都是在特定的境域中生存和发展的。如鱼类的生存境域是水域，鸟类的生存境域是天空，人类的生存境域是社会等。总之，主体之外的一切环绕着与它相关联的事物的集合，我们称之为该主体存在和发展的境域。职业教育也有自身特定的发展境域，且这种境域急需从生态化的视角加以优化。

生态化就是将生态学原则和原理渗透到人类全部活动范围内，用人和自然协调发展理念去思考和认识自然、经济、社会、教育、文化等问题，根据社会和自然的具体可能性，最优化地处理人和自然的关系。"这里的生态化已超越了一般意义上的自然生态内涵，而包含了深刻的哲学意蕴，其实质是对事物关系的把握，它揭示了事物之间保持着相互依赖、相互促进的关系，超越了机械论而转向整体性、系统性、动态性的世界观，已成为一种理念、思维方式和方法论体系，可广泛运用于其他各个学科，为科学研究以及解决经济社会发展中出现的各种问题提供一种新视角、新思路。"② 当下，生态化成为人们对环境创设追求的一种共识。如自然环境生态化追求绿色环保；经济环境的生态化追求节能减排、环境友好；教育环境生态化追求教育与环境的依存共生、和谐发展；文化环境的生态化追求文明、厚德、创新的优化与超越。

高等职业教育的发展当然不能置身于生态化潮流之外，同样必须追求与环境的生态化整合。高等职业教育与环境正处于依存日益加深、关系日益融合的过程，它与生态环境的关系是十分密切的。一方面，环境不只是教育的一种外在要素，而且已成为教育构成的基本要素，成为影响教育的重要的生态因子，环境与教育本身就是一体化的和融合态的。另一方面，

高等职业教育整合论

---

① 田慧生. 教学环境论 [M]. 南昌：江西教育出版社，1996：2.

② 彭福扬，邱跃华. 生态化理念与高等教育生态化发展 [J]. 高等教育研究，2011（4）：18 – 22.

环境与教育是相互作用、彼此生成的，环境影响、制约教育，教育创生、改变环境。再从环境的外延看，有三种基本类别，即高等职业教育外部的社会宏观环境，高等职业教育与其他不同层次和形式的教育构成的中观环境，高校内部各种生态因子组成的微观环境。高等职业教育只有与上述环境有机整合，才能为其发展创造优化的条件，营造优良的氛围，打造优质的教育。本章将由此切入，述及高等职业教育与文化生态、管理生态、制度生态、质量生态、特色生态等环境的整合。

第一节
高等职业教育与文化生态环境的整合

一、文化生态环境的概念解析及其意义

（一）文化生态环境的概念

文化生态环境是一个复合的概念，它是由文化、生态、环境三个概念组合而成的概念群。明确这一复杂概念的内涵，首先要对组成这一概念的单个要素进行逻辑界定。文化是一个内涵丰富而又歧义纷呈的概念。王洪才认为，文化是一个社会共同体的价值观和行为方式构成的总体。文化是社会共同体以一定的价值观念为核心建构起来的行为方式的总和。[①] 张曙光则指出，"文"通"纹"，原指交错而不乱的线条和色彩，喻变化多样的修饰表现；后指人类创获且能够世代递交的物质和精神财富。而作为动词的文化，是指人陶冶、教化自身的现实活动。文化是人有意识的生命符号化表现。[②] 以人类改造自然、改造社会、改造人自身活动为标准，文化又分为三个子系统。人类改造自然活动的成果被视为物质文化；人类改造社会活动的成果被视为制度文化；人类改造人自身活动的成果被视为精神

---

① 王洪才. 大众高等教育论［M］. 广州：广东教育出版社，2004：54.
② 张曙光. 生存哲学：走向本真的存在［M］. 昆明：云南人民出版社，2001：319.

文化。① 文化是人类或一个民族的世界观、人生观、价值观、思维方式、行为方式等所构成的最深层的软件系统。文化是人类或一个民族的"DNA"，是每个人的第二"DNA"②。

生态原指人类、自然与社会的生存发展的状态。生态学是研究生物与环境和人与自然的关系及其相互作用机理的科学。海克尔在其著作《普通有机体形态学》中指出："我们把生态学理解为关于有机体与周围环境关系的全部科学，进一步可以把全部生存条件考虑在内。"③ 黑格尔给生态学下的定义是，研究有机体与其有机和无机环境之间相互关系的科学。所谓环境，是指人生活于其中，并能影响人的一切外部条件的综合。④ 高等职业教育文化生态环境就是指以高等职业教育为中心、以文化为内涵，对高等职业教育生成和发展起制约和控制作用的特定环境的总和。研究教育文化生态环境就是将研究生物与环境和人与自然的关系及其相互作用机理的生态学原则和原理渗透并运用到人类生存环境中，用人与自然、人与社会协调发展的理念去思考和认识教育与环境生态的优化问题，使高等职业教育的文化生态环境更加适合于人的生成与培养，更加有利于高等职业教育的全面、协调、可持续发展。

（二）文化生态环境对于高等职业教育的意义

文化生态环境对于高等职业教育发展意义重大。一是从高等职业教育的现实存在与文化生态环境关系看，一方面，任何高等职业教育都是在一定的环境背景和地域空间存在的，脱离特定时空的高等职业教育是根本不存在的；另一方面，高等职业教育作为文化生态环境所环绕的主体也作用于环境，对环境本身也产生选择、改造、重构、优化的能动作用和积极影响。二是从高等职业教育的发展与文化生态环境关系看，环境制约发展，发展依赖环境。随着高等职业教育的深入发展，环境的制约作用日益彰显，如学校的物质环境，企业的合作环境，社会的舆论环境，公平竞争的环境，政策的扶持环境等，有的已成为高等职业教育进一步发展的"瓶

① 郝德永. 课程与文化：一个后现代的检视 [M]. 北京：教育科学出版社，2002：357.

② 王小平. 出发：与智慧同行 [M]. 北京：机械工业出版社，2004：224.

③ 余谋昌. 生态哲学 [M]. 西安：陕西人民教育出版社，2000：17.

④ 田慧生. 教学环境论 [M]. 南昌：江西教育出版社，1996：2.

颈"。三是从未来发展趋势与文化生态环境关系看，我们认为，高等职业教育越发展，文化生态环境建设就越重要。因为没有教育文化，教育就没有生命；没有教育文化，教育就难以真正寻找出适应自身存在和发展的指导性的、底蕴性的和基础性的指向，从而产生一定程度的盲目性和制约性。未来教育的发展，不仅是一种物质层面、技术层面的竞争，更是一种文化上的竞争。它决定着教育的生存状态和未来的发展境域。[1] 可以预见，未来高等职业教育的发展，如果没有制度的健全、合作的深入、条件的改善、观念的超越等一系列文化生态环境建设的跟进与整合，高等职业教育的可持续健康发展就会成为一种难以实现的"乌托邦"。

二、高等职业教育文化生态环境的类别式样

高等职业教育的文化生态环境是一个大文化概念，它绝不局限于校园文化这一狭小的空间和形态之上，而是指以教育为中心，对教育的产生、存在和发展起着制约和调控作用的多维空间和多元环境系统。它是由内部的学校文化生态环境和外部的社会、企业、家庭等环境因子共同构成的，并不断地与外部环境进行着物质、能量、信息交流的开放的系统。虽然环境的类别和形态不同，但其发生作用的方式和产生影响的机制却是相嵌重叠、整然一体的。在此分别讨论只是为了更清楚地认识文化生态环境的类型和特色而已。

（一）校园文化生态环境

校园文化生态环境是学校在长期办学过程中培育和发展起来的物质文化、制度文化、精神文化和活动文化等多元文化样态的总和构成的特定的学习和成长环境。它渗透于学校的各个显在领域和潜在空间。它既包括学校的建筑设计、校园景观、绿化美化、雕塑小品等物化形态的内容，也包括学校的传统理念、校训、校风、学风、教风、集体舆论、心理氛围等精神层面的内容，还包括各种规章制度和学校所有成员在交往过程中形成的行为准则等制度文化和以学校文化节、创新节、艺术节、运动会、社团活

① 戴维海，黄春，高振华. 高职教育文化引进企业文化的认知与运作研究 [J]. 安徽职成教，2009（5）：51.

动等为载体的丰富的活动文化环境。校园文化生态环境作为学生学习活动的主要场所，对师生员工的影响是巨大的。正如布卢姆所指出的，环境是一种能够塑造和强化学生行为的重要力量。优秀的校园文化环境，有利于加强和改进大学生思想政治教育，全面提高大学生综合素质；有利于全院师生形成共同的价值取向、目标愿景，凝心聚力谋发展；有利于提升校园文化品位，营造最佳的育人氛围；有利于建构完善的制度体系，优化管理行为，保证教育目标的实现；有利于活动文化的创新，为学生全面发展打造素质平台。

（二）社会文化生态环境

社会文化生态环境是人类所特有的环境，它是人生活其中的各种社会条件、关系以及意识形态的总和，包括一个国家和地区的社会性质、人们共享的价值观、人口状况、教育程度、风俗习惯、宗教信仰等。社会环境决定着人的社会化程度，决定着人身心发展的内容、方向和水平。对于高等职业教育来说，社会文化生态环境是高等职业教育发展的外部大环境。它从政治、经济、法律、科技、政策等宏观层面影响着职业教育，且这种影响是直接的、持久的。

（三）企业文化生态环境

企业文化生态环境是指企业在经营实践中逐步形成的，为全体员工所认同、遵守，由带有本企业特色的价值观念、经营准则、经营作风、企业精神、道德规范、发展目标等文化要素构成的生态环境。企业文化与校园文化是两种不同的异质文化。校园文化是一种教育文化，其最高目标是如何有效地利用各种资源培养更多更好的人才；企业文化是一种经营文化，其最高目标是为社会提供良好服务的同时追求利润和效益最大化。[①] 高等职业教育是为企业培养高素质、高技能专门人才的教育，因而它必然要求学校文化环境与企业文化的融合对接，这种对接不仅能够激励学生的学习和创业精神，而且还可以使他们明确自己在今后工作中的定位，亲身感受职业精神是一个人从事职业的根基，增强自身的责任感和使命感，并明确

---

① 刘福禄. 高职校园文化和企业文化的融合初探 ［J］. 重庆工贸职业技术学院学报，2008（3）：38.

未来就业方向和压力，从而加强自己的学习动力，激发自己的学习兴趣，促使高职学生成人成才。同时，两种文化环境的互融和拓展，还有利于凝练、建构、创新和丰富具有高等职业教育特色的教育文化环境，推动高等职业教育健康发展。

（四）家庭文化生态环境

"家庭是由婚姻关系、血缘关系所建立的社会生活的基本单位，是社会的细胞。"[①] 家庭文化生态环境是由家庭成员（主要是父母）为孩子成长悉心营造和创建的一种成长环境。这种环境是孩子浸润其中，濡染涵化的一种生存与发展环境。这种环境当然与父母及家族的受教育程度、文化素养等成正相关，但也不是绝对的。现实中，许多文化程度不高但识事明理普通的"草根"族，照样能为孩子成长营造良好的生态环境、成长氛围，砥砺孩子成才。这说明文化生态环境决不单纯取决于文化的功能，它与家庭及父母的和谐程度、道德水准、身教力量、行为示范、管教方式等各种教育的环境因素是息息相关的，甚至可以说，让孩子从小养成懂得生活的艰辛、能够吃苦奋斗的良好的情商，养成独立、友善、创造的品格，使之成为他们的性格要素和行为习惯，是高于知识本身所能带给他们的影响和发展潜力的。反之，如果家庭生态环境失衡，如溺爱宠纵、严厉过度，或不尊重孩子的兴趣选择，缺乏民主沟通等，都会演化为教育的负面因素，影响孩子健全人格的形成。如许多问题学生都是出自家庭生态结构失衡的单亲家庭（主要指父母离异）就是证明。所以，家庭文化生态环境对孩子成长及成才的影响是巨大的。

三、高等职业教育文化生态环境的创建与整合

高等职业教育文化生态环境的创建与整合一定要有自身的特色。一是要彰显高等职业教育特色，即高等职业教育文化生态环境的建构一定要有职业教育的特色。比如突出实践品格，强调职业内涵，注重"做学教合一"等，而不能与普通本科院校的环境生态位重叠。二是要打造个性特色。全国高等职业教育院校目前已达 1 300 多所，如果这些高等职业教育

---

① 吴鼎福，诸文蔚. 教育生态学［M］. 南京：江苏教育出版社，2000：27.

院校文化环境建设都是一个模式、一种样态，只有共性，全无个性，那将是十分可怕的。三是要整合企业特色。职业教育的文化生态环境建设一定要融入企业元素，这是高等职业教育打破办学主体的单一性、办学空间的封闭性、实现开放办学的根本出路，也是高等职业教育文化生态环境特色建设和整合创新的必然选择。具体来说，高等职业教育文化生态环境的创建与整合应从以下几方面着手。

（一）与理念文化环境的整合

理念文化环境是属于精神层面的生态环境，主要指学校的价值观、办学理念、教育思想、态度、信仰等，它是校园文化的核心，是内在的"精气神"，是指导办学的思想观念、价值取向和行为准则。理念文化的价值在于：理念决定方向，具有准确把持、引领办学方向的作用；理念决定价值，具有指导实践、提升办学水平的作用；理念决定高度，具有观念淬励、形成思想标杆的作用；理念决定力量，具有武装思想、形成精神合力的作用。如杭州职业技术学院强调的"融"文化的核心理念，倡导"学校融入区域发展，专业融入产生发展，教师融入学校发展，学生融入专业发展"。这一理念是符合职业教育整合的本质和规律的。在这一理念的指导下，杭州职业学院 2008 年被列为浙江省示范性高等职业院校，2010 年被列为国家骨干高等职业院校建设单位，并荣获全国黄炎培职业教奖"优秀学校奖"，2014 年又被评为全国教育系统先进集体。还有安徽职业学院的校企合作理念：课堂小企业，理实交融；企业大课堂，德技兼修。可以说，这些精神文化的系统建构形成了具有鲜明创新特色的高等职业教育办学定位和环境氛围，起到了理念淬励、思想引领、实践指导的重要作用，同时对学生的学习动机、外部行为、价值取向、行为风尚也起到了规范导向的作用。

（二）与物质文化环境的整合

物质文化环境是作用于人的视觉感官外显性的文化环境，具有直观形象的特点，如学校的建筑、园林、绿地、花坛、标牌、雕塑等。物质文化是构成学校生态环境的"硬件系统"，是外在的"筋骨肉"，具有环境育人功能，因而必须求特、求美、求品。求特，即物质文化环境建设必须彰显高等职业教育特色，特征明显、个性突出，使它成为区隔高校文化的

"识别码"；求美，即物质文化环境建设必须有美的造型和风格，赏心悦目、陶冶性情，成为校园文化独特的风景线；求品，即物质文化环境建设必须有雅的内涵和品位，格调高雅、育人铸魂，成为校园文化的"主基调"。滁州职业技术学院物质文化的打造，遵循"三求"原则，努力营造特色生态环境的育人氛围。

（1）在特色的彰显上，学院主要通过一些外显性标识凸显职业教育的灵魂，灌注职业教育的精神。如系部教学楼的命名，各系分别是"致学楼""致真楼""致善楼""致用楼"，职业教育的属性和特征十分鲜明。再如，在校园的灯箱标牌制作上，我们精选了国内外著名教育大师、哲学家的凸显高等职业教育特色的至理名言，像夸美纽斯的"凡是应当做的都必须从实践去学习"，马克思的"人的价值蕴藏在才能里"，卢梭的"教育都应该是行动多于口训"，杜威的"做事的能力可能是知识的最基本的意义"，萨特的"人实现自己多少，他就有多少存在"，怀特海的"教育是学习获得利用知识的艺术"，裴斯泰洛齐的"教育的目的是全面和谐地发展人的一切天赋力量和才能"，陶行知的"教学做是一件事，不是三件事。我们要在做上教，在做上学。先生拿做来教，乃是真教；学生拿做来学，方是真学"等。走进校园，浓郁的职业教育氛围扑面而来。

（2）在美的追求上，学院新校区建设以一流的设计努力再现生态化、人文化、园林化、现代化的校园风采，26 万平方米的建筑均以赭红与深灰的主色调相搭配，体现出统一而又规整的美，显得古朴而又典雅，显示了极高的审美匠心与格调。

（3）在品位的凝练上，学院高度重视物质文化环境这一隐性课程的教育功能，充分利用和整合道路、设施等各种硬件资源的显在优势，发挥环境育人的效用。如将院内的道路冠名曰新路、求实路、卓进路、致远路，教育学生效学前贤，卓进致远，修德臻善，立志成才。

（三）与企业文化环境的整合

企业文化生态环境是企业在经营实践中创生的一种经营文化、管理文化环境。它是企业的灵魂所在，也是企业活力的内在源泉，还是现代企业管理制胜的法宝。优秀的企业文化生态是企业的核心竞争力，是企业实现可持续发展的精神支柱。它有利于理顺企业内部的关系，优化生产要素的组合；有利于充分调动员工的积极性；有利于全面提高企业素质，使企业富有生机活力，增强企业的竞争力。

高等职业教育的实践性、开放性和职业性的特点，决定了高等职业教育文化也应该具有企业文化的属性。学校和企业虽然是不同的异质主体，但在以人为本的管理要求上，在物质文化、行为文化、制度文化和精神文化的类别上，以及在两类文化所遵循的价值准则和行为规范上，却有内在的必然联系，具有一定的相通性、协调性和互融性。例如，作为企业文化精髓的"质量第一""信誉为本""顾客至上"的质量意识、诚信品格、服务理念，对于高等职业教育院校教育文化来说同样是不可或缺的。再从学生的素质养成看，企业文化所要求员工的责任感、纪律性、能奉献精神和尊重人、讲团结、顾大局的团队意识，对于改变高职学生不同程度地存在的责任感淡薄、纪律性涣散、斤斤计较的实际问题和以自我为中心、缺乏共事能力和畏难怕苦的问题，也具有重要作用。为做好学校文化与企业文化的对接，滁州职业技术学院从企业的制度和管理文化入手，主动从合作企业——中国扬子集团滁州必威空调器有限公司引进了"6S"管理模式。

所谓 6S 管理，就是整理（SEIRI）、整顿（SEITON）、清扫（SEISO）、清洁（SEIKETSU）、素养（SHITSUKE）、安全（SECURITY）六个方面的管理。学院主动嫁接企业的这种规范现场、现物，营造良好的企业生产环境，培养员工良好的工作习惯的"6S"管理模式，将这种管理文化嫁接到学生的寝室、教室、餐厅、实训场所的管理，取得了良好的效果。"6S"管理模式的引进和创新，目的就是要使学生能够及早感受企业文化、接受企业文化、融入企业文化，与企业的价值观、企业意识相适应，与企业的管理要求相适应。这样可以使学生超前接受企业制度文化的规束和熏陶，毕业后真正实现与企业的零距离对接、适应和融合。

（四）与活动文化环境的整合

活动文化，也称行为文化，是指校内外开展的各种有益于学生技能习得和素质养成的活动的总和。滁州职业技术学院活动文化的建设以文化艺术节、科技创新节和学生社团活动为载体，开展得丰富多彩。

1. 以科技创新为主旨的科技创新节

科技创新节是学院 2004 年开始推出的重大的校园文化活动，每年下半年举行，至 2012 年已举办了 10 届。科技创新节旨在培养学生的创新精神和实践能力。活动中推出的各种各样的技能竞赛，如钳工技能竞赛、网页制作大赛、机电系 CAD 技能竞赛、软件设计大赛、装饰设计大赛、创业设计大赛、测量仪器操作技能大赛等，为学生展示技能、比拼功力、汇报成果、检验学习提供了竞技舞台和实战练兵的机会，提高了学生技能，形成了最具职教特色的文化景观，成为校园文化活动的主旋律，深受学生的欢迎。

2. 以才艺展示为平台的文化艺术节

高等职业教育不是单纯的技能教育，更不是简单的技能培训，它同样肩负着文化传承、素质培养的重任，承载着为学生的整个职业生涯和终身幸福奠基的使命。学院在主抓学生技能培养的同时，高度重视学生面向未来的可持续发展的素质的打造。自 2003 年起，每年上半年都要举办为期一个月的文化艺术节。文化艺术节是学生才艺展示的盛会，是学生情牵梦萦的节日。英语演讲比赛、大学生辩论赛、诗歌朗诵比赛，高品位的文化内涵——滋养心灵；校园歌手大赛、器乐演奏比赛、班级合唱大赛，优美的欢歌——感动校园；小品剧比赛、舞蹈、书法绘画比赛等，高雅的艺术——提升素质。

3. 以特长类聚为架构的多元的学生社团

学院高度重视学生社团在校园文化建设中的作用，大力扶持知识学习型社团，热情鼓励专业技能型社团，正确引导兴趣爱好型社团，积极倡导社会公益型社团，成立了清峰文学社、艺术团、礼仪队、明德学社、心理学会、环保学会、弈轩棋社、广播站、创业中心、足球协会、排球协会等14 个不同类型的学生特色社团。其中，清峰文学社有成员近百人，办有《弄潮》文学社刊，定期出刊，发表学生的作品，并与其他高校社刊交流，起到了很好的载体作用，深受学生喜爱。我院健美操代表队 2009 年参加安徽省大中专学生健美操比赛，获高等职业教育高专组六个项目的五个第一名。学院艺术团除了担纲学院大型文艺演出之外，还经常下到部队、乡村和社区演出，受到广泛的社会赞誉。丰富多彩的校园文化活动，开阔了学生视野，陶冶了学生情趣，锻炼了学生的品格，提高了学生能力，为学生的素质培养和全面发展打下了良好的精神底蕴。

第二节
高等职业教育与管理生态环境的整合

一、高等职业教育管理生态环境及存在的问题

管理，即管辖和治理。萧宗六认为管理是"管理人员领导和组织人们去完成一定的任务和实现共同的目标的一种活动"[①]。管理生态环境是与管理活动相关的环境因素的总和，它是由管理者、管理对象、管理制度、管理手段、管理运行等一系列要素构成的制约管理成效的管理生态系统，是为实现生态化管理而创构的一种环境。所谓生态化管理，是将生态化理念运用于教育教学管理实践中而实现的一种优化管理，它是高等职业教育管理所追求的一种境界。考察当前高等职业教育的管理生态环境，还存在着一系列问题。

（一）行政话语的超限化

在行政主导型的管理体制下，高等职业教育院校的行政权力被权威化、扩大化。所谓超限，即超过行政管理的边界和权限，肆意泛化。如对学术管理的僭越，以权力话语取代学术话语，干预和行使学术管理的职权，"教授"与"处长"的话语权不可等而视之。由于对行政权力超限缺少规控，当官者往往能拿到更多的资源，包括学科建设资金、研究经费、职务晋级、成果评定、教学收入分配等。更有甚者以权力与政府官员交易，以权力掠夺他人学术成果。由于行政权力无处不在，使得许多具体管理也完全纳入了行政权力掌控的范畴，这也为行政权力的扩张、膨胀提供了机会，为违反教育规律的行政操弄打开了方便之门。行政权力的超限运作"价值示范"，使人们对行政权威充满了羡慕和向往，强化了"官本位"的价值取向，诱使一些学术上有些建树的人都想跻身行政管理岗位，去竞聘系主任、所长、校长等行政职务。这样的导向和管理的生态环境没有将人们的注意力引向积极作为、踏实工作，为学校的发展建功立业上，

---

① 萧宗六. 学校管理学［M］. 北京：人民教育出版社，1994：1.

反而误导人们去经营与领导的关系，为谋得一官半职努力。这就严重制约了高等职业教育院校各项工作的开展，对学校求真务实、共谋发展的环境营造和提升质量、争先进位的办学追求都产生了负面影响。

（二）管理运行的稳态化

稳态化管理追求的是四平八稳、平衡安定的管理生态，当然不能说不对。我们这里所说的稳态化管理，是指那种一味求稳怕乱的僵死化管理。首先，稳态化管理者所追求的管理目标不是向管理要效益、要质量、要发展，而总是担心出问题、添乱子、惹麻烦，因而在管理上一味求稳怕乱，不求有功，但求无过，只要能维持现状，就"阿弥陀佛"。其次，处顺安常，不思进取，没有开拓精神和创新勇气，不敢引入竞争，大胆改革，生怕引起冲击，形成动荡，难以收拾。再次，面对不容错失的发展机遇，瞻前顾后，权衡掂量，决策优柔寡断，担心劳民伤财，得不偿失，往往错失良机。稳态化管理最大的弊端在于稳而不活，僵而不变，使整个体系的运作缺乏生机和活力，导致发展停滞，管理低效，没有可持续发展的动能和后劲，这与生态化管理的目标要求是完全相悖的。

（三）教师管理的禁锢化

教师是高等职业教育院校发展的第一生产力，是支撑学校发展的"骨骼"和核心资源。因而，教师管理是高等职业教育院校的"重头戏"。但就目前看，不少高等职业教育院校的教师管理还存在着违背生态化管理的一些误区。

1."监禁式"管理

即以各种方式对教师加以管束，如"坐班制"，要求教师有事无事都要耗在学校，待在办公室里；还有"签到制"，要求教师既要"签到"，还要"签退"。

2."罚款式"管理

在有的学校，教师稍有"违规"，就要记到头上，扣减考核分、满勤奖等，实施经济制裁。其依据是"人性本恶""不罚不老实""不罚不自觉"。

禁锢化教师管理，一会导致教师情绪抵触化。虽然也不得不执行，但只是被动地不得已而为之，并非主动执行，自觉维护。二会使干事效率低效化。"坐班"的公共环境毕竟是开放的空间，人来人往，嘈杂纷扰，不适合教师完成备课、科研等需要高度集中精力的工作，只好等到下班回家再做。三会使时间利用浪费化。有的教师上班路途较远，为了"坐班"，时间都耗在了路上，即便没有课，也只能待在办公室。

（四）薪酬管理的量化

有些高等职业教育院校由于财政拨款少，生源数量少，加上基建、设备购置、正常运转到处都需要钱，资金压力非常大，因而不敢"乱"花钱，包括教职工的薪酬发放也抠得很紧，控制得很死，只发国家规定的基本工资部分，少有津贴、奖金入账，还美其名曰：比上不足，比下有余，比下岗工人强多了。他们往往以发展需要压薪酬，以"锅""碗"理论为说辞，以讲奉献、讲创业、注重长远利益要求职工。总之，学校的利益应最大化，职工的利益可最小化。这种牺牲职工利益的薪酬管理逻辑是"左"倾理论的俗套，在人性化管理的今天早就应该被扬弃。再说，指望从职工的钱袋里抠出可怜的散碎银子盖楼、买设备，那是杯水车薪的营生，是穷途末路的表现，绝不是大家的手笔，也不能真正解决问题。真正优秀的领导是绝不会这样以"钱"为本，而无视职工的根本利益的。

二、高等职业教育生态管理的整合对策

高等职业教育管理生态环境存在的诸多问题，必须通过教育生态化管理的改革创新来加以解决。即以生态化的视野和理念，去协调学校的各项管理工作，最优化地处理管理过程中出现的问题的目标和策略。教育生态化管理是以学校为生态单元，依据生态学原理，对学校实施生态化管辖和治理的一种管理样态，目的是要实现管理的生态化追求。这里仅就上述问题，有针对性地提出对称性管理、竞争性管理、人本化管理、激励性管理四种生态化管理整合对策。

（一）对称性生态管理整合

对称性生态管理讲的是管理的对称、对应的定位整合。所谓对称性生态管理，是说学校的管理要权力分层、职能分解、功能分类，要各司其职，定位清楚，所做的工作要与自己的管理职责、职能相对称、对应。要

管住行政权力越位"有形的手"，院级领导所应具备的三种能力是战略思考与规划能力、资源整合与运作能力、动态管理与协调能力，他们的职责在于确定一个团队的努力方向和价值追求，实施正确的精神引领，保证"做正确的事"，从事务性管理逐步走向战略性管理，从局部性、适应性管理走向整体性、前瞻性管理。优秀的领导富有远见，志存高远，真诚地欣赏他人的同时，乐于为别人的成功喝彩，给他人的发展留有空间。他从不矫情伪饰、装腔作势、专权恣肆，不随意插手和"庖代"一些具体琐屑的工作，以免影响部属工作的正常开展，甚而使他们无所适从。他谦和平易、作风民主、富有亲和力。他能够应对各种压力，善于追新求变，具有开拓精神，具有构建"双赢"局面的能力。各级管理机构的职责是"正确地做事"，强调做事的规范和程序的合理性。因此，要按照领导部署和部门职责，提高工作任务落实的执行力，出色地完成管理的本职工作。对称性生态管理意义在于：①调动群体的管理智慧和工作积极性，形成"事事有人干，人人能干事"的工作局面。②保持良好的管理秩序，使系统的运行有序、高效。③放手、分权、信任的管理导向，有利于管理职能部门，强化责任意识，不依赖、不扯皮，独立地、创造性地开展工作。

（二）竞争性生态管理整合

竞争性生态管理讲的是生态化管理与竞争机制的整合。我们所处的时代是一个强手如林、充满竞争的时代，是一个日新月异、你追我赶的时代，是一个大潮涌动、不进则退的时代。时代转换、社会转型、经济转轨以及市场经济体制的建立，使计划经济的垄断教育转为市场经济的竞争教育。教育发展的生态环境有了本质的改变，这就要求教育管理模式要积极顺应和跟进这种变化，实施竞争性生态管理。竞争性生态管理是以竞争为手段，调动和激活人的积极性，使他们以高昂的精神、充沛的激情投入工作的一种管理模式。这种管理模式的关键在于营造和创设一种竞争的机制和环境，如教师评优机制、学生选课机制、末位淘汰机制、竞争上岗机制等。这些机制有利于打破稳态化管理"稳而不活，僵而不变"的弊端，提高教学水平、人的素质和管理质量，促成各种资源要素优化组合并发挥最佳效应，从而使学院的发展充满生机和活力，并真正成为教育竞争的优胜者。

竞争性生态管理的巨大作用在于，它能使每一位参与竞争的主体产生压力，强化动力，激发潜力，形成活力。竞争能带来压力。它能带给人一种惶悚、警醒的内在压力，使人破除惰性积习，改变疲沓作风，兢兢业业地做好工作。竞争能强化动力。优胜劣汰的现实、不进则退的法则，逼迫你不敢懈怠，始终处于"充电"状态，如拧紧发条的时钟不知疲倦地奔赴新的前程。竞争能激发潜力。竞争是能力的 PK、智慧的较量，有时非常激烈，甚至残酷，非倾尽心智、激活潜能不能制胜。竞争能形成活力。压力的逼迫，动力的驱使，潜力的释放，使得竞争往往成为活力的源泉，能点燃人的工作激情，提振人的精神风貌，升华人的忘我境界，使工作始终在快节奏中高效运转。

（三）人市化生态管理整合

人本化生态管理讲的是生态化管理与"以人为本"的理念和实践的整合。人本化生态管理，即以人为本位，把人放在根本的位置上考虑各种管理问题，显示出一种人性化的基本立场和倾向。

1. 倡导非强制性的"柔性管理"

柔性管理是在顺应人们心理和行为规律的基础上，通过非强制性的手段，把管理者的意志变为人们自觉行动的管理方法。它拒绝强制粗暴，远离独断霸蛮，反对居高临下，不主张用刚性管理的强制办法压服，而主张通过教育、协调、激励等柔性方式，启发人的认同、接受，并自觉地加以执行。这就要求我们要"下大力气加强管理者'非权力影响力'的内功修炼，努力做到：用文化的力量陶冶人，用思想的力量感召人，用人格的力量感染人，用情感的力量感化人，用智慧的力量启迪人"①。

2. 把握柔性管理的技巧方式

一要善于说服。说服，是"有目的性地支配他人的力量"，是柔性管理最常用的一种"常规武器"；说服是不露痕迹的心灵交融，是没有距离的平等沟通，是熨帖舒心的思想浸没，是心心相印的精神往复。二要投入真情。人不仅是理性的载体，也是情感的产物。人本身就是父母情感对撞、精血交融的结晶，可以说情感是人与生俱来的一种禀赋，是人性中最根本、最重要的特质。柔性管理倘能从这里切入，平等沟通，坦诚交流，真情投入，往往事半功倍。三要喻理计利。喻理就是我们通常所说的晓之以理。计利，就是站在被管理者的立场，设身处地地替他人考虑、着想，

---

① 王继华. 校长职业化释要［M］. 北京：北京大学出版社，2003：6.

晓以利害。计利说服的关键在于，要使对方感到并认同你所希望和要求他做的也是他自身的利益所在。这样；无须多费唇舌，也许只消一句话，就可以打动对方的心坎，一拍即合，一语见效。柔性管理的技巧还有知彼、诚信、理解、尊重、宽容等。

3. 给教师一定的自由度

教师是一种富有创造性的职业，他们的劳动时间具有"全天候"性，很难用上下班来严格界定，因而其学习、备课、科研等都要求时间和空间的非限制性，这样才有利于他们高效率、创造性地工作。马克思曾经指出："时间实际上是人的积极存在，它不仅是人的生命尺度，而且是人的发展空间。"因而，教师尤其是高校教师管理，绝对不宜采用"坐班制"等禁锢化的管理模式，而要让他们自己管理空间和时间，有一定的自由度和成长的机会，这样才能使教师的积极性和创造性得到充分的发挥。

（四）激励性生态管理整合

激励性生态管理讲的是生态化管理与激励机制的整合。激励性生态管理是一种用物质和精神的激励方式肯定教职工为学院发展所做出的贡献，所实施的一种旨在激励的生态管理方式。

1. 用好薪酬"杠杆"

薪酬是衡量人的工作付出所支付的一种酬劳，它是与人的切身利益和生活质量密切相关的货币回报。尽管高等职业教育总体投入不足，运作艰窘，但也不能成为我们压低本来就处于高等教育低位水平的职工薪酬的理由。马克思早就说过："人们奋斗所争取的一切，都同他们的利益有关。"追求、维护和实现自身利益是人的本能，是人类行为的强大动力，因而决不能压低和牺牲职工的工资待遇来谋发展，恰恰相反，还要随着学院的发展水涨船高。拉布吕耶乐说："成功的最佳捷径是让人们清楚地知道，你的成功符合他们的利益。"如果学校的规模扩大，收入增多，而职工的收入却没有相应提高，他们就会感到学院的发展与己无关，就会变得冷漠、疏离，甚至混事。值得注意的是，运用薪酬激励不是"撒胡椒面"，那样往往没有任何激励效果，而且还会把人的"胃口"吊高，导致欲望膨胀。因而，要打破平均主义的"大锅饭"所抹杀的人力资源的价值差别，对多干事、能干事、干成事的优秀人才要有一种补偿机制、倾斜措施。真正实现优劳优酬、优绩优酬的分配原则，充分调动广大教职工，尤其是优秀人才的积极性和创造性。①

2. 重视精神"能源"

激励性生态管理还要重视精神"能源"的开发。"激励的背后一定要有价值负载，有精神内涵，这样才能产生激励效应。"② 精神激励的方式很多，如评优奖先、理解重用、先机培训、表扬肯定、关心尊重等。用好这些激励手段，满足人的多元化需求，与物质激励形成互补，就能创造更好的生态环境，激励人们为学院的改革与发展努力工作。

总之，生态化的高等职业教育院校管理，必须坚持以职能为取向，以竞争为核心，以人为本位，以激励为原则的整合策略，只有这样，才能创生良好的管理生态环境，实施生态化的科学管理，为高等职业教育院校的可持续健康发展铺平道路。

第三节
高等职业教育与制度生态环境的整合

一、高等职业教育制度生态环境的内涵与特征

什么是制度？《辞海》解释："制度是要求成员共同遵守的，按一定程序办事的规则或行为准则。"诺思认为："制度是为约束在谋求财富或本人效用最大化中个人行为而制定的一组规章、依循程序和道德伦理行为准则。"③ 制度是人类活动的行为规范体系，是带有管束特征的行为框架，是组织管理意志的体现。国内也有研究者认为："职业教育制度指人们自觉制定的并要求社会成员共同遵守的职业活动的规范体系……是确保技能

---

① 张健. 高职院校人才流失归因及其防范 [J]. 中国高教研究，2005（8）：62.

② 陆建明. 企业激励机制的人性观 [J]. 滁州职业技术学院学报，2010（3）：49.

③ 道格拉斯·C. 诺思. 经济史中的结构与变迁 [M]. 厉以平，译. 北京：商务印书馆，1992：195-196.

型人才培养质量的重要保证，是制约职业教育发展的极为重要的因素。"①若从分类视角对制度加以考察，将更有利于我们对制度外延的把握。

从制度所由出之的主体看，可分为国家（政府）、团体和个人三个层次。从制度的格局和适用范围看，可分为宏观层面的，如国家层面的职业教育办学体制、职业教育管理体制、职业教育经费投入体制、职业教育政策法规等；中观和微观层面的，包括职业教育产学合作制度、职业资格证书制度、学校的规章制度、"双师型"教师制度、学生管理制度等。从制度的地位角度看，可分为职业教育基本制度和职业教育从属制度。基本制度是带有基础性和根本性的制度，如《中华人民共和国职业教育法》《国务院关于大力发展职业教育的决定》、职业教育的办学体制或制度等；从属制度是职业教育基本制度的表现形式或实现形式，是指为了贯彻基本制度而制定的一系列具体制度。由制度的性质和分类不难看出，高等职业教育制度生态环境是由已在的教育制度供给而形成的影响教育存在、发展和运行的一种规范体系和制度安排。制度生态环境的作用或功能在于，增进职业教育活动的秩序，减少职业教育活动的交易成本，激励和约束职业教育利益相关者，营造职业教育发展的环境。②

高等职业教育制度生态环境的特点：一是规范性。规范性是职业教育制度的核心价值，制度制定本身的目的就是规范高等职业教育办学的秩序，规范人们相互交往的"游戏"规则，节约和降低社会行为的角色成本，从而保障职业教育能够在一种规范有序的生态环境中健康运行。二是保障性。任何制度的制定都是服务于一定的目标实现，具有自身的价值取向的。职业教育制度的制定就是通过规范、约束、激励、引导、调节功能的实现，保障职业教育活动的顺利开展，为职业教育的可持续发展营造良好的生态环境。三是配套性。配套性是指制度与制度之间形成的不同层级、功能互补、结构完善的相互关系。良好的制度生态环境不仅要重视结构性配套，还要重视功能性配套，即它必须有法律层面制度（制约功能）、政策层面制度（导向功能）、操作层面制度（规范功能）、实践层面制度（落实功能）。这样形成配套整合体系，彼此支持，相与为用，才能产生行

---

①② 董仁忠. 职业教育制度论纲 [J]. 河北师范大学学报：教育科学版，2008 (3)：116，118－119.

之有效的预期效果。四是稳定性。高等职业教育制度生态环境还应该具有稳定性的特征，而不能朝令夕改，变化无常。因为只有稳定性的制度，才便于人们依循执行，才能在范围、程度和层次上成为人们共同接受和认可的做法，产生共同的意识和认同的理念，久而久之，经过无数次重复后，就将演变成人们的价值观、思维方式、生活方式和工作方式，内化到人们的心灵之中，成为有利于高等职业教育发展的文化氛围。

二、高等职业教育制度生态环境整合的问题观照

客观地说，近十年来，随着经济的不断发展及国家对职业教育的日益重视，高等职业教育的制度生态环境也日益向好，主要表现为制度不断健全，政策不断完善，管理不断规范，环境不断优化，为职业教育的快速发展起到了良好的规范、引领与促进作用。但以良好的高等职业教育制度生态环境标准和整合的要求，即文本性与实践性的统一、基本制度与配套制度的统一、公平性和效率性的统一、科学性与执行性的统一来衡量和审视当下高等职业教育制度生态环境，还存在不少问题。

（一）制度与实践的整合：文本的繁荣与实践滞后的反差

职业教育制度生态领域存在着文本的繁荣与实践的滞后的矛盾，表现为在我国经济和社会快速发展以及大力发展职业教育呼声日炽的背景下，职业教育的制度主体也以积极的姿态高调介入。无论是国家层面、各级政府层面还是教育管理部门层面、学校层面，都出台了大量的职业教育制度文本，表现出对职业教育高度重视的态度。但制度文本的繁荣并不能掩饰实践滞后的贫困，一旦涉及制度规定的经费投入、基地建设、证书制度、就业政策等实质性问题落实时，就容易出现推诿责任、规避矛盾的现象，暴露出"口惠而实不至""有令不行"的本真面目。整合不力的"两张皮"问题依然十分突出。所以，这种表面化、仪式化、应景化的虚假的制度文本的繁荣，并没有给高等职业教育的发展实践带来实质性的改观和"利好"，只是一张吊人胃口的难以兑现的支票。

（二）制度的配套整合：基本制度与配套制度的疏离

基本制度是带有基础性和根本性的制度。这样的制度往往从宏观层面

和顶层高度明确职业教育发展的大政方针和发展方向，具体的贯彻实施往往还需要配套制度跟进。所谓配套制度，是指与上位的基本制度相互呼应、匹配、整合与支持的下位的从属制度，是用于具体落实和践行基本制度的贯彻意见与实施办法。比如，《国务院关于大力发展职业教育的决定》强调："大力推行工学结合、校企合作的培养模式"，"加强'双师型'教师队伍建设"。但一直以来并没有与之配套的《校企合作、工学结合的暂行办法》和《双师型教师认定及管理办法》出台，这就使得这些基本制度中真正惠及职业教育的规定难以有效贯彻落实。再比如，我们羡慕并学习德国"双元制"的教育模式，但却缺乏实施的历史文化和制度环境，也缺乏法律基础。也就是说，我们虽然引进了发达国家先进的职业教育模式，却并没有与其配套的完善的法律体系作为支撑，没有学到他们相应的立法经验，因而对"双元制"的教育模式的学习，始终因缺乏配套的法律保障和制度环境，而难以真正转化为本土化的经验并被广泛推广。

（三）制度的公平与效率整合：制度公平性的迷失与效率性的低下

公平与效率是衡量一个国家教育发展水平的重要指标。"教育平等的完整内涵包括四个方面内容：一是人即目的，这是思想前提；二是教育权利平等原则；三是教育机会均等原则；四是差别性对待原则。"[①] 其中，教育过程中机会均等原则，反映了社会成员具有分享社会发展成果的平等权利，其主要表现是对不同类型的学校提供与其需要相一致的经费、设备、教师、课程及期望目标等。但就高等职业教育制度生态环境的实际状况看，并没有享受到这种平等的权利。比如，高等职业教育作为一种办学成本高的"富贵"教育，有研究表明：理论上它所需要的投入应当是普通高等院校的 2.64 倍，[②] 因而其办学经费理应按其成本相应投入。但现行的制度安排却是政府尽量不投入和少投入，而是采取高收费的政策，让经济承受能力相对较低的高等职业教育学生群体在"市场化"的道路上先行，造成学校之间的竞争不能处在同一公平的平台之上。这样的制度设计显然是有违公平的。再就教育资源的占有情况看，到目前为止，许多综合性大

---

① 张社字. 教育平等视野下的职业教育制度创新 [J]. 教育发展研究，2003 (11)：80-82.

② 匡英. 比较高等职业教育：发展与变革 [M]. 上海：上海教育出版社，2006：237.

学和本科院校都"插足"高等职业教育领地,通过不断扩张,挤占高等职业教育的地盘和生存空间,大量生源被"傍大款"的职业院校或二级学院所吸引而流失,对独立设置的高等职业教育院校形成极大的冲击。可以肯定的是,高等职业教育院校的办学困境在很大程度上与这种制度导向上的偏差有关。令人不解的是,教育主管部门一方面要求高等职业教育院校要安于其位,努力作为,办出一流,不要这山望着那山高,老是想着升本;另一方面却又放任本科院校不安其位,僭越、"出格"。我们认为,这种在多元办学、扩大资源的旗号下因校而异的二元化政策,是不利于营造公平竞争、有序发展、良性双赢的教育发展环境的。由此所造成的高等职业教育的办学困境和效率低下的现实,是值得教育决策主管部门反思的。

(四)制度的操作性与可行性整合:制度的操作性缺失与执行性的难为

高等职业教育制度的操作品质缺失,是其生态环境病态的又一"症状"。比如,1996年国家颁布的《中华人民共和国职业教育法》,是我国职业教育发展史上的重要里程碑,标志着职业教育走上了依法治教的发展轨道。但"就职业教育法而言,还基本属于'宣言性'立法,法律条文多为原则性的规范,缺少法律应有的强制性效力,无论是从实体上还是程序上都缺少可操作性,因此一直停留在文件里和字面上"①。教育制度的操作性缺失遮蔽了教育制度的实践性本性。

可见,这种流于形式的制度文本是影响当下高等职业教育发展环境的最大流弊,造成了执行上的难为和无为。一是制度文本的刚性制约不够。如企业作为职业教育链上的相关利益者,理应对职业教育发展负有法理责任和支助义务。再如,接纳学生实习和教师实践或以不同的形式支持学校办学,而许多企业就是不买账,法规制度也无能为力、形同虚设。二是制度的效力层次太低。许多制度的出台多是以"决定""意见""办法""通知"等形式出现,效力层次太低,刚性规范不足。而且往往只有规范内容而没有规定法律责任,致其变成了口号式、宣言式文件。三是"有制度却没约束"。一些政策的好"经"即便被歪嘴的和尚"念歪",也是听之任之,没有人追究处罚,当然也就根本无法落实。四是执行力不强。任何好的制度都需要人去贯彻落实,如果人的能力不支持,执行力不强,就会造

① 张社字. 我国职业教育政策的效度分析 [J]. 教育与职业,2006 (32): 7-8.

成贯彻不行、落实走样，使好的政策徒有其名而难副其实。

三、高等职业教育制度生态环境的整合与创新

优化高等职业教育的制度生态环境，一要根据理想的生态制度样态，进行积极建构；二要针对存在的有关问题进行改进、整合和创新，或有针对性地治理，这样才能补偏救弊、调整充实，完善高等职业教育的发展环境。

（一）研究制度缺失状况，做好制度、法规整合的补缺补差工作

高等职业教育制度生态环境建设总体来说是不断进步的，但还留有很多"死角"，体系建设还不够健全，制度包括法规建设还存在不少空白，因而必须加大制度建设、体系完善的整合力度。美国经济学家康芒斯认为，在现代社会中，有法律、经济、伦理三种利益协调方式，其中法律制度最为重要，它是国家调控和管理职业教育的有效手段，也是政府角色的最鲜明体现。如前所述，德国的"双元制"模式成功的重要因素之一就是法律环境的建设，而在这方面，我们的法律制度建设十分缺位，使对企业在职业人才培养中应负担的责任规定缺乏强制性，由此造成了企业参与校企合作、工学结合的压力、动力和热情不高，企业与职业技术教育结合的优势并没有发挥出来。因而，首先，必须要研究并学习那些高等教育已进入普及阶段和职业教育发展特色鲜明、成效显著的国家所出台的各项政策、制度、法规，并结合自身实际，尽早出台与我国职业教育发展相适应的本土化的职业教育制度、政策、法规，以弥补历史"欠账"。其次，要从制度层面尽快解决高等职业教育办学体系不健全的问题。随着高等职业教育的不断发展，当前迫切需要解决的就是高等职业教育向本科、硕士、博士教育高层次延伸的问题，以完善现代职业教育体系。改变人们印象中高等职业教育是专科教育的低端，是没有出路的"断头"教育的观念，进而提升高等职业教育的吸引力，为高等职业教育的可持续发展营造良好的体制环境。

（二）注重制度的配套跟进，形成完备的制度体系

一个良好的、完备的制度生态环境，应该是由宏观、中观、微观三个层面的制度相互支持、彼此整合配套而形成的完整的体系建构。宏观把握

方向，中观制定规则，微观执行落实。现在的问题是，虽然宏观的大政方针、政策方向是明确的，但中观跟进不力，微观无所适从。如《国务院关于大力发展职业教育的决定》提出了"以服务为宗旨、以就业为导向"的办学指导方针，明确了职业教育要从计划培养向市场驱动转变，从政府直接管理向宏观引导转变，从传统的升学导向向就业导向转变，这些基本制度设计为职业教育的今后发展指明了方向，明确了目标，勾画了蓝图。但就各省市的具体规则和各院校的落实举措来看，都流于虚妄。因而，第一，一定要重视实施机制和配套制度的建设。实施机制是为了保证职业教育制度的成功实施而建立的运行机制，如为了保证职业院校人才培养的规格质量而制定的人才培养水平评估制度，国家为了鼓励企业投资或支持职业教育而实行的税收优惠政策。这些单项的实施机制是制度整合配套的重要组成部分。第二，制度配套要有自主创新意识。不能各省每校都按照一个思路、一种模式来运作。那样呆板单调，特色消泯，还难免会落入同质化竞争的陷阱。第三，出台配套性的制度和规定，为宏观政策贯彻实施提供可操作性的依循。堵住行政操弄、权力运作失范的漏洞或行政不作为的借口，使高等职业教育院校的管理运作进一步科学化、规范化、高效化。第四，学校层面要结合各校实际，在微观落实的制度建设上下功夫，要针对上位的宏观政策、配套的中观政策，创造性地出台保障落实的制度、办法，制定行之有效的方案和行动。这样形成"三位一体"的整合配套体系，才能真正保证政策实践的有效性。

（三）调整不当制度，保证高等职业教育公平发展环境

作为一种新兴的"另一类型"的教育，高等职业教育与普通本科教育相比，还存在着基础薄弱、条件落后、师资不强、经费短缺、设备不足等诸多问题。根据教育机会均等和差别性对待原则，理应以高等职业教育的对象、特点及规律来要求和看待高等职业教育，并对高等职业教育扶持倾斜。但现实却是以普通本科绑架高等职业教育，往往以普通本科的标准来衡量和评判高等职业教育，对其歧视有加。而"三不一高"的高收费政策，更是将高等职业教育吊在了"质次价高"的尴尬地位。这种相互抵牾的政策矛盾，使高等职业教育公平发展的环境遭到践踏。不仅如此，普通本科教育还"插足"高等职业教育，与高等职业教育争夺资源和发展空间。生态学中有一个生态位理论，说的是每一个物种都有自己特定的空间

环境地位和所处的位置，没有两个物种可以稳定地占据同一生态位。因为生态位关涉食物链和生存资源的占有。一般说来，在某一资源维度上，一个物种能够占有一定的生态链位置，如果生态位重叠，同一生态位上的物种之间会展开激烈的正面竞争，血拼和厮杀。① 只有当资源特别缺乏的情况下，才会造成生态位的泛化，即需要增加生态位的宽度，以便保证生物的适应性生存。这时种间生态位边界就会变得交叉、模糊。

问题在于本科院校与高等职业教育院校并不处在同一生态位，他们的生存环境比高等职业教育要好得多，为何还要"插上一杠子"，与高等职业教育争资源、争发展空间呢？要说为了促进竞争，全国 1 321 所同类高等职业教育院校之间的竞争已经狼烟四起、颇为激烈了。要说为了增加资源，当然有这样的正面作用和积极意义，但我们也要看到增加资源的同时，也是在抢夺资源，也是在分散办学精力、耗散资源优势，得失相较、利害相权。因此我们认为，还是应该安于其位，减少生态位重叠，办优、办大、办特、办强本科，巩固自己的生态位为好。我们不赞成本科办高等职业教育，认为应当"本退专进"或"本退民进"，纠正不当的政策投放，优化整合高等职业教育的发展环境。

（四）强化制度落实的监督、惩处，确保制度执行到位

制度是管束和规范人行动的体系，它是指向实践和行动的。对于一个制度问题的答案总是指向"我们应当做什么"或"怎样做"，而不是简单地提出"我们知道是什么"。也就是说，制度的价值取向，是靠行动、靠实践的有效性来保证的。但问题是，我们却常常将制度问题归为理论范畴，而忽略其行动层面的意义。这种思想上的迷误，往往直接导致制度执行的不力。

我们认为，提高高等职业教育制度实践的有效性，必须要强化制度的执行、监督、激励、惩处的整合力度。一要求真务实，夯实执行操作的基础。教育制度要能够切实推进并解决高等职业教育发展过程中的实际问题，如资金投入不足的问题、校企合作低效的问题、人才培养质量不高的问题等。它一定要有作为性、实用性，而不能成为"文牍"，成为纸上谈

---

① 张健. 高职教育发展的风险管理与可持续发展研究 [J]. 职教论坛，2009（10）：18 - 23.

兵的东西。二要善于协调冲突，提高政策执行的意愿。任何制度的出台，都必然要触及不同群体的利益，当制度的多边主体把不同的价值追求带入执行过程，必然会产生冲突。如学校和企业是不同利益的异质主体，企业是创造利润的组织，学校是培养人才的机构，当我们要求校企合作或企业应当支持职业教育，就有可能与企业的利益发生冲突，这时就需要政府出面进行协调，以制定双方都能接受而又乐于执行的文本制度。三要强化制度落实的监督、激励与惩处，保证制度执行的到位。有了好的制度，还要有保证落实到位的机制。这就要求做好监督、激励与惩处工作。监督即对制度的执行落实要跟踪问效，严格考评，不能有想法没做法、有上文没下文，而要实施管理问责，重实干、求实效，扭住落实不放松，一想二干三成功。对于执行落实好的要予以激励奖优，对于执行落实不力的要予以惩处，这样使大家时刻都绷紧责任这跟"弦"，高度负责地做好工作。

第四节
高等职业教育与质量生态环境的整合

一、高等职业教育质量生态环境的内涵与影响因子

高等职业教育作为高等教育的重要组成部分，其质量必然体现在人才培养、科学研究和社会服务三项职能上。其中，人才培养质量是高等职业教育质量的核心。因而，我们主张把高等职业教育质量定义为：人才培养的过程及培养出的人才符合社会期望的程度。这种质量是以人才培养目标——高素质、高技能人才为衡量准则，判定其在多大程度上实现了这一目标。高等职业教育质量目标的实现不是一种孤立的行为、活动，它必须依靠生态环境系统的支持。这种环境系统主要是指与高等职业教育质量生成有关的、能够影响质量状态及变化的一切情况和条件总和。这里我们不妨把影响教育质量的"各种情况和条件"称为环境因子或质量要素。应当指出的是，影响高等职业教育质量的因素是多方面的，"在高等教育过程

中，所有的生态因子、功能和活动都对高等教育质量产生影响"，① 因而必须重视质量与这些因子和要素的整合。

（一）主体因子——教师与学生

在主体因子中，教师作为知识和技能的占有者、传播者和创造者，其水平高低对高等职业教育质量起着举足轻重的作用。换言之，只有高水平、高技能的教师，才能组织和实施高质量的教育活动，才能培养出高素质、高技能的学生，真正使教育质量有所提高。正如美国教育家博比特（Bobbitt）指出的："教育的品质是教师品质的反映；没有好的教师，不会有好的教育；如果教师素质精湛，即使存在教育体制不够理想，教育经费不敷支出，课程编制失当，教材内容欠佳，教育设备不全等缺点，也能因教师的努力克服，而逐一获得补救。"② 可见，教师作为影响质量生态环境的主体因子，其知识水平、技能素养在人才培养过程中发挥着能动的主导作用。另外，学生作为影响教育质量主体因子的有机组成部分，其入学水平、学习动机、勤奋程度、智能特长、内因效能等对教育质量的影响也是不言而喻的。

（二）载体因子——课程内容

课程内容是学生在校学习期间，为未来从业需要所要学习的知识、经验和技能的总和。作为学生学习的载体形式，课程内容选择的质量直接影响到教育的质量，对高等职业教育来说尤其如此。一方面，人类认识经验的无限性与课程内容有限性的矛盾，要求高等职业教育必须自觉地从多而博的文化科学知识中选择少而精的东西，即具有"举一反三"效应的核心关键知识，通过重构而编制成课程。对于高等职业教育课程理论知识来说，没有少而精，就没有课程。尤其对高等职业教育学生来说，不能像本科那样追求"深而专"的内容，而应该精选"必需、够用"的知识，向"宽而博"切换。另一方面，从知识的类型看，经济合作与发展组织在1996 年发布的《以知识为基础的经济》中将知识分为四种类别：知道是什么的知识，常指信息；知道为什么的知识，常指科学理论；知道怎样做

---

① 贺祖斌. 高等教育生态论［M］. 桂林：广西师范大学出版社，2005：162.
② 谷贤林. 比较视野中的中国一流大学建设［J］. 比较教育研究，2001（5）：12.

的知识，常指做事的技艺和能力；知道谁有知识，涉及谁知道和谁能做的知识。① 对于高等职业教育来说，最重要的是"知道怎样做的知识"，并辅之以一、四两类知识。反之，如果把第三类"科学理论"知识作为课程内容的重点，就必然误入学科化教学的误区，产生"淮橘化枳"的错位效应。

高等职业教育课程内容的整合选择，应遵循课程论专家塔巴提出的六项准则：①内容的有效性和重要性；②与社会现实的一致性；③广度与深度要平衡；④提供广泛的学习目标；⑤以学生现有的经验为起点、以生活经验为桥梁，考虑学生经验的可习性和适应性；⑥适应学生的需要和兴趣。②

（三）条件因子——投入与办学条件

条件是事物存在和发展的前提。影响高等职业教育质量的条件因子体现在教育经费投入和办学条件两方面：一方面，教育经费是"国家和各级政府部门的财政预算中实际用于教育事业的经费，以及社会各种力量和个人直接用于教育的费用"，③ 教育经费投入是教育生态存在、运行和发展的基础，因而国家对于教育经费的投入量以及教育投资结构合理、平衡与否直接影响高等职业教育质量的高低。另一方面，办学条件的优劣也直接影响高等职业教育质量的高下，如教师与学生比、基础设施条件、生均建筑面积、图书资料指标、实验实习实训设备等，都是影响教育质量的条件因子。叶澜认为："在教育物质低于基准线的情况下，学校就成为教育活动能否发展的决定因素。但是，如果这个基本要求已经达到，那么，教育物质的改善只是有利于教育质量提高的重要条件，并不能对教育活动的开展起决定性作用，也不是学校水平或教育质量的根本标志。"④ 高等职业教育作为近几年强势崛起的"另一类型"的教育，其投入和办学条件都还存在很多问题，在一定程度上已成为制约教育质量提高的严重"瓶颈"。

① 薛澜，杨宏进. 以知识为基础的经济 [M]. 北京：机械工业出版社，1997：16.
② 周海涛. 大学课程研究 [M]. 北京：中国社会科学出版社，2008：17.
③ 李冀. 教育管理词典 [M]. 海口：海南出版社，1997：248-249.
④ 叶澜. 教育概论 [M]. 北京：人民教育出版社，1991：21.

（四）管理因子——制度、方法与人员

质量生态环境中的管理因素对高等职业教育质量具有制约、规范、监管和控制作用。首先，制度要素。制度是人类活动的行为规范体系，是"为决定人们的相互关系而人为设定的一些制约"。建立教育管理的各项规章制度，有助于教学活动的科学规范健康运行，从制度上保证人才培养的质量。其次，人员要素。制度是由人制定和执行的，因而教育管理人员的素质、工作态度、工作能力直接关系到管理水平和工作成效、关系到教育教学和人才培养质量。再次，方法和手段。教育管理的方法和手段是否科学，也是影响教育管理效率高低的重要因素。科学的方法和手段能够提高教育管理的质量和效率；反之，低劣的管理手段和方法则会降低教育管理的质量和效率，甚至事与愿违，适得其反。

二、高等职业教育质量生态环境的问题梳理

（一）发展过速：生态承载力严重超支

生态承载力是指高等职业教育资源与环境所能承受和负载的保证相应质量目标和发展规模的容纳能力。当教育发展超出生态承载力极限阈值时，就会导致系统风险发生。我国高等职业教育院校的发展经历了先慢后快的发展历程，1980—1998 年的近 20 年，全国普通高校中独立设置的高等职业教育高专院校仅有 432 所，而在其后的十年间，独立设置的高等职业教育院校的数量却以每年 20%～40% 的速度迅猛增长，2008 年已达到 1 186 所。高等教育毛入学率由 1996 年的 6%，到 2002 年的 15%，再到 2006 年的 23%，短短几年时间就翻了 4 倍多，创造了世界高等教育的发展的奇迹。而综观国际高等教育的发展进程，美国用了 30 年才成为世界上第一个进入大众化阶段的国家，日本、韩国、巴西分别用了 13 年、15 年、25 年时间实现高等教育毛入学率从 5% 到 15% 的飞跃。[①] 由于发展过速，资金投入不足、教学资源短缺、师资队伍匮乏、教学质量低下、学生就业率不高等生态风险问题已严重困扰着我们。据调查，2008 年，我国

---

① 贺祖斌. 高等教育生态论［M］. 桂林：广西师范大学出版社，2005：68.

中等职业学校师生比为 1∶24.54；高等职业教育学校师生比为 1∶27.93。而从我国职业教育的现状看，师生比的应然水平应该是中职学校 1∶16，高等职业教育学校 1∶15。[①] 显然，这样的生师比以及由此带来的班级规模的极度扩张，必然造成教学质量下降，影响高等职业教育人才培养的质量。

（二）师资失能：质量生态保障遭遇挑战

师资作为质量生态环境的主体因子，是高等职业教育质量保证体系的重要一维。但就当下高等职业教育教师队伍知识结构和能力现状看，还存在不少问题。一是教师知识结构不合理。我们的教师大多是学科体系下培养出来的，往往理论知识有余，而实践技能不足。而这对于培养以实践能力见长，集职业性、技术性、应用性于一体的高技能人才，显然是无法胜任的。二是师资队伍结构不合理。教育部办公厅拟定的《关于加强高职高专教育师资队伍建设的若干意见（讨论稿）》明确要求"具备双师素质的教师数在 2005 年达到专业教师总数的 80%"，而实际情形距离这一目标相去甚远。国家行政教育学院的一项调研表明：高等职业教育院校来自实践第一线的"双师型"教师比例平均为17.2%，具有"双师"素质的教师比例平均为 45.7%。[②] 而且由于师资普遍短缺，教师工作量超负荷严重，能够坚持教师到企业实践制度，送教师出去进行技能培训的也十分寥寥，"双师型"教师队伍建设推进缓慢，学生培养技能性的要求与师资失能性的矛盾非常突出，这也大大制约了教学质量水平的提高。

（三）专业同构：就业生态质量深陷尴尬

专业是学校人才培养的学业平台或课业载体，它是教育质量保证的重要生态环境，是人才培养和社会需求之间最基本的结合点。专业设置是否适需对路，直接关系到社会对培养人才的认可及学生就业。但就当前专业设置的现状看，却存在着趋同、重构"同质化"现象严重的倾向。如安徽省有 42 所高等职业教育院校同时开设电子商务专业，有 24 所学校同时开设数控技术专业，而且这些名称一样的专业也没有细分专业方向，实行错

---

① 邓泽民. 加强师资队伍建设提高职业教育质量 [N]. 中国教育报，2009 - 11 - 02 (7).

② 王保华，从春侠，等. 高等职业教育：现状与对策——对 102 位高等职业教育院校工作者问卷调查的分析 [N]. 中国教育报，2007 - 02 - 15 (3).

位培养，导致学生质量差、就业难。① 此外，专业设置还存在的"一个突出表现就是专业设置与产业结构不对应，课程体系与行业标准不衔接，岗位技能与企业需求不适应，造成高等职业教育毕业生在就业市场中被接受度和具有的竞争力较低。据调查，某一工科高等职业教育院校于 2003 年开办了经济信息管理专业，开设了经济法、国际金融、市场调查与预测、管理信息系统、经济情报分析等 10 门专业课程。由于职业岗位针对性不强，导致课程设置主线不突出，面宽而不精，难以形成毕业生的核心竞争力，最终该专业 46 名毕业生，只有 24 人就业"②。就业是对培养质量的终端验收，培养出来的人才推销不出去，是教育的彻底失败，是缺乏质量的根本表现。

（四）实践教学：主导性教学样态反被边缘化

实践教学是提高高等职业教育质量的关键，但实际上被边缘化了。

1. 在认识上，对技术性知识的实践本质认识不清

人们对学科性知识（也称陈述性知识）和技术性知识（也称程序性知识）的特点和差异认识不清、把握不够，总认为系统的学科性知识是学习程序性知识的基础，甚至认为有了理论知识，就能够自动生成能力。教师总是希望学生在进行实践之前先掌握扎实的理论知识，并不断告诫学生"书到用时方恨少"，因而依然偏重理论教学，使高等职业教育教学失去特色。

2. 在实践上，创新缺位的无奈选择

由于高等职业教育办学时间短，适合高等职业教育的能力本位教学体系一时间还不能建立起来，只好在旧的观念轨道上惯性滑行，在沿袭普通高等教育的旧模式中徘徊等待。这恐怕也是高等职业教育办学必然要经历的一个过程。

3. 在操作上，实践课时缩水，技能训练保证不了

这主要表现为理论课、专业基础课教学依然主宰着课堂。虽然教育部

---

① 孔金. 坚持科学发展观促进安徽职业教育又好又快发展［J］. 滁州职业技术学院学报，2008（2）：14.

② 李挥. 质量提高：高等职业教育健康发展的必然选择［N］. 中国教育报，2007-02-26（2）.

提出了理论课"必需、够用"的指导原则，但并没有有效地节制理论课的"出格"和"越位"。2000年《教育部关于制定高职高专教育专业教学计划的原则意见》明确要求，"三年制专业实践教学一般不低于教学活动总学时的40%"，但据我们调查，多数高等职业教育院校实践课开出率都低于这个比例，好一点的也只有30%。① 而"日本的公共职业训练体系一般为两年，每年的标准学时为1600学时。在两年总计3200学时中，68.7%的学时用于实际操作训练，25%的学时用于专门的学科学习"②。通过比较不难看出我们在实践教学上的差距，这也是我们培养出的高技能人才技能不高、质量较差的根本原因所在。高等职业教育若不能改变传统的学科教育的局限，向实践教学回归，并实现知识与能力的统整，必然会造成知识与技能教学的双向失败，培养出"理论不着天，技能不着地"的"失业族"。

三、高等职业教育质量生态环境的整合与优化

（一）规模与速度的整合，在盘整巩固中提高生态质量

我们知道，在自然生态系统中，种群是不可能无限制增长的。同理，高等职业教育的发展规模和数量也不能无限膨胀，它也要受到高等职业教育系统的教育资源、供给能力和发展环境支持状况的制约，其可持续发展能力必须建立在生态系统的资源、环境的持续供给的基础之上，一旦高等职业教育的发展规模超出一定的教育资源和环境的承受能力，高等职业教育的资源供给和再生能力就会受到破坏。因而，大力发展高等职业教育必须要解决好人才培养的生产性和生态性的矛盾，使高等职业教育发展规模和速度始终控制在资源承载的弹性区间之内，保证高等职业教育质量在二者的科学整合中稳步提高。

1. 变快速发展为适速发展

自1998年以来，我国高等教育的增长速度一直保持在20% ~40%高

---

① 张健. 关于"必需、够用"的解读与思考［J］. 中国高教研究，2005（9）：8－11.

② 中华人民共和国教育部高等教育司. 提升内涵：高等职业教育教学与科研管理工作指南［M］. 北京：高等教育出版社，2005：36.

速增长的区间内，近两年教育部已开始控制招生计划的投放量，将增长的速率降至 5% 左右。这是具有积极意义的。我们认为，这种有节制的适量增长，有利于高等职业教育的高位盘整、消化整固；有利于生息涵养，增强实力；有利于科学发展，创优创特；有利于有序竞争，共生共荣。它将给高等职业教育院校提供新的量变积累的机会，再迎接新的质变的到来。

2. 变补偿性增长为适应性增长

高等教育的增长方式可分为补偿性增长和适应性增长两种方式。补偿性增长是指当高等教育在较低起点上，为了弥补差距而采取的快速、急剧的增长方式。我国高等教育 1998—2005 年的快速发展就带有这种补偿的性质。它使我国的高等教育迅速跨越了 15% 的大众化教育门槛，而达到 21%，一举超过世界高等教育发展的平均水平。这标志我国的高等教育已完成了补偿性增长而应该转入稳定增长速度的适应性增长。这与我国现阶段的经济发展水平、教育投入现状和教育生态承载力量能是相适应的。应当说，这种积极主动调整的发展思路，是高等职业教育提升生态质量、实现可持续发展的基础，它可以使系统的教育资源利用达到合理化和最优化，真正实现高等职业教育适速、优效、长期、稳定的发展。

（二）强化双师素质整合，突破质量生态"瓶颈"

教师是教育的第一生产力，是学校发展的资本和核心资源，要提高高等职业教育院校高技能人才培养质量，一定要从教师这一源头抓起，强化师能，努力提升教师的学术、技术、教术的"三术"水平，尤其要重视提高教师的技能水平。这就要求我们以实践能力培养为核心，整合并创新教师的培养机制：第一，国家应确立"双师型"教师专项建设制度，按照鼓励、自愿、引导相结合的办法，在企业、行业、部门建立兼职教师制度，保证其每年用一定时间或三年中有一年时间去职业院校任教，国家给企业和个人专项补贴或进行强制性考核。[①] 第二，提升高等职业教育院校教师引进门槛。普通本科院校毕业生进入高等职业教育院校任教，必须到企业相关岗位工作一年，由国家、企业也包括用人单位承担这一年相应的机会成本。第三，坚决落实企业实践制度，即教师每年应有 1～2 个月以上时间到企业或生产服务一线进行实践，采用岗位培训、挂职实训、定期委派

① 周建松. 高职院校内涵建设研究 [M]. 杭州：浙江大学出版社，2006：68.

的方式，促使教师增加企业实践，丰富企业背景，提高实践技能和经验。第四，借鉴普通高校的访问学者制，实行"访问工程师"制度。鼓励教师到国家级师资培训基地或大型国企进行访学培训，切实提高业务水平和职业技能，培养实践能师。第五，要采取切实措施，提高教师待遇，解除教师工作及生活的后顾之忧，增强吸纳、稳定、凝聚优秀人才的能力，使教师无形的内在精神资源得到充分激活和释放，提高师资资源使用的有形总量，真正建设一支师德高尚、教育观念新、改革意识强、具有较高教学水平和较强实践能力、专兼结合的教师队伍。

（三）构建针对性和适应性相整合的专业生态环境

良好的专业生态环境，是学校开设并供学生选择的针对性、适应性强，有利于学生未来就业的专业机会。这种专业面向，就业前景好，学生学得踏实，动机强度大、兴趣指数高，学生学得自觉、认真、投入，教学质量自然会有所提高。因而，针对当下专业设置与社会经济发展失配错位的弊端，高等职业教育的专业设置应以社会经济发展需要为引领，以反映社会先进技术水平和岗位资格要求为目标，以本地区和本行业发展需要为重点，提高专业建设的针对性和适应性。

1. 以外适性质量观为指导设置专业

房剑森指出，"适应性是高等教育质量的本质"。高等职业教育是与经济和社会发展联系最为直接的教育类型，理应树立外适性质量观，即呼应经济，对接市场，服务企业，并以此为指导设置专业。尽量做到专业与社会职业相呼应，专业与企业需求相对接，专业与就业岗位相挂钩。这样才能保证专业设置的合理对路，提高专业设置的针对性、适应性，才能为学生签下市场这个最大的"买家"。

2. 以就业为导向设置专业

以就业为导向设置专业，要充分考虑生源市场和就业市场，考虑社会需求和考生职业生涯偏好及其学校的办学条件，积极推进订单式教育，这样容易办出特色，提高质量。

3. 加强以职业针对性为目标的课程改革

专业是课程的组织形式，课程是专业的内容构成。因而，提高教育质量还要改变那种依循学科模式，强调课程设置的完整性、系统性和逻辑性，追求对知识的系统掌握的学科倾向，真正回到属于高等职业教育的专业和课程设置的路径上来。高等职业教育专业课程设置应该以职业作为逻辑起点，把职业岗位的需求作为专业及课程设置的依据和基础，把岗位工人的工作任务表作为课程的首要资源，切实加强职业针对性，变"学科本位"为"职业本位"，使课程设置真正有利于学生从业能力培养和习得。

（四）突出实践教学，纠正错位的教学生态环境

实践教学是相对于基础文化课教学、专业理论课教学而言的概念，高等职业教育实践教学是指以培养学生的应用能力和操作技能为核心的实验、实习、实训等教学的总称，它是高等职业教育办学的"重头戏"，是高等职业教育特色兴校保证和提高教学质量的根本，是培养学生实践技能和创新品质的关键。而突出实践教学要求做到理念转变、课时保证、充分实训三者的切实整合。

1. 转变理念是前提

高等职业教育不同于以掌握符号知识为目标的普通教育，它是一种定向明确的从业准备教育，其所培养的学生必须能够有效地完成工作任务。对职业教育来说，更多的是关注学生"会了什么"，而不是"知道了什么"，这里"会做"比"懂得"更重要。因为在他们今后的工作中所依赖的知识大部分是实践知识，理论知识也只有转化为实践知识后，才能被运用到工作中去。①

2. 课时保证是基础

课时是对课程的教学时数的指称，它是保证学生技能习得的前提基础，彰显以实践为重点和核心的高等职业教育课程取向，要针对理论课越位和扩张、实践课严重缩水的反常现象加以治理，使两类课型的比例回到教育部设定的科学的比值范围之内。即理论课要做"减法"，实践课要做"加法"，"减"是为了"加"，"加"是为了彰显特色，为了实现"另一类型"的教学需要。

3. 充分实训是支撑

高等职业教育不同于普通高等教育的学科本位教育，它是"能力本

---

① 石伟平，徐国庆. 职业教育课程开发技术［M］. 上海：上海教育出版社，2006：8.

位"教育，所学习的多为程序性知识，这种知识不同于学科知识，可以依靠理解、记忆加以掌握，而是必须通过实际动手、反复训练才能习得。因此，高等职业教育要弘扬以技为荣的办学追求，在教育教学中突出技能、技艺和技术，在教学实践中凸显"职业能力"培养，在教学管理中把握"能力评价"导向，保证学生有充分的时间进行实习、实训、实践，这样学生的职业技能培养才能获得保障。否则，训练的成效就会因达不到一定的量的累积，而迷失在功亏一篑的效能的"边际"，无法实现质的转变与飞跃。

第五节
高等职业教育与特色生态环境的整合

当前高等职业教育特色建设问题已成为人们关注的焦点和共同追求。一方面，特色建设是高等职业教育内涵式发展的必然路径；另一方面，特色建设也是高等职业教育创新的不二选择；再一方面，特色建设还是国家对高等职业教育办学的政策导向和客观要求。唯其如此，对高等职业教育特色建设的理论研究和创新实践从来也没有停止过，而且也取得了一定的成果。但特色的创建绝非凭虚可待、任性而成，它是需要环境支持的。本节将从这一特定的视角切入，研究特色与环境之间的整合，以及二者之间的因变关系和因应对策。

一、正确理解高等职业教育特色生态环境意涵

（一）正确理解高等职业教育的特色

正确理解高等职业教育特色是理解其生态环境意涵和实施有效整合的前提。

1. 高等职业教育特色是高等职业教育的共性特色和院校办学的个性特色的整合

高等职业教育的办学特色应该是高等职业教育的共性特色和院校办学的个性特色的整合。从类型和共性上，这种特色必须有别于普通本科院校的办学特色，体现出自身的类别特色、职业特色和能力本位特色。这是从共性角度讲高等职业教育的总体特色，它是高等教育的一个不可替代的类型。但问题在于，当人们将高等职业教育与普通本科教育区隔开后，又陷入了将高等职业教育的共性特色与高等职业教育院校办学的个性特色混淆的误区，表现为试图以共性特色取代和抹杀个性特色，果如斯，高等职业教育又将陷入千校一面的同质化境地，从而在根本上失去特色。事实上，"高等职业院校和高等职业教育尽管紧密联系，不可分割，但不是同一范畴的概念，前者是办学实体，后者是教育类型"①。也就是说，高等职业院校只是实现高等职业教育目标和功能的一个办学机构，而每一机构的运行都应该有自己的不同特点和规律。所以，我们主张将高等职业教育的类型特色（共性）与高等职业院校的办学特色（个性）整合起来，即一方面，高等职业院校要遵循高等职业教育的共同规律办学；另一方面，在遵从规律的前提下，又要鼓励高等职业院校办出个性特色，百花齐放。这样共性包含个性，个性体现共性，两相统一，有机融合，才是高等职业教育的本然特色。

2. 高等职业教育特色是局部特色全面实践的整合与系统建构

高等职业教育特色涉及方方面面，比如办学理念特色、专业特色、课程特色、教学特色、管理特色、校园文化特色等。这些特色当然是重要的，但若将这种微观局部特色上升到学院的整体特色高度，并作为整体特色来说事，就有泛化之嫌。这种以局部带全体、以点带面的特色是没有说服力的。比如，有的万人学校与名企合作搞了一两个冠名班，人数不及百人，没有面上推开，就言必称校企合作特色。显然，这样的特色并不具备整体品质，充其量也只能说是局部"亮点"，还难以上升到特色层面。再如有的院校只讲办学理念，而没有办学实践和办学实绩支撑；有的只总结办学实践和实绩，又缺乏办学理念的概括和指导，也是这种特色泛化的表

① 谢勇旗，李名梁. 高职院校办学特色建设的误区及解决路径［J］. 江苏高教，2006（6）：141－142.

现。我们鼓励方方面面创特色，但总结特色却不能以偏概全，而应该系统梳理、精心提炼，找出在空间上具有普遍性、在时间上具有一贯性、在功能上具有区别性、在内涵上具有整体性的东西。空间普遍性是指这种特色必须具有广泛覆盖性，时间一贯性是指具有长期的积淀性，功能区别性是指具有显著的效能性，内涵整体性是指具有全面的系统性。所以我们认为，院校的整体特色不应该是零碎的、分散的、支离破碎的，而应该是整体"打包"式的、系统建构式的，有清晰逻辑脉络贯串、一定时间上的延传、规模达到一定比例幅度的内在一致性的东西。正如有研究者指出："办学特色是学校的一种特质，表现为学校内具有一组内部相关，并带有一定抽象性的稳定行为，这些行为是多种品质和多个层次的有机组合，且具有明显的群体特征。"①

3. 高等职业教育特色是学校办学优势和强项的整合、提炼和升华

不是什么东西都能形成办学特色，特色的生成是需要一定的基础和前提的。特色是由学校的办学优势和强项演变转化而来，是办学优势和强项的整合、提炼和升华的结果。所谓办学优势，就是较其他院校而言，形成了更为有利的态势和地位；所谓强项，是指具有超越其他学校的优长之处和强势项目。高等职业教育办学特色不是凭空虚创，更不是空中楼阁，它一定是由办学优势和强项发展而来，是在继承办学传统、发挥办学优势的基础上，经过不断地发掘、培植、保持和强化而形成的。而我们有些学校"总结出来的'特色项目'，既没有自己独特的办学思路，又没有在学校教育的各个环节中体现，更没有形成稳定的态势，升华为广大师生认同的办学风格"②。

（二）高等职业教育特色生态环境的意涵解析

特色生态环境是一个概念集合体。生态是指教育的生存状态，环境通常泛指生物有机体生存空间内各种条件的总和，它是作用于中心事物的各种物质、能量、信息的总和。③"高等职业教育特色生态环境"是指在特

---

① 李汉邦，徐枞巍. 基于模糊测度的高等学校办学特色评估模型［J］. 中国高教研究，2004（3）：15－16.

② 周茂东. 高职院校办学特色的认识误区与路径选择［J］. 教育与职业，2008（33）：44.

③ 吴林富. 教育生态管理［M］. 天津：天津教育出版社，2006：87.

色建构过程中，教育与环境共同构成的关系整体或模式，它是高等职业教育特色形成、发展和培育过程中与特定环境共同构成的关系的总和。换言之，每一种教育都有自己特定的生态环境系统。这一系统不仅包括外在于教育的、具有共性特征的政治、经济、法律、文化、科技等宏观环境，也包括与特定教育频密作用的、区别于其他教育类型的个性环境。比如高等职业教育特色建设，特别强调校企合作、工学结合，要求从生态的共生互利角度寻求积极合作，这种合作环境就是特色生态环境。高等职业教育的特色建设离不开特定的生态环境，它总是在与环境的相互作用中持续进行的；而生态环境也受制于特色建设，特色建设的成果与绩效作用于人们的心理，必然会影响生态环境的调整、改变与优化。

二、高等职业教育特色生态环境建设的三维模式

高等职业教育的特色生态环境是一个"环境生态链"，是含有一定程度有序性的自组织系统。它是由学校、政府、企业利益相关者构成的三维主体，学校、政府、企业也是特色生态环境的三要素。高等职业教育特色生态环境建设的关键就是要重视并协调好三者之间的关系，以创建优化的高等职业教育发展的特色生态环境。以下是我们绘制的学校、政府、企业环境要素三维互构模式（见图7-1）。

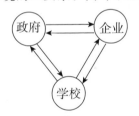

图7-1　高等职业教育特色生态环境建设的三维互构模式

图中学校、企业、政府构成了一个彼此联结、相互作用、有机循环的"三维生态架构"。高等职业教育的特色生态建设必须充分整合利用这一生态链上的资源，彰显政府职能，发挥企业优势，激活学校能量，通过和谐联动来共同构建特色生态环境的运行机制和有效模式，实现特色创建的创新与突破。正如姜大源指出的，政府、企业、学校三者之间的关系和力量要拧成一股绳。"政府的力量体现在对职业教育的统筹、整合和顶层规划的设计，企业的力量体现在对职业教育的需求、引领和人才规格的确定，

学校的力量体现在对职业教育的办学、教学和人才培养的定位。"① 这其中学校系指内部生态环境，政府和企业则对应于外部生态环境。

（一）高等职业教育特色生态环境建设的灵魂——学校的教育思想理念和文化建设

1. 准确的定位

特色是一种办学定位，对高等职业教育来说，就是以服务为宗旨，以社会需求为目标，以就业为导向，以企业为依归，走产学研结合的发展道路。这是区别于其他高等教育鲜明的办学定位，对指导高等职业教育生态环境建设具有重要意义。再从特色本身的定位来说，我们认为，初级特色偏重物质；中级特色讲究质量；高级特色凝练文化。从特色的视界不同来看，分为宏观特色、中观特色、微观特色。邓峰曾撰文指出："学院特色含有三个层面的释义。在微观层面上，它是指学院某一方面的独到之处；在中观层面上，是指学院某一领域的个性风貌；在宏观层面上，是指区别于其他同类院校的整体办学特征或文化特征。"② 高等职业教育院校的生态特色建设，首先要根据学院发展的情况，准确定位，选准特色建设的层次和类型，然后再下大力气分步实施，渐次推高，逐步实现。

2. 独到的理念

理念是人们对教育的理性认识、理想追求与信念，它是高等职业教育院校的核心价值、办学思想和学校精神的综合体现。我就职于滁州职业技术学院，为学院的发展凝炼了一整套的办学思想。如校训：修能致用，笃学致远；校风：读书为本，致能为魂；学风：学思相资，知行相须；教风：爱生如子，敬业如天；人才培养目标：把需要工作的人培养成工作需要的人。"四合"质量观：合发展性、合规律性、合目的性、合需要性。这些"形而上"的理念和办学思想是学院特色建设的根本所在、灵魂所系，为学院的健康发展营造了良好的理念生态环境。

3. 先进的文化

先进的校园文化建设之所以重要，是因为校园文化是一种精神追寻，

---

① 姜大源. 政府企业学校拧成一股绳［N］. 中国教育报，2010-04-06（1）.

② 邓峰. 我国高等职业教育的发展现状与思考［J］. 教育理论与实践，2004（12）：18.

是一种价值规范，是一种管理行为，是一种美的建构。它渗透于学校的各个显在领域和潜在空间，成为影响和规范人的行为和风尚养成的力量和引擎。教育部对高等职业教育高专人才培养水平评估标准的设定，也彰显了文化的重要。"合格学校以条件建设为标准，良好学校以制度或机制建设为标准，优秀学校以文化建设为标准"。① 可见，文化建设在高等职业教育院校特色生态环境建设中的重要地位。高等职业教育院校就应该追求这种高规格的文化生态环境建设，从培育创新的理念文化环境、彰显个性的物质文化环境、嫁接异质的企业文化环境、建构丰富的活动文化环境角度入手，打造学院先进的、富有特色的文化环境。

（二）高等职业教育特色生态环境建设的保障——政府的职能与作为

高等职业教育是为社会经济发展培养高规格人力资源的公益事业，政府是最大的受益者，理应在教育举办的过程中做好监管、统筹、协调、服务工作，履行角色职能，为职业教育发展营造良好的发展环境。更何况在中国现行体制下，没有强势政府的认同、支持与参与，职业教育就难以行之久远。具体而言，政府践行"大力发展职业教育"的承诺，保障职业教育的生态环境建设，应从以下几方面着手。

1. 提供顶层的政策设计，创设特色建设的宏观环境

政府是职业教育改革与发展的主导者和引领者，其最主要的职能是提供顶层的政策设计和制度安排，以规范、约束、激励、引导、调节和促进职业教育的发展。董仁忠认为，教育制度供给的作用或功能在于，增进职业教育活动的秩序；减少职业教育活动的交易成本；激励和约束职业教育利益相关者；营造职业教育发展的环境。② 没有这样的环境资源的供给，职业教育的特色创建就会陷入"散、乱、悖"的困局之中。

2. 最大效益地配置资源，奠定特色创建的基础

高等教育资源是指全社会投入高等职业教育领域，用于培养技能型、应用型人才的所有人力资源、物力资源、财力资源的总和。就当下高等职业教育发展的现状来看，还普遍存在着经费短缺、设备不足、师资匮乏的

---

① 安秀芳. 高职院校核心竞争力的思考［J］. 现代教育科学，2009（2）：96.

② 董仁忠. 职业教育制度论纲［J］. 河北师范大学学报：教育科学版，2008（3）：118－119.

资源困境，需要政府"有形的手"帮扶解困。例如，广东顺德积极统筹职业教育资源，重视教育资源配置。"2000 年以来，顺德区镇两级财政共投入 8.4 亿多元用于新建、扩建和充实职业学校，仅教学仪器设备总值就由 1997 年的 1 300 万元增加到目前的 1.7 亿余元，职业教育的整体办学实力大大提高，政府为职业教育的发展打下了坚实的基础。"① 可见，职业教育的特色创建需要政府的强力援手，提供发展的资源，贯通发展的路径，才能促进高等职业教育院校创特色、出成效。

3. 尽力做好服务与协调，构筑特色创建的平台

服务与协调是政府部门作风转变的要求，也是其教育管理的本然工作。以校企合作为例，企业是把资源变成财富的组织，职业院校是把人力资源变成社会财富的组织，市场则是实现这两种不同质的财富进行交换的场所和平台，政府则是实现二者进行交换的组织者、协调者。如宁波职业技术学院与台资企业宁波敏孚机械有限公司的合作，就是北仑区政府出面牵线搭桥、做媒担保才从中促成的。因为政府作为一手托两家的中间人，身份特殊、公信力高，企业的发展依赖政府，政府出面主动作为，自然能得到企业的信任。所以，政府若主动服务，协调"给力"，合作的成功率必然会大为提升。

（三）高等职业教育特色生态环境建设的途径——校企合作、工学结合

高等职业教育最大的生态特色就是校企合作、工学结合。宁波职业技术学院苏志刚院长说，学校与企业界的紧密结合，"这是能够让高等职业教育技术教育灵动起来的灵魂，是职业技术教育的最大特色"②。因而，做好这项工作也成为高等职业教育特色建设的最主要途径之一。从比较学的视角看，高等职业院校与本科院校最显在的不同，就是与企业的关系和结合程度。本科院校的学生就业相切面宽，就业定向性不强，选择余地大，不必非要面向企业。而高职学生职业针对性、定向性很强，就业岗位非常明确，是面向企业、服务企业的教育。

---

① 时晓玲. 职教支撑经济发展的"顺德样本"［N］. 中国教育报，2010 - 04 - 06（1）.

② 刘海，姚树伟. 好学校是怎样诞生的——高等职业学校办学实践报告［M］. 长春：东北师范大学出版社，2007：42.

创建校企合作、工学结合的高等职业教育特色生态环境，一要使学校向企业延伸，即高等职业教育办学必须打破学生培养局限在校园内的封闭办学传统模式，扩大人才培养的半径和空间，将高等职业教育人才培养的触角延伸到企业、社会更广阔的领域去，扩展到实验室、工厂、车间、生产线、办公室等各种实践场所。要动员和整合各种社会力量和资源参与到高等职业教育中来，否则，人才培养之路就会越走越窄。[①] 二要整合企业异质的环境资源。一是企业真实的实践环境、职业环境。这一环境与学校的模拟或仿真的实习实训环境是有本质区别的，它使学生能够获得亲临在场、真实卷入的顶岗实践体验，在真实的职业情境中操练、磨合，掌握与未来职业密切相关的真本事、真技能。二是别样的文化环境。企业文化生态环境是企业在经营实践中创生的一种经营文化、管理文化环境，它是企业的灵魂所在，是企业核心竞争力的内在源泉。高职学生是企业员工的后备军，应当提前了解、感受、学习、融入企业文化，与企业的价值观、企业意识相适应，与企业的管理要求相适应。为此，学校一定要善于嫁接异质的企业文化，做好学校文化与企业文化的整合与对接，实现文化融入和特色创新。

---

　　① 张健. 试论高职教育"四主"发展观［J］. 中国高教研究，2008（8）：80 - 81.

第八章

条件完善：高等职业教育的资源整合

哲学上的条件论强调事物的生存与发展都是受到条件的制约和影响的。条件是什么？条件是影响事物生存和发展的外部因素的总和。尊重和完善条件是唯物主义者从实际出发实事求是干事兴业的基本要求。当前，我国高等职业教育的办学条件总体不佳是一个客观的判断。穷国办大教育是其总体态势，短期内指望根本改观也不现实。就每一院校个体情况而言，也是"家家有本难念的经"，捉襟见肘，甚至左右为难者不在少数。尽管条件落后、有限甚至艰窘，但学还要办，路还要走，因为人不能被条件所左右或羁缚，无为"株守"，而应该利用和创生条件为自己服务。弱者等待条件，懒者依赖条件并以条件为借口，而强者和智者则创造条件。高等职业教育的条件创生和完善之道就是资源整合，就是凭借我们的办学智慧走出一条资源整合之路。这是高等职业教育办学无法回避的必然选项，也是走向成功的必由之路。本章拟就高等职业教育资源整合的内涵、意义、原则与方法发表管见。

第一节
高等职业教育资源整合及理论依据

一、高等职业教育资源整合的概念与特点

资源是一切可被人类开发和利用的客观存在。在信息社会中，所谓资源，指的是一切可被人类开发和利用的物质、能量和信息的总称。[①] 教育资源是人类社会的资源之一，是自有教育活动和教育历史以来，在长期的文明进化和教育实践中人类所创造积累的教育信息资源、教育知识资源、教育文化资源、教育物质资源、教育制度资源、教育设施资源以及教育领域内外人际关系的总和。康宁认为："教育资源通常是指组成、维持、参与并服务于高等教育系统的资源。它包括人力资源、自然资源、财物资

---

① 田秀萍. 职业教育资源论［M］. 北京：光明日报出版社，2010：1.

源、信息资源、时空资源等，通常在教育系统被统称为人力、物力、财力等。"① 也有研究者认为，教育资源是指用于教育事业的人力资源、物力资源和无形资源的总和。人力资源主要指一个学校的师资力量。物力资源可以理解为包括直接支持教学活动的各种资源，被称为教学资源，如教室、教学资料、实验实习基地等；而那些为教学活动服务的各种资源被称为非教学资源，如校园环境、公共交通、生活设施、公共服务体系等。无形资源，也有人将其称为软资源，它包括学校的社会影响力，即品牌资源、学校长期积淀的文化资源、学校的制度资源、学校的办学特色资源、人脉资源（校友、人际关系等）。② 总之，一切有利于高等职业教育发展的有利因素均可视为应该争取的资源。高等职业教育资源是整个教育资源的一部分，主要是指全社会投入职业教育领域，用于培养技能型、应用型人才的所有人力资源、物力资源、财力资源、信息资源的总和。它是一个组成、维持、参与并服务于职业教育的资源系统。

职业教育资源具有稀缺性、有限性、分散性的特点。

（1）稀缺性是从"穷国办大教育"的总体格局来看，13 亿人口的大国，要办世界上最大的高等职业教育，虽然我国的经济实力已跃居世界第二位，但资源人均摊薄后，依然是很少的或很低的，资源稀缺在所难免。

（2）有限性是从职业教育的规模看，我国的高等职业教育经过黄金10 年的"井喷式"发展，已跃居世界第一，高等职业教育院校数已达1 300多所，但办学资源却没有获得相应的跟进和改善，僧多粥少的现实必然造成各高等职业教育院校获取的资源总量不足，始终处在一种短缺运行的状态，高等职业教育资源供给供需短缺的矛盾十分突出。

（3）分散性是就资源存在的状况而言，即各种教育资源的存在呈离散状态。如学校资源、社会资源、企业资源等都是自成一体的分散性存在，缺乏很好的整合集成，资源利用率不高。

总之，我们对高等职业教育资源的总体判断的关键词是"短缺"。唯其短缺，就需要进行高等职业教育的资源整合与配置。整合的目的在于，在相对有限的资源条件下为社会培养数量更多、质量更高的高端技能型人

---

① 康宁. 中国经济转型中高等教育资源配置的制度创新［M］. 北京：教育科学出版社，2005：6.

② 杨国庆. 高等职业教育整合问题研究［EB/OL］. http：//www. studa. net/Education/080917/1559491. htm.

才。高等职业教育资源整合是指对不同利益主体所拥有的资源进行整理统合、优化配置和共同分享的过程。田秀萍认为："职业教育的资源整合就是根据学校目标从外部环境中获得所需资源，与原有资源相结合，实现学校系统结构最优化，保持系统的正常运转。"① 她又说："资源整合的过程是职业院校对不同来源、不同层次、不同结构、不同种类的资源进行识别与选择、汲取与配置、激活与融合，改变其组织结构，使其具有较强的系统性，并创造出新的资源的一个复杂的动态过程。"② 资源整合的本质是调整职业教育资源的利益主体的相互关系，互补和分享不同主体的资源，改善职业教育的办学条件，优化职业教育的发展环境，提高等职业教育业教育的办学效率的问题。

二、高等职业教育资源整合的必要性及理论依据

（一）高等职业教育资源整合的必要性

首先，我们正处在一个资源耗逝加速、资源日益短缺、资源危机正向我们步步逼近的年代，面对这样一种宏观的资源困境，全世界都在寻求解决的出路和对策。如开发替代、循环再生、节约利用……这是 21 世纪人类挥之不去的难题，能够解决这一难题的人，即使给他颁上 10 个诺贝尔贡献奖也是奖有所值、不愧其所得。在这样的年代，职业教育资源当然也不能独善其身，也面临着短缺匮乏的窘境，主要表现为资源的有限性与人们对优质教育资源需求的无限性和日益增长的高等职业教育院校数与资源匮乏的矛盾。解决资源短缺的矛盾，就必须要进行资源整合。其次，高等职业教育院校对办学资源的需求和依赖是多元的。这些多元的资源需求并非依靠自身造血或挖潜所能提供，这就需要整合外在的"异质资源"，或者说自身所不具备而又不可或缺的那些资源，这样才能化解资源需求多样而自身资源单一或"关键性资源"缺失的矛盾。再次，资源整合有助于提高有限资源的利用效率。高等职业教育资源的有限性是人们研究资源整合与配置的理由，也是提高资源利用率的有效途径。因为资源的同质化增加只是物理性的积累，不能产生化合反应，而资源的整合、交叉、互补、共

---

①② 田秀萍. 职业教育资源论［M］. 北京：光明日报出版社，2010：162，15.

享，则能放大资源功能，蘗生同质资源所不具备的新异功能。

（二）高等职业教育资源整合的理论依据

高等职业教育资源整合的理论依据是资源依赖理论。马克思曾指出"人是社会关系的总和"，学校作为一级社会组织亦如是。也就是说，任何学校都不能脱离特定的社会关系和社会环境而独存，它们是在现实的社会环境中存在与发展的。20 世纪西班牙著名思想家奥尔特加曾经指出："大学必须对其所处时代的整个现实环境开放，必须投身于真实的生活，必须整个地融入外部环境。"① 这是因为大学的生存与发展依赖于外部环境，依赖于通过开放和融入外部环境进行资源交换和共享。资源依赖理论的代表人物是费佛尔和萨兰奇科，他们认为，组织是一个开放的系统，是不同利益群体组成的联合体。每个利益群体内都有自己独特的偏好和目标，并试图从组织内的互动以及组织与环境的互动中完成自己的目标、取得自己的利益。"任何组织都不可能持有自身赖以生存和发展所需要的全部资源，实现自我供给下的生存与发展。"② 在这个资源依赖日益加深的年代，单靠单一的资源主体拥有的资源是难以为继的，如高等职业教育办学存在着多元的资源主体，也是利益主体——政府、学校、企业、家庭、个人等。每一资源或利益主体对他方都存在着不同的资源或者说利益需求，形成了休戚相关的资源依赖关系。每一主体都被其他资源主体所依赖，同时也依赖于其他主体，构成了一个相互依存、彼此共生的"依赖场"。高等职业教育资源整合就是在这种相互系结、彼此依赖的基础上将其有机整合起来，以达成弥补资源缺失，释放资源活力，放大资源效率的目的。

资源依赖理论的另一重要观点是，两个组织之间利用自身的禀赋发生资源互换以获取和保持资源的能力，是组织生存必不可少的。组织积极获得并整合资源的能力决定着组织核心竞争优势的形成和保持。③这一方面说明高等职业教育对资源整合的依赖是刚性的、必然的规定；另一方面也说明这种依赖关系到"组织核心竞争优势的形成和保持"，它是一种稳定的、长期的发展需求，是一个持续建构的过程。也就是说，高等职业教育

---

① 奥尔特加·加塞特. 大学的使命 ［M］. 徐小洲，陈军，译. 杭州：浙江教育出版社，2001：98－99.

②③ 霍丽娟. 产学合作教育中高职院校与企业关系研究 ［M］. 石家庄：河北教育出版社，2010：44，49.

院校对其他主体的资源依赖和整合行为，不是短瞬的需求，不是"一锤子买卖"，而是需要资源及整合主体自觉维护、保持，并使其长效运行的合作过程。没有这种长期合作、整合的观念和实践，高等职业教育可持续发展就会因受制于资源"瓶颈"而无法行之久远，甚或难以为继。

第二节
高等职业教育资源整合的现状与问题

研究高等职业教育资源整合就不能不关注其资源整合现状及其存在的问题，只有这样才能使其研究奠定在坚实的实证基础之上，并为寻求解决对策提供有针对性的真实境况。

一、高等职业院校资源现状扫描

（一）资源占有短缺化

资源短缺是高等职业院校办学最大的"伤痛"，也是最为纠结的"心病"。

1. 师资匮乏是"软肋"

教师是教育的第一生产力，是高等职业教育发展的最重要的核心资源。但就当前这一人力资源队伍的现状来看，主要存在着数量短缺不济的问题。有研究表明：2008 年，中等职业学校师生比为 1∶24.54；高等职业院校为 1∶27.93。而从我国职业教育的现状看，师生比的应然水平应该是中等职业学校 1∶16，高等职业院校 1∶15。① 另有研究数据表明，在高等职业教育扩展初期（1998—2002），生师比是达标的；爆发期（2006—2008），生师比超标严重；控制期（2009—2010），生师比虽超，但已稳定

---

① 邓泽民. 加强师资队伍建设提高职业教育质量［N］. 中国教育报，2009 - 11 - 02（7）.

在一定的范围内（见表 8 - 1）。

表 8 - 1   1998—2010 年我国专科高校生师比变化情况①

年　　份	1998	2002	2006	2007	2008	2009	2010
生　师　比	9.82	12.51	30.77	17.78	23.46	18.44	18.43

由表中数据可见，即使在控制期，生师比仍未达标。

2．财力不足是通病

财力资源是高等职业教育办学最重要的经费资源，是支撑教育发展的最直接、最现实的经济基础。国家规定"高等职业教育事业费以学生缴费为主，政府补贴为辅"，但地方政府的经费补贴并没有统一的标准，随意性大，补贴数额往往十分有限而且差距很大，造成经费短缺，办学艰窘。其主要原因为：一是高等职业教育与普高教育经费比例严重失衡。"2005年，普通高等教育预算内财政拨款为 1 046.37 亿元，其中普通本科学校预算内财政拨款为 936.05 亿元，占普通高教预算内财政拨款比例为89.46%，高职高专院校预算内财政拨款为 110.32 亿元，仅占 10.54%，与目前高等职业教育学校数与学生数的'半壁江山'地位很不相称。"②二是学生交费与政府投入分担倒挂。在全世界公立高等学校当中，学费占培养成本的比例大体在25%左右。而现在有的地方的高职高专院校，每个学生得到的政府拨款只有600 元左右，每年学费则从 3 000 元到 5 000 元不等，实际上在学习成本中学费是占了大头儿。③ 这就形成一个悖论，政府的低投入，使办学经费严重不足，而学生的高收费，又使很多农村和低薪家庭交不起学费，使夹缝中的高等职业教育非常尴尬，造成了财力不足的通病。

3．设备短缺是硬伤

教育部《高职高专院校人才培养工作水平评估方案》文件要求高等职业教育院校生均教仪设备必须达到 4 000 元，而目前绝大多数院校实际可

①　史静寰，李一飞，许甜. 高校教师学术职业分化中的生师互动模式研究 [J]. 教育研究，2012（8）：48 - 49.

②　胡秀锦，马树超. 我国高等职业教育发展的政策环境分析与思考 [J]. 职教论坛：综合版，2006（23）：8 - 11.

③　张力. 中国高等教育发展的若干政策问题 [J]. 中国高教研究，2006（2）：10 - 11.

利用设备总值只能达到生均1 000~2 000元，甚至更低的水平，缺口相当大。设备短缺源于投入不足。高等职业院校是一种新兴的教育类型，各方面都要投入，都要有资金铺垫，既要保生存吃饭、正常运转，又要保长远发展、聚能蓄力。而有限的财政拨款，可怜的生员收费，显然都是杯水车薪，根本不足以应付和支撑庞大的财政支出。所以，当前高等职业院校普遍面临财政危机、发展窘境。没有钱，当然不能添置家当，教学设备、实训器材、实训场所，哪一样不等米下锅，哪一样不捉襟见肘。而先期存量的教学设备"超期服役"，又早已老化、陈旧、过时，远远不能适应培养技能型、应用型高级人才的需要。学生意见一大堆，学不到东西啊。这些问题，学校当然清楚，但又无能为力，只好将就着撑持，凑合着应付。可这是将就凑合的事吗？"维持"是终难长久的。①

（二）资源利用低效化

职业教育资源利用效率是反映资源创造价值多少的一个指标。一般而言，占用和消耗资源较多，创造价值较少，资源利用率就低；反之，资源利用率就高。所以也可以说，"职业教育资源利用效率就是职业教育成果与职业教育资源消耗之比"②。还有一种情况：相同的资源占有，资源使用率高者，资源利用率就高；反之，则低。当下的高等职业教育一方面资源短缺，另一方面资源利用率又不高，陷入了一种怪圈和悖论，使得资源短缺问题显得更加突出和严重，如人浮于事问题是典型的人力资源的低效化或者说浪费的表现。明明5~6人可以承载和胜任的管理工作，非要占用8~10人，本意也可能是想人均少干事，其实真正能干事的还是少数人，而多出来的冗余人员不仅干事少，而且可能人闲生非，同时使干事多的人心理失衡，这样不仅给外界造成人浮于事的印象，而且影响团结和效率，得不偿失。再如设备资源，有的学校缺乏调研论证，在资金紧张的前提下，盲目购进专业培养不适用的设备，不仅不能给教学带来帮助，而且还占用场地，浪费维护管理人员。还有的学校设备利用率低下，基本处在闲置或偶一用之状态，其所造成的低效性是惊人的。

---

① 张健. 高职实践教学的现状反思与出路研探［J］. 滁州职业技术学院学报，2004（2）：5-9.

② 田秀萍. 职业教育资源论［M］. 北京：光明日报出版社，2010：162.

（三）资源存在与分配失衡①

一是国家宏观发展中经济与教育投入的比例失调，即教育经费在国内生产总值（GDP）中所占的比例偏低。我国 1993 年就提出到 2000 年教育经费占 GDP 4% 的目标，但 2000 年为 2.87%，2001 年为 3.19%，2002 年为 3.41%，2003 年又回落到 3.28%，同大多数国家超过 4% 和 5% 的水平相比，还有很大差距和提升空间。② 直到 2012 年的 4.28%，才首次达到 4% 的目标。二是教育经费逐年增长的承诺并没有兑现。《中华人民共和国教育法》提出"三个增长"，即教育财政拨款增长高于财政经常性收入的增长、生均教育费用逐步增长、教师工资和生均公用经费逐步增长。但是，考察我国近几年来教育经费的增长趋势，可以说基本上没有实现这一目标。"穷国办大教育"，不能因为穷就把教育经费投入放在世界最低的位置。国家穷、人口多，不应该成为教育经费投入不足的理由；而是恰恰相反，再穷也不能挤占教育的那点钱，挤占了也解决不了其他方面的多大问题。优先发展教育，就是应该优先加大和提高教育投入。"高等教育大众化的一个显著特征就是大投入、大产出，如果没有足够强度的投入支持，不仅大产出无法实现，而且整个高等教育的生态系统必然会处于困顿和萎缩状态。"③

二、高等职业院校资源整合问题观照

面对不容乐观的资源现状，虽然人们普遍认识到了资源整合的必要性，并力图通过整合突破资源"瓶颈"，但整合的过程和效果并不平顺和理想，还存在着诸多问题。

（一）资源配置政府化

这是一个关涉资源配置主体的问题。高等职业教育的资源主体是多元

① 张健. 论高职教育发展失衡现象分析审视与因应对策 [J]. 职教通讯，2009 (3)：42 - 46.

② 乔卫平. 浅论中国教育发展的十大失衡问题 [J]. 教育科学，2005 (4)：1 - 5.

③ 贺祖斌. 高等教育生态论 [M]. 桂林：广西师范大学出版社，2005：224.

的，配置主体当然也是多元的。政府作为资源配置主体之所以被当作一个问题提出来，是针对其在资源配置过程中的越位、独断而言的。一是政府对资源配置权统得过死，总是政府说了算。一方面，长期的计划经济体制形成的政府配置资源的传统取向难以打破；另一方面，就其他主体而言，也存在着对政府主导模式认同的"路径依赖"。所以，在政府管理权与高校自主权的矛盾博弈中，政府始终掌握着放权主动性，放快放慢、放多放少，都是自己说了算。二是政府的权力资源维护与让渡的博弈。如职业教育多头管理"双轨制"问题始终得不到很好的统筹与整合，实质上就是权力资源的博弈，即在维持原有的部门利益与更加有利于办好职业教育的公共利益上，谁都想牢牢地守住自己的"蛋糕"，谁也不愿做出权力让渡，结果只能是职业教育屈从于政府的权力争斗，在夹缝中艰难求生。

厉以宁从经济转型角度考量认为，在高等教育资源配置上，市场可以大部分替代政府功能，学校、企业、个人可以自主决定原来由政府代办的事情，市场起着高等教育资源配置的基础性作用。[①] 我们认为，高等职业教育的市场取向，必然决定资源配置主体向市场转化，职业教育的资源增量和优化配置主要是在市场环境中通过制度创新实现的，市场在职业教育资源配置中起着基础性作用。因而要建立政府宏观调控、学校自主办学、市场积极引导的运行机制，建立以学校为主角、市场为中介、企业为供需方、政府为调节方的相互作用的宏观模型。政府应当从最初的资源配置的全能者逐步演化为不同资源配置者之间的协调者。政府作为制度的供给者，必须改革现有的体制，下放管理权限，包括对资源的所有权、管理权、配置权等，不断让渡给地方，使资源配置的权力地方化、分散化，权力分层、职能分解、功能分散，调动地方投资的积极性，为职业教育的资源重组创造宽松的环境。

（二）资源整合偏狭化

受制于高等职业教育资源短缺的现实，高等职业教育办学的资源整合走上了一条偏狭化的轨道。以专业设置整合为例，许多学校受资金匮乏、设备奇缺的资源困扰，在专业的开设上不得不选择一些办学成本低、实训

① 康宁. 中国经济转型中高等教育资源配置的制度创新［M］. 北京：教育科学出版社，2005：35.

要求不高的专业，这样既避开了投入大、成本高的专业，又维持了学校的办学现状与体面，虽为无奈之举，亦不失为生存之道。但问题在于，这种专业资源的开发举措走上了偏狭化的误区。一是专业结构失衡，造成了低成本的专业泛滥。如文秘、会计、计算机等对办学和实训条件要求相对较低的专业，在各高等职业院校都备受青睐，专业开设的同质化和结构的不合理性问题十分突出。二是专业设置不能对接地方产业发展需要。专业设置的偏狭化，使得开出的专业难以覆盖地方产业发展诉求，往往是需要的办不了，不需要的使劲办，陷入了自拉自唱"两张皮"的尴尬。学校服务于地方经济和产业发展的功能大打折扣，学生就业也大受影响。三是专业教学深陷学科化泥潭。由于缺少必要的资源条件，许多学校的教学内容与工作内容脱节，专业基础课的比重过大，注重基础能力的培养而忽略职业技能的训练，理论教学与实践教学的比重始终"倒挂"，体现不出"另一类型"高等职业教育的特点，难以走出学科化教学的阴影，培养出真正的高端技能型人才。

（三）资源开发封闭化

资源开发封闭化是高等职业教育资源整合的又一现实问题。问题的根由在于：一是受长期封闭办学的影响，养成了眼睛向内，"躲进小楼成一统"的封闭办学意识，或者只会眼睛盯着政府、财政要钱，缺乏自我造血功能和资源利用、开发、整合意识。二是缺乏改革创新精神。还是坚持长期以来形成的"等、靠、要"的思维，表现为对时势缺乏判断，对机遇毫无敏感，没有外向拓展、开发资源的意识，没有敢想敢干、敢作敢为的冲劲，剩下的只能是牢骚、埋怨和无奈，在自闭无为中自生自灭。高等职业教育资源可以分为内生性资源和外生性资源。所谓内生性资源，是指学校自身拥有的可利用的校本资源；而外生性资源则是指学校以外的社会、企业、其他院校等不同的资源主体所拥有的并能提供给学校共享的各类资源。但由于封闭办学，当下的许多高等职业院校，一方面内生性的校本资源严重短缺；另一方面又不善开放办学、合作办学，在外生性资源的开发利用上一筹莫展、毫无作为。其主要表现在：一是校企合作外向资源开发不够。高等职业教育是与企业跨界合作的教育，应当充分开发利用企业的异质资源，培养企业需要的职业人才。二是校际合作互补资源利用不足，学校之间的联动互补没有形成。虽不能说"老死不相往来"，因为学校之间也有走动和交往，但实质性的资源合作、利用和共享却少之又少，几近于无。三是项目申报等机遇性资源把握不力，即对全国或省级财政支持的建设项目的申报不主动、不积极，总认为自身基础差、底子薄、条件不具备而放弃机会，这样就使原本可以争取到的资源失去了可能性。

（四）资源整合低效化

高效的资源整合是指达到了价值预期、目的规定的理想化整合。以此为准绳衡量当下的高等职业教育资源整合，就难免使人生出无奈感喟、低效之叹。如校企合作整合，虽为高等职业教育发展的必由之路，也是人们高度共识所在，但合作的成效和资源整合的力度却不敢恭维。且不说合作缔约本身"门槛"难迈，就是签约以后的合作，也仅着眼于资金支持、设备"过继"、学生实习等显在的、浅表的层次，而忽略了课程整合、文化融合、管理互渗的深层次的、长效化的资源整合，这样的整合自然是"缩水"化的和低效化的。再以课程资源整合来说，高效的课程整合应该是符合职业教育定性的"做学教合一"的完美整合，而当下的课程整合"做学教"依然是分离的。一是课程学习环境依然是课堂与实习车间的分离；二是教师依然是理论教师与实习教师的分离；三是教学内容依然是先理论灌输后实习印证的分离等。这些都没有实现实质性的完美整合，当然是低效的。还有人力资源的整合，我们总是希望优化配置，人尽其才，而事实上总是走不出机构臃肿、人浮于事、效率低下的怪圈，说明这一整合也多是失败的，起码是低效的。

（五）资源整合行政化

高等职业院校科研项目及报奖等指标性资源有行政化倾向，表现为院系领导过多地占有资源份额，有的甚至呈垄断态势。如果说这些领导的学术水平确实很高，报奖成果质量也超人一筹，当然无可厚非，问题在于并非全然如此，其中不少是一些人利用手中的权力和便利，为自己大开方便之门，攫取私利。有调研表明："在高校内部，凡是涉及实际资源配置的学术事务，行政权力都占主导影响地位，而不涉及资源配置的学术事务，都基本上由学术权力来决定。"[①] 高校学术资源本是教师职业成长和学术

① 刘亚荣. 中国高校"去行政化"调查［J］. 新华文摘，2012（18）：115.

进步的重要路径和发展通道，通过做课题，可以促进教师的系统学习、理论研究、成长进步，而现在却成了当权者手中的"一盘菜"，教师的科研机遇被相对剥夺、挤占，专业成长的发展之路被变相"封堵"。这样与师争利的领导不仅品格低下，也是学术腐败的制造者或推波助澜者，危害之烈，值得警惕。

第三节
高等职业教育资源整合的出路对策

高等职业教育要想实现健康、协调、可持续发展，必须破解资源整合的困境，找到资源配置、资源优化、资源增量、资源提效的整合出路与对策。这就要求我们遵循科学的整合原则，谋求有效的方法对策。

一、高等职业教育资源整合的原则

原则，简言之，即原理规则。它是指我们说话或行事所依据的法则和标准。高等职业教育资源整合要想取得预想的价值成效，也必须遵循一定的原则，才能保证整合的科学性、实效性。

什么是高等职业教育资源整合的原则呢？田秀萍在其专著《职业教育资源论》中强调，合理地配置资源应当遵循"系统原则、适当原则、适量原则、效率原则、动态原则、环保原则"；李建雄在其硕士论文《高等职业院校资源优化配置问题研究》中则提出，高等职业院校在资源配置过程中必须遵循"教育性原则、透明性原则、公平性原则、效益性原则和系统性原则"。应当说这些观点均有一定的合理性，值得重视。在这里，我想独辟蹊径，提出自己的原则观。

（一）坚持宏观性、超前性原则

职业教育资源重组是事关职业教育全面、协调、可持续发展的大事，因而要站在战略发展的高度，研究大问题、分析大趋势、提出大思路，规划和制定职业教育发展的蓝图。职业教育资源重组关系到职业教育的未来发展，要以超前的眼光审时度势，提前谋划，早做运筹，积极应对和呼应经济发展、产业升级和职业教育自身发展的需要，赢得发展的主动。

（二）坚持规模、结构、质量、效益相统一的原则

职业教育资源重组要科学地把握和处理规模、结构、质量和效益的辩证关系，坚持规模速度与质量效益相统一的发展方针。科学地预测经济建设和社会发展对技术应用型人才的需求，准确地设定学校的办学规模，并以此为依据考虑学校的资源配置的方案，做到规模与结构协调、数量与质量统一、发展与效益同步，提高驾驭职业教育发展的能力。

（三）坚持特色发展、广开资源的原则

职业教育资源重组要突出职业教育的办学特色，努力服务于经济建设和社会发展，使资源配置与人才培养、学校发展的总目标相一致。既要注重现有的内在存量资源的整合和有效利用，又要注意外生性变量和增量资源的开发和组合，以此壮大学校的办学实力和发展后劲。

（四）坚持需求导向、服务经济的原则

职业教育资源重组必须坚持以经济社会发展和人民群众对职业教育的需求为导向，把适应和满足这一需求作为职业教育资源重组的预期目标和根本任务。通过重组，把职业教育资源做大、做优、做活，提高资源利用率，引导职业教育面向市场，科学定位，办出特色，优化发展，成为具有可持续发展后劲的教育类型。

（五）坚持开拓创新、探求规律的原则

坚持与时俱进，以创新的理念指导实践，以改革的办法解决资源重组和配置中的问题。善于破解我们所面临的资源短缺、供给不足和使用效率低下的难点问题和深层次问题。探求职业教育统筹和科学发展的规律，探求职业教育资源节约和高效利用的规律，探求职业教育平衡和协调发展的规律。在创新中认识把握规律，在规律的指导下谋求创新，实现职业教育更快、更好的发展。

二、高等职业教育资源整合的方法对策

资源是宝贵的，但比资源更宝贵的是有效利用资源、实现资源共享的智慧。在一个资源相互依存日益加深的时代，人类更需要资源整合的智慧和创造性的实践，来构建资源共享的运行机制和模式、政策框架及解决方案，来共同应对职业教育资源短缺和分配不均的现状和挑战。换言之，高等职业教育资源的有限性以及人们要求分享资源的需求，决定了我们必须研究优化资源配置的方法和路径，以化解资源短缺的现状，寻求资源突围的策略，找到有利于我国高等职业教育发展的富有自身特色的资源重组出路。

（一）重视政府在资源整合中的积极作用

高等职业教育的资源整合方式或称资源配置方式主要有两种：一种是政府配置；另一种是市场配置。这两种资源配置或整合方式在当下是共存的、互补的。政府配置是计划型资源整合方式，市场配置则是自发型的配置和整合方式。政府的计划配置具有集中、有序的优势，市场的调节配置具有活力和创造的特性。但从趋势上看，其配置的主导样态是循着"政府为主—政府＋市场—市场为主"的路径发展的。当下高等职业教育的资源配置还处在"政府＋市场"共同配置和整合资源的过渡阶段，所以还需要重视政府在教育资源整合中的积极作用。

1. 正确厘定政府在资源整合中的角色职能

当前我国高等职业教育面临着市场化、工业化、城镇化和现代化的结构性调整以及由信息化、全球化和教育国际化资源竞争交织在一起的不确定性背景，加之市场经济体制改革仍在进行中，市场发育不健全、市场机制不完善、市场管理不规范的情况也时有发生。在这样的资源整合语境下，政府还不能完全退出，政府的作用也不能弱化。一般而言，当市场机制能够发挥作用、调节到位的领域，政府应该退出，让位给市场；而当市场调节失灵，或不到位的时候，政府就应该"补位"，发挥政府"有形的手"的干预、调控和规范的作用。在这一过程中，政府应当履行的是主导改革的引领者、资源配置的协调者和促成整合的服务者的角色。因此，政府应当把重心放在资源重组的各个利益主体之间的利益获取、损益补偿、

公共选择与风险管理公正处置和协调管理上，做好统筹规划、协调、指导、监督和服务工作，落实统筹管理和发展职业教育的责任。

2. 加强政府在资源整合中的制度供给

"高等教育资源配置问题的本质是一个制度创新问题。"① 制度也是一种资源——软资源。政府应当成为这一资源的供给者，因为政府是代表国家的管理者，制度的出台应符合国家利益，代表国家诉求，体现国家意志；同时还要从总体上把握改革推进的时机、节奏和进程，所以制度的安排和供给是政府在职业教育资源配置改革中的一项最重要的职能。但就目前我国高等职业教育制度供给现状看，总体满意度并不高。邢晖教授主持的一项全国百名高等职业院校校长调研提供了这方面的数据（见表8-2）。②

表8-2　高等职业院校校长对职业教育制度和政策满意度调查表

项目满意度	非常好	好	一　般	较　差	很　差
法制化建设		12.5%	58.3%	23.6%	5.6%
经费投入政策		6.7%	37.3%	41.3%	14.7%
招生政策		20%	65.3%	13.3%	
就业制度	1.4%	31.1%	56.8%	10.8%	
评估评价制度	1.4%	13.5%	64.9%	17.6%	2.7%
职业资格证书制度	1.4%	22.2%	58.3%	16.7%	1.4%
学校办学自主权	1.45%	12.2%	45.9%	33.8%	6.8%
师资的培养与选用		25.7%	60.8%	13.5%	
实习实训基地	2.7%	24.7%	58.1%	12.3%	1.4%
对口招生政策	1.4%	33.3%	51.4%	12.5%	1.4%
贫困生资助政策	11%	63%	21.9%	4.1%	
产学合作制度	4.1%	13.7%	57.5%	20.5%	4.1%
教学改革政策	4.1%	37%	54.8%	2.7%	1.4%
政策稳定性	1.4%	18.1%	61.1%	15.3%	4.2%

① 康宁. 中国经济转型中高等教育资源配置的制度创新 [M]. 北京：教育科学出版社，2005：6.

② 邢晖，李玉珠. 高职进入内涵式发展阶段——全国百余名高职校长透视职教发展 [N]. 中国教育报，2012-09-01 (3).

再以职教集团为例来看，职教集团是我国职业教育资源整合的一种创新形式，是资源配置改革的"大手笔"，促成了教学链、产业链、利益链的有效对接，体现了中观层面的资源聚合，同时也有力地推动了区域职业教育的协调发展，代表了职业教育发展的战略方向。目前，职业教育集团已在全国普遍推开，但从推进的整体状况来看，依然存在着一些问题和不足，主要表现在学校、行业、企业覆盖面不足，成员间合作关系不紧密，管理体制和运行机制不健全，支持和保障政策不完善，集团办学的效益未能得到充分发挥等。究其原因主要在于，法规政策缺失、主体职责不到位、发展经费缺保障、内部管理待健全、长效机制未形成。① 这些问题的存在主要因为国家层面还没有出台集团化办学的指导性文件，缺乏一揽子解决集团化办学存在问题的制度供给或法规政策，如若国家出台了集团化办学的制度规定，必将大大提升集团化办学的规范和成效。所以，政府在高等职业教育资源整合中一定要做好制度供给工作。

3. 营造资源配置的良好的发展环境

高等职业教育资源配置和整合是在资源短缺的背景下，人们探求化解之道、追求多边主体资源的共享和多赢的基础上发生的。政府作为教育资源的供给主体，参与这一过程是其应有的担当。虽然政府也不能提供办学主体所需的各种资源，但可以在资源整合过程中提供服务和保证。比如选择职业教育资源配置效率最高的方式，制定资源配置的规则，营造参与配置的主体都能接受的机会公平，规则公平，权利公平、公正、共享、分利或补偿的公共平台和法治，以及有序、良好的发展环境，是政府不可回避的公共责任。此外，资源配置与整合是一个涉及多边资源和利益主体的合作行为，在合作或整合的过程中，必然会有利益冲突、碰撞和纠葛发生，这就需要政府介入，引领其对话、协商、沟通，进行化解、协调、服务，这样才能保证资源的配置与整合顺畅进行，取得成效。

（二）发挥市场在资源整合中的调节功能

关于市场在资源配置中的功能和作用，不同学者持不同观点。王善迈认为，高等教育是准公共产品，主张政府主导下由市场调节高等教育资源

① 白汉刚，刘宏杰. 集团化办学，职教改革"过河"摸到的"石头" [N]. 中国教育报，2013－01－16（5）.

配置。靳希斌、方惠坚等认为，应由市场机制来配置高等教育资源，并辅之以政府的宏观调控。康宁认为："市场经济体制作为经济基本制度，是一种社会生产方式，它对社会生活产生的影响是一种全面的、本质的、不可逆转的影响，高教领域也不例外。"① 因而她认为，市场机制正在替代计划体制下政府原有的部分职能，逐步成为影响高等教育的"关键"资源的基础配置力量。就其发展趋势而言，我们更倾向于市场为主、政府为辅的观点，即应逐步由政府主导转向由市场主导，将政府管制的一些资源在一定的约束条件下，让渡给市场和其他配置主体。邢晖调研报告指出：大部分校长认为"上级部门对学校权力约束太紧，体制弊端较明显，学校不能事无巨细跟着上级机关的指针转，需要更多的自主权"②。因而，有91.9%的校长认为应该进一步扩大高等职业院校的办学自主权。这说明在政府力量与市场力量的博弈中，政府的松绑与让渡还做得不尽如人意，体现了政府在让渡与控制资源配置权力上的矛盾与悖论。

其实，只要不是担忧权力资源的流失，政府还是应该相信市场的调节功能并不比政府管控风险更大、效益更差。市场机制是一种需求和竞争机制，是需求引导的自发配置的方式和过程。比如，高校学生的毕业分配问题。在计划经济条件下，实行的是国家包分配制度，这在高等教育的精英教育阶段也许尚可实现。随着高等教育的发展、扩张，进入了大众教育阶段，国家包分配的人力资源配置方式就失去了可能性，必须向市场转化。纵观毕业生分配配置改革，经历了"包分配—择优分配—供需见面—推荐择业—双向选择—自主择业"的演进历程。从新中国成立至20世纪80年代中期，我国一直对高校毕业生实行统分统包制度；1983—1985年，由于一些毕业生因分配不如意自愿放弃分配权利，部分定向和委培学生直接由用人单位选用和学生自谋职业，开始了择优分配；1985—1987年，在一定范围内用人单位和试点学校实行供需见面，双向选择；1993—1997年毕业生就业进入市场门槛，国家决定彻底实行从双包到双自的改革，即从包学费、包分配转到自主择业、自费上学；1998年教育部不再印制"全国普通高等学校毕业生就业派遣报到证"，改为"普通高等学校毕业生就业协

高等职业教育整合论

---

① 康宁. 中国经济转型中高等教育资源配置的制度创新 [M]. 北京：教育科学出版社，2005：165.

② 邢晖，李玉珠. 高职进入内涵式发展阶段——全国百余名高职校长透视职教发展 [N]. 中国教育报，2012-09-01 (3).

议书"，自此，我国大学毕业生全面进入劳动力市场，进行自主择业的市场配置与宏观管理体制已经形成。[①] 从计划配置到市场配置，我国高校人力资源配置走出了一条成功的制度变迁之路。

高校毕业生的市场配置，不仅成功地化解了学生就业难题，而且对学校专业与课程资源的配置也具有一种倒逼机制和导向作用。一般来说，人才需求大，就业率高的专业，人们就会争相举办；反之，则退避三舍。这就是"以就业为导向"的专业资源配置市场化的表现，是市场配置和人们理性选择的结果。因而，政府应该把专业设置的选择权和调节权交给学校和市场去博弈，自己则从信息不充分、不对称的盲目决策中退出来，这才是政府适应市场的明智选择。

（三）重视外生性增量资源的补给与完善

外生性资源是与内生性资源相对的一个概念。外生性资源是一种增量资源。当你未能将其纳入特定的资源系统时，它是外在的、非我的存在；而一旦通过整合的方式被纳入资源系统，就成为新的资源增量，就会改变原有的资源格局，优化存量的资源结构，使短缺的资源现状得以缓解、单一的资源结构得以优化。因而，高等职业教育应更加重视外生性资源的配置与整合。这里不妨以民办高校举办和高校上学收费为例，说明外生性增量资源的重要。

民办高等职业教育是在教育市场化、民营化、国际化改革背景下催生的一种新生的教育样态。首先，它是资源配置主体体制外突破而涌现的新的增量因素。陈桂生曾撰文指出，中国的民办教育的演进轨迹为：发展起步为20世纪80年代中期，迅速扩展在90年代初期，形成规模为世纪之交。[②]作为一种外生性的资源增量和新的增长级，首先，民办高等职业教育兴办能够有效地缓解高等教育资源的不足，减轻政府包办办学投资不足的负担和压力，解决政府供给的困境。其次，民办高等职业教育的出现还能促进教育发展的多样化，打破政府单一办学的格局，让家长多一种选择，满足其对教育资源的不同需求。再次，民办高等职业教育具有贴近市场、机制灵活和经营高效的特点，有利于职业教育的观念、体制和机制创

---

①② 康宁. 中国经济转型中高等教育资源配置的制度创新［M］. 北京：教育科学出版社，2005：277，287－288.

新；最后，民办高等职业教育还能促进民办与民办之间、民办与公办之间高等职业教育的竞争，促进教育质量的提高。但就当下民办高等职业教育院校资源总量来看，所占份额比例还比较低。以安徽为例，2008年61所高等职业院校中，民办院校只有12所，占20%。而日本、韩国和我国台湾地区的高等学校中，私立大学（学院）占了大多数，其中日本占73%，韩国占75%，我国台湾地区占70%。① 这说明民办高等职业院校的资源扩张还有很大的空间和余地。

大力兴办民办高等职业教育，拓展体制外增量资源，一要把民办高等职业教育放在优先发展和重点考虑的领域，坚持走"市场化办学、多元化投资、企业化管理"的路子，通过强化政策导向和激励，聚集和整合民间资本和外来资本，把社会力量办学的积极性引导到职业教育上来。二要充分发挥民办职业教育市场化办学的优势，优化资源配置，引入经营理念，使民办高等职业教育发展更具生机活力。② 三是今后新批准成立的高等职业教育机构以民办性质为主，严控公办高等职业院校审批。这样逐步扩大民办高等职业院校的比例，最终超过公办高等职业院校。四要认真贯彻"积极鼓励、大力支持、正确引导、加强管理"的方针，将社会力量办学纳入职业教育总体发展规划，在建设用地、实训基地建设、师资培训、职称评定、表彰奖励等方面创造与公办学校一视同仁的政策环境，引导社会力量举办高等职业教育。五要实施民办教育绩效资助政策。所谓民办教育绩效资助政策，就是根据民办学校办学质量高低、社会声誉好坏等情况，政府给予不同程度的财政资助的政策，这样能更好地吸引和激励更多的民间资本办教育，整合增加教育资源总量。③

（四）提升师能水平，优化人力资源整合

教师是学校发展的资本和核心资源，因而职业教育资源配置首先是人力资源的配置，配置的目的是提高教师师能水平，胜任高素质、高技能人

---

① 匡英. 比较高等职业教育：发展与变革 [M]. 上海：上海教育出版社，2006：245.

② 张健. 试论高等职业教育资源优化配置的路径选择 [J]. 教育与职业，2006 (35)：7 – 9.

③ 全国教育科学规划领导小组办公室. "转型期中国教育重大政策案例研究"研究成果述评 [J]. 当代教育论坛，2006 (22)：13 – 18.

才培养工作的需要。

1. 优化人力资源整合

"双师型"教师是办好高等职业教育不可或缺的重要条件。优化师资资源整合，一定要重视外引内培。内培，即对现有的教师采用岗位培训、挂职实训、定期委派的方式，促使教师增加企业实践，丰富企业背景，提高实践技能和经验。外引，即加快外聘兼职教师队伍建设。尤其是要重视与企业合作，打造一支跨越校企界域的"互兼互聘"的"双师型"师资队伍，改变教师理论强、实践弱，知识多、技能少的状况。要建立岗位互聘、职务互兼、职称互通、教学互助、科研互动、薪酬互济的师资队伍"互兼互聘"机制，优化师资的师能结构，提高教师队伍的"双师型"比例，使师资队伍建设逐步适应高技能人才培养的需要。同时，还要加强教师的培训机制，健全教师的企业挂职锻炼、假期集中培训、驻企研发的制度，并使之常态化、长效化。

2. 优化教师能力配置，提高师能水平

针对不同教师存在的能力缺陷，我们提出了"三懂"发展要求：一是专业课教师要懂实践。要求专业课教师要有计划地到企事业单位进行专业实践、考察、挂职锻炼，或直接参与企业的科研项目合作研发，提高技术水平和实践能力。二是基础课教师要懂专业。采用鼓励、自愿、引导相结合的办法，让基础课教师多参加专业培训、学术会议等，增加学习专业知识的机会，并采用与专业课教师结对的方式，互帮互学、切磋交流，共同成长。三是兼职教师要懂教学。即要求兼职教师要学习教育学、心理学、课程论方面的知识，懂得教育规律，掌握教学方法，以胜任教学工作。

3. 优化制度资源配置，创优教师成长的环境

一要出台刚性的政策，要求学校的专业课教师和实习指导教师必须进行技术等级培训鉴定，并达到一定的水平要求，否则吊销岗位执照。二要有政策激励，制定向"双师型"教师倾斜的评优、评先、职评、晋升的规定和政策。三要采取切实措施，提高教师待遇，解除教师工作及生活的后顾之忧，增强吸纳、稳定、凝聚优秀人才的能力，使教师无形的内在精神资源得到充分激活和释放。

（五）健全成市分担机制，扩充经费资源

长期以来，在计划经济体制下，人们习惯于把高等教育经费配置问题

归属于政府财政拨款体系范畴中，并形成了"路径依赖"。市场经济的确立，打破了教育经费提供的一元化格局，开辟了多元化的筹资渠道和经费配置方式。康宁曾从三方面概括了资金配置变化的特征，即从配置主体看，由投资单一化到投资多元化；从配置方式看，由供给计划约束型到需求创新放开型；从配置动力看，由政府强制性到自主激励性。[①] 其中，教育经费的成本分担机制的确立就是资金配置变化的表现和选择。所谓教育成本分担，指的是教育成本由谁支付、如何支付的问题，即教育成本如何在政府、企业、个人等社会各方之间合理分担并最终实现的问题。[②] 高等职业教育成本分担的承载主体主要包括政府、企业、个人及社会各方。政府是成本分担的主体，企业和个人构成成本分担的重要"双翼"。根据利益获得原则和能力支付原则，教育的成本分担应与收益的多寡和支付能力的大小成正比。但就当前成本分担的格局来看，还存在着不尽合理之处，必须调整健全分担机制，以优化经费资源配置。我们认为，正确的分担模式和配置方式应该是加大政府的财政供给，调适个人的成本分担，强化企业的分担投入。

1. 政府是高等职业教育产出的社会效益的最大获益方，理应成为高等职业教育成本分担的主要供给者

一要建立和完善政府为主渠道的高等职业教育财政供给制度，依法增加对职业教育的经费投入。决不能以教育市场化为借口，削弱甚至推卸政府对教育投入的责任，要建立教育投入问责制度，以刚性制度制约政府的责任，考核评估政府的教育工作绩效，监督政府对职业教育的投入是否到位。二要加大政府财政供给的力度。应根据职业教育高于普通高等教育成本的实际状况，相应地调高财政拨款的数额，即按其成本需要相应投入，以保证高等职业教育的正常运转。

2. 调适个人的成本分担

应根据高等职业教育群体多为经济承受能力较低的中下阶层群体的现

高等职业教育整合论

① 康宁. 中国经济转型中高等教育资源配置的制度创新 [M]. 北京：教育科学出版社，2005：161 – 164.

② 范先佐，周文良. 论教育成本的分担与补偿 [J]. 教育学（人大复印报刊资料），1998（5）：56 – 63.

状，在准确测定各种高等教育生均培养成本的基础上，综合考虑国家及地方财政状况、城乡居民收入水平等因素，适当调低高职学生个人交费标准，降低他们成本分担的比例，以更好地保证高等教育的公平性和成本分担的合理性。

3. 强化企业的分担投入

企业是高等职业院校培养的人力资源的最大消费者，理应为职业教育"埋单"，分担职业教育的成本费用。但当前由于缺少对企业分担的刚性制约法制环境，企业乐得享用"免费的午餐"，这是非常不合理的。因此，必须制定《职业教育投入保障法》，约束企业对职业教育的投入到位，使企业对职业教育的成本分担落到实处，为高等职业教育的发展提供外在的增量资源。

（六）完善制度环境整合，创优政策资源

高等职业教育制度环境是由已在的教育制度供给而形成的影响教育存在、发展和运行的一种规范体系和制度安排。作为一种影响高等职业教育的"软资源"，它的优化配置对于增进职业教育活动的秩序、减少职业教育活动的交易成本、激励和约束职业教育利益相关者、营造职业教育发展的环境具有非常重要的作用。针对前文述及的政策资源环境存在的问题，必须从以下几方面进行完善和改进。

一是做好政策法规建设的"补课"工作，即对制度和法规建设留下的"空白"和"死角"要尽快填补。如我国的校企合作、工学结合人才培养模式之所以推进不力，就在于没有相应的制度、法规的约束、规范和激励，使企业参与的责任不明、压力不大、动力不足、热情不高。因而必须出台校企合作、工学结合的政策规定和管理办法，才能解决这一问题。二是重视政策、制度的整合配套，形成完备体系。一个良好的、完备的制度资源环境应该是由宏观、中观、微观三个层面的制度相互支持、彼此配套而形成的完整的体系建构。宏观把握方向，中观制定规则，微观执行落实。这样形成"三位一体"的配套体系，才能真正保证政策资源实践的有效性。三是调整不当政策，保证高等职业教育公平发展环境。与普通本科教育相比，高等职业教育还存在着基础薄弱、条件落后、师资不强、经费

短缺、设备不足的诸多问题。根据教育机会均等和差别性对待原则，应对高等职业教育扶持倾斜。如应根据高等职业教育是"富贵"教育的特点，调整并加大对高等职业教育的经费投入。再针对高等职业教育仅有专科层次"断头"教育的特点，应放松对高等职业教育办学体系的政策管制，尽快发展本科层次和研究生层次的职业教育，完善职业教育的办学体系。

第九章

职业教育集团：高等职业教育的集约整合

职业教育集团是我国职业教育发展到一定阶段，为了优化职业教育资源、提升职业教育的整体水平、顺应市场化办学需要而产生的一种合作现象。它是随着我国职业教育的不断发展而涌现出的一种集约化办学形式。本章拟就职业教育集团的概念与产生，职业教育集团整合的本质、类别与作用，及其运作机制等方面的问题进行论述。

第一节
职业教育集团的概念及其产生

一、职业教育集团概念的界定

什么是职业教育集团？不同学者有不同的观点。龙德毅认为，职业教育集团是以一所中心学校为核心，联合若干具有独立法人资格的职业学校和相关企事业单位，以资产、契约、专业和人才培养为纽带，共同开展产、学、研活动的职业教育办学联合体。[①] 郭扬认为："职业教育集团应当是以各方利益一致为基础，以行业（专业）、地域或原有的建制为纽带的，联合学校、企业和其他社会团体共同参与举办职业教育，切实保障校企合作课程运行组织的一种教育集团。"[②] 肖凤翔认为："职业教育集团是由若干具有独立法人资格的职业院校、相关企事业单位，以契约或资产为纽带联结生成的跨行业、跨社会组织的一种新型的组织——产教联合体。"[③] 谢根生的观点是："职业教育集团是指以核心教育主体为龙头，以创建、兼并、联合、合资等方式联合其他职业教育主体，以及由职业教

---

① 龙德毅. 坚持科学发展观 推进职教集团发展 [J]. 天津职业院校联合学报，2007（4）：3－15.

② 郭扬. 高职院校课程模式开发基础 [M]. 北京：中国科学技术出版社，2010：176.

③ 肖凤翔，陈玺名. 职业教育集团化若干法律问题分析 [J]. 职业技术教育（人大复印报刊资料），2011（11）：4.

育、行业管理部门、企业、用人单位等组成的教育集团。"① 马成荣认为，职业教育集团是"三体"的联结。一是各自有独立的法人资格采取协作或联盟关系的"自由联合体"，二是有着明确专业分工和结构互补的"功能集合体"，三是基于共同理想、使命和文化的"利益共同体"。② 山东省教育厅印发的《关于组建省级职业教育集团的意见》则提出，"职业教育集团是由职业院校、行业协会和相关企事业单位自愿组成的产教联合体"。陈嵩认为："所谓高等职业教育集团化，是指以各方利益一致为基础，以行业（专业）、地域或原有的建制为纽带，联合学校、企业和其他社会团体共同参与举办的以职业教育为主的一种特殊教育集团。"③ 狄建雄认为："职业教育集团是职业院校、行业企业等组织为实现资源共享、优势互补、合作发展而组织的教育团体，是加快职业教育办学集中改革、促进优质教育资源开放共享的重要模式。"④ 教育部职业教育与成人教育司的观点是，职业教育集团指的是一所或若干所具有独立法人资格的职业院校，以专业为纽带，联合相关行业企业共同进行人才培养，优势互补、资源共享、实现共赢的职业教育办学形式。⑤ 这些界定虽然定性视角、逻辑侧重有所不同，但基本上大同小异，均不约而同地强调了集团组建的利益一致的基础（目标、使命）、多元成分的构成（学校、企业、行业、其他相关单位）、整合联结的纽带（资产、契约、专业、区域等）和定位归属的特性（产教联合体、办学联合体、特殊教育集团等）。基于此，我们认为，所谓职业教育集团，是在利益一致的基础上，通过一定数量的职业院校、企业、行业、相关单位整合集成，而结成的旨在实现特定的人才培养目标的教育联盟。

---

① 谢根生，成梅. 职业教育集团化办学的产生和发展趋势 [J]. 职业技术教育，2005（25）：29.

② 马成荣. 关于职教集团基本问题的思考 [J]. 教育发展研究，2005（19）：83 - 86.

③ 陈嵩. 高等职业教育集团化发展的国家和地区比较及对我国的借鉴 [J]. 世界职业技术教育，2007（2）：19 - 24.

④ 狄建雄. 职教集团要注重内涵建设 [J]. 江苏教育：职教版，2013（4）：12.

⑤ 廖忠梅. 职教集团利益相关者探析 [J]. 继续教育研究，2009（7）：166 - 168.

二、职业教育集团的产生

有研究者认为："20 世纪 90 年代初，职业教育集团开始出现在我国沿海城市，但为数不多。自 20 世纪 90 年代中期以来，职业教育集团如雨后春笋般在全国各地涌现，发展态势强劲。"① 例如，肇始于 1993 年的我国最早的教育集团当数浙江省万里教育集团。它从接管一所濒临倒闭的职工学校起步，经过 12 年的发展，已成为拥有学前教育、初等教育、中等教育、高等教育，涵盖普通教育、职业教育和成人教育三大类型，在校生 20 000 余人，教职工 1 500 余人，校园占地 2 000 余亩，建筑面积 66 万平方米的教育集合体。② 与万里教育集团同时起步的还有北京西城区旅游职业教育集团、安徽新华职业教育集团、松江职业教育集团及苏州旅游教育集团等。这一时期的职业教育集团往往还缺乏自觉意识、政策引导，自发性的意味较浓，多是出于做大做强的需要，连锁发展、规模扩张的结果。但它们为嗣后大规模涌现的职业教育集团探索了路径，积累了经验，做好了铺垫和准备。

职业教育集团产生和发展的新阶段是 21 世纪最初 10 年，是在职业教育波澜壮阔发展的主升浪中段中形成的。这一时期，全国各地职业教育集团出现的时间点，是在 2003—2004 年。它是高等职业教育黄金 10 年大发展期间的产物，也是政策引导和职业教育改革发展需要的结果。

第一，从发展的视角看，2003 年，我国高职高专院校数已达到 908 所，在校生数 480 万，毛入学率 17%；2004 年，又增加到 1 047 所，在校生 596 万，毛入学率 19%。以 1998 年院校数 432 所、在校生数 117 万、毛入学率 6.8% 为参照，各项指标均取得了大幅飚长。正如周济指出的："在过去短短的六年中，高等教育规模翻了两番，进入了国际公认的大众化阶段，规模达到世界第一。"③ 正是规模数量的扩容为职业教育集团优化重组创造了条件，打下了基础，提供了现实可能性，使得职业教育集团

---

① 杨柳，易玉屏．我国学者关于职教集团的研究综述［J］．长沙航空职业技术学院学报，2007（6）：16.

② 谢根生，成梅．职业教育集团化办学的产生和发展趋势［J］．职业技术教育，2005（25）：29.

③ 周济．以科学发展观统领教育全局工作［J］．求是，2005（8）：11-14.

应运而生。例如，2003 年以无锡商贸职业技术学院为龙头，成立了江苏第一家职业教育集团——江苏商贸职业教育集团。2004 年，在江苏镇江又成立了江苏农林职业教育集团。至 2006 年，已先后组建了商贸、旅游、农林、建筑、现代服务业等 7 个职业教育集团，覆盖 300 多家企业、105 所学校和 20 多万学生。另据《中国教育报》报道，河南省 2004 年已组建了 9 个省级职业教育集团，共吸纳成员单位 289 家，其中，中等职业学校 166 家，行业协会 7 个，企业 108 个，科研机构 8 个，吸纳合作资金 6 000 万元，找到了职业教育跨越式发展的新路。① 安徽省职业教育集团组建稍晚于这个时间点，组建最早的是 2006 年 1 月成立的安徽化工职业教育集团，目前全省共有 22 个职业教育集团。

第二，从政策引领看，民办教育集团走在全国前列的浙江省在 2002 年 10 月就已经出台了《关于组建职业教育集团的试行意见》，2004 年 10 月，河南省教育厅也推出了《河南省教育厅关于组建职业教育集团的若干意见》，推动了地方职业教育集团的发展。2005 年 10 月《国务院关于大力发展职业教育的决定》更是从国家层面明确提出，要"推动职业教育走规模化、集约化、连锁化的办学的路子"，释放出鼓励职业教育集团化办学的明确信号。嗣后各省也都积极跟进，纷纷先后出台了相应的文件。如山东省 2005 年 12 月就以鲁教职字〔2005〕8 号文发布了《关于组建省级职业教育集团的意见》；安徽省教育厅以〔2006〕5 号文下发了《关于组建职业教育集团的若干意见》。正是在国家和省级层面政策引领和大力倡导下，全国职业教育集团层出不穷、蔚为大观。

第三，从改革发展的多元要求看，职业教育集团的产生也有其深刻的原因。一是规模数量的发展使资源格局受限。职业院校规模数量的大幅增加，使院校存量的办学资源（并没有随着规模扩大、数量增加而同步增加）日益捉襟见肘，实训设备、师资数量、综合条件等频频告急，资源瓶颈效应凸显。这一状况当然可以通过内部增效挖潜加以缓解，但并不能根本性化解，必须通过引进外在的增量资源，才能有效解决。职业教育集团就是人们谋求的一条化解资源瓶颈的对策。二是深化发展推进使单一办学困窘。职业教育的深化发展推进必须借助外力，走合作办学之路，靠自身

① 陈强，李挥. 河南职教集团尽显"航母"优势［N］. 中国教育报，2005 - 09 - 16（1）.

的单打独斗，就算浑身是铁，又能打几颗钉，何况很多学校的资源开发利用已达极限。倘若没有新的增长极介入，借"梯"登高，恐很难改变困境。这个"梯"就是企业。企业的介入是改变学校一元办学或者说闭门办学困境的根本出路，同时也是决定职业教育集团办学能否成功的关键，是职业教育大力发展、深入推进的需要。三是挺进改革的深水区需要机制创新。职业教育的发展必须改革，沿用传统的办学模式只能在错位迷失中把职业教育引入死胡同。2004 年，经过六年的思考、努力，职业教育已在快速发展中全面铺开，开始进入改革的"深水区"。各种问题、矛盾的堆垒、聚集、纠结日益突出彰显，若不加以解决，将会拖累职业教育的健康发展。职业教育集团就是人们面临的体制和机制创新、化解各种问题和矛盾的一种选择，也是实施改革"攻坚战"的一种破解之道。

由是分析可见，职业教育集团的出现并非偶然，它是职业教育发展的必然要求，是时运使然的一种历史选择，是政策引导的一种必然结果，也是中国职业教育发展在"山重水复疑无路"的困境中找寻"柳暗花明又一村"出路的一种探索创新。

第二节
职业教育集团整合的本质、类别及作用

研究职业教育集团整合，不仅需要关注"它是什么"（性质取向维度），"它有哪些形态"（类别取向维度），还应当了解"它有什么用"（价值取向维度）。本节将从这三方面深入探讨职业教育集团的整合。

一、集约整合：职业教育集团的本质

关于职业教育集团的本质或者说性质的界定，当下人们多是从组织学的角度考量的，其观点可归纳为：职业教育集团是一种非法人组织，是一种非营利组织，是一种松散的联合体几种。

（一）职业教育集团是一种非法人组织

上海市《关于本市推进组建区域职业教育集团工作的意见》明确了职业教育集团的性质是以专业为主要纽带，以资源共享、校企合作为重点，在人财物渠道不变的前提下，在自愿组合的基础上，可跨行业、跨地区，由示范性、国家级高等职业院校或职业学校为龙头，吸引相关行业企业、职业院校和其他社会组织等，进行"校企合作"或"校校合作"，是以协议、契约等形式构成的非法人组织。

（二）职业教育集团是一种非营利组织

马成荣认为，职业教育集团可以划入社会组织（包括政府组织、营利组织、非营利组织等三类组织）中的非营利组织，属于"第三部门"（学界把非营利组织的集合称为第三部门）。美国学者萨拉蒙对第三部门的组织特征的概括为：①组织性。②民间性，体制上独立于政府。③非营利性，组织可能赚取利润，但利润必须服务于组织的基本使命，而不能分配给所有者和管理者。④自治性。⑤志愿性。[①] 这些特征与职业教育集团的特征都是吻合的。

（三）职业教育集团是一种松散的联合体

它是以自愿为原则，由具有独立法人资格的职业学校和相关企事业单位等组成的松散的联合体。松散性作为职业教育集团组织形式的根本属性，源于参与集团的每一主体都是具有独立法人资格的代表，如果不是松散性联结，就会涉及权力再分配等复杂的体制性障碍，影响主体加盟的热情和积极性。而松散性所带来的灵活性和自由度，则可以消弭这一体制性壁垒，激活参与的热情，带来极大的活力。当然，松散性的弊端也是显而易见的，表现为约束力小、整合性弱、实质性运作的力度和成效难以保证。

我们认为，从发生学的角度看，职业教育集团的本质就是集约整合。集约是整合的目的，整合是集约的手段。集约，也称集约化，它是现代企

---

① 马成荣. 关于职教集团基本问题的思考［J］. 教育发展研究，2005（19）：83 – 86.

业集团提高效益和效率管理的基本取向。集约化的"集"，就是集中、集合人力、物力、财力、管理等生产性要素，进行统一配置；集约化的"约"是指在集中、统一配置生产要素的过程中，以节俭、约束、高效为价值取向，从而达到降低成本、高效管理，进而使企业集中核心力量，获得可持续竞争的优势。集约化所体现的是质量经营特征、规模经营特征和效率经营特征，目的是通过要素的集中和要素组合方式的调整来达到增进效益或效益最大化的目的。职业教育集团借鉴了现代企业集约管理的经验，在集团组建的目标、特征、方法等方面均与之吻合无间。集约化是整合教育资源的杠杆，是实现优质教育的根本途径。它要求对教育的要素进行整合重组集成，实现教育办学的集团化、规模化，达到提高办学质量、效益和竞争力的目的。安徽省曾做过一次职业教育集团调研，在对"您认为院校参与职业教育集团化办学的主要动因"的回答中，选择"社会职业教育资源的整合与重组"的占46%；选择"搭建人才培养立交桥"的占28%；选择"提高职业院校办学质量"的占23%；选择"促进毕业生就业"的占21%；选择"做大做强增强抗风险能力"的占14%；选择"提高院校影响力、知名度"的占3%。可见，更多的人还是倾向于认同职业教育集团的整合本质和功能。基于此，我们可以换一个角度重新界定职业教育集团的定义：职业教育集团就是整合不同的办学主体，形成规模化的综合优势，谋求职业教育集约化发展的一种办学联合体。

职业教育集团整合的本质还可以从以下几方面加以证明。

第一，它是不同内涵的多元整合。职业教育集团是以市场为导向、效益为中心、互利为目的、学校为主体、企业为支撑的多元内涵与要素的整合。一是它是一个复杂的统一体，体现着整合的精神和本质。如马成荣所提出的，职业教育集团是各自有独立的法人资格采取协作或联盟关系的"自由联合体"。二是它是有着明确专业分工和结构互补的"功能集合体"。三是它是基于共同理想、使命和文化的"利益共同体"。①"三体"的内涵界说，清楚地表明了职业教育集团整合的本质。

第二，它是不同主体的协作整合。职业教育集团是不同利益主体的协作整合，其中包括学校、企业、行业、政府、科研院所以及其他相关单位

---

① 马成荣. 关于职教集团基本问题的思考 [J]. 教育发展研究，2005（19）：83–86.

和部门（见图9–1）。

由图可见，职业教育集团是一种跨界的多元主体协作的组织，这种协作以利益为基础或纽带。集团内的不同利益群体都有自己的不同追求和目标，并试图从组织内的互动及组织与环境的互动中实现自己的目标，取得自己的利益。就校企

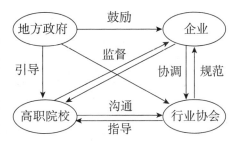

图9–1　职业教育集团四维主体结构关系

而言，"企业的利益就是通过集团造就一批符合企业自己规格的人才，这是企业要谋求的最大利益，集团也把企业的这一要求放在一切工作的首位"①，而这与学校人才培养的质量目标和输出目标是一致的。再就校政企而言，职业教育和职业教育集团的建设具有促进社会经济增长、提高社会生产率、改进科学技术水平，乃至提高社会的文明程度、改善国民素质、缓解就业压力的作用，而这些都是政府所追求公共利益的表现。因而，代表国家利益的政府是高等职业教育产出的社会效益的最大获益方。再从企业来看，职业教育集团是一种有效整合职业教育资源的模式，它在一定程度减少了政府对高等职业教育的开支，缓解了政府投入的压力，政府当然是乐见其成的。可见，正是有了这些利益契合点，使职业教育集团不同利益主体之间协作整合成为可能和现实。

第三，它是不同效能的互补整合。不同的集团主体在职业教育集团的整合过程中带给该组织的效能，或者说所发挥的作用是不一样的，这就形成了职业教育集团的不同效能（功能）的互补整合。比如政府的顶层政策设计与操作上的撮合促成作用；企业的对人才培养的规格引领、用人的需求和吸纳、资源的支持与共享等作用；学校在人才、技术、培训方面的优势和作用。正是这些功能整合形成的 $1+1>2$ 的效能，成为人们组建职业教育集团的最根本的目标诉求，也是人们看好它的最直接的逻辑因由。

二、职业教育集团整合的类别梳理

职业教育集团的类别是对职业教育集团的模式进行划分得到的分类结

①　郭苏华，隋明. 职业教育产学结合实践研究［M］. 上海：上海财经大学出版社，2009：208.

果。对集团类别的划分，可以使我们根据特定的分类标准，梳理分歧错杂的集团现象，凸显集团划分的逻辑依据与结果，使我们在理性划分的基础上从逻辑角度更加明晰地把握职业教育集团的外延和边界，使研究更加深入。同时，对职业教育集团整合类别的认知关系到人们能否根据自身的特点和优势，找到适合于自身的职教集团的模式，关系到对职业教育集团的理性选择，因而有必要对职业教育集团的模式和类别加以梳理和阐述。

逻辑分类的常识告诉我们，任何划分都是由划分母项、划分子项、划分标准三部分构成的。母项就是被划分的概念，子项就是划分后得到的新概念，划分标准就是划分依据和凭借。一个标准就是观察集团现象的特定视角，就是一种分类的特定的切入点，就是主体选择的特定的认知框架。正如有研究者指出："当我们剥去关于分类的层层表象后，剩下的内核便是关于分类的标准。有什么样的标准便有什么样的分类，分类标准表明了分类者对事物观察的角度，体现了研究者的视角，表明了在某一个标准映照下不同事物的状态。"①

（一）根据集团所属的空间位置和隶属关系，可分为区域性职业教育集团、行业性职业教育集团以及区域性与行业性相结合的职业教育集团

以上海市所建的职业教育集团为例，2006 年，上海颁布了《上海市人民政府关于大力发展职业教育的决定》，将集团化办学作为一项重要任务，提出率先建设 10 个行业性的职业教育集团。2008 年，上海的职业教育集团化办学实践探索从行业领域向区域领域延伸，又逐步组建了一批区域性职业教育集团。目前，上海已经组建行业性职业教育集团 8 个，区域性职业教育集团 5 个，搭建了一个有利于校企合作进一步深入、职业教育资源进一步优化的平台。② 而以上海交通职业技术学院牵头的上海交通物流职教集团则是行业区域结合型的。它以上海市交通学校、交通技校、交通运输公司培训中心等实体，构成具有行业背景的紧密型成员，同时又跨行业地与上海民航中专、上海铁道中专，以及几十家企业结成了集团关系。

---

① 王清连，张社字. 职业教育社会学 [M]. 北京：教育科学出版社，2008：249.

② 郭苏华. 上海职业教育集团化办学的成效分析和发展趋势 [EB/OL]. http://chian. org/models/adefault/datail. aspx? artid＝46480cateid＝1705.

（二）根据职业教育集团组建的逻辑纽带来划分，可分为资产联结型、契约联结型和资产—契约混合型三种

资产联结型即组成职业教育集团的学校和单位之间有密切的资产联结关系，如设备投入、资金占比、资产入股等。契约联结型是指集团成员单位是以签订协议或以集团章程为纽带联结组建而成的职业教育集团。资产—契约混合型是既有资产联结，又有契约联结的混合类型。我国现阶段职业教育集团大多是以契约为联结的逻辑纽带的，当然也有以资金或资产入股的资产联结型的。

（三）根据集团的主导关系不同，可分为学校主导型、行业主导型、政府主导型和企业主导型四种

行业主导型，一般是以行业名牌学校为龙头，以开设同类专业的中职学校为主体，联合同类行业、企业及科研单位组建的职业教育集团。学校主导型是以学校为主体组建的集团，如江苏联合职业技术学院是一所典型的学院主导型五年制职业教育集团，是一所特殊的五年制高等职业教育联合共同体。江苏联合职业技术学院实行"小学院、大学校"的集团化办学模式，高等职业院校在校生规模达 19.3 万人，分院总数达 40 所、办学点 31 个，是我国办学规模最大的高等职业院校，开创了我国学院主导型高等职业教育集团化发展之先河。[①] 政府主导型多为区域型职业教育集团，这类职业教育集团的突出特点是政府主导。一般由区域政府或教育行政部门牵头，依据区域规划和产业结构，整合区域内的职业教育资源，最大限度地降低成本，产生职业教育集团的聚变效应，提高职教的整体服务能力。企业主导型是以服务企业为核心而运作的职业教育集团。如教育部职成司与国有大型企业潍柴动力签署发动机维修专业合作项目《协议》规定，在教育部职成司支持下，双方共同在全国范围内认定 34 所职业学校作为"2012—2016 年教育部 - 潍柴动力职业教育领域发动机维修专业合作项目学校"，双方共同支持项目学校建设潍柴动力发动机维修技术培训中心，培养具有现代服务理念的发动机维修专业人才。潍柴动力在协议期内向全部合作学校提供总价值约 3 200 万元人民币的潍柴系列教学设备、师资培训、培训课程、奖学金等支持。这一合作项目就是企业主导，政府

---

① 王明伦. 学院主导：江苏高等职业教育集团化发展之创新——以江苏联合职业技术学院为例 [J]. 中国职业技术教育，2011（33）：24.

部门把握方向、牵线搭台，34 所职业院校加盟唱戏的契约集团模式。

（四）根据集团组建的整合方式不同，可分为集成式、集群式、集合式三种

第一，集成式。以整合现有职业教育资源为重点，表现为大学校型，多校并一，一校多能。即是将各种教育资源特别是中等教育资源进行撤并，这在县市级新建职业教育中心表现较多。江苏赣榆县职教中心几年前采取十校合一，建成了一所苏北一流、全省有名的职业学校，常熟等市也进行了这方面的有益探索。

第二，集群式。它是强化政府统筹职能，在中心城市兴建职业教育园区，实行一区多校、优势互补、资源共享、学分互认、教师互聘、共同培养。如常州职教园区、苏州国际教育园区等。

第三，集合式。有分有合，双层运行，如江苏省新建的联合职业技术学院，下设多个分院，逐步扩大学院内高等职业教育技术学校发展的规模，为五年制高等职业教育办学主体的转移做好准备。[①]

（五）根据合作的行动目标与资源利用不同，可分为基本互补型合作、发展整合型合作、创新拓展型合作三种

1. 基本互补型合作

其主要是通过合作，实现院校资源，包括硬件资源和软件资源的交换和互补，使需求方获得开展相关活动所欠缺的资源或条件，实现"优势互补"或"特色互补"。如示范性高等职业院校在办学理念和教育教学改革等方面对一般院校进行引领、示范，一般院校以自身的特色和优势为示范院校提供帮助。

2. 发展整合型合作

其主要表现为通过集团院校间同类或相近需求和资源的整合，既满足需求，又减少支出，降低成本，提高效益。如院校间通过协商，对课程进行合并或裁减，共同聘任教师，互聘教师授课或者学生相互选课，共同培养学生，或者建立共同的兼职教师库，以及硬件设施方面的共享等，均属此类合作。

---

① 马斌. 思想领航：做强江苏职教的十大理念创新 ［J］. 教育发展研究，2006（2）：19.

3. 创新拓展型合作

其主要通过凝聚集团院校间各种资源或力量，共同推动新的合作项目或开拓新的合作领域。①

（六）根据集团组成成员之间的联合方式和目标定位的差异，可以分为结构型职业教育集团、专业性职业教育集团、区域性职业教育集团、混合型职业教育集团四种

结构型职业教育集团一般是通过学校之间的联合或重组的方式建成。专业性职教集团往往通过企业办学或学校办企等方式来实现其组建目的，具有行业性特色。区域性职业教育集团一般由区域教育行政管理部门参与或直接牵头，将区域职业教育资源进行一定的整合后形成。混合型职业教育集团是在校企广泛合作的基础上形成的，符合企业经营开发向教育延伸，实现深度参与积业教育，也适应学校寻求企业在提供就业岗位、学习资源、培训业务等方面的支持这些基本需要。②

三、职业教育集团整合的作用观照

（一）研究的必要性与相关观点

从价值取向维度研究职业教育集团整合的作用是必要的。其一，它是衡量人们对事物理性觉识程度的标尺；其二，它直接关系到人们"要不要做"或"为什么做"的价值选择；其三，它决定着人们行动的自觉性和投入的程度，因而也在某种程度上决定着事物成功与失败结果的走向。

对职业教育集团整合的作用、意义、功能或优势（这些概念的所指基本上是同一的）的研究，不同学者有不同的观点。姚万林认为，职业教育集团具备以下五个方面的优势：①有利于职业教育办学体制的创新；②有利于实现职业教育的资源整合；③有利于促进职业教育的优势互补；④有

---

① 赵向军，李兴旺. 高职教育集团校际合作基本问题研究 [J]. 中国高教研究，2010（2）：82.

② 郭扬. 高职院校课程模式开发基础 [M]. 北京：中国科学技术出版社，2010：178 – 180.

利于加强职业学校的专业建设；⑤有利于加强职业学校的教学改革。^① 郭扬的观点是，①有利于中、高等职业教育的衔接沟通与协调发展；②有利于各类职业教育资源的重组和互补；③有利于加强专业和课程建设；④有利于课程改革和教学科研；⑤有利于促进校企合作和技术开发。^② 郭苏华认为，职业教育集团可以行使的功能有三个维度：第一个维度是集聚教育资源的功能；第二个维度是构建产教联系的功能；第三个维度是实现就业目标和项目开发的功能。^③ 狄建雄的观点是："职业教育集团的出现有效地推进了职业教育集团化办学，有利于整合多方力量，推动现代职业教育体系建设；有利于建立健全政府主导、行业指导、企业参与的职业教育办学机制；有利于深化职业教育校企合作，系统培养高素质技能型人才，提高人才培养质量。"^④2009 年出台的《教育部关于加快推进职业教育集团化办学的若干意见》对职业教育集团办学的重要意义做了宏观概括："实践表明，集团化办学符合科学发展观的基本要求和职业教育发展规律，是发展中国特色职业教育的重要举措；是职业教育管理体制、运行机制和人才培养模式的重大创新；是符合中国国情培养技能型、应用型人才和高素质劳动者的有效途径；是促进职业教育规模扩大和办学质量提高、提升职业教育服务经济社会能力的必然选择。"

（二）对职业教育集团整合作用的再认识

在上述研究的基础上，我们认为还须做更加深入的反思和具体的探讨。

1. 资源共享实现办学的优势互补

职业教育资源，是指全社会投入职业教育领域，用于培养技能型、应用型人才的所有人力资源、物力资源、财力资源的总和。随着技术的进步、市场的开放，院校和企业的发展对优质资源的依赖程度越来越强。而

三 高等职业教育整合论

---

① 姚万林. 中等职业教育集团化发展的对策研究［D］. 武汉：华中师范大学硕士学位论文，2007（5）：32 – 34.

② 郭扬. 高职院校课程模式开发基础［M］. 北京：中国科学技术出版社，2010：209 – 211.

③ 郭苏华，隋明. 职业教育产学结合实践研究［M］. 上海：上海财经大学出版社，2009：202 – 203.

④ 狄建雄. 职教集团要注重内涵建设［J］. 江苏教育：职教版，2013（4）：12.

当下职业教育的资源现状依然是紧张短缺，不能满足和适应办学需要。这就需要寻求资源利用、资源开发、资源整合、资源共享的破解之道。职业教育集团的组建就是人们找到的应对资源短缺挑战、实现资源共享的一项谋略和对策。安徽职业教育集团以化解资源短缺为目标，积极探索合作办学的资源共享机制，包括人才资源共享、教学资源共享、科研成果资源共享、技术资源共享、师资资源共享、就业信息资源共享等，从而实现办学资源的优势互补。其主要表现为：一是各集团利用其资源优势，实现集团范围内的专业调整、师资流动、生源调剂和硬件资源共享。同时，还举办各种培训班及考证、鉴定服务，满足服务需求，实现优势互补，使培训工作普遍上了一个台阶。二是整合科研资源，开展理论研究，如江淮（工程）职业教育集团整合集团优势，开展职业教育集团建设等方面的理论研究。2007 年，以集团牵头学校安徽水利水电职业技术学院为主，联合安徽电气工程职业技术学院、安徽水利教育学会、合肥荣兴汽车配件厂等十多家院校和企业，申报并获批"高等职业教育集团化发展模式的研究与实践"省级重点教研项目，通过联合研究、协同创新，2010 年 11 月，该项目研究成果获得"安徽省教学成果特等奖"和"中国职业技术教育科学研究成果二等奖"。三是资源共享还体现在校企之间的资源开发、利用互补上，如淮北机电职业教育集团牵头校淮北工业学校与江苏瑞特电子设备有限公司于 2011 年合作组建了"淮北工业学校瑞特电子实训车间"。由瑞特公司提供订单、设备、技术及相关资源，工业学校提供场所及相关加工设施，采用真实企业运营模式，使学生能够在校内就感受到企业的工作氛围，实现在校顶岗实习。他们将学生的书包变成工具箱，将课堂搬到车间，让传统的教学模式"大变脸"，实现了校企合作的深度融合，提高了现代电子企业所需的"一专多能"应用型人才的培养质量。

2. 中高职衔接，贯通合作办学路径

中高职衔接是现代职业教育体系建设的必然要求，也是职业教育集团校校联合，应对生源滑坡的显性效用之一。面对全国中高职生源明显萎缩滑坡的现状，中等职业教育与高等职业教育要想度过危机、双赢发展，就必须走中高职衔接的联合办学之路。其形式主要为 3 + 2 的五年制中高等职业教育，如安徽财贸集团以安徽财贸职业学院为龙头，在集团内联盟校开展五年制中高职衔接试点，他们选择合肥金融学校、滁州工业学校、亳州工业学校等三所国家级重点中专学校，实行五年制中高职学生的联合培养，前三年在各中专学校学习，后两年高等职业教育阶段到安徽财贸职业学院学习，目前这种在校生已达 1 180 余人。中高职衔接贯通了合作办学的路径，中等职业教育因与高等职业教育联合增强了办学的吸引力，遏制了招生难和生源下滑的趋势，高等职业教育也因多了合作学校的后备生源补充，增加了又一新的招生渠道，可以使生源更加充分，缓解了生源危机的压力，同时也使中职学生获得了接受高等教育的机会，成为高端技能型人才，更好地改变命运、服务社会。由于合作办学，使集团内的中高职院校构成了一荣俱荣、一损俱损的利益相关体，使他们在看重自身利益的同时，也能兼顾集团内其他伙伴的利益。如滁州工业学校在与安徽财贸职业学院结成 3 + 2 五年制中高职对接校后，在招生宣传中，除了宣传自身以外，还自觉地宣传安徽财贸职业学院，取得了互利双赢的效果。同时，中高职衔接扩大了两级学校的交流沟通、彼此往来，使高等职业教育在科研、专业建设、课程改革、校园文化建设等方面更好地发挥了示范引领作用，无形中也提升了中等职业的办学水平。可见，中高职衔接贯通的整合，实现了职业院校之间在专业设置、办学层次、教学内容、人才培养规格、文化建设等方面的衔接沟通，实现了中高等职业教育的联动发展。

3. 抱团发展，增强抗风险的竞争力

职业教育集团的建设能够形成职业教育发展的规模效应，如江淮工程职业教育集团仅加盟的学校就有 16 所高职和 7 所中职，构成了一个相当可观的规模。我国的职业教育在经历了狂飙突进的大发展之后，已进入了注重质量提升、内涵发展的后质量时期。职业教育的发展面临着重新"洗牌"、竞争加剧的新格局。许多学校在生源锐减的严酷现实面前，已感受到了山雨欲来的巨大压力，这时如果不走资源整合、集团化办学之路，那些"小而全""小而弱"的学校就有被淘汰出局的危险。所以，必须打破各自为政、一校一治的封闭办学模式，采用联合、连锁、类聚、集团化等办学模式，建立一种有效的学校之间、校企之间新的合作机制，以抱团发展，增强抗风险的能力，获得可持续发展的生机。

（1）职业教育集团是多元主体的战略联盟，通过联合可以做大、做强、做特学校，使学校由单一的办学主体演变为联合群体，改变小而散、小而全、小而乱的不良格局，实现优势融合，形成单个成员的"小"与"专"和整个集团的"大"与"全"的不可比拟的综合优势。

（2）它能创造一种开放式的相互激励的氛围，形成某种凝聚力或整体

力量，产生某种聚合效应，使合作的集团院校之间在某些方面形成优势和系统，从而能够开展各自力量难以做到的事情。所以，鲁昕部长强调："创新集团化职业教育发展模式，并切实发挥职业教育集团的资源整合优化作用，实现中高职之间以及与政府、行业、企业的资源共享和优势互补，提高资源利用效率和人才培养质量。"①

4. 校企对接，创新校企合作的模式

职业教育集团是指为实现一定的办学目标，通过一定数量的职业院校、企业及行业等相关办学单位的参与合作整合而成的产教联合体，它是实践多元化办学格局的一种有效组织结构。产与教、校与企是职业教育集团最实质性的合作内容和合作主体，集团的生命力就在于校企合作的规模和程度，在于企业参与的程度、介入的深度，它是决定集团成败的最关键的要素。所以，职业教育集团的整合一定要注意把企业延纳进来、吸收进来。这样做的意义在于：第一，它有利于企业介入教学，教育介入生产的双向融入，是积极探索职业教育人才培养新机制的举措。第二，它是职业教育化解当前面临的深层次矛盾、实现资源重组和优化配置的重要路径。第三，它是职业教育主动适应经济建设和社会发展的需要，贴近市场、贴近企业办学的零距离融合，有利于提高人才培养的针对性和服务企业的质量。第四，它是职业教育理念的又一次升华和解放，它使职业教育更加趋近职业教育规律，有利于办出特色、办出成效，真正做到在"服务中求支持、在贡献中求发展"。第五，它还有利于通过合作，探索和创新校企合作模式，规范校企合作运作，深化校企合作水平。如安徽经济技术职教集团通过与省内八家大型企业合作，积极探索校企合作模式，总结出八种有效模式：实习基地式、双向基地式、引企入校式、送教入企式、共同培养式、工学交替式、半工半读式、合作研发式。应当说，这样的总结探索是弥足珍贵的。

5. 文化融合，提升职业教育的品质

文化融合是职业教育集团合作的最高层次和境界。集团合作并不是平面化的，而是分层次的。第一层次是物质层面的合作，主要是在建构物质载体方面的合作，即重视在空间环境、设施设备载体等方面相互协调或整

---

① 鲁昕. 加快建设中国特色、世界水准的现代职业教育体系 服务国家发展方式转变和现代产业体系建设 [J]. 管理观察，2012（1）：11–17.

合。第二层次是制度层面的合作。制度或结构方式建构上的合作，即在办学体制、办学模式与运作方式等方面体现合作。第三层次是精神文化层面的合作，主要表现为加盟高等职业教育集团的院校间形成一种开放、交流与合作的精神文化氛围，形成"生命共同体"的意识。集团文化是高等职业教育集团从"貌合"走向"神合"的一只"看不见的手"，是高等职业教育集团从"做大"到"做强"的必备条件。① 王明伦同样认为："资源共享是学院主导型高等职业教育集团化发展的前提，制度安排是学院主导型高等职业教育集团化发展的保障，而文化培育则是学院主导型高等职业教育集团化发展的核心，也是难点所在。"② 职业教育集团的合作，不应仅仅看重物质层面的合作，更应重视文化层面的整合与提升，实现更深层次、更高水平的融合，才是合作的最高境界。

文化合作应从以下三个维度入手：一是校际文化融合。对职业教育集团的联盟校而言，每个学校都有自己的文化，这些文化虽不敢说都形成了自己的特色，但必然都有自己的个性和独到之处。文化融合就是要相互学习、取长补短，在学校之间的互动交流学习中，吸取他校的文化特长，融入本校的文化体系中，并力求有所超越。同时，还要注意校际文化活动的彼此开放，如多组织学校间的文化艺术节、科技创新节、技能竞赛等大型活动，并尽量吸收合作校参与，扩大活动边界，开阔学生视野，为学生成长提供大环境和大课堂，也为学校教育教学带来生机与活力。如安徽服装职教集团搭建技能大赛平台，每年举办一次技能大赛，聘请知名专家为大赛问诊把脉，共同提高集团内成员的大赛水平。二是校企文化融合。校企文化融合是把集团合作企业的文化融入校园文化的过程。职业教育是为企业培养高素质、高技能专门人才的教育，它必然要求学校文化与企业文化的融合对接，这种对接不仅能够激励学生的学习和创业精神，而且还可以使他们明确自己在今后工作中的定位，亲身感受职业精神是一个人从事职业的根基，增强自身的责任感和使命感，并明确未来就业方向和压力，从而加强自己的学习动力，激发自己的学习兴趣，促使高职学生成人成才。三是形成集团的整体文化。校际文化融合和校企文化融合，最终都是为了

---

① 赵向军，李兴旺. 高职教育集团校际合作基本问题研究［J］. 中国高教研究，2010（2）：81.

② 王明伦. 学院主导：江苏高等职业教育集团化发展之创新——以江苏联合职业技术学院为例［J］. 中国职业技术教育，2011（33）：24.

形成职业教育集团的整体文化。当然，在职业教育集团多还是松散联合体的背景下，达到这样的文化融合的目标是一个艰难的文化整合过程。但它是集团建设的一种必然诉求和趋势，有待于我们在实践中努力探索、建构。

总之，高等职业教育集团化办学是高等职业教育发展的必由之路。它是高等职业教育为提高竞争优势和办学实力的颇具代表性的组织形式，是高等职业教育跨越式发展的必然选择，也是经济全球化和市场经济条件下整合有限的高等职业教育资源，做大做强高等职业教育，以获取效益最大化及赢得竞争优势的重要手段。它既符合科学发展观的基本要求和职业教育发展规律，也符合我国发展战略，是发展具有中国特色职业教育事业的重要举措，其作用不可小觑，其价值不可低估。

第三节
职业教育集团整合创新的出路和对策

职业教育集团是职业教育整合创新的一种办学形式，是顺应市场化办学需要而产生的一种合作现象。它的出现，若以职业教育集团发展的第二阶段 2003 年为时间节点算，也只有短短的几年时间，还只是一种新生事物。可以说，职业教育集团还处在一种尝试、探索、实验的过程之中，需要整合更多的人的探索热情、实践作为和创新智慧，以谋求其完善、超越的出路和对策。

一、重视与现代职业教育体系建设的对接整合

高等职业教育集团若想在中国职业教育发展史上留下痕迹，而不是成为匆匆过客，必须要纳入职业教育发展的宏观体系，在现代职业教育体系建设中找到自己的位置并融入其中，合着职业教育发展的脉搏强劲律动，成为中国职业教育发展坐标系上的一个"亮点"，奠定自己在中国职业教

育发展体系建设和发展过程中的历史地位。

（一）现代职业教育体系概念界定

什么是现代职业教育体系？国家层面的文件对现代职业教育的概念有过四次重要表述。第一次是 2002 年，《国务院关于大力推进职业教育改革与发展的决定》提出，要力争在"十五"期间初步建立起适应社会主义市场经济体制，与市场需求和劳动就业紧密结合，结构合理、灵活开放、特色鲜明、自主发展的现代职业教育体系。第二次是 2005 年，《国务院关于大力发展职业教育的决定》又提出，要进一步建立和完善适应社会主义市场经济体制，满足人民群众终身学习需要，与市场需求和劳动就业紧密结合，校企合作、工学结合，结构合理、形式多样，灵活开放、自主发展，有中国特色的现代职业教育体系。第三次是 2011 年，《国家中长期教育改革和发展规划纲要（2010—2020 年)》提出："到 2020 年，形成适应经济发展方式转变和产业结构调整要求、体现终身教育理念、中等和高等职业教育协调发展的现代职业教育体系，满足人民群众接受职业教育的需求，满足经济社会对高素质劳动者和技能型人才的需要。"第四次是 2012 年，《国家教育事业发展第十二个五年规划》的表述是："加快形成服务需求、开放融合、有机衔接、多元立交，具有中国特色、世界水准的现代职业教育体系框架，系统培养初级、中级和高级技术技能人才。"这四次关于现代职业教育体系的表述，一次比一次深化、完善，精练、准确，堪称最顶层的设计、最权威的描述。其意义体现为以下几个方面。

（1）它反映了国家对现代职业教育体系建构的高度重视，把现代职业教育体系建构作为衡量我国职业教育发展水平的重要标尺而努力探索追求。

（2）它体现了国家层面对职业教育发展的战略诉求和根本意志，意在引导职业教育发展的宏观走向，实现"大力发展职业教育"的根本目标。

（3）它确立了现代职业教育体系的理念和基本框架，为我国职业教育全面、协调、可持续发展提供了重要保证和政策支撑。

（4）它彰显了我国自上而下理性追问和架构中国特色现代职业教育体系的决心，目的在于推进我国职业教育现代化建设和本土化超越，在世界上取得身份、地位与话语权。

（二）职业教育集团与现代职业教育体系内涵的一致性

现代职业教育体系建构的要求是一种目标指向和应然诉求。有研究者将《国家中长期教育改革和发展规划纲要（2010—2020 年)》提出的"形成适应经济发展方式转变和产业结构调整要求""体现终身教育理念""中等和高等职业教育协调发展"的现代职业教育体系的三大内涵最终提炼成"适应需求、有机衔接、多元立交"。最新出台的《国家教育事业发展第十二个五年规划》又在此基础上，将其凝练为"服务需求、开放融合、有机衔接、多元立交"四个着力点，可以说又有了新的发展和丰富。下面我们就以"十二五"规划提及的四项内涵为准，阐述其与职业教育集团建设的内在一致性。

1. 服务需求

服务需求是高等职业教育办学的重要职能。服务体现功能，需求指向目标；服务为了需求，需求引领服务。它体现的是高等职业教育的职能和目标的整合。职业教育集团的建立与现代职业教育体系服务需求的功能目标是完全一致的，或者说，正是为了更好地满足服务需求，人们才组建了职业教育集团。职业教育服务需求的面向是多元的，有学校发展需求、企业需求、学生需求等。职业教育集团的建立就是更好地实现这些服务需求的组织样式和保障平台。从服务学校发展来看，有了集团合作，平台更大、路径更宽、交流更多、信息更畅，有利于学校之间的融合竞争、取长补短、提升发展。从服务企业需求看，以集团为纽带，使校企"联姻"捆绑，结成了利益共同体，互相多了一分认同感和责任心，相互的合作交往、彼此的给予付出也会更加方便和自觉，学校服务企业、企业支持学校的意识会更强，对服务需求的满足和质量都将会得到提升。从服务学生需求看，以集团为平台，校际资源共享，互通有无、学分互认、专业互选、教师互聘、信息互享、文化互渗、活动互通，将更加有利于服务学生，提高人才培养质量。

2. 开放融合

职业教育集团办学体现的正是一种开放的精神、融合的取向。开放融合要注意校企、校校、校政彼此放开、相互融入，还要注意"走出国门"，学习融汇国际先进的职业教育集团的经验。职业教育集团是一个开放的办学载体，它打破了学校与学校、学校与企业、学校与行业、学校与政府不相往来的封闭格局，将校、企、政、行多元主体组织起来，融合为一个利益与责任、作用与功能相关互惠的巨大的联合体。如安徽财贸职业教育集团是安徽省第一个以供销社行业为主导构建的职业教育集团，它上联安徽财经大学、南京财经大学两所财经类高校，下联合肥金融学校等8所中职学校，内联省供销社系统内14家直属企业，外联安徽省国际会展中心等50家上规模的大中型企业，横联安徽省市场营销学会等6家行业协会，纵联安徽省17个地市供销社。显然，这种面向上下、内外、横纵的校、企、政、行多元联合、相互融合，拓展了学校活动的开放空间和范围，增强了学校的开放意识和理念，推动了学校合作开放、借"梯"登高的外向型发展。

3. 有机衔接

有机衔接是现代职业教育体系的应有之义，讲的是不同层级职业教育的有机整合。这种衔接整合的内涵也是丰富多元的。鲁昕曾从宏观角度强调了现代职业教育体系建设要重点做好"十个衔接"：一是人才培养目标的统筹和衔接；二是专业结构布局的统筹和衔接；三是课程体系和教材的统筹和衔接；四是教育教学过程的统筹和衔接；五是信息技术应用的统筹和衔接；六是人才成长途径的统筹和衔接；七是教师培养培训的统筹和衔接；八是行业指导作用的统筹和衔接；九是校企深度合作的统筹和衔接；十是评价模式改革的统筹和衔接。[①] 而现状却是人们对当下职业教育的体系残缺、层次不全颇多微词，戏称为"断头教育"。这种状况是对职业教育的发展的一种极大伤害，也是对体系建设、"十大衔接"任务的一种显在挑战。也就是说，从纵向的层级体系来看，无论是中职升高职，还是高职升本科，其体系和渠道都还没有真正打通和完善，体系建构的任务依然任重道远。职业教育集团的建立有利于促进中高职和专本职的衔接，如安徽财贸职教集团上联安徽财经大学、南京财经大学两所财经类本科高校，下联合肥金融学校、滁州工业机械学校等八所中等职业学校，有效地实现了五年一贯制的中高职衔接和专升本衔接。可以说，在集团的框架内，不同层级学校的相互融入，彼此合作，为有机衔接的体系建设创造了一个合作机制、衔接平台，是有机衔接实现的一个有效载体。目前，大多数集团

① 鲁昕. 加快建设中国特色、世界水准的现代职业教育体系 服务国家发展方式转变和现代产业体系建设 [J]. 管理观察，2012（1）：11–17.

都在中高职衔接上有所作为，实现了或部分地实现了学制的贯通、层级的衔接。

4. 多元立交

多元立交指的是教育大系统中各种教育形式、类别、要素的有序整合，它是适应终身教育需要的一切教育形式的整合。这样的体系必然是一种多元架构的立体交叉。有学者强调，多元立交式教育体系包括四个方面的内涵："一是教育类型的多样化，能够满足不同类型的人对教育的不同需要；二是教育层次的完善，满足人们对不同教育层次的追求；三是不同类型和层次的教育之间的有效衔接，满足人们不同时期的教育选择；四是弹性化教育制度，满足人们对教育与工作的不同选择。"[①] 姜大源也指出："职业教育立交桥的构建就成为一个不可避免的问题。我们不仅要架设不同教育层次，即中等职业教育与高等职业教育在纵向维度上的立交桥，而且还要架设横向维度的，也就是在不同教育类型，如职业教育与普通教育之间的立交桥。"[②] 职业教育集团的建立为教育体系的多元立交创造了条件，它不仅实现了不同层级、类别的学校的联合，学历教育与职业培训的结合，而且还实现了学校和企业的融合，形成了一种层级和类别上都能顺畅沟通、有效衔接、交互转换和立交整合的职业教育体系。

（三）职业教育集团与现代职业教育体系的内在整合

职业教育集团与现代职业教育体系内涵上的一致性，体现了二者极强的关联性和融入度，构成了你中有我、我中有你的相融互渗，彰显了本然整合、内在整合的逻辑本质。

1. 职业教育集团是体系整合的有效载体

现代职业教育体系建设不是纯理论的设计构想，而是一种需要在实践中践行，才能保证其实现的发展"蓝图"，是理论和实践相结合的产物。而实践的追求不能凭空运作，必须要有有效载体和运行机制的保证，这个载体就是职业教育集团。尽管它不是唯一的形式，但却是重要的和有效的

① 张社字. 教育平等视野下的职业教育制度创新 [J]. 教育发展研究, 2003 (11)：73.

② 姜大源. 现代职业教育体系构建的理性追问 [J]. 教育研究, 2011 (11)：73.

形式，通过这一载体的"合作办学、合作育人、合作就业、合作发展"的探索实践，可以为体系建设提供经验、模式和参照，也可以促成反思、总结和借鉴。

2. 职业教育集团是体系整合的创新形式

从某种意义上说，集团就是一种体系或者说系统。它是较之顶层设计与规格所要求的体系更为具体的体系的形式、创新的形式。这一创新形式集成了体系建构的多元主体要素、追求目标要素、实现的功能要素、保障的条件要素等，可以说，是现代职业教育体系的"试验田"。如果运作成功，可以为职业教育体系建设提供宝贵的经验和借鉴。总体来说，职业教育集团是大空间办学形式，具有多元组合的集约化、规模化带来的立体交融、互补发展的优势，一定要用足用好这种形式，为职业教育的发展开辟一条新的路径。

3. 职业教育集团是体系整合的操作平台

平台，本义为生产施工中为操作而设置的工作台，亦可比喻为供人们实践作为、施展"拳脚"的所在。职业教育集团为人们所提供的是一种整合化的办学平台、集约化的综合平台、体系化的集成平台。具体表现为：一是利益捆绑平台。各合作主体在集团平台上享有平等的利益均沾和利益让渡的权利和义务。二是资源共享平台。各合作主体在资源重组和配置过程中，享有集团共有资源。三是合作多赢平台。通过集团平台的合作，合作主体各取所需、利己获益，亦各贡献所能、利他惠人，能够取得多赢的效果。四是探索创新平台。职业教育集团是一个新生事物，在这个合作平台上，探索未有穷期、创新未有穷期，是一个需要整合与激发人的潜质、潜能、潜力的智慧平台。

二、重视职业教育集团建设的体制与机制创新

（一）体制与机制概念及关系

体制与机制都是一种制度设计或安排，是任何一个实体机构开展工作不可缺少的基本构成。体制是指国家机关、企事业单位的机构设置、管理权限划分等组织制度。机制原指机器的构造和运行原理，借指一个系统中各要素间的相互作用的过程、功能和方式。高等职业院校的体制是其内部

的组织结构、职能分工和权力配置的关系，而机制则是在一定的体制框架下发挥功能的活动规则。陈玉琨认为："机制是落实制度的一些组织设计和运行安排，以保证实现预期的结果。"① 二者的关系和特点如下。

（1）体制是机制上位的架构和规范，机制是体制表现出来的作用和功能。体制包括宏观管理体制和高等职业院校内部管理体制，例如"党委治政、校长治校、专家治学"，这种权力架构与划分是体制层面的东西，是必须遵循的上位的规范。机制则是体制运行过程中实现的作用和功能，是制度形之于外的贯彻、落实与实现。

（2）体制是制度思想或目标层面的东西，机制是实现目标的实践层面的东西。体制的规定体现应然的期待，机制的跟进彰显为实然的追求。例如，国家大力倡导的"校企合作、工学结合"，前者是办学模式，后者为人才培养模式。它们都是体制层面的宏观设计和目标要求。围绕这一体制要求，人们在实践中创生了许多有效的机制。例如宁波职业技术学院的践行的政府、企业、学校"三方联动"和合作办学、合作育人、合作就业"三位一体"的"三三模式"，就是很好的实现和落实机制。

（3）体制是静态的制度设计，是机制必须遵循的运行规范；机制是动态的运行方式，是体制运转和实现的必要手段。体制偏重于规章制度的建立，而机制则主要关注规章制度的运行、操作与实现。例如，职业教育"以服务为宗旨、以就业为导向"的办学方针是一种体制设计和要求，各办学部门和管理机构，对其落实的运行属于机制层面的导向。体制基本上是静态的，但不是死的。机制则是动态的、活的、流变的、创新的，它是活跃的因素，机制变了，就会与体制发生冲突，体制就要加以调整顺应，而不能限制它、框束它、窒息它；否则，就变成了僵化的体制、保守的体制。

（4）体制是强制性的、刚性的，机制是灵活性的、柔性的。静态的管理体制多是强制的、刚性的，因为作为管理规范，必须具有权威性、稳定性，不能朝令夕改或形同虚设。这样才有统一性、方向性，才能形成凝聚力、向心力。动态的运行机制必然是灵活的、柔性的；否则，就不能应对和解决实践中出现的各式各样复杂的问题、现象，就会成为教条主义的俘

---

① 陈玉琨. 发展性教育质量保障的理论与操作 ［M］. 北京：商务印书馆，2006：80.

虏，就会丧失主观能动性和创造性。

（5）体制应该科学完备，机制应该灵活创新。体制作为上位的制度设计，一定要科学完备，这样才能科学管理和正确规范教育活动的开展；机制作为实践的运行方式，一定要灵活创新，才能提高工作效率和质量。科学完备的体制对灵活创新的机制一定要感应敏锐，对机制中好的东西要善于拿来、吸取，促使它向体制转化，使之变成运作规范、保障机制的成功运行。如校企合作运行过程中，人们探索并创生了许多良好的运行机制，就必须将它提升为体制层面的东西。如教育部文件总结提出的"合作办学、合作育人、合作就业、合作发展"，就是向体制转化的一个案例。还有"五个对接"：专业设置与产业布局对接、课程内容与职业标准对接、教学过程与生产过程对接、学历证书与资格证书对接、职业教育与终身学习对接，也是属于这种情况。当然，这也许还不是成熟的体制规范，但起码已是处在机制与体制转型与过渡期的东西，是已经被顶层设计者所"相中"、认同和接纳的东西。

（二）职业教育集团体制与机制创新

职业教育集团体制机制创新是集团建设的重大问题。《教育部关于推进高等职业教育改革创新引领职业教育科学发展的若干意见》（教职成〔2011〕12 号文）明确指出："创新办学体制，鼓励地方政府和行业（企业）共建高等职业学校，探索行业（企业）与高等职业学校、中等职业学校组建职业教育集团，发挥各自在产业规划、经费筹措、先进技术应用、兼职教师选聘、实习实训基地建设和学生就业等方面的优势，形成政府、行业、企业、学校等各方合作办学，跨部门、跨地区、跨领域、跨专业协同育人的长效机制。"《国家教育事业发展第十二个五年规划》明确要求"积极探索多元主体合作共赢的集团化办学机制"[①]。

当下我国的职业教育集团大部分实行"理事会"的管理体制，牵头院校为理事长单位，各成员单位均为理事成员单位，有的还增设副理事长单位或常务理事单位。理事会以集团章程为正常运作的基础和保障，集团章程由全体成员大会通过并共同执行。理事会定期召开联席会议研究办学中

---

① 国家教育事业发展第十二个五年规划［N］. 中国教育报，2012－07－22.

的重大问题，共同商定解决措施。集团内部各成员单位的项目合作均通过签订项目合作协议实施，合作协议包括运行目标、内容、程序以及保障措施等项内容。所有集团都设立了秘书处，负责理事会议决定的贯彻与落实，负责处理集团日常事务。多数秘书处还分设了招生、就业、教学管理、技术研发等专门机构，对各成员单位的工作进行具体指导、协调、监督与考核。

与管理体制相比，职业教育集团的运行机制表现出更大的灵活性和多样性，各种概括繁杂多样，不一而足，这里只择要选论一些共性机制。

1. 政府调控机制

职业教育集团的组建，表面上看是主要是校企、校校之间的事，是教育市场化运作选择的结果，政府应该"放手"、淡出，给集团主体更多的权限和空间，可事实并非这样简单。一是职业教育集团本来就是多元主体松散的联合体，缺乏凝聚力、向心力，政府如果不出面调控，聚拢人心，疏通人脉，提升人气，势必散上加散。二是政府是一手托两家，甚至几家的角色，具有管理权和话语权。政府出面调控，如协调和仲裁各方利益得失或其他疑难问题，往往比集团内成员彼此相互协商更有优势和实效。三是职业教育集团的建设与发展，关乎地方教育和经济的发展，本来就是政府的事，政府没有理由置身事外。四是职业教育集团发展的方向和大局也需要政府的把握和掌控。所以，职业教育集团的组建一定不能忽略政府的存在，一定要把政府一元整合进来，让政府"有形的手"在管理和运行过程中，发挥引领和调控的积极作用。

2. 利益整合机制

人类任何活动都是行为主体追求自身利益最大化的过程，他们的行为追求都是根据自身利益取向做出的理性选择，职业教育集团也不例外。职业教育集团是利益相关者的集合体。利益相关者是指"那些能够影响组织目标实现，或者被组织目标实现的过程所影响的任何个人和群体"[①]，他们的利益动机互相缠绕交织在一起，其加入集团的目的也都是想通过集团的优势，获取好处和实益。所以，职业教育集团组建一定要注意利用利益整合机制的杠杆，综合权衡利益相关者的利益动机，合理协调与整合他们

① 孙健，王明伦. 利益相关者视角下职教集团发展战略初探［J］. 职业技术教育，2010（25）：48.

彼此的利益，公平地调处利益纠纷和矛盾。

3. 递进合作机制

递进合作机制讲的是职业教育集团运作必须有序推进的逻辑关系。它要求合作的过程要分层推进、分步实施，体现了职业教育集团实施的连续性和阶段性的统一与整合。比如，由物质层面的合作，向制度层面推进，再向文化层面提升，就体现了一种递进发展的逻辑进路。当然，此三者并不是截然分开的，每一个层面都可能包含其他层面的内容，都会有所交叉互渗。这样的划分只是就每一时段的建设重点和主导倾向而言的。再如，有研究者将集团内办学形式的合作分为三个递进层次：订单式培养等单一形式的合作、校企专业共建式广泛合作、投资捆绑深层卷入式合作，体现了由点到面、由浅入深的递进关系。在教学合作层面亦可分为三个层次：中高职衔接联合培养、高等职业（或中等职业）院校联合培养、校企联合培养。它所体现的是由分段培养到融合培养、由单一院校主体到校企双主体培养的递进关系。可以说，这种连贯、衔接、递进的整合机制是符合集团建设循序渐进规律的。

4. 互利共赢机制

生物学中的"共生理论"可以构成集团建设互利共赢机制的理论基础。"共生理论"认为，共生是自然界、人类社会的普遍现象。共生的本质是合作，共生的动力是协同，互惠共生是自然与人类社会发展的必然趋势。"共生理论"包括三个要素，即共生单元、共生模式、共生环境。集团成员是共生单元，集团运作方法是共生模式，集团形成的特定范围的时空是共生环境。在这个追求生存与发展的"集团圈"内，集团成员在共生共荣的目标指引下聚合到一起，为了实现互利共赢的协同发展。如安徽国防科技集团采取五年制"三二"分段形式办学，研制招生、培养、就业一体化的中高等职业教育相衔接的操作方案，开辟利在多方的绿色通道；淮北现代服务业职教集团积极搭建送教入企平台，为企业员工提供零学费带薪入读的优惠条件，并采用学分制管理学习形式为企业培养了 1 300 多名在岗员工。安徽经济技术职业教育集团组织专业水平高、技术能力强的骨干教师参与了企业生产线设计、工艺规程设计与改造、产品研发、设备改造等，既为企业提供了服务，也提高了教师实践应用能力。

5. 理念创新机制

理念是人们对某一事物或现象的理性认识、理想追求及其所形成的观念体系。理念是源于实践而又高于实践的思想观念，是指导集团建设的行动指南，具有引领性、前瞻性、规范性的特征。职业教育集团的出现，既是对职业教育办学体制的一种创新尝试，也是对职业教育运行机制的一种实践探索，对职业教育的改革发展具有积极的推动作用。倘若没有创新理念的指导，那是难以想象的。可喜的是，许多职业教育集团在集团化办学的实践过程中认真反思、逐步总结、精心提炼、积极探索，总结出了一些可贵的、具有创新品质的理念。如安徽财贸职教集团积极探索职业教育集团管理体制和运行机制，提出了"党委主领、政府主管、行业主办、市场主导、企业主谋、学院主教"的"六主"管理体制，以及"八环节十六双"的运行机制；即在人才培养上：校企双元，工学双环；在教学组织上：课堂双师，学做双段；在专业建设上：校企双需，供求双融；在实训基地上：双基双挂，合作双赢；在师资队伍上：德技双馨，理实双栖；在教研科研上，系所双职，教研双责；在社会服务上，互动双能，注重双效。这样的探索总结很有特色和创意，具有一定的理论品位和推广价值，是值得肯定和赞许的。

三、重视职业教育集团运作实效的提升与探索

职业教育集团的产生是我国职业教育发展过程中的一个具有标志性意义的事件。背后所折射的是人们希望职业教育做大做强的诉求，可持续发展的追问，是人们希望经由改革重组、优化配置，使职业教育再获动能、再上新的台阶的愿望，彰显了人们对职业教育发展的执着、责任与信念。它是人们对职业教育发展模式的重要创新，是推动职业教育科学发展、校企合作的最佳途径。然而愿望与实际并不都成正比，理论与实践之间也经常会有落差、甚至反差，心想事成的预期，没准就会被"事难成"甚至事与愿违的现实击得粉碎。应当承认，从职业教育集团的运作实践来看，是存在这种情况的。这就需要我们研究职业教育集团运行实践中存在的问题，并谋求提升运作实效的对策。

（一）职业教育集团运作存在的问题

"问题就是以我们原有的知识、经验不能解释、理解和说明的现象，

因而问题也就是思想的资源，我们思想的推动力，也就是我们心灵的财富。"① 高等职业教育集团是一个新的领域，本身就存在很多问题，实践过程中又不断提出许多新的问题，这些问题是职业教育集团发展过程中绕不过去的"坎"，若能及时发现、回应、直面并解决这些问题，必将有利于职业教育集团的建设与发展。什么是当下职业教育集团建设存在的问题呢？

1. 主体整合上过于松散

松散是就集团整合与联结的程度而言。这一点从职业教育集团的定性上可以看出，即职业教育集团是以自愿为原则组成的松散的联合体。既然定性为松散，当然难以紧密性运作，此其一。其二，从集团多元主体的地位关系看，一般都提"五个不变"或"四个不变"，即职业教育集团成员单位的原法人地位不变，隶属关系、管理体制、人员管理不变，经费供给渠道不变。既然什么都不变，主体成员紧密依附的依然是各自的单位，而非徒有虚名的集团。集团只是一种形式上的存在，名义上的存在。唯其如此，使得职业教育集团成员单位之间的联系比较松散，最多只是比以前多了几个可走可不走的"亲戚"。这种松散的连接模式往往使得职业教育集团貌合而神离，难以形成强大的凝聚力、向心力，不能心往一处想，劲往一处使，直接导致集团运作效率低下。

2. 管理体制上缺乏突破

职业教育集团的成立并没有打破原有的单位归属、现行的管理体制，也没有形成以政府部门为核心、多方联动的一级组织协调机构，来帮助职业教育集团解决实际困难，政府的协调主导作用并没有得到充分发挥。加上理事会属于松散型机构，缺少行政权力和法律效力，难以平衡错综复杂的利益关系。这些都源于管理体制上缺乏突破创新。关键在于：①政府不愿深度介入，只是象征性地参与；②政府认同度不高，虽然鼓励举办，但并不寄予厚望，一切都还有待实验、探索、观察；③政府没有把它当成一级实体机构，实质赋权，造成权力配置的真空，实施上也没有更多的支持利好，只是让它"空转"而已。管理体制上的"空心"和一仍旧制，必然造成"食之无味、弃之不忍"的"鸡肋"效应。

---

① 肖川. 教育的智慧与真情 [M]. 长沙：岳麓书社，2005：109.

3. 实施运作上虚多实少

毫无疑问，职业教育集团的产生为职业教育的发展做了一些实事，起到了一定的推动作用。比如，不少集团都按期召开年会、出版集团内部简报刊物、建立集团网络、举办职业教育集团论坛、组织课程开发研究交流等活动。但就其整体实施状况而言，还是不敢盲目恭维，认为它虚多实少的人不在少数。表现在：一是形式的意义大于实质的意义。由于职业教育集团是非法人组织，并没有多少实权，"空壳化"的意味较浓，所以形式的意义大于实质的意义。二是浅表的互动多于务实的作为。职业教育集团的成立，使成员单位之间结成了一个特定的内在群体，相互往来和交流有所加强，但这种交流还大多停留在浅表互动的层面，真正深入到专业建设、课程改革、教学模式探索以及办学方略研究的实质层面的务实的作为不多，能够解决实质性问题的很少。三是心理的依赖胜于结果的指望。不少集团成员单位加入集团，是出于从众和依赖心理。他们看到别人都加入，自己又何惧掺和，何况也不会失去什么。再说加入了，背靠大树，抱团取暖，一旦有了什么难题或问题，说不准集团真能出面解决，或提供一些可能的帮助，何乐不为。但他们也清楚，决不能指望集团带来多大的实益，学校的发展还是要靠自身努力，冲锋陷阵，集团最多也只是敲敲边鼓而已。

4. 管理监控上消极无为

有的职业教育集团成立时热热闹闹，成立后稀松无为，这与管理上的缺失有很大关系。一是过程管理缺失。职业教育集团由于是松散型建制，加之集团成员之间没有行政隶属关系，常常是"老爷不听老爷叫"，管理上确实有难度。尽管也有章程或相关制度制约，但只要找一个难以求证的借口，集团的事情大多还是要让位于原单位本身的事情，因而集团的会议与活动，只要成员单位认为不重要或感到与己无关，就不愿参与。这就造成了不少职业教育集团活动（包括会议）开展很不正常，难以发挥集团的作用和功能。二是绩效评价缺失。明知工作做得不到位，当然也就不会自揭疮疤，自找难看，进行绩效评价。所以，一些职业教育集团至今也未进行过绩效考评，而越是这样，就越让人感到集团可有可无，把集团不当回事。管理监控上的不作为，使集团越来越松散，成为一种摆设。

（二）提升集团运作实效的对策

面对职业教育集团建设过程中存在的诸多问题，我们只有迎难而上，采取有效的对策，切实地加以解决，才能实质性地提升职业教育集团运作的实效。

1. 制度供给，重视顶层设计

制度供给是集团化办学的重要保证，应当加强制度创新的顶层设计。一要建立集团化办学的国家制度。建议在《职业教育法》的修订中，明确集团化办学在职业教育发展中的战略地位和功能定位；在国家税收制度中，明确企业法人的职业教育集团和参与集团化办学的企业可以享受税优政策；建议国务院尽快出台条例，明确集团化办学的法律属性，赋予其合法的身份和地位，建立产权联结、配置优化、权责明确、校资分开、管理科学、制度完善的职业教育集团产权制度。二要建立规范集团化办学的合作制度。建议有关部门尽快出台文件，规范集团化办学中各个主体的权利和义务，明确集团化办学的认定、评价标准，对集团化办学的组织体系提出要求，对行业企业限定准入标准，对职业教育集团的绩效进行考核；建议教育部出台办法，对集团化办学的权限、管理运行机制等予以规定。三要加大集团化办学经费支持力度。以政府投入为基础，吸引多方面投入支持集团化办学。财政经费可按经常性经费和专项经费两种方式拨付。经常性经费由集团按照需求编入学校年度财务预算，成为集团日常运行经费的主要来源。专项经费按照集团建设项目编制预算，主要用于共享型基础设施建设项目、产学研中心建设项目、公益性培训和社会服务项目等。四要尽快启动国家示范性集团学校建设项目。制定标准、开展评估、设立财政专项资金，支持建设一批国家示范性职教集团，使其成为集团化办学中改革创新的示范，在集团化办学中发挥引领、骨干和辐射作用。①

2. 政府参与，实质化推进

政府是办好职业教育的第一责任人，是对称互惠集团化共生办学体制改革的宏观调控者和服务者，是职业教育共生系统各共生单元间智能和利

---

① 白汉刚，刘宏杰. 集团化办学，职教改革"过河"摸到的"石头"［N］. 中国教育报，2013－01－16（5）.

益关系的协调者。^①　石伟平曾撰文概括境外政府主导型职业教育集团联盟的特点：政府直接促成了各实体间的联盟；各实体间的联盟主要方式是互补性合作联盟；该模式具有对弱势实体的倾斜和保护作用；该模式的生命力和成功度主要取决于政府的支持力度和支持时间。^②　可以说，职业教育集团的组织、建设和发展，没有政府的参与是绝对不行的。一方面，集团本身的调控能力、行政权限、运作资金等都非常有限，迫切需要政府出面指导和协调，为职业教育集团提供有力的政策支持和创造良好的发展环境。另一方面，作为集团之上的一级权力政府对集团所有成员拥有管辖权、话语权，政府出面许多事往往就能迎刃而解，起码也会事半功倍。比如，集团"空心化"，缺乏经费保障问题，倘若政府重视，想要解决并非难事，可以出台规定，要求"各地政府和行业主管部门应设置集团专项经费和项目建设经费，为集团建设实训基地、推动产学研一体化进程、搭建信息平台等方面提供财政支持；积极协助集团开辟或拓展资金筹措渠道，出台鼓励社会捐资支持职业教育集团化办学的相关政策，面向社会各界募集资金，设立职业教育集团化办学发展基金"^③。再如校企深度合作问题，学校和企业是两种不同性质的组织或机构之间的合作，而且双方对资源依赖的程度和结构具有不对称性，院校对企业的依赖大于企业对院校的依赖，这就使企业对联盟合作缺乏积极性，需要政府从中牵线搭桥、撮合促成。政府出面企业当然不会不给"面子"，合作关系更容易缔结，合作的程度和深度也会更加牢固。新疆农业职业技术学院王毅院长深谙此中三昧："没有政府主导，就不存在有机制保障的校企合作"，他所领导的学校在自治区政府的主导下，政府出台项目、设立专项资金，学校参与到项目中来，利用企业资源培养人才，而企业获得了项目支持和技术服务，学校和企业的手越拉越紧。王毅说："政府这只无形的手，推动校企合作进一步向纵深发展。"^④　可见，职业教育集团的实质化推进、实效化运作，政

① 施丽红，朱德全. 和谐共生：职业教育城乡统筹发展体制与机制研究 ［J］. 职业技术教育（人大复印报刊资料），2012（7）：27.

② 石伟平. 境外职业教育集团化办学的经验及启示 ［EB/OL］. http：//www. zjchina. org/mms/shtml/34/news/397. shtml.

③ 高进军. 职教集团校企深度合作现状调查 ［J］. 教育与职业，2012（1）：34 - 35.

④ 蒋夫尔. 政府主导搭台校企自愿"捆绑" ［N］. 中国教育报，2010 - 03 - 25（1）.

府是看得见的最有力的推手，政府的参与不可或缺。

3. 深度融合，向课程迁移

首先，集团建设要想深度融合，而不只是浅表互动，就必须向课程迁移，向实质性的教学环节延伸。湖南省人民政府办公厅出台的湘政办发〔2012〕45号文《关于深入推进企业与职业院校校企合作办学的若干意见》指出："推进企业与职业院校深度合作，有利于推进职业院校办学机制创新，推进专业结构调整、课程设置优化、教育内容更新和人才培养模式改革，有利于加强学生专业技能和职业素质培养，提高人才培养质量。"做好这一点，首先应成立一个课程建设与改革的指导机构，可由牵头院校领衔，每校派出一名课程专家，企业派出技术专家组成。该机构负责统筹集团内课程改革与发展的管理与指导工作。具体工作为：第一，每年召开1~2次有明确主题的课程改革研讨会；第二，遴选并推荐集团内顶级课程论专家，对课程改革滞后校、薄弱校开设讲座，进行课程改革指导，推动其课改进程；第三，组织优质课程改革示范课的巡回演示活动，发挥示范引领、推广作用；第四，组织专家对集团校的课程改革进行验收、评估和指导。其次，重视校企融合，并在课程建设中发挥作用。一要吸纳企业专业人员加入集团专业和课程委员会，参与课程开发的调研论证，并对人才培养规格要求建言献策，保证课程开发的职业性和针对性；二要引导企业由单纯的订单委托培养，向全面和全程参与教育教学过程过渡；三要利用集团校与企业紧密联系的条件，尝试采用在学习领域和工作领域之间往返交替的工学结合模式，确保人才培养的质量。可以预期的是，如果职业教育集团能够在课程领域发挥上述实质性的作用，必然能够增强集团的吸引力、凝聚力，使集团成为人们从中获益并争相趋附的组织。

4. 管理监控，重视绩效评价

管理和评价的缺位是造成当下职业教育集团运作不佳、绩效不彰的一个显在的原因，因而提高集团运作实效必须从强化管理、重视绩效评价入手。绩效评价是对职业教育集团运作成效和实绩的考核与评价，它是一种终结性的验收方式，也是一种有效的管理手段。有了评价考核这一"达摩克利斯之剑"悬在头上、等在那里，才会有压力和动力，才能增强做事的积极性和主动性，才能出成绩、出效果。绩效考核评价最重要的是要根据职业教育集团目标、职责、功能与要求，设计一套考核评价的指标体系，才能顺利实施。上海交通职业技术学院课题组制订了《上海职教集团绩效评估标准和指标体系》，确定了 7 个一级指标，23 个二级指标，从领导作用、发展战略、办学成果、资源配置、过程管理、分析改进、社会评价等七个方面对职业教育集团的发展水平进行评价考核。浦东职业教育集团课题组提出了一个以项目作为考核对象的集团发展评价体系，根据集团以项目推进为主要建设方式的特点，对成果形式、建设过程的态度、任务完成情况、建设的效果四个方面进行评价，并实行投入、成果和评价的全面挂钩。① 安徽卫生职业教育集团制订了《安徽卫生职业教育集团考核标准核心指标》，并成立八校联合督导组，每年都要根据核心指标对各校的教学、学生管理、就业工作进行督导。该集团还组建十二个校际教研组，加强教学研究、教育科研、师资建设，加大教学质量监控，共同提高成员学校的教学水平。辽宁教育研究院最近也研发出了一套考核评价指标体系。

他们认为根据职业教育集团化办学的评价内涵与基本特征，可以从办学组织、办学行为、办学机制、办学效益四个方面构建职业教育集团化办学的评价指标体系，这四大要素作为一级指标构成一个统一的整体，缺一不可。其中，办学组织是指实施职业教育集团化办学的组织机构，是集团化办学的组织基础；办学行为是职业教育集团化办学的核心内容，体现了集团化办学的主要任务；办学机制是决定这一办学模式是否高效运行的制度基础，是推动集团化办学可持续发展的内部动力；办学效益是指通过集团化办学对教育发展、经济及社会发展所能做出的贡献，它是反映职业教育集团化办学水平的重要外在标志。这四个一级指标又下辖 15 项二级指标。应当说这一评价指标体系是具有一定参考价值的（见表 9－1）②

表 9－1　考核评价指标体系

一　级	二　级			
办学组织	办学主体	组织属性	联结方式	组建形式
办学行为	专业建设	人才培养	科技研发	社会服务
办学机制	产权制度	管理制度	监督评价制度	投入机制
办学效益	教育效益	产业效益	社会效益	

① 郭苏华. 上海职业教育集团化办学的成效分析和发展趋势 ［EB/OL］. http：//chian. org/models/adefault/datail. aspx？artid＝46480cateid＝1705.

② 高鸿，高红梅，赵昕. 算不算集团化办学怎样来判定 ［N］. 中国教育报，2012－02－27 （5）.

5. 发展转型，把握未来趋势

提升职业教育集团的运作实效，还要善于从前瞻的视角研究职业教育集团发展的规律，把握其未来发展走向，这样顺势而趋、顺势而为必然能在集团发展的应然路径上，无限地接近目标，并为集团发展探得新路。根据我国职业教育集团的现有特性和局限，有研究者认为，从未来趋势看，职业教育集团根据事业的发展和市场经济对人才需求的变化，将逐步由松散型向紧密型、专业型向综合型、区域型向跨区域型发展。集团成员之间的合作也更加趋向紧密，开始从初步聚合向深度聚合，从外部联合走向内部联合，从单纯公益性走向公益性与营利性相结合。[①] 我们认为，这样的判断是有道理的，对指导职业教育集团当下建设具有方向定位作用，对把握未来的发展走向，具有一定的参考价值。

---

① 顾坤华，侯波. 基于职业教育集约化发展的江苏模式研究 [J]. 江苏经贸职业技术学院学报，2007（1）：72 – 76.

第十章

实证报告：高等职业教育整合的调研分析

本章通过问卷调查的方法，了解高等职业院校教师和领导对高等职业教育整合的认知、态度和观点，从中梳理出他们对整合的基本认知、态度倾向和思想观点，以期为高等职业教育整合研究提供借鉴和参照。

第一节
高等职业教育整合的实证调研概述

一、实证研究概述

实证者，实践证明或实际印证之谓也。在拉丁语词源中，实证原意是肯定、清晰、确切之意。实证主义大师法国哲学家、社会学家孔德把实证上升到实证哲学的高度，对其内涵作了六点规定：一是"现实的"，与空想、玄想相对立；二是"有用的"，与空洞、无用、脱离生活实践相对立；三是"确实的"，与虚构、抽象相对立；四是"正确的"，与错误、暧昧、模糊相对立；五是"积极的"，与消极、否定、静止、孤立相对立；六是"相对的"，与绝对相对立。孔德积极倡导将自然科学的实证精神贯彻于社会现象研究之中，主张从经验入手，采用程序化、操作化和定量分析手段使社会现象研究达到实证化和准确化的水平。

实证主义所推崇的基本原则是科学结论的客观性和普遍性，强调知识必须建立在观察和实验的经验事实之上。实证研究的方法可以概括为：通过对研究对象大量的观察、实验和调查等获取客观材料，从个别到一般，归纳出事物本质属性和发展规律的一种研究方法。广义的实证研究方法以实践为研究起点，认为经验是科学的基础，有调查研究法、实地考察法、统计分析法、案例研究法等。实证研究是一种经验型的研究方法。华中科技大学冯向东指出："用观察、实验或调研获取的经验材料来检验、证明、论证理论假说的研究活动，被称为实证研究。"[1] 实证研究的目的在于认

---

① 冯向东. 关于教育的经验研究：实证与事后解释 [J]. 教育研究，2012（4）：20－24.

识客观事实，研究现象自身的运动规律和内在逻辑。实证研究的步骤通常是，首先，进行调查、访谈、实验或案例研究；其次，将以上途径获得的数据资料做系统整理和计量分析；再次，概括归纳出分析结果；最后，做出理论上的诠释。

实证研究的意义在于：

第一，实证研究具有客观性和可靠性。因为①实证研究是扎根于经验和实践土壤中的研究，是一线教师"带露折枝""散发着泥土芬芳"的原生态的研究。②它是对接实践、落地生根、双脚踩着地的研究。③它是直接现实性的、应用型的研究。也就是说，它一般不是由观念到物的研究，而主要是由物到观念的研究。这种以物、实践、现实为起点和路径的研究，紧密联系客观实际，对接教育实践，因而必然具有特定的客观属性，能够向人们提供实在、有用、确定的知识和成果，其研究结论也就必然具有了某种普效性和可靠性。厦门大学王洪才教授强调指出："人们之所以乐于采用实证方法研究高等教育现象，这既与高等教育发展后出现了大量事实材料而容易取证有关，也与实证方法在各门学科运用比较成功的经验有关。"他又说，"目前实证研究是一种主流方法，因为它主要是通过调查研究获得分析资料，从而具有可验证性基础"①。

第二，实证研究具有导向性和互补性。实证研究作为一种研究类型，它的推广和践行有利于形成一种引导职业教育科研重视实践研究的导向，使人们更加关注教育实践和教育现实、教育现象和教育问题，改变理论与实践"两张皮"的倾向，促成理论实践化和实践理论化研究视野和目标的整合。此外，实证方法的存在还可以与理论研究、科学研究各种方法形成互补，丰富研究的方法和范式。

第三，实证研究有助于提升教育研究的科学性。实证研究实际上是对自然科学研究所强调的客观性、事实性、可重复性研究特性的一种学习、借鉴和移植，当然这种学习必须是经过改造与教育学研究要求相适应的，而不是盲目照搬和硬性套用这一研究范式。这样的学习才能汲取自然科学研究之长，中和人文教育研究主观性、解释性之虚、之弊，使研究趋向方法融合、性能科学。正如薛晓阳指出的："实证方法是提升教育研究科学

---

① 王洪才. 多元方法：高等教育研究的新里程［J］. 大学教育科学，2011（5）：84，85.

性的重要途径，也是评价教育科学研究科学的重要标准和寻求教育科学学科自信的重要基础。"①

二、实证调研情况概述

整合是高等职业教育本质和改革与发展的必然选项，但这一观念是否能得到广大教师的认同，在高等职业院校中究竟有着怎样的认识基础，包括涉及的具体的高等职业教育办学的方方面面，人们对它的认知程度和态度，这些都不是我们关起门来面壁虚想、主观臆断所能获致的。为此，我们就高等职业教育整合进行了实证调研。

本次调研的对象，我们选择了安徽省的三所示范院校，参与问卷调研的主要是一线教师及教学科研相关人员。这三所院校是国家示范院校安徽水利水电职业技术学院、省级示范院校安徽财贸职业学院、滁州职业技术学院，采用的方式是讲座 + 问卷调研。我们分别于 2012 年 11 月 28 日在本院举办了"整合的职业教育与职业教育的整合"的讲座，主要对职业教育整合的核心概念、相关原理和重要内容做了必要解读，以帮助大家理解这一理论的本质内涵和精神实质，更好地完成问卷填写。此外，我们于2013 年 5 月 15 日和 5 月 22 日分赴安徽水利水电职业技术学院、安徽财贸职业学院开设讲座，并现场发放调研问卷，讲座结束后即回收问卷。

滁州职业技术学院发放问卷 136 份，回收 131 份；安徽水利水电职业技术学院发放问卷 100 份，回收 92 份；安徽财贸职业学院发放问卷 105 份，回收 98 份。合计发放问卷 341 份，回收 321 份，回收率为 94.5%（见表 10 - 1）。

表 10 - 1　调研问卷回收分布情况

调研学校	安徽水利水电职业技术学院	安徽财贸职业学院	滁州职业技术学院	合　计
有效问卷回收数（份）	92	98	131	321

① 薛晓阳. 教育科学研究：一个有关实证方法论的讨论 [J]. 教育学（人大复印报刊资料），2012（11）：44 - 49.

第二节
高等职业教育整合调研的分析报告

本次调研我们设计了一份33题选择式问卷样本（见本书附录），内容涵盖对高等职业教育本质、价值和需求的认知，校企合作整合、课程改革整合、职业教育集团整合、资源整合、发展环境整合、"双师型"师资队伍整合等诸多方面。由于有些题本选项之间有所交叉，存在着一定的相似度，所以有些老师在调研反馈答卷中存在着多选的情形，这就使得有些选题的实际得票数超过了参与问卷的总人数，其百分比的加合有的超过了100%。但总体来看，它真实地反映了一线教师对于高等职业教育整合的认知、态度和看法，具有一定的普遍性和代表性。由于内容主要涉及高等职业教育整合的宏观认知、课程改革、校企合作，故将调研结果归并成这几个方面进行分析解读。其中，最后两题由于不太好归类，故未作分析。

一、对高等职业教育整合调研结果的实证分析

对高等职业教育的整合研究通常应该把握职业教育"是什么""是怎样的""为什么"，即性质取向维度，它是对事物本真的哲学探求。职业教育"有什么用"，是价值取向维度，它是对职业教育意义和效用的把握。意义是价值的基石，价值是对意义的认可。效用是价值的直接体现，价值是效用的总和与概括。职业教育"如何办好"，是实践取向维度，主要是寻求实践应用的操作对策或方法。对高等职业教育整合总体认知的调研就是本着这样的思路设计题本并展开的。

（一）整合的认知探求

对职业教育整合的认知主要涉及对二者关系的把握，涉及对职业教育的本质、整合观的认同、整合的本质以及高等职业教育是否需要整合四个方面。

问题一：您认为高等职业教育的本质是什么？

题本选项	①跨界	②整合	③能力本位教育	④以就业为导向教育	⑤培养高端技能型人才
得 票 数	5	34	98	112	76
占 比	1.5%	10.5%	30.5%	35%	23.7%

问题二：您认同高等职业教育就是整合教育的观点吗？

题本选项	①非常认同	②认同	③不能完全认同	④不认同	⑤说不清
得 票 数	12	76	140	86	21
占 比	3.7%	23.7%	43.7%	26.9%	6.5%

以上两题涉及对高等职业教育本质的认知。尽管它与我们的调研预期有差距，但它是真实的，是来自一线教师的认知、判断和观点。从分析来看，问题一，认同整合是职业教育是本质的只占被调研者的10.5%；而认同"就业导向教育"的最多，占35%；"能力本位教育"的次之，占30.5%；"培养高端技能型人才"的占23.7%。这说明：①整合作为一哲学概念，被引入职业教育领域刚刚破题，属于新生事物，人们对它还很陌生，甚至感到生冷，因而认同度并不高。②对整合的研究和宣传力度不够，目前研究还处在零星的、散发的状态，远未成为热门论域和研究"显学"，因而呼应和肯定者不多。③与之相较，③④⑤选项比例就高得多，原因就在于观念的持续灌输、舆论的长期宣传，使人们对其已达到了耳熟能详的接受程度，形成了一种认知定型，自然在选择上会习惯产生认同心理、锁定效应。

问题二与问题一是接近的题本，结果也有些相近。选择对"高等职业教育就是整合教育"观念①非常认同、②认同的，分别是3.7%和23.7%，两项加合者只占27.4%；④不认同者占26.9%；对立两端的选择者几乎持平，说明分歧很大；而选择③"不能完全认同"者最多，占43.7%，若加上⑤"说不清"者6.5%，已超出5成。这说明大多数人对这一问题的认知还处在非自明的困惑状态，心理纠结，难以澄清。

问题三：您认同的职业教育逻辑起点观是什么？

题本选项	①职业	②技能	③技术、技能	④整合	⑤专业知识
得 票 数	52	38	185	31	25
占 比	16.2%	12%	58%	9.6%	8%

逻辑起点是指理论体系的始自对象和研究的起始范畴，是整个学科理论研究得以展开的最初规定，是职业教育理论研究和实践运作的最基本的理论前提或出发点。什么是职业教育研究的逻辑起点？问卷罗列了当前研究的一些观点，并求证于广大教师。得出的结果是：认为③技术、技能是职业教育研究逻辑起点者最多，185 人，占比 58%，明显高于别的选项，说明基于目标维度的技术、技能的复合最被看好。其次是①职业，52 人，占比 16.2%；单一的②技能，又在其下，38 人选，占比 12%；我们所推崇的④"整合"起点观，也不被人看好，仅 31 人选，占比 9.6%；最少的⑤专业知识，25 人选，比例仅为 8%。

问题四：您认为整合的本质在于什么？

题本选项	①创新超越	②整体优化	③建立联系	④推动发展
得 票 数	71	178	27	59
占 比	22%	55.6%	8.4%	18.4%

这一问卷题类似于对整合的认知调研。结果认同整合的本质是②"整体优化"者最多，178 人，占 55.6%；次之为①创新超越，71 人，占 22%。这一数据结果比较符合调研预期，但我们更倾向于"创新超越"是整合的本质，当然"整体优化"也包含创新的意蕴，只是更加强调整合的功效而已。其他③建立联系、④推动发展选项，与整合的本质相去较远，占比也不高，不再赘析。

问题五：您认为高等职业教育需要进行整合吗？

题本选项	①非常需要	②需要	③两可之间	④不需要	⑤说不清
得 票 数	56	226	9	9	12
占 比	17.5%	70.6%	2.8%	2.8%	3.4%

由表可见，对"认为高等职业教育需要进行整合"的概率非常高，选择①非常需要、②需要分别是 56 人和 226 人，两项加合占比 88.1%。其他三个选项：③两可之间，④不需要，⑤说不清，相加也不到 10%。可见，调研对象虽然对整合作为高等职业教育的本质认同度不高，但对高等职业教育是否需要整合却持高度认同的态度，这是我们想要的，并乐见其成的结果。

（二）整合的价值研究

价值是客体满足主体需要的效用。同时，"价值是一种观念。价值观念制约着人类在生存实践中的一切选择，支配着人的一切愿望和行为"①。本调研设计的三题关于高等职业教育整合价值的研究就是基于意义和效用维度的。

问题六：您认为整合对高等职业教育的创新发展价值何在？

题本选项	①理论指导价值	②实践指导价值	③特色发展价值	④理论实践均有指导价值
得 票 数	29	83	74	135
占 比	9%	26%	23%	42%

从这组调研数据可以看出，被调研者最看重的"整合对高等职业教育的创新发展价值"是④理论实践均有指导价值，135 人选，占 42%；其次是②实践指导价值，83 人选，占比 26%；③特色发展价值又在其次，74 人选，占比 23%；①理论指导价值的比值最低，29 人选，仅占比 9%。这表明一线教师的兴趣点并不在整合的理论研究上，他们更看重或者说期望的是整合对"实践的指导价值"；而大多数人选择了④，说明他们也清醒地意识到整合的最终价值目标虽应指向实践，但也不能排斥理论，而应寻求理论和实践均获得沾溉的平衡价值，这是理性的、明智的选择。至于选择③"特色发展价值"者，则在一定程度上悟到了整合对高等职业教育特色发展的独到的价值和作用，是深于思考的教师。

问题七：您看好的职业教育整合发展的着力点和趋势是什么？

题本选项	①内涵发展提高质量	②整合发展凸显规律	③合作发展彰显特色	④竞争发展比拼实力
得 票 数	119	55	135	30
占 比	37%	17%	42%	9.4%

在"职业教育整合发展的着力点和趋势"的问卷选择中，更多的人看好③合作发展彰显特色，选择者 135 人，占比 42%，显然这是更看重外在的如"校企合作"一类整合的群体作出的判断；其次被看好的是①内涵发展提高质量，119 人，占到被调研人的 37%，说明有相当一部分人认同整合应该把"内涵发展、提高质量"作为高等职业教育发展的应然目标和趋势，这是符合高等职业教育发展的当下要求和发展走向的；对②整合发展

① 马建勋. 圆点哲学［M］. 北京：作家出版社，2003：169.

高等职业教育整合论

凸显规律的选择人数不多，55 人，只占 17%，但它的重要性一点也不比被大多数人看好的③①两项小，只不过它更偏重理论诉求，似乎离现实有些抽象虚远，没能进入更多人的"法眼"被相中而已。至于④竞争发展比拼实力，选择的人数更少，就不再做分析了。

问题八：您认同整合是高等职业教育发展根本出路的观点吗？

题本选项	①非常认同	②认同	③两可之间	④不认同	⑤说不清
得 票 数	18	150	58	53	30
占　　比	5.6%	47%	18%	16.5%	9.4%

"认同整合是高等职业教育发展根本出路的观点"的问卷结果，符合我们的意想。①非常认同、②认同者共 168 人，占比超过半数，达到 52.6%。③两可之间、⑤说不清者共 88 人，加和占比 27.4%。我们认为④不认同者 53 人，占比 16.5%，还是有些偏高，说明对整合作为职业教育本质和规律的研究和宣传远未深入人心，还须假以时日。

（三）整合的实施研究

整合的实施研究是实践导向的，重在研究"怎样做"或"怎样做得更好"，研究实践操作中问题的解决、难点的把握以及具体的策略和方法。

问题九：您认为高等职业教育整合的难点是什么？

题本选项	①课程整合	②教材整合	③理论整合	④人的观念整合	⑤人才培养模式整合
得 票 数	37	16	7	104	185
占　比	11.5%	5%	2.2%	30.2%	58%

本题意在测试人们对"高等职业教育整合的难点"的理解和把握。由调研结果数据不难看出，选择⑤人才培养模式整合的最多，几乎占到了 6 成，比例相当之高；其次认为④人的观念整合是一个难点，选择者 104 人，占比 30.2%；再次是①课程整合，占比 11.5%。这说明在广大教师的心目中，人才培养模式作为培养人才的方式和手段更被看重，是职业教育改革和内涵建设的核心。观念整合之所以被看作难点是因为观念是有惰性的、超稳定的存在，人是观念囚徒，人的观念一旦形成，就会先入为主，转变起来相当困难。如职业教育由学科本位、知识本位转变为职业本位、能力本位的过程就相当艰难，更别说再由职业本位、能力本位转变为

超越其上的抽象的整合本位，就更是难上加难，这也是上述问卷结果对整合认同度不高的一个根本原因。调研中，课程整合没有被太当回事，其获得的低少的数据不能支撑其被作为整合的难点存在，也许是教师们"只缘身在此山中"，每天厮磨，对课程太熟了，并不认为它是整合的难点。至于最不被作为难点看待的理论整合，只有 7 人选择，占比 2.2%，想必是因为理论并不是教师的职业旨趣所在，如果换成理论研究者回答，恐又是另外一种结果，这是人的角色定位不同所决定的。

问题十：您认为整合最有可能会出现的误区是什么？

题本选项	①整而不合	②合而未整	③拼凑而已	④说不清
得 票 数	64	85	161	15
占 比	20%	26.5%	50%	4.7%

教师们普遍认同的"整合最可能出现的误区"顺序依次是：③拼凑而已，选择者 161 人，占比 50%；②合而未整，85 人选，占比 26.5%；①整而不合，64 人，占比 20%；④说不清者，15 人，占比 4.7%。分析如下：教师们最担心的是整合蜕变为"拼凑"，挂整合之名，行拼凑之实，并不能取得任何效果；其次，"合而未整"，即不对整合对象做任何整理、规整、统整工作，就轻率地凑合、乌合，即类同于拼凑之举，所以被认定为仅次于第一位的误区；①整而不合，是指虽然"整"了，但"合"得不够、不好，可能只是随意捏合、强行撮合或生硬组合，并不是有机整合、和谐融合，当然也成为人们担心的误区之一。

问题十一：您认为高等职业教育整合的着力点应该放在哪？

题本选项	①课程	②资源整合	③校企合作工学结合	④理论整合	⑤教材	⑥人才培养模式
得 票 数	32	94	169	5	10	91
占 比	10%	29.5%	52.8%	1.5%	3.1%	28.4%

整合时，实际操作究竟应该把"着力点"放在哪？这是本题调研意欲澄清的。教师们给出的答案依次是：③校企合作工学结合，168 人选，占比 52.8%；②资源整合，94 人选，占比 29.5%；⑥人才培养模式，91 人选，占比 28.4%；①课程，32 人选，占比 10%。分析起来，排序第一的③校企合作工学结合，关涉学校的办学模式和教育模式，是宏观的、总体层面的东西，受到了教师们的普遍重视，应当说看问题还是有一定高度

的；排序第二的②资源整合，说明教师们更关注制约办学质量提升的"硬件"条件的整合与完善，排序第三的⑥人才培养模式，可与上述"整合难点"一题的结果相互印证，说明教师们更看重人才培养模式方法之类的整合；排序第四的①课程，理由已如上述。排序第五、六的⑤教材、④理论整合，因得票和占比都微不足道，不再赘析。

问题十二：您认为当下需要加强对高等职业教育整合的理论研究吗？

题本选项	①非常需要	②需要	③两可之间	④不需要	⑤说不清
得 票 数	37	227	21	14	19
占 比	11.5%	71%	6.5%	4.4%	5.9%

以上九、十一两题在整合难点和整合着力点的调研中均涉及理论整合，都排在最后，似乎"理论整合"只能叨陪末座，并不重要，其实这是一种错觉。本题调研就颠覆了前面的观点。我们看到，在高等职业教育需要加强整合的理论研究的选择中，选择①非常需要的，31人，占比11.5%；选择②需要的，227人，占比71%。两相加和达到82.5%的高比例。可见，人们还是非常认同高等职业教育整合理论研究的。而徘徊于需要和不需要之间者③两可之间和⑤说不清者之和为40人，占比12.4%；认为④不需要的，只有14人，占比4.4%。

二、对高等职业教育课程整合调研结果的实证分析

课程整合是根据人才培养的需要，对课程进行门类归并、内容统整、教法革新的系统集成和重构的过程。课程整合是人才培养的核心，是教育改革的关键，是内涵发展的根本，是特色建构的抓手，是教育创新的纽带。因而，我们在调研中给予了课程整合较多的关注，设计了九道相关问卷题，内容涉及课程整合的价值追问、问题诊断追问和实施策略追问几个方面。

（一）课程整合的价值追问

价值追问涉及对课程整合必要性的了解、价值效用的把握和课程整合理想样态的锁定。

问题十三：您认为高等职业教育课程需要整合吗？

题本选项	①非常需要	②需要	③两可之间	④不需要
得 票 数	38	241	11	24
占 比	11.8%	75%	3.4%	7.5%

从表中数据可见，认同高等职业教育课程①"非常需要"整合的，38人，占比11.8%；认同"需要"整合的241人，占比75%。两相加和达到86.6%的高比例。可见，人们深知高等职业教育课程整合的价值和重要性，对课程整合还是非常认同的。当然，也有少数人对高等职业教育课程整合持游移不定的态度，即选择③"两可之间"者，11人，占比3.4%；也有少数反对者，即认为④不需要，有24人，占比7.5%。

问题十四：你最看好的课程整合的价值效用是什么？

题本选项	①课程整合是人才培养的核心	②课程整合是教育改革的关键	③课程整合是内涵发展的根本	④课程整合是特色建构的抓手	⑤课程整合是教育创新的纽带	⑥课程整合是学生生涯发展的基础
得 票 数	70	67	62	50	58	11
占 比	21.8%	21%	19.4%	15.6%	18%	3.4%

本题各选项得票呈均衡态势，5个选项的得票率基本保持在15%~21%的区间，难以拉开。原因在于我们对"课程整合的价值效用"选项的设计，都有一定的道理，都有独到的价值，难以取舍。同时也说明高等职业教育课程整合确实是一种能得到人们普遍认可的多元价值的存在，其重要性不言而喻。只有选项⑥课程整合是学生生涯发展的基础，选的人较少，只占3.4%，可能是人们认为它与课程的价值效用离得较远，处在效用边际。

问题十五：您认同的高等职业教育课程理想的整合形态是怎样的？

题本选项	①工作过程与课程的整合	②项目与课程的整合	③双元制课程整合	④其他
得 票 数	117	146	47	15
占 比	36%	45%	14.7%	4.6%

对高等职业教育课程理想的整合形态的选择过程，就是对其价值判断和认定的过程。从本题我们看到，选择②项目与课程的整合者最多，146人，占比45%，这与滁州职业技术学院直接把改革课程称为项目化课程有

关；其次是①工作过程与课程的整合，即工作过程系统化课程，117 人，占比 36%；选项③双元制课程整合，虽然是享誉世界的课程模式，但选择的人并不多，47 人，占比 14.7%，因为它毕竟是国外的先进模式或样态，如果不加以本土化，并不完全适合于我国，难以成活和推广，说明教师们在选择时是理性的。至于④其他，也有 15 人选，占比 4.6%，说明也有人认为，这三种课改形态虽然是主流的和先进的，但并不一定就是最好的，他们还期待着"其他"更好的、创新的、理想的课程整合模式出现。

（二）课程整合的问题追问

问题追问我们设计了一题，力图诊断"高等职业教育课程整合的最大障碍是什么"，只是可供选择的数量明显偏少，有待改进。

问题十六：您认为高等职业教育课程整合的最大障碍是什么？

题本选项	①理论知识如何融入能力培养之中	②教师的能力水平	③教师的惰性	④教师课改观念滞后
得 票 数	221	64	5	34
占 比	70%	20%	1.5%	10.6%

从问卷结果的数据来看，选择①认为"理论知识如何融入能力培养之中"是最大障碍者人数最多，221 人，占比 70%，这应该与教师们直接参与课程改革，需要处置好理论知识与能力培养之间的关系，遭遇的困惑或获得的体悟有关，因而具有极大的参考价值。其次，选择②教师的能力水平构成课程整合障碍的 64 人，占比 20%，这也是符合客观实际的。再次，还有④教师课改观念滞后，也有 34 人选，占比 10.6%，也是情理之中；至于③教师的惰性构成课改障碍的选的人太少，说明教师对自己积极参与课改很有信心。

（三）课程整合的实施策略追问

课程整合的实施策略追问，或者说"如何整合"，是教师们最为关心的焦点所在。我们选择了一些具体问题为抓手，力图通过广大教师给出的调研答案，找到应然的实施路径和策略，为职业教育同人的课程改革实践提供参考。

问题十七：您认为化解高等职业教育课程学科化教学倾向的根本之道是什么？

题本选项	①整合	②加强实践教学	③校企合作	④职业取向
得 票 数	58	124	106	52
占 比	18%	38.7%	33%	16%

　　长期以来，学科化教学的幽灵一直徘徊在职业教育的周遭，是职业教育挥之难去的痼疾。因而，探求化解职业教育中的学科化教学倾向就成为职业教育的一项艰巨的改革任务。为此，我们设计了这道问卷题，目的在于帮助人们找到化解学科化教学误区的切入点和有效抓手，或获得某种启迪和借鉴。在本题中，选择②"加强实践教学"最多，124人，占比38.7%；因为一方面，它是与学科化理论教学对立的方面，是化解和稀释理论教学的直接手段；另一方面，它是学校一直强调重视和加强的课程的构成部分，教师都十分熟悉，因而选的人较多。其次，③校企合作，106人选，占比33%，也因为校企合作的重要目的之一，就是通过合作加强实践教学，办出职业教育的特色。而对①"整合"的概念，则较少有人提及，人们对其相对陌生，故选择的人数为58，占比18%。而④"职业取向"作为"学科取向"的对立面，自然也会受到人们的关注，有52人选，达到16%的比例。

　　问题十八：您最认同的高等职业教育课程实施整合模式是怎样的？

题本选项	①做学教合一	②教学做合一	③理实一体化	④现代学徒制
得 票 数	69	151	89	16
占 比	21.5%	47%	27.8%	5%

　　在"您最认同的高等职业教育课程实施整合模式"的选择中，②教学做合一，选的人最多，151人，占比47%，③理实一体化作为一种理论与实践一体化整合的模式，人们也经常在研究和实践中提及，故也有一定的"市场"和"人气"，选择的人也为数不少，89人，占比27.8%。①做学教合一，是对教学做合一的颠覆和重构，我们认为它更加符合职业教育的规律和特色，也曾撰文予以宣传①，但还是因宣传的普效性不够，终究敌不过传统的教学做合一的人气指数。④现代学徒制，是英国职业教育运行的主体模式，近来在我国有被再度挖掘重视，丰富现行的职业教育模式，重返国家倡导的战略层面的意味和趋势。但我们认为模式在精，不在多，关键是要适用，要实现本土化的再造和创新，而不在于引进国际先进职教模式的多少。正如有两块手表并不比一块手表计时更准确，反而有可能因

时间不一而干扰了我们对时间的判断。所以，此题调研我们设计了④"现代学徒制"的选项，从结果来看，教师们似乎并不买账，只有16人选，占比5%。

问题十九：您认为基础理论课与专业课如何整合？

题本选项	①以专业需要剪裁理论	②理论与专业平分秋色	③理论为主带动专业	④以工作过程来整合理论
得 票 数	103	43	38	135
占 比	32%	13.4%	12%	42%

基础理论课与专业课如何整合？这一直是困扰高等职业教育课程实践的一个难题，关系到课程结构优化、课时多寡分配和课程内容处置等一系列博弈。设计这道问卷题，主要是想通过策略或方法的征询，会聚众识众智，为高等职业教育同人破解难题提供参照。从获取的结果数据看，选择④"以工作过程来整合理论"者最多，135人，达到42%的比例，说明姜大源"工作过程系统化课程"的倡导和推广已经获得了一定的群众基础，得到了大多数教师的认可。其次，①以专业需要剪裁理论，位居其二，103人，占比32%。高等职业教育是以专业为导向建构课程体系的，专业是基于职业平台的，是职业本位的，因而这里的"专业需要"类同于"职业需要"，[①] 以此为尺度剪裁理论，是符合职业教育特点和规律的，所以选的人也不少。再有②"理论与专业平分秋色"进行整合，以及③"理论为主带动专业"加以整合，或绝对平均，或悖反错逆，且选择的人不多，所占比例也不是很高，故不再分析。

问题二十：以什么为抓手来确定和整合"必需、够用"的知识？

题本选项	①职业技能	②岗位需求	③实践操作	④工作过程任务
得 票 数	102	102	58	61
占 比	31.9%	31.9%	18%	19%

"必需、够用"是《教育部关于加强高职高专教育人才培养工作的意见》中提出的一个概念。文件要求"基础理论教学要以应用为目的，以必需、够用为度，以讲清概念、强化应用为教学重点"。之后，"必需、够用"便成了高等职业教育基础理论课教学的恒定标准和尺度，在教学实践

---

① 张健. 应当提"做学教合一"[J]. 职教通讯，2011（8）.

中发挥着重要的指导作用。本题调研意在使人们明确，我们究竟应该基于什么来确定和整合"必需、够用"的理论知识才更为科学。教师们给出的答案是，应该以①职业技能、②岗位需求作为衡量和选择"必需、够用"知识的标准。选择这两个选项的人数都是102，占比31.9%，看来大多数教师都是以岗位职业能力培养为标准来确定理论知识的整合的。其次是④工作过程任务，61人选，占比19%；选择③"实践操作"为整合抓手的58人，占比18%。

问题二十一：您认为以什么为标准评价高等职业教育课程质量最合适？

题本选项	①能力是否提高	②知识增长多寡	③就业率高低	④促进社会经济发展	⑤专业水平
得 票 数	170	15	30	53	70
占 比	53%	4.6%	9.4%	16.5%	22%

课程评价是完整的课程体系的重要组成部分，而作为课程评价最重要的决定性要素就是课程评价标准，因而研究高等职业教育课程整合不能少了对课程评价标准的把握与关注。在"以什么为标准评价高等职业教育课程质量最合适"的问卷结果中，选择①"能力是否提高"为标准者最多，170人，占53%；显然在以能力为本的职业教育视阈下，这样的选择无疑是正确的。其次，选择⑤"专业水平"作为课程质量评价标准者70人，占22%；其他依次是，选择④"促进社会经济发展"为评价标准者53人，占比16.5%，选择③"就业率高低"为评价标准者30人，占比9.4%，选择②"知识增长多寡"为评价标准者的人最少，15人，占比4.6%，这是因为以此为标准评价高等职业教育课程质量是错位、悖谬的，必然应者寥寥。

三、对校企合作、职业教育集团调研结果的实证分析

校企合作是高等职业教育最重要的办学模式，是职业教育办学的根本要求和特色所在。学科教育也许可以封闭在校园的"围城"里办学，但职业教育必须冲破"围城"，谋求与企业跨界合作的开放办学，才能合规律、保质量、显特色、上水平。换言之，校企合作是事关职业教育体制机制、发展方式的重大问题，关系到高等职业教育的特色生成、育人质量和发展

出路，是职业教育发展的本质要求和内涵建设的核心。校企合作如此重要，高等职业教育整合的调研当然不能忽略这一关键所在。本调研设计的问卷题力图追问校企合作的本质，诊断合作整合的障碍所在，探求解决的有效对策，并且就与校企合作相关的职业教育集团问题也设计了一些问题。

问题二十二：校企合作的本质是什么？

题本选项	①整合	②化解资源矛盾	③突出特色办学	④互利共赢
得 票 数	47	52	69	175
占 比	14.6%	16%	21.5%	54.6%

在本题问卷中，教师们对校企合作本质理解的选择依次是：④互利共赢，175人选，占比54.6%；③突出特色办学，69人选，占比21.5%；②化解资源矛盾，52人选，占比16%。其实，这前三甲均不是校企合作的本质，而讲的是校企合作的功能或作用。如果我们的题干设计是问校企合作的主要功能或根本价值，这样的选择无疑是正确的。说到这里也许有人会质疑问卷本身的误导，其实，也不尽然。我们认为，关键还是教师对校企合作本质的理解存在偏差，他们过于关注合作所追求的显性的功利目的，误以为这就是合作的本质所在。其实，校企合作的本质就是我们所设计的选项①整合，它是校与企两个不同的异质主体的整合，其他都是整合后派生出的成效。可惜我们的老师选择该项的人最少，47人，占比14.6%。这说明我们对整合这一上位的哲学概念还缺乏真正的理解，更缺乏以整合的视野审视职业教育实践的思考和能力，凸显了认真学习职业教育整合理论的必要性。

问题二十三：您认为校企合作整合的最大障碍是什么？

题本选项	①利益纠葛	②制度缺失	③政府作为不够	④社会环境氛围制约	⑤企业积极性不高	⑥双方管理衔接不够
得 票 数	55	53	47	42	92	115
占 比	17%	16.3%	14.6%	13.1%	29%	36%

在对"您认为校企合作整合的最大障碍是什么？"的回答中，最受关注的选项是⑥双方管理衔接不够，有115人选，比例为36%，可以看出教师思维的务实性和对过程管理的重视。其次是选项⑤企业积极性不高，92人选，占比29%，这是常规思维和认识的体现。再次是①利益纠葛，②制

度缺失，③政府作为不够几个选项，选择的人分别是 55 人、53 人和 47 人，分别占比为 17%、16.3%、14.6%，基本不相上下，难分伯仲。即便是选择人数最少的④社会环境氛围制约，也有 42 人选，比例为 13.1%，也没有将比例拉开。可见，这几项校企合作的整合障碍在教师的心目中并无根本的差异。

问题二十四：您认为校企合作整合的有效对策是什么？

题本选项	①重视利益杠杆效能	②完善制度建设	③政府积极作为	④优化合作的环境氛围
得 票 数	96	112	61	111
占 比	30%	35%	19%	34.7%

在探求"校企合作整合的有效对策"的问卷中，排序前三的对策同样势均力敌，难以拉开。其中，选择②完善制度建设，112 人选，占比 35%；④优化合作的环境氛围，111 人选，占比 34.7%；①重视利益杠杆效能，96 人选，占比 30%，选择的人都在被调研者的三成以上。只有③政府积极作为，61 人选，占比 19%，这表明教师们潜在地认为，校企合作不能过分依赖政府，更多的还是要靠学校和企业两个合作主体自身的积极作为。这样的观念定位无疑是正确的。

问题二十五：您心目中最看重的职业教育集团整合的理想效能是什么？

题本选项	①资源整合与共享	②校际合作与共荣	③做大做强、抗击风险	④学校、企业、行业、政府、学生多赢
得 票 数	68	42	21	225
占 比	21.2%	13.1%	6.5%	70%

之所以把职业教育集团的问卷题归到校企合作中，是因为职业教育集团的本质也是一种合作办学形式，只不过是更大的合作联盟，而且合作的两个最重要主体还是校校和校企两类。从问卷调研的内容来看，是侧重于价值效能的调研，与第一题关于合作本质的调研可以形成互补。根据问卷结果来看，选择④"学校、企业、行业、政府、学生多赢"者最多，225人，占比 70%，说明教师们最看重的还是实质性的合作的共赢、多赢，而不是惠及单方的获益或独赢，更不是形式上的集成或组团的"作秀"。其次，选择①"资源整合与共享"的位居其二，68 人，占比 21.2%，表达

了人们希望通过职业教育集团实现资源互补共享的真实愿望。再次，选项②"校际合作与共荣"，把企业排除在外，不带企业玩，有点偏，所以选的人偏少，42人，占比13.1%。最后，③做大做强、抗击风险，虽然诉求很好，但做到很难，难免有虚妄之嫌，故选的人最少，只有21人，占比6.5%。

四、对其他调研结果的实证分析

对其他调研结果的实证分析主要涉及资源整合和环境整合两个方面。

（一）资源整合

资源是高等职业教育办学赖以生存和发展的条件总和。资源整合的好坏与成效直接关系到对高等职业教育办学能否形成有力援手，关系到高等职业教育办学的质量和人才培养的水平。故本调研也设计了一些资源整合的问卷题。

问题二十六：您认同"办好高等职业教育必须加大资源整合力度"的观点吗？

题本选项	①非常认同	②认同	③不能完全认同	④不认同	⑤说不清
得 票 数	32	201	47	14	19
占 比	10%	63%	14.7%	4.3%	5.9%

本题主要想调研教师们对高等职业教育资源整合所持的态度。从结果来看，①非常认同的32人，占比10%；②认同的201人，占比63%；两相加和占到七成三的比例，认同度还是很高的。另外，选③不能完全认同者，47人，占比14.7%；⑤说不清，19人选，占比5.9%，个位数以下；选择④不认同的人最少，14人，占比4.3%。

问题二十七：您认为高等职业教育资源整合最为重要方面是什么？

题本选项	①经费	②师资	③办学模式	④课程	⑤设备	⑥教材	⑦专业
得 票 数	34	70	180	61	35	9	23
占 比	10.6%	22%	56%	19%	11%	2.8%	7.1%

本题设计列出7个选项，主要想调研人们最看重的资源整合方面。其中选择③办学模式者最多，180人，占比56%，虽不能说有多高，但对票

数相对分散的总体格局而言，已算是高度趋同了。这表明人们最看重的还是复合了方法、办学目标、体制机制要素的，决定着高等职业教育规律遵循和特色生成的办学模式。其次，②师资、④课程，选的人分别是 70 人和 61 人，占比在 20% 上下。再向下顺延是⑤设备、①经费，认为这两项整合最重要的人是 35 人和 34 人，占比均在 10% 左右。选择⑦"专业"资源整合的，23 人，占 7.1% 的比例，已降至个位数。最不被认同的整合是⑥教材，只 9 人选，占比 2.8%。看来受传统路径依赖的观念影响，教师们从来都没有把教材整合看成自己分内的事。

问题二十八：您认为高等职业教育资源整合应该是经费、师资、办学模式、课程、设备、教材、专业等全方位的，还是有重点的？

题本选项	①全方位的	②有重点的	③全方位最好，若做不到应突出重点	④说不清
得 票 数	43	104	155	5
占 比	13.5%	32.5%	48.4%	1.5%

本题调研涉及"如何整合"的方法策略问题。位居第一的选项是③全方位最好，若做不到应突出重点，155 人选，占比 48.5%，说明教师们看问题还比较理性和辩证。位居第二的选项是②有重点的，选的人有 104，占比 32.5%；位居第三的选项是①全方位的，43 人选，占比 13.5%；位居最后的选项是④说不清，仅 5 人选，占比 1.5%。

问题二十九："双师型"师资队伍建设整合的难点在于什么？

题本选项	①教学能力与实践能力的整合	②教师的惰性	③"双师型"教师认定标准不统一	④实践能力滞后或缺失
得 票 数	149	21	71	89
占 比	46.5%	6.5%	22.3%	27.8%

师资队伍是高等职业教育办学最重要的资源——人力资源，而"双师型"诉求又是高等职业教育师资队伍建设与整合必然要求和重中之重。本题调研意在了解"双师型"师资队伍建设整合的难点所在。从问卷数据结果看，选择难点为①教学能力与实践能力的整合的，有 149 人，占调研人数的 46.5%，即如何做到两种能力的均衡和并重是大家认同度最高的整合难点。其次是选项④实践能力滞后或缺失，这是教师能力的"软肋"，整合要想解决和突破这一难点并非轻而易举，所以选的人也比较多，89 人，

占比 27.8%。再次是③"双师型"教师认定标准不统一，标准不统一必然造成"双师"认定的乱局，使整合无所适从，会直接影响到整合的成效，所以有 71 人选择此项，占比 22.3%。最后，认定②教师的惰性为整合的难点者最少，有 21 人，占比 6.5%。

（二）环境整合

环境是环绕和影响高等职业教育办学的外部条件的总和。环境也是一种资源，一种高等职业教育办学的制约因素，应引起我们的高度关注和重视。故我们的问卷也设计了两道有关环境的问题。

问题三十：您认为高等职业教育生态环境整合的重点是什么？

题本选项	①社会对高等职业教育的认同度	②政府的支持度	③企业的参与度	④校内自身生态环境建设
得 票 数	111	87	109	48
占 比	34.7%	27.1%	34%	15%

在本题关于"高等职业教育生态环境整合重点"的问卷中，选择①"社会对高等职业教育的认同度"和选择③"企业的参与度"的人数不相上下，前者为 111 人，后者为 109 人，占比分别是 34.7% 和 34%，说明这两项环境因子在教师心目中的分量较重。其次是②"政府的支持度"，选的人是 87 人，占 27.1% 的比例，说明政府在环境整合中的地位和作用不容小觑。再次，选择④"校内自身生态环境建设"的人相对最少，48 人，占比 15%。看来教师们更看重的是学校以外的外部环境的整合和对高等职业教育办学的支持，而对校内环境整合似乎重视不够。

问题三十一：您对当下高等职业教育制度环境整合最满意的方面是什么？

题本选项	①法制化建设	②经费投入政策	③招生政策	④就业制度	⑤评估评价制度
得 票 数	40	50	96	63	53
占 比	12.5%	15.2%	30%	20%	16.3%

在"对当下高等职业教育制度环境整合最满意的方面"的问卷中，教师们认同度最高的是③招生政策，96 人选，占比 30%；其次是④就业制度，选的人有 63 人，占比 20%；再次是⑤评估评价制度，53 人选，占比

16.3%。其中，得票最少的当属最不满意的①法制化建设，只40人选，占比12.5%，表明职业教育的法制化建设推进不力，欠账太多，已成为制度环境整合的"洼地"。倒数第二的是②经费投入政策，有50人选，占比15.2%，显然对经费投入的满意程度较低，必须加以重视和改进。

高等职业教育整合论

一、著作类

1. 马永霞. 冲突与整合：高等教育供求主体利益分析［M］. 北京：高等教育出版社，2006.

2. 小威廉姆 E. 多尔. 后现代课程观［M］. 北京：教育科学出版社，2000.

3. 房剑森. 高等教育发展论［M］. 桂林：广西师范大学出版社，2001.

4. 周海涛. 大学课程研究［M］. 北京：中国社会科学出版社，2008.

5. 周光迅. 大学教育综合化［M］. 济南：山东教育出版社，1999.

6. 王清连，张社字. 职业教育社会学［M］. 北京：教育科学出版社，2008.

7. 王继华. 校长职业化与教育创新［M］. 北京：北京大学出版社，2003.

8. 郝德永. 课程研制方法论［M］. 北京：教育科学出版社，2002.

9. 郭扬. 高职院校课程模式开发基础［M］. 北京：中国科学技术出版社，2010.

10. 徐国庆. 职业教育项目课程开发指南［M］. 上海：华东师范大学出版社，2009.

11. 张健. 职业教育的追问与视界［M］. 芜湖：安徽师范大学出版社，2010.

12. 徐平利. 职业教育的历史逻辑和哲学基础 [M]. 桂林：广西师范大学出版社，2010.

13. 欧阳河. 职业教育基本问题研究 [M]. 北京：教育科学出版社，2006.

14. 马庆发. 中国职业教育研究新进展（2009）[M]. 上海：华东师范大学出版社，2011.

15. 陈玉琨. 发展性教育质量保障的理论与操作 [M]. 北京：商务印书馆，2006.

16. 金生鈜. 理解与教育——走向哲学解释学的教育哲学导论 [M]. 北京：教育科学出版社，2001.

17. 姜大源. 职业教育学研究新论 [M]. 北京：教育科学出版社，2007.

18. 郭扬. 中国高等职业教育史纲 [M]. 北京：科学普及出版社，2010.

19. 张新民. 高等职业教育理论构建 [M]. 长沙：湖南人民出版社，2010.

20. 陈英杰. 中国高等职业教育发展史研究 [M]. 郑州：中州古籍出版社，2007.

21. 王明伦. 高等职业教育发展论 [M]. 北京：教育科学出版社，2004.

22. 郭苏华，隋明. 职业教育产学结合实践研究 [M]. 上海：上海财经大学出版社，2009.

23. 徐国庆. 职业教育课程论 [M]. 上海：华东师范大学出版社，2008.

24. 张华. 课程与教学论 [M]. 上海：上海教育出版社，2000.

25. 石伟平，徐国庆. 职业教育课程开发技术 [M]. 上海：上海教育出版社，2006.

26. 徐国庆. 实践导向职业教育课程研究 [M]. 上海：上海教育出版社，2005.

27. 赵志群. 职业教育工学结合一体化课程开发指南 [M]. 北京：清华大学出版社，2009.

28. 王建华. 高等教育学的建构 [M]. 广州：广东高等教育出版

社，2009.

29. 赵志群. 职业教育与培训新概念 [M]. 北京：科学出版社，2003.

30. 田慧生. 教学环境论 [M]. 南昌：江西教育出版社，1996.

31. 郝德永. 课程与文化：一个后现代的检视 [M]. 北京：教育科学出版社，2002.

32. 匡英. 比较高等职业教育：发展与变革 [M]. 上海：上海教育出版社，2006.

33. 周建松. 高职院校内涵建设研究 [M]. 杭州：浙江大学出版社，2006.

34. 吴林富. 教育生态管理 [M]. 天津：天津教育出版社，2006.

35. 刘海，姚树伟. 好学校是怎样诞生的——高等职业学校办学实践报告 [M]. 长春：东北师范大学出版社，2007.

36. 田秀萍. 职业教育资源论 [M]. 北京：光明日报出版社，2010.

37. 康宁. 中国经济转型中高等教育资源配置的制度创新 [M]. 北京：教育科学出版社，2005.

38. 霍丽娟. 产学合作教育中高职院校与企业关系研究 [M]. 石家庄：河北教育出版社，2010.

二、论文类

1. 蔡曙山. 综合再综合：从认知科学到聚合技术 [J]. 学术界，2010（6）.

2. 马成荣. 创业、创新、创优：职业教育的新视界 [J]. 教育研究，2011（5）.

3. 刘海龙. 传播研究本土化：问题、标准及行动路径 [J]. 新华文摘，2012（1）.

4. 瞿葆奎，郑金洲. 教育学逻辑起点：昨天的观点与今天的认识 [J]. 上海教育科研，1998（3）.

5. 郭元祥. 教育学逻辑起点研究的若干问题思考 [J]. 教育研究，1995（9）.

6. 杨丽. 我国现代教学理论建构应有的五个追求 [J]. 教育研究，

2010 (2).

7. 王川. 试论职业教育学的逻辑起点 [J]. 职业技术教育, 2005 (16).

8. 马君. 中国职业教育学的反思与理论建构 [J]. 职业技术教育 (人大复印报刊资料), 2012 (7).

9. 张社字. 略论高等职业技术教育课程开发的特色 [J]. 中国电力教育, 2003 (3-4).

10. 姜大源. 职业教育专业教学论初探 [J]. 教育研究, 2004 (5).

11. 刘诗能. 职业教育研究"范式"与理论"硬核"[J]. 江苏技术师范学院学报: 职教通讯, 2008 (6).

12. 姜大源. 职业教育: 模式与范式辨 [J]. 中国职业技术教育, 2008 (31).

13. 马君. 论职业教育学研究范式的构建 [J]. 职教论坛, 2008 (3).

14. 张应强. 中国教育研究的范式和范式转换——兼论教育研究的文化学范式 [J]. 教育研究, 2010 (10).

15. 姜大源. 职业教育立法的跨界思考——基于德国经验的反思 [J]. 教育发展研究, 2010 (10).

16. 周明星. 职业教育学对象、体系与范式的反思 [J]. 职业技术教育, 2006 (25).

17. 鲁昕. 加快建设中国特色世界水准的现代职业教育体系 服务国家发展方式转变和现代产业体系建设 [J]. 管理观察, 2012 (1).

18. 李文阁. 生成性思维: 现代哲学的思维方式 [J]. 中国社会科学, 2000 (6).

19. 余文森. 论个体知识的课程论意义 [J]. 教育研究, 2008 (12): 48.

20. 董仁忠. 从政策调控高职教育走向依法治理高等职业教育 [J]. 职业技术教育 (人大复印报刊资料), 2011 (9).

21. 胡秀锦. 高等职业教育发展的特征分析 [J]. 教育发展研究, 2006 (19).

22. 张健. 高职教育偏离生态环境的问题观与可持续发展对策 [J]. 黑龙江高教, 2007 (10).

23. 周济. 以科学发展观统领教育全局工作［J］. 求是，2005（8）.

24. 孙琳，李里. 职业教育的本质属性与发展模式选择［J］. 中国职业技术教育，2006（4）.

25. 欧阳河. 职业教育本质问题三论［J］. 河南职业技术师范学院学报，2004（6）.

26. 裴云. 对高职教育本质的解析［J］. 扬州大学学报：高教研究版，2003（1）.

27. 匡瑛，石伟平. 高职人才培养目标的转换［J］. 职业技术教育：教科版，2006（22）.

28. 曾令奇. 我国高等职业教育人才培养模式理论研究综述［J］. 职教论坛，2006（9）.

29. 陈解放. 基于中国国情的工学结合人才培养模式实施路径选择［J］. 中国高教研究，2007（7）.

30. 张爱勤. 论高职教育供求主体的利益博弈与整合对策［J］. 华东经济管理，2011（12）.

31. 丁金昌，童卫军. 关于高职教育推进"校企合作、工学结合"的再认识［J］. 高等教育研究，2008（6）.

32. 潘懋元，邬大光. 世纪之交中国办学模式的变化与走向［J］. 教育研究，2001（3）.

33. 徐国庆. 职业教育办学模式研究的分析框架［J］. 职教论坛，2013（19）.

34. 杨占苍. 变职教"一头热"为校企"两头甜"［N］. 中国教育报，2011 - 03 - 22（1）.

35. 姜汉荣. 浅谈职业学校校园文化与企业文化关系的现状研究——基于中国知网2000—2011年学术文献的统计分析［J］. 河南科技学院学报：职教版，2012（4）.

36. 马成荣. 职业学校文化：蕴涵、构建与表达［J］. 中国职业技术教育，2012（1）.

37. 张健. 高职实践教学的现状反思与出路研探［J］. 滁州职业技术学院学报，2004（2）.

38. 姜大源. 职业教育：课程与教材辨［J］. 中国职业技术教育，2008（19）.

39. 徐涵. 以工作过程为导向的职业教育 [J]. 职业技术教育, 2007 (4).

40. 徐国庆. 工作知识：职业教育课程内容开发的新视角 [J]. 教育发展研究, 2009 (11).

41. 马成荣. 江苏职教课改的审视、反思与展望 [J]. 江苏教育, 2011 (11).

42. 刘志军. 教育评价的反思和建构 [J]. 教育研究, 2004 (2).

43. 崔发周. 改变师资队伍建设模式走专业化发展之路 [N]. 中国教育报, 2009 - 12 - 14 (7).

44. 彭福扬, 邱跃华. 生态化理念与高等教育生态化发展 [J]. 高等教育研究, 2011 (4).

45. 张健. 高职院校人才流失归因及其防范 [J]. 中国高教研究, 2005 (8).

46. 张社字. 教育平等视野下的职业教育制度创新 [J]. 教育发展研究, 2003 (11).

47. 张社字. 我国职业教育政策的效度分析 [J]. 教育与职业, 2006 (32).

48. 邓泽民. 加强师资队伍建设提高职业教育质量 [N]. 中国教育报, 2009 - 11 - 02 (7).

49. 谢勇旗, 李名梁. 高职院校办学特色建设的误区及解决路径 [J]. 江苏高教, 2006 (6).

50. 张健. 试论高职教育"四主"发展观 [J]. 中国高教研究, 2008 (8).

51. 刘亚荣. 中国高校"去行政化"调查 [J]. 新华文摘, 2012 (18).

52. 邢晖, 李玉珠. 高职进入内涵式发展阶段——全国百余名高职校长透视职教发展 [N]. 中国教育报, 2012 - 09 - 01 (3).

53. 张健. 试论高等职业教育资源优化配置的路径选择 [J]. 教育与职业, 2006 (35).

54. 马成荣. 关于职教集团基本问题的思考 [J]. 教育发展研究, 2005 (10).

55. 王明伦. 学院主导：江苏高等职业教育集团化发展之创新——以

江苏联合职业技术学院为例［J］. 中国职业技术教育，2011（33）.

56. 姜大源. 现代职业教育体系构建的理性追问［J］. 教育研究，2011（11）.

57. 白汉刚，刘宏杰. 集团化办学，职教改革"过河"摸到的"石头"［N］. 中国教育报，2013 – 01 – 16（5）.

58. 高进军. 职教集团校企深度合作现状调查［J］. 教育与职业，2012（1）.

参考文献

附 录

高等职业教育整合研究调查问卷

各位高等职业教育同人：

　　您好！为了深入了解高等职业教育整合现状，以及您对高等职业教育整合的思想、观念、态度、意见，我们编制了《高等职业教育整合研究调查问卷》。期盼得到您的悉心关注，濡染您智慧的芬芳。请您认真思考、填写，您的信息我们会严格保密。衷心感谢您对此项研究工作的支持和帮助。再谢！

被调研人基本信息

所在学校			
姓　　名		年　　龄	
专　　业		职务或职称	

填写说明：请您在选中的序号上打"√"即可。

一、您认为高等职业教育的本质是什么？

　　1. 跨界；2. 整合；3. 能力本位教育；4. 以就业为导向教育；5. 培养高端技能型人才

二、您认同高等职业教育就是整合教育的观点吗？

　　1. 非常认同；2. 认同；3. 不能完全认同；4. 不认同；5. 说不清

三、您认同的职业教育逻辑起点观是什么？

　　1. 职业；2. 技能；3. 技术、技能；4. 整合；5. 专业知识

四、您认为整合的本质在于什么？

1．创新超越；2．整体优化；3．建立联系；4．推动发展

五、您认为高等职业教育需要进行整合吗？

1．非常需要；2．需要；3．两可之间；4．不需要；5．说不清

六、您认为整合对高等职业教育的创新发展价值何在？

1．理论指导价值；2．实践指导价值；3．特色发展价值；4．理论实践均有指导价值

七、您看好的职业教育整合发展的着力点和趋势是什么？

1．内涵发展提高质量；2．整合发展凸显规律；3．合作发展彰显特色；4．竞争发展比拼实力

八、您认同整合是高等职业教育发展根本出路的观点吗？

1．非常认同；2．认同；3．两可之间；4．不认同；5．说不清

九、您认为高等职业教育整合的难点是什么？

1．课程整合；2．教材整合；3．理论整合；4．人的观念整合；5．人才培养模式整合

十、您认为整合最有可能会出现的误区是什么？

1．整而不合；2．合而未整；3．拼凑而已；4．说不清

十一、您认为高等职业教育整合的着力点应该放在哪？

1．课程；2．资源整合；3．校企合作工学结合；4．理论整合；5．教材；6．人才培养模式

十二、您认为当下需要加强对高等职业教育整合理论的研究吗？

1．非常需要；2．需要；3．两可之间；4．不需要；5．说不清

十三、您认为高等职业教育课程需要整合吗？

1．非常需要；2．需要；3．两可之间；4．不需要

十四、你最看好的课程整合的价值效用是什么？

1．课程整合是人才培养的核心；2．课程整合是教育改革的关键；3．课程整合是内涵发展的根本；4．课程整合是特色建构的抓手；5．课程整合是教育创新的纽带；6．课程整合是学生生涯发展的基础

十五、您认同的高等职业教育课程理想的整合形态是怎样的？

1．工作过程与课程的整合；2．项目与课程的整合；3．双元制课程整合；4．其他

十六、您认为高等职业教育课程整合的最大障碍是什么？

1．理论知识如何融入能力培养之中；2．教师的能力水平；3．教师的

惰性；4. 教师课改观念滞后

十七、您认为化解高等职业教育课程学科化教学倾向的根本之道是什么？

1. 整合；2. 加强实践教学；3. 校企合作；4. 职业取向

十八、您最认同的高等职业教育课程实施整合模式是什么？

1. 做学教合一；2. 教学做合一；3. 理实一体化；4. 现代学徒制

十九、你主张基础理论课与专业课如何整合？

1. 以专业需要剪裁理论；2. 理论与专业平分秋色；3. 理论为主带动专业；4. 以工作过程来整合理论

二十、以什么为抓手来确定和整合"必需、够用"的知识？

1. 职业技能；2. 岗位需求；3. 实践操作；4. 工作过程任务

二十一、您认为以什么为标准评价高等职业教育课程质量最合适？

1. 能力是否提高；2. 知识增长多寡；3. 就业率高低；4. 促进社会经济发展；5. 专业水平

二十二、校企合作的本质是什么？

1. 整合；2. 化解资源矛盾；3. 突出特色办学；4. 互利共赢

二十三、您认为校企合作整合的最大障碍是什么？

1. 利益纠葛；2. 制度缺失；3. 政府作为不够；4. 社会环境氛围制约；5. 企业积极性不高；6. 双方管理衔接不够

二十四、您认为校企合作整合的有效对策是什么？

1. 重视利益杠杆效能；2. 完善制度建设；3. 政府积极作为；4. 优化合作的环境氛围

二十五、您心目中最看重的职业教育集团整合的理想效能是什么？

1. 资源整合与共享；2. 校际合作与共荣；3. 做大做强，抗击风险；4. 学校、企业、行业、政府、学生多赢

二十六、您认同"办好高等职业教育必须加大资源整合力度"的观点吗？

1. 非常认同；2. 认同；3. 不能完全认同；4. 不认同；5. 说不清

二十七、您认为高等职业教育资源整合最为重要的方面是什么？

1. 经费；2. 师资；3. 办学模式；4. 课程；5. 设备；6. 教材；7. 专业

二十八、您认为高等职业教育资源整合应该是经费、师资、办学模

式、课程、设备、教材、专业等全方位的，还是有重点的？

1. 全方位的；2. 有重点的；3. 全方位最好，若做不到应突出重点；4. 说不清

二十九、"双师型"师资队伍建设整合的难点在于什么？

1. 教学能力与实践能力的整合；2. 教师的惰性；3. "双师型"教师认定标准不统一；4. 实践能力滞后或缺失

三十、您认为高等职业教育生态环境整合重点是什么？

1. 社会对高等职业教育的认同度；2. 政府的支持度；3. 企业的参与度；4. 校内自身生态环境建设

三十一、您对当下高等职业教育制度环境整合最满意的方面是什么？

1. 法制化建设；2. 经费投入政策；3. 招生政策；4. 就业制度；5. 评估评价制度

三十二、在结构化的方法体系中您认为整合是什么？

1. 一般方法；2. 具体做法；3. 具有方法论属性的上位方法；4. 哲学方法论

三十三、您认为高等职业教育评价体系应侧重什么方式更合适？

1. 闭卷考试；2. 技能测试；3. 产品制作；4. 技能测试加理论考核

后 记

从 2010 年萌生写这本书的愿望，已历 4 载。今天《高等职业教育整合论》终于成书并即将出版。四年前当我刚刚产生这一写作构想时，我就为自己的发现而激动、惊喜，我知道我找到了一个最佳的研究点、创新点。由此切入，可以达及职业教育深邃的核心、提升职业教育研究的高度、改变职业教育透视的远度、增强职业教育超越的气度、建构职业教育应然的体系。

在研究过程中，随着思考的深入和开展，我对职业教育整合的本质有了更深刻的理解。职业教育是跨界的教育，它先天具有整合的内在"基质"，这种基质是由职业教育交合、和合以及融合的本质所赋予的，并是不可改变的。整合犹如人类的 DNA，以其先在的密码式样，决定着职业教育发展的来世和今生。随着写作的渐变与推进，我对职业教育与整合关系的认识越来越清晰。这是一种你中有我、我中有你，撕掳不开的互融关系，一种至大无外、全息性覆盖的涵纳关系。也就是说，职业教育的全部、全部的职业教育都是处在整合的关系、层次和体系之中的，没有什么能游离其外、超脱其上。随着研究视野的开阔与全面，我对职业教育整合价值的追问又有了新的感悟和认知，认识到了整合的理论之根、特色之魂、存在之本、方法之宗、学科之基的价值所在。

整合是职业教育的理论之根。整合是职业教育的哲学，它是形而上的，是职业教育本质层面的规定、理论层面的根本。而当下的职业教育则是去哲学化的，没有哲学思想的贯串和主宰，没有知性理论的提挈和统帅，有的只是对具体的办学实践实操的忙碌、对纠结难解问题的焦虑、对矛盾困惑处境的茫然，由此造成了职业教育的品位不高、内涵不厚、成效不显。所以，职业教育急需从源于实践而又高于实践的整合范式中汲取哲学的"骨韵"，从具在的实践中跳出来，从经验的遮蔽中超脱出来，获得一个"能识庐山真面目"的更高的视角。俯察和思考职业教育的大问题、总问题，才能高屋建瓴，"视通万里""思接千载"，纵横捭阖。看透、看清职业教育整合的本质，或者说以整合的总体眼光看待职业教育，我们就达到了智慧的境界、哲学的境界。

整合是职业教育的特色之魂。与定界的学科教育不同，职业教育是跨界的教育，跨越了职业与教育、学校与企业、工作与学习、理论与实践的界域，因而它是以"整合为本"的教育，是靠整合"立根"的教育。同时，职业教育的特色又是多元的。职业为上、能力为本、就业导向、实践引领，但这些多元特色背后终极的东西、根本的东西还是整合。整合是作为"另一类型"职业教育的最鲜明特色，是职业教育的特色之魂，它是职业教育的内在规定和根本旨归，是全部职业教育的基础和核心。全部的职业教育都是整合的教育，是整合的外化和彰显；职业教育的全部都是教育的整合，都是教育以外显的或潜在的整合形态的体现和存在。换言之，全部职业教育的特色及内涵都是在整合中凝聚、建构、升华，集中体现为整合的成果或形态。整合是职业教育内在的灵魂与精髓。

整合是职业教育的存在之本。任何事物都有自己的存在方式，存在方式是指事物存在的形式、样态和特征。整合就是职业教育存在的根本方式。这种方式不是外源性的，而是内生性的；不是特殊性的，而是普遍性的；不是多变性的，而是稳定性的。也就是说，职业教育的一切、一切的职业教育，都是整合态的，都体现着整合的精神和本质。如培养目标——"高等职业教育重点培养发展型、复合型、创新型的技术技能人才"是整合的，办学方针——"以服务为宗旨、以就业为导向"是整合的，办学模式——"校企合作、工学结合"是整合的，现代职业体系建构所强调的"服务需求、开放融合、有机衔接、多元立交"四个着力点也是整合的。整合不仅是一个符合职业教育规律的理论范式，更是一个能够指导人们变革教育实践的行动范式，如实操层面的资源、专业、课程、师资等，也都无一不是整合的。只是我们对这种整合还缺乏醒识和自觉，没能将职业教育纳入整合的理论框架和实践体系予以重构和践行，而这恰恰说明职业教育的创新余地和特色生成空间巨大，发展前景不可限量。

整合是职业教育的方法之宗。方法之宗即指居于方法之上的方法论。"方法论就是从事职业教育研究的工作者所采取的深层次途径和拥有的哲学观"（朱德全），它是关于目标及其实现途径的理论，"是在世界观的指导下认识和处理客观世界的一种实践方式或操作手段"（马建勋）。整合就是这样一种方法论。它是对万千整合的具体方法"舍弃形象、剥离具体"的提炼和概括的过程，是对方法本身进行理论抽象而上升为外延极广、包容极大的方法的规范、准则过程。换言之，我们通常所说的方法，可以称为"式"，如教学的方式、模式、程式等，而方法论则是"式"的依循之"法"，具有一定之规、权威之则之意。所以，整合"这种研究方法是职业教育学学科在创建过程中具有方法论高度的创造性尝试，是适用于本学科理论建构的具体的发现方法、检验方法和发展方法，对于本学科的发展具有其他方法所无法取代的新工具意义"。科学研究总是伴随着方法论上的突破而进步的。我们希望并确信整合方法论在职业教育领域的建构与应用，能够带来研究的突破与进步。

整合是职业教育的学科之基。学科是由专业人员以独有的领域为对象，按照专门的术语和方法建立起来的概念一致、体系严密、结论可靠的专门化知识体系。当下职业教育学科体系的创建一直处在依傍和因袭普通教育学体系的层面，没有自己独到的学科架构和话语体系，关键在于没有找到真正属于职业教育学科建构的核心范式和理论基石。学科创建的理论与实践表明，任何学科体系的创建都必须有一个总观念，由此出发，进行逻辑的推理、演绎和展开，才能成为体系。整合就是这样的总观念，它放，可以一生万，衍生出高等职业教育的整个理论体系；收，可以万归一，回归到整合这个理论原点之上。从学科建设条件看，一门学科大体包括"道""学""技"三个层面。"道"属于学科的哲学范畴，是指对学科发展最具影响力的那些观念、立场、思想和方法论；"学"属于科学范畴，主要涉及对规律、原理和机制等方面的探讨；"技"属于技能范畴，主要涉及行为方式，表现为技术、技艺、技巧、方法等。职业教育学科建设就是由整合之"道"统领的包含"学""技"在内的一整套概念、原理、方法体系构成的特定学科。

感谢姜大源教授百忙中为本书作序，他对本书肯定有加的推重和精警有序的阐发，为本书增添了一抹亮色，也将鞭策和激励我在科研的路上求索无极限，研探无止境，一路向前。感谢安徽财贸职业学院耿金岭院长、余敏处长，感谢安徽水利水电职业技术学院李兴旺院长、赵向军处长，他们为本书调研的组织、安排提供了便利。感谢教育科学出版社韩敬波主任、尹甜甜编辑，她们为本书的出版做了大量工作，付出了大量心血。还要感谢我的同事邵孔发、杨蕾、李雯雯等，在调研数据的统计、汇总、计算上所做的基础性工作。

《高等职业教育整合论》是我的第一本学术研究专著，虽然此前我已出版《职业教育的追问与视界》《职业教育的凝思与创新》，但都是学术随笔的集成，不是真正意义上的系统研究的学术专著。学术是一个合成词，"学"指学问、学说，"术"指方法。学术研究，即学问、学说与方法的研究。"学"为根本，"术"为工具。有学无术，是僵死的学问；有术无学，是空洞的方法。本书的研究和撰著虽然找到了整合之"术"，但因学识浅薄，视野窄陋，虽倾尽心力，欲打造一块完美的引玉之"砖"，恐并未达及初衷，不足之处在所难免，敬请专家同人批评指正。同时，也期待更多的职业教育整合研究的精品力作出现，为繁荣我国职业教育的学术研究做出应有的贡献。

张　健

2014 年 8 月 8 日于滁州

出 版 人　　所广一
责任编辑　　韩敬波　尹甜甜
版式设计　　沈晓萌
责任校对　　贾静芳
责任印制　　叶小峰

图书在版编目（CIP）数据

高等职业教育整合论/张健著. —北京：教育科
学出版社，2015.1
（现代职业教育学术新论丛）
ISBN 978－7－5041－9367－4

Ⅰ.①高…　Ⅱ.①张…　Ⅲ.①高等职业教育—研究—
中国　Ⅳ.①G718.5

中国版本图书馆 CIP 数据核字（2015）第 025870 号

现代职业教育学术新论丛
高等职业教育整合论
GAODENG ZHIYE JIAOYU ZHENGHELUN

出版发行	教育科学出版社		
社　　址	北京·朝阳区安慧北里安园甲 9 号	市场部电话	010－64989009
邮　　编	100101	编辑部电话	010－64989631
传　　真	010－64891796	网　　址	http://www.esph.com.cn
经　　销	各地新华书店		
制　　作	北京博祥图文设计中心		
印　　刷	保定市中画美凯印刷有限公司		
开　　本	169 毫米×239 毫米　16 开	版　　次	2015 年 6 月第 1 版
印　　张	22	印　　次	2015 年 6 月第 1 次印刷
字　　数	334 千	定　　价	59.00 元

如有印装质量问题，请到所购图书销售部门联系调换。